कृष्ण बलदेव वैद

नर-नारी

राजकमल पेपरबैक्स

पहला पुस्तकालय संस्करण
राजपाल एंड संस, दिल्ली द्वारा
2004 में प्रकाशित

राजकमल पेपरबैक्स में
पहला संस्करण : 2012

राजकमल पेपरबैक्स : उत्कृष्ट साहित्य के जनसुलभ संस्करण

राजकमल प्रकाशन प्रा. लि.
1-बी, नेताजी सुभाष मार्ग
नई दिल्ली-110 002
द्वारा प्रकाशित

शाखाएँ : अशोक राजपथ, साइंस कॉलेज के सामने, पटना-800 006
पहली मंजिल, दरबारी बिल्डिंग, महात्मा गांधी मार्ग, इलाहाबाद-211 001

वेबसाइट : www.rajkamalprakashan.com
ई-मेल : info@rajkamalprakashan.com

बी.के. ऑफसेट
नवीन शाहदरा, दिल्ली-110 032
द्वारा मुद्रित

मूल्य : ₹ 175

आवरण : मनीष पुष्कले

NAR-NAARI
Novel by Krishna Baldev Vaid

ISBN : 978-81-267-2335-5

नर-नारी

कृष्ण बलदेव वैद

जन्म : 27 जुलाई, 1927, डिंगा (पंजाब)। **शिक्षा :** एम.ए. (अंग्रेज़ी), पंजाब विश्वविद्यालय (1949), पी-एच.डी., हार्वर्ड विश्वविद्यालय (1961)।

अध्यापन : हंसराज कॉलिज, दिल्ली विश्वविद्यालय (1950-62); अंग्रेज़ी विभाग, पंजाब विश्वविद्यालय, चंडीगढ़ (1962-66); अंग्रेज़ी विभाग, न्यूयॉर्क स्टेट विश्वविद्यालय (1966-85); अंग्रेज़ी विभाग, ब्रेंडाइज़ विश्वविद्यालय (1968-69)। **अन्य अनुभव :** अध्यक्ष, निराला सृजन पीठ, भारत भवन, भोपाल (1985-88)।

प्रकाशित कृतियाँ : ***उपन्यास :*** उसका बचपन, बिमल उर्फ़ जाएँ तो जाएँ कहाँ, नसरीन, दूसरा न कोई, दर्द ला दवा, गुज़रा हुआ ज़माना, काला कोलाज, नर-नारी, मायालोक, एक नौकरानी की डायरी। ***कहानी-संग्रह :*** बीच का दरवाज़ा, मेरा दुश्मन, दूसरे किनारे से, लापता, उसके बयान, मेरी प्रिय कहानियाँ, वह और मैं, ख़ामोशी, आलाप, प्रतिनिधि कहानियाँ, लीला, चर्चित कहानियाँ, पिता की परछाइयाँ, दस प्रतिनिधि कहानियाँ, सम्पूर्ण कहानियाँ (दो जिल्दों में) : मेरा दुश्मन, रात की सैर, बोधिसत्व की बीवी, 'बदचलन' बीवियों का द्वीप। ***नाटक :*** भूख आग है, हमारी बुढ़िया, सवाल और स्वप्न, परिवार अखाड़ा, अन्त का उजाला। ***समीक्षा :*** टेकनीक इन दि टेल्ज़ ऑफ़ हेनरी जेम्ज़।

अनुवाद : *अंग्रेज़ी में*—स्टेप्स इन डार्कनेस (उसका बचपन), बिमल इन बाग (बिमल उर्फ़ जाएँ तो जाएँ कहाँ), डाइंग अलोन (दूसरा न कोई और दस कहानियाँ), द ब्रोकन मिरर (गुज़रा हुआ ज़माना), सायलेंस (चुनी हुई कहानियाँ), इन द डार्क (मुक्तिबोध : अँधेरे में), फ़ायर इन दि बैली/आवर ओल्ड वोमन (भूख आग है/हमारी बुढ़िया)।

हिन्दी में—गॉडो के इन्तज़ार में (बेकिट), आख़िरी खेल (बेकिट), फ़ेड्रा (रासीन), एलिस अजूबों की दुनिया में (लुई कैरोल)।

अनेक रचनाओं के अनुवाद बांग्ला, उर्दू, गुजराती, तमिल, मलयाली, मराठी आदि अन्य भारतीय भाषाओं और अंग्रेज़ी के अलावा जर्मन, इतालवी, हिस्पानवी, फ़्रांसीसी, नार्विजियन, स्वीडिश और पोलिश में प्रकाशित हो चुके हैं।

आवरण : मनीष पुष्कले

मनीष पुष्कले का जन्म 1973 में भोपाल में हुआ। वह एक प्रशिक्षित भूविज्ञानी हैं। कला महाविद्यालय, भोपाल में इन्होंने 'कला' का अध्ययन किया। एस.एच. रज़ा फाउंडेशन पुरस्कार से पुरस्कृत मनीष पुष्कले ने देश के विभिन्न भागों में एकल प्रदर्शनियाँ लगाईं, जिनमें सोलो प्रदर्शनी, भोपाल, 1994; दिल्ली, 1997; पुनडोल आर्ट गैलरी, मुम्बई, 2005 और पेरिस, 2003। इसके साथ ही साथ कुछ ग्रुप प्रदर्शनियाँ भी कीं।

सम्प्रति : मनीष पुष्कले दिल्ली में रहते हैं और यहीं कार्यरत हैं।

उर्वशी ज्योत्सना रचना
के नाम

बांझ मांजी

आ जाती हैं हमदर्दी जतलाने। झूठी। मेरा सिर ख़ाने। हर दूसरे तीसरे दिन। तम्बा उठा कर। अपने घर चैन नहीं। चुग़ली की आदत। गप्पों की। इसकी उस से उसकी इस से। लेनदेन और दुनियादारी। मुझ से क्या मतलब। अपने घर बैठें। झूठी हमदर्दी मुझे नहीं ...

... मांजी दर्द दूर हुआ छाती का। दवा शवा ली। दिखलाया अपने उस बंगाली को। वह बूढ़ा, मांजी डाक्टर बदलो उससे क्या होगा अब उसकी आंखें क़ाम नहीं करतीं हाथ कांपते हैं कानों से बहरा। टूटी तो पकड़ी नहीं जाती। अब किसी और का इलाज। मांजी को उसपर विश्वास। वह इनका भाई मुंहबोला मुद्दत से। क्यों है ना मांजी ...

... लगता है सोयी हैं शायद अभी अभी। क्या काठी है। देखो तो। इनके मुकाबले में हम तो सब मोम की बच्चे कांच की। यह हम से बूढ़ी हम से बाद हम सबको मार कर। धीरे बोलो। सोयी सोयी भी सुनती रहती हैं। इतनी महंगाई हम कैसे खाएं इतनी खुराक। इन्हें क्या अकेली जान बस इनकी ऐश बुढ़ापे में भी कपड़े तो देखो घर बैठी बनी ठनी बिस्तर में भी मुंह मुखड़ा दुलहिन बुढ़िया। इन्हें क्या चिन्ता।

जितना चाहें खाएं जो कुछ जब भी। धीरे बोलो जाग उठीं तो। न बाल न बच्चा। हम तो यूं ही आ जाती हैं इनको किसी की क्या परवाह यह अपने में मस्त। सारी उमर इसी तरह काट दी। अपने में मस्त। हम अपना फर्ज निभाती हैं इसीलिए आ जाती हैं। मांजी क्या हाल है। आज इनकी वह मुंहलगी बाला। वह जमादारिन मुश्टन्डी। कोई हाल है। उसके साथ यह खुश सारा दिन खीं-खीं हमें देखते ही आंखें बन्द। क्यों मांजी कैसी हो ...

दर्द दूर हुआ ! किसी का कोई दर्द कभी दूर हुआ है जो मेरा होगा ! दुनिया दर्द का दूसरा नाम। हो न हो इन्हें क्या आ जाती हैं जासूसी करने। झूठी हमदर्दी। बाला बेचारी से जलती हैं। छुआछूत की मारी सब। घर बैठें। क्यों दौड़ी आती हैं क्या देखने। सिरहाने बैठ कर मेरा सिर खाती हैं मेरी निन्दा मेरी बाला की वह इन से अच्छी। समझती हैं मैं सोयी हुई। इनकी काएं काएं सुन तो मुर्दा भी जाग उठे। मैं आखें बन्द कर सब सुनती रहती हूं। कल की मरती आज मरूं इनको क्या। आ जाती हैं। किसी दिन उठ कर इन सबकी ऐसी-तैसी जाओ घर अपने मैं ठीक ठाक तुम सब से अच्छी। दर्द दूर हुआ मांजी ! अरी तुम्हें क्या चिन्ता। मैं नहीं मांजी शांजी किसी की। इनकी तो बिलकुल नहीं। ये सब मेरी जान की दुश्मन। इन्हें क्या मालूम दर्द होता क्या है। घर घर घूमने सूंघने की आदत। बीमारी। दुनियादारी बेकार की। मुझे नहीं चाहिए इनकी चापलूसी। खोखली हमदर्दी। जासूसी करने। इनकी आंखों में खोट। इनसे तो बाला अच्छी ...

किसी दिन इनको खरी खरी। मत आओ मेरा सिर खाने मैं ठीक ठाक। मुझे कोई दर्द वर्द नहीं। मैं तुम सबको मार कर ही। यह मेरा घर अपने घर बैठो क्या करने आती हो भागो। बहुत सुन लिया। बहुत सह लिया। अब और नहीं। वैसे हंसी भी आती है। मज़ा भी। किसी दिन डण्डा लेकर इनके पीछे। बाला वह झाड़ू ले आ मार इन सबको। ख़बरदार ! मेरी छाती में दर्द नहीं वैसे ही छलनी। हर बात के दो मतलब कम से कम। शायद हर भाषा में। कितनी भाषाएं। रसीला से पूछूंगी। उसके आने से मन को चैन। अच्छा है उसकी मां नहीं आती। वह दिल की खोटी। रसीला न जाने क्यों ... किसी दिन पूछूंगी ...किसी दिन उसको अपना सब कुछ भी वह हैरान मांजी आप तो छिपी रुस्तम ...

देखो तो सोयी सोयी भी मस्त मस्कड़ियां। धीरे बोलो क्या मालूम मश्ट मार कर सब सुनती हों। अपना गुज़रा ज़माना याद कर रही होंगी। अपने कारनामे। जो पापड़ बेले। घर बैठी बनी ठनी बिस्तर में भी क्या शान। इनको शर्म नहीं। इस उमर में भी इनके नखरे। नाक में लौंग हाथों में कंगन इतने मोटे। धीरे बोलो। आज इनकी वह जमादारिन बदमाश। क्या पता अन्दर ही हो। हम से वह इनको अच्छी ...

इनके मन मैले दिल काले क्यों आती हैं। अपने घर बैठें। हां मैं हूं मस्त कर लो जो करना है। मैं तुम से अच्छी। अपने घर बैठी हूं। मैं अपना जीवन। मैं बोझ नहीं।

क्यों जलती हो। अब जाओ अपने घर। किसी दिन साफ़ साफ सब। क्या करने आती हो ! पता नहीं क्या पी कर पड़ी रहती हैं ! बकती रहें मुझे क्या। किसी दिन बाहर दरवाज़े पर तख्ती : फफेकुट्टनों का दाखिला मना है ! एक कुत्ता पाल लेना चाहिए। काला। नाम भालू। काटे कलमुहियों को। जो अन्दर आए उसकी सलवार को लीरां लीरां। बाला और भालू। बाला के हाथों में एक बड़ा-सा झाडू। कांटेदार। आ जाती हैं देखने मांजी मरी या नहीं। मैं किसी की मांजी शांजी नहीं। मैं अपनी मौत मरूंगी इनको क्या चिन्ता। सोई-सोई स्वर्ग के सपने। स्वर्ग नर्क यहीं। मैंने सब देख लिया। परलोक किसने देखा है मैं यहीं मस्त तुम जलो, मैं अपना जीवन अपने ढंग से मैं तुम से अच्छी ...

... मश्ट मार सब सुनती रहती हैं। काइयां घाघ हर घाट का पानी। कोई फ़ायदा नहीं। हम इतनी इतनी दूर से। बसों में धक्के। हम अपना फ़र्ज़ निभाने आती हैं। पानी तक नहीं पूछतीं। ऊपर से वह अकड़ी हुई जमादारिन मुश्टण्डी हमें आंखें दिखलाए। मांजी तो सोयी हैं मैं पानी लाऊं। हम उस चूढ़ी के हाथ का पानी कभी नहीं हम खुद पी लेंगी। मांजी ने मना कर रखा है। लो सुन लो इसकी बात ! यह घर की मालिकन हम चोर। हम ही बेवकूफ। ये अपने में मस्त। हमें देखते ही आंखें बन्द। वह काली पहरेदारिन हम पराए हम चोर हम क्यों आती हैं। मत आओ घर बैठो अपने वह काली तुम से ज़्यादा साफ़ तुम चोर तुम्हारा मन मैला तुम मुझ से जलती हो घर बैठ कर जलो मेरे घर मत आओ मैं बांझ ...

...बिस्तर में भी यह बनी ठनी देखो पोशाकें इनका हारसिंघार सुर्खी सुर्मा पाउडर बिन्दी जैसे दुलहिन लानत है बेशर्मी की हद। धीरे बोलो बहन वह बाला कालो जासूस सब मिर्च मसाले के साथ इनके कान बड़े पतले सब सुनती हैं लेटी लेटी। मस्तोरी मांजी काहे की बांझ बेहया। बहन मैं तो चली। हे भगवान बाकियों को भी भेजो उनके घर सिर खाएं अपने घर वालों का मेरा क्यों ...

... खा फ्रूट कितना भी क्यों न लें सज-धज कितनी भी हैं हम से बूढ़ी दिमाग़ हिल गया होगा वर्ना बाला के हाथों का खातीं ! वह चूढ़ी इनको चूरी। अपनी उमर नहीं बतातीं। पूछो तो पीछे पड़ जाती हैं कहती हैं दो सौ की हूं। अस्सी नब्बे की तो होंगी ही। लगती हैं पैंसठ की। हम इनसे छोटी इनसे बूढ़ी। बांझों में यही बुरी बात। बूढ़ी नहीं होतीं। आखिर तक सदाबहार। आंखों में भूख। कपड़ों का शौक़। सजने धजने का। हड्डी भी सख्त। बांझों से बीमारी भी डरती है। हम भी। बांझों का साया भी बुरा जरा देखो तो इनका सूट। गुरगाबी सब लस्टम पस्टम। इनके किस्से सुनने हों तो डॉली की नानी से सुनो। वह इनकी ईंची बीची जानती है। कहती है यह शुरू से ही ऐसी। आंखों में शर्म नहीं। अब देखो मुस्कड़ियां इनके होंठों पर। फ़िल्मी गानों का शौक। दिमाग हिल गया होगा। इसीलिए तो बिस्तर में दुलहन सी ...

बाला बदमाश ! मांजी यह जोड़ा शादी का ! मांजी आप तो अब भी उन

फफेकुट्टन रिश्तेदारों से अच्छीं। बढ़िया क्या बात है मांजी ! सब फब जाता है। किस से कब सीख लिए ये गाने शाने। सब इश्किया। मांजी सच बोलो। और इतनी सारी लोरियां। सब प्यारी प्यारी। सुनते ही नींद। मैं सब याद कर लूंगी ! रट लूंगी। अपने बच्चों को हर रात कहूंगी मांजी से सीखीं। ब्याह अभी हुआ नहीं बच्चों की गिनती। बाला बदमाश। मैं बीस से कम नहीं जनूंगी। ब्याह के बग़ैर भी तो बच्चे हो सकते हैं। ब्याह के लिए दहेज कहां। बाला उन से अच्छी। उनकी हर बात में हेर फेर। आंखों में लालच। मन में चोर। बस चले तो सारे सन्दूक खाली। उन सबकी आंख मेरे मकान पर। उन्हें तो मेरा खाना पहनना भी खलता है। आते ही गिनती ...

... सुबह सवेरे तीन परांठे उस जमादारिन के हाथों से पता नहीं खाती कैसे हैं। बो नहीं आती इनको। दिमाग़ खराब। दो ग्लास दूध सात बादाम एक केला। यह इनका नाश्ता। पेट में कीड़े होंगे। इनके मन मुंह में कीड़े जी करता है उठकर जूते मारूं। बहन किसी ने ठीक ही कहा है बांझों की भूख भेड़ियों जैसी। हाज़मा हाथी जैसा। पेट इण्डिया गेट। सर्दियों में ब्रांडी गर्मियों में आमरस। चटपटे अचार सब बाला डालती है। आंख दांत आंत सब सही सलामत। इस उमर में गन्ने चूसने का शौक। शर्म नहीं आती। बहन किसी ने ठीक ही कहा है जो पेट फलता फूलता नहीं वह पत्थर लक्कड़ सब हज़म कर लेता है। सौ बातों की एक बात बांझ बांट कर नहीं खाती। सब कुछ सीधा अन्दर। आंखें भरती हैं न पेट। इसीलिए तो उनसे डर लगता है। उनकी बद्दुआ भी बुरी साया भी ...

और मैं यह सब सुन कर भी सीने पर पत्थर रख कर चुप मार पड़ी रहती हूं। तरस भी आता है ग़ुस्सा भी। मन करता है किसी दिन सब भान्डे फ़ोड़ दूं चिल्लाऊं मैं बांझ नहीं सब पर्दे फाड़ के रख दूं। लेकिन अब क्या फ़ायदा। बकती रहें बकवास मुझको क्या मैं अपनी यादों में। दिन में सिर्फ़ दो बार बाथ रूम। हम हर घण्टे बाद। किडनी हो तो ऐसी। मरो तुम मूत करते करते मुझ से क्यों जलती हो। इस उमर में इतने बड़े मकान में अकेली। इन्हें डर भी नहीं लगता। हम तो मर जाएं। मरो मुझ से क्यों जलती हो। इन्हें गिरने का डर न ग़श का। बहन किसी ने ठीक ही कहा है बांझों से चोर डाकू क़ातिल भी डरते हैं। इनका बस चले तो मुझे आज मरवा दें। देख भाल के लिए रख रखी है वह कालो बाला मर्दों सी बुरछा ...

... बहन इन्हें कोई दर्द वर्द नहीं छाती में। बांझों की छाती में दर्द नहीं होता। बहाने बस उस बंगाली बदमाश डाक्टर के पास जाने के वह घर ही आ जाता होगा। इनके किस्से इनकी भरजाई से। राजू की मां से। उससे नहीं बनती इनकी। वह इनके सारे भेद जो जानती है।

हां मुझे कोई दर्द वर्द नहीं। किसी दिन उठ कर साफ़ साफ़। अब फूटो फिर मत आना। ख़बरदार ! मैं डायन हूं, तुम सबको खा जाऊंगी। लेकिन फिर सोच के चुप मेरा क्या लेती हैं। मुफ्त का मन बहलावा। जब ये चली जाती हैं मैं और बाला लोट

पोट। वैसे यह अच्छा है छाती का दर्द दिखायी नहीं लेकिन कोई भी दर्द दिखायी नहीं कोई भी असली दर्द मुझे बस वही मीठा मीठा। इस उमर में भी कर लो जो करना है मैं अब भी मस्त। मैं अपने असली दर्द की बात भगवान से वह मेरा भाई मुझ से बड़ा। उसी की किरपा से मुझको सबके मन की मैल साफ़ साफ़। अपने मन की भी कभी कभी डर लगता है जो इनके मन में होता वह मेरे सामने साफ़ साफ़। पहले नहीं होता था बुढ़ापे की बरकत या भगवान की कभी कभी सोयी सोयी मैं चौंक उठती हूं। पता नहीं भगवान मेरे बारे में क्या सोचता होगा। भगवान सोचता नहीं। उसके मन का वह जाने। उसका मन नहीं होता। वह निराकार निर्विकार। मन नर नारी का बंधन तन की ही तरह। भगवान अमन। रसीला को बतलाऊंगी। वह हैरान। मांजी आप सबको मात। पढ़े लिखों को भी। मुझको भी। रसीला जब आती है जी खुश डॉली भी। दोनों मेरी चेलियां। रसीला की मां रजनी से मेरी कभी नहीं वह भी फफेकुट्टन ही। इन सब की तरह। राजू की मलहार रसीला से रूखी। वह नहीं आती। न आए न ही आए तो अच्छा। मैं अकेली ही खुशकिस्मत हूं मेरे तन ने मुझे कोई ख़ास तकलीफ़ नहीं दी। अभी तक मन में तनाव तभी तो ये सब देखने आ जाती हैं अभी भी है उसी तरह। जलती हैं जलें। मांजी हम आपको देखने आयी हैं लो देख लो दीदे फाड़ फाड़ कर। मांजी कैसी हो। बस छाती में दर्द। ये सुनकर खुश शायद निमोनिया हो। मुझे कुछ और जो इन्हें हो ही नहीं सकता। अगर कह दूं मज़े में हूं तो कहेंगी बुढ़िया को इस उमर में भी मज़े हमें हज़ार मुसीबतें। अगर किसी दिन कह दूं मुझे नहीं चाहिए झूठी हमदर्दी तो कहेंगी बुढ़िया बदजुबान। लेकिन क्या फ़ायदा गोली मारूं मैं झूठ का जवाब झूठ से ही मेरे भगवान को भले ही बुरा लगता हो मेरी बहन भी झूठ बोलने से बाज न आयी। झूठ तो भगवान भी बोलता ही होगा। कभी कभी। अपने बगुले भक्तों से। आजकल वह मेरी हर सोच पर सवार दिन रात नहीं और भी कई। वह सब से ऊपर। अब है चलने की तय्यारी। शायद जाना इसी तरह आसान। बहुत जी लिया अब और क्या जीना। सब उसी की माया सब उसका खेल। मैं उसका लाख लाख शुक्र मैं लाखों से अच्छीं इस उमर में भी मुझे कोई रोग न सोग। बहुत भोग लिया। लेकिन जी भरा नहीं जानता होगा वह जानीजाना सोचता होगा जी ले कुछ और किसी का क्या लेती है मेरी बहन बुढ़ापे की बहार लूट ले मुझे क्या ...

मेरी बस एक ही मांग उससे मुझे बीमारी मत दे, ले जाए सोयी सोयी को। आंखें अगले जहान में ही खुलें लेकिन वह किसने देखा है। वहां आंखों का क्या काम वहां तो मन की आंखें। मान लो उसने न मानी मेरी बात तो मैं अपने आप उठकर उड़ जाऊंगी। एड़ियां नहीं रगड़ूंगी। हाय हाय न होगी मुझ से मैं चलते फिरते ही जाऊंगी। बहुत हुआ तो ज़हर की गोली अपने बंगाली से। बंगाली वह नाम का ही असली पंजाबी फ़र फ़र वह मेरा मुंहबोला भाई नहीं वह मेरा मीत। वह मेरा आख़िरी। कहता

है ज़हर मैं तुमको कभी नहीं तुम मुझको दे सकती हो ! तो फिर फन्दा पंखे से। न बाबा न। मिट्टी का तेल न जाने कैसे। न बाबा न। इस देह को दाह मैं जीते जी कभी नहीं। जल मरने वाली नारियां बेवकूफ़ लेकिन बेचारी तंग आ जाती होंगी सास ससुर घरवाले से बीमारी से लाचारी से नालायक़ बेटे से। यही सब सुनकर डॉली कहती है मांजी आप इतनी माडरन। इतनी अंग्रेजी तो आजकल उल्लू भी। वह कहती है आप से बातें करने में फ़न अंग्रेजी उर्दू पंजाबी तीनों आती हैं। सुन सुन कर ही सब सीख लिया। मैं सातवीं से आगे नहीं। मेरी नानी तो इतनी दकियानूस पुरानी मैं उस से तंग यह करो वह न करो ऐसे बैठो वैसे नहीं यह न पहनो वह न खायो आंख उठा कर देखो मत मैं बोर हो जाती हूं मांजी। डॉली तेरी नानी और मैं साथ साथ सातवीं तक। सच मांजी ? बाई गॉड डॉली हाथ मिलाओ ! डॉली की बाछें। डॉली की नानी का असली नाम ना – ना मांजी मरी नानी हर बात में ना–ना उसको तो मेरी कोई भी बात अच्छी नहीं लगती। मेरी भी डॉली। वह मांजी कहती है तू उस से मिलने आती है या मुझ से ! हज़ारों का खर्च विलायत से क्या उसके वास्ते। आयी है तो मेरे पास बैठ मेरी सेवा कर मैं तेरी नानी। डॉली भोली मन की साफ़। यहां की लड़कियां चालाक। हेराफेरी में माहिर। छलकपट हम सब को घुट्टी। मैं भी नहीं बची। मन मेरा भी मैला लेकिन कम। तन सुन्दर साफ़ सब अब तक जलती हैं। डॉली की नानी भी। इस उमर में भी आपका चेहरा मुरझाया नहीं मांजी। मैं मरते दम तक इसी तरह ...

... किसीको अपनी असली उमर नहीं बतलातीं जब पूछो गोलमोल। इस सदी के शुरू में पैदा हुई अगली सदी में चल दूंगी। पीछे पड़ जाओ तो नाराज़ हो जाती है। कहती हैं नहीं बताती। अस्सी से कम क्या होंगी। देखने में पैंसठ की। टीम टाम तो ऐसी मानो मुझ से कम और मैं पचपन की। धीरे बोलो वह बम का गोला फट गया तो आफ़त। मैं हंसती रहती हूं। अन्दर ही अन्दर। जब देखो सजी धजी। अपने घर बिस्तर में भी। मोटी महारानी। और एक हम हैं अपनी होश नहीं। घर बाहर का सारा काम। शादी शमशान मुन्डन। सैंकड़ों धन्धे बच्चों का खाना कपड़े लपड़े पैसे की चिन्ता। लेकिन यह मस्त। अपने ही लटके। बहन किसी ने ठीक ही कहा है बांकी बांझ वेश्या की बहन। मन करता है मन मन की गाली दूं। फिर सोचती हूं मेरा क्या लेती हैं मुंह अपना गन्दा। ये सब गली सड़ीं तन से भी मन से भी। मैं इनसे अच्छी। ये दुनियादारी के कीचड़ में। मैं उस से बाहर। बहन यह विधवा भी और बांझ भी। सोने पे सुहागा। इनका मन करता होगा ये भी विधवा हो जाएं। मौज मनाएं पर ये बेहिम्मत। मर्दों की ख़ादिम। बेटों की भूखी। मुझे तरस आता है इन पर। इतनी खुश्बू कमरे में बाग़ बिन्दा तो देखा। नाखुन भी रंगे हुए। पैरों में मेहन्दी। कहती हैं ठन्डक मिलती है। आंखों में डोरे। पर भट्टे काले। सब पापड़ बेले हैं। किसी दिन उठकर खरी खरी फट जाऊंगी। ख़बरदार ! बेशर्मों मेरे ही घर बैठ तुम मेरी निन्दा। क्या करने

आती हो। कमीनियों ख़बरदार ! जाओ घर जा कर चाटो जूते अपने मर्दों नामर्दों के। खस्मों को खाओ या अपनी बहुओं को। बेटों को सिखलाओ फ़ुसलाओ दफ़ा हो जाओ। चपर चपर चपर चपर ! ख़बरदार ...

बस एक ही चिन्ता। बीमारी न हो। इनकी मोहताजी कभी नहीं। हे भगवान ! हे बड़े भाई ! मोहताज मत होने देना। मोहताजी अपने मर्द की भी बुरी। बहू बेटियों की भी। मैं अलिफ़ अकेली अब। ये मेरी दुश्मन। बस सोयी सोयी को अपने ही कन्धों परं तू मेरा भाई ! फ़टा फ़ट ख़तम। बिजली की तरह गुल कर देना। शीशे की तरह तोड़ देना या धागे की तरह। जैसे एक दम घड़ी रुक जाती है। या तारा टूट जाता है। या फिर नींद। या जैसे नल का पानी बन्द हो जाता है। या जैसे हिलता हुआ दांत झड़ जाता है। या पीला पत्ता। बस हार्ट फेल कर देना किसी रात जब खा पी कर सोऊं तो उठूं नहीं। घोल घोल कर मत मारना भगवान अपनी इस बूढ़ी बहन को नहीं तो मैं समझूंगी तुम सचमुच झूठे ...

पूजा वूजा ये सब करती हैं। मैं नहीं। जैसे मैले मन से मेरे घर वैसे ही मन्दिर। मेरा मन मन्दिर। जब जी करता है मैं उसमें बैठ उस से दो बातें। खरी खरी। ये मन्दिर में बैठी बैठी भी अपने ही मैले में। मोह माया के मल में। धन दौलत की भूखों। मैं नहीं। जो मिलना था मिल गया। न मिलता तो भी मैं खुश। ये होतीं मर जाती मेरी हालत में! वैसे ये मरी हुई। मैं नहीं। इनकी आरती पूजा सब झूठी। इनके उपवास दान सब अपने मतलब के वास्ते। इनका मोह माया से ही। मेरा काया से। क्यों जलती है। मैं क्यों न अपनी काया को चमकाऊं ! आख़िर तक। कहते हैं जैसा तन वैसा ही मन। मैं क्यों न अपने तन को साफ़ करूं ताकि मन साफ रहे ! ये उसके सामने भी सौ झूठ। मैं नहीं। मैंने जो किया सब उसके सामने खुद साफ़ साफ़। मैं बुरी भली सो तेरी। बस सौ बातों की एक बात। जब इनसे कहती हूं भगवान मेरा भाई यह समझती हैं में मज़ाक कर रही हूं। मैं इनसे मज़ाक क्यों ये मेरी दुश्मन। मेरा मज़ाक भगवान से या बाला से या रसीला से या डॉली से इन से क्यों ...

डॉली कहती है अगली बार वह सारी किट ले आएगी। किट मतलब डॉली ? मांजी किट मतलब डिब्बा जिसमें सब कुछ गोली भी टीका भी खाने लगाने का तरीक़ा भी मांजी वहां तो मरना भी आसान मारना भी। डॉली यह सच ! बाई गॉड मांजी हाथ मिलाओ ! डॉली की बातें ! लेकिन मांजी आपको किटविट की क्या ज़रूरत। आप की सेहत ए वन आप सौ साल कम से कम। वैसे वह किट ले ही आना। अगर भगवान ने बात न मानी तो किट से ही काम मैं घुलघुल कर नहीं मरूंगी। कभी नहीं। यह पक्की बात। किट अपने बटुए में। यहां तो मरने के लिए भी जलो या कुएं में कूदो या पंखे से लटको। मुझ से नहीं होगा मैं ऐसा कभी नहीं। वैसे भी मैं इस सब के खिलाफ़। जीवन जीने के लिए। तन भोगने के लिए। फिर भी बीमारी से डरती हूं डॉली। बस अपने हाथों अपनी जान मैं एक ही हालत में -

मोहताजी कभी नहीं। मांजी आप माडरन ! डॉली इस लफ़्ज को बार बार दोहराती है। मुझ से तो ठीक से बोला नहीं जाता। मेरी नानी तो ऐसी बात सोच भी नहीं सकतीं। तेरी नानी तो डॉली यमदूत को भी कच्चा खा जाए। यमदूत क्या मांजी ? कैसे समझाऊं यम के दूत मतलब मौत के देवता के दूत मतलब बस भूत समझ लो। लेकिन मैं डॉली की किट के आने से पहले लाचार हो गयी तो अपना गला खुद घोंट दूंगी। मुझ से नहीं होगा हाथों में इतनी ताकत कैसे। तो खाना पीना बन्द। गांधी जी की तरह। वह भी आसान नहीं। मुझको यह वहम क्यों ? जो होगा जब होगा देखा जाएगा। लेकिन सोचना तो चाहिए ही हर बूढ़ी बूढ़े को कम से कम। सुन रहे हो बड़े भाई अब अड़ मत जाना। कुछ पता नहीं उसका उल्टा पड़ जाए तो और मुसीबत। जो हो उस से बात चीत में मज़ा। मज़ाक में वक्त कट जाता है। और कुछ न हुआ तो शायद बाला का वह मुश्टण्डा ही काम आ जाए। गला दबा दे दम बाहर। चिट्ठी पहले ही लिख कर बाला को। मैं अपने हाथों आप मरी ...

धौंस देखी तो बाला की। उसकी खरी खरी मुझे नहीं अखरती। उसके मज़ाक अच्छे लगते हैं। कहती है खैर मनाओ मैं हूं जब हाथ पैर ठप्प हो जाएंगे तो गू-मूत मैं ही करवाऊंगी मैं ही साफ़ करूंगी अपने हाथों से मुझ जैसी कहीं नहीं कोई मैं हट्टी कट्टी अपने हाथों से सब दलिया चूरी मालिश वो दिन अब दूर नहीं मांजी मुझ से बना कर रखो प्यार से बोलो बाला बेटी आपकी रिश्तेदारनें तो तब आपको देखने भी नहीं आएंगी और नर्सों के नख़रे तो आप जानती ही हैं मांजी बस अब आपको मेरा ही आसरा या मेरे मुश्टन्डे का। बाला की बातें ! बिलकुल दबंग। उसमें मुझे अपनी जवानी मस्तानी ! क्या आंख मारती है हर आते जाते को। सब इस पर मोहित। बूढ़ों से बढ़ बढ़ कर बातें। कहती है मांजी बेचारे खुश हो जाते हैं मेरा क्या जाता है। वैसे हरामख़ोर मुंहफट कामचोर बातूनी बदमाश सब कुछ लेकिन दिल की साफ़। मेरी तरह। जो मन में आया वही मुंह में। काम कम गप्पों का शौक। इधर की उधर उधर की इधर। सब मज़ा लेने के लिए मज़ा ले ले कर। किसने किस काम करने वाली को कुहनी मारी। कौन सी पड़ोसिन की लड़की किसके साथ किसका घर वाला कितनी पीता है। कौन किसको कब पीटता है। किसके घर क्या पकता है। सब इसको मालूम। सजने धजने का शौक। कहती है मैं आपसे कम नहीं मांजी मैं भी फैशनदार। मेरे कपड़े सब इसको फ़िट। कहती है मैं आपकी बेटी लगती हूं। रंग काला बेशक चमकदार। साथ अक्सर अपना सांवला यार। रिश्ते में भाई कजन मांजी बेफ़िकर रहो सब ठीक। आज आंटी आयी है इसलिए ले आयी साथ मुझ से आज झुका नहीं जाता। हर दूसरे हफ्ते इसकी आंटी। बहानेबाज़ बाला। मुझे क्या। मेरे घर में रौनक। दोनो जवान। मेरा क्या जाता है। आएं जाएं मुझे तो बुरी नहीं लगती उनकी छेड़ छाड़। बाला की आंख। मुश्टण्डे का मुसकराना गाना। पान बस थूकना मत नहीं तो मारूंगी। मांजी इसकी क्या मजाल जो थूके जीभ खींच लूंगी मेरा नाम बाला मैं मांजी

की बेटी बेशक मैं काली जमादारिन वह गोरी मेम। मेरा दिल खुश मेरे घर में रौनक इन से ही। या अपनी यादों से। बाथ रूम अन्दर से बन्द। बाला की किलकारियां। मांजी इस मुए को मना करो यह मुझको गुदगुदी यह गन्दा लड़का मुश्टन्डा बदमाश मांजी इसने मेरी चूड़ियां भी तोड़ दीं। मैं इसको अब कभी नहीं लाऊंगी अपने साथ इसके हाथ हर जगह। इतनी देर से बाथ रूम में निकलो बाहर। मैं झूठ मूठ का गुस्सा। निकलो बाहर दरवाज़ा क्यों बन्द ! बातूनी बाला मुझको अच्छी लगती है। मांजी यह झाड़ू बेकार फ़ीनाइल भी फुस्स पानी भी कम मैं बाथरूम को कैसे साफ़ ऊपर से यह साला मुझको तंग। और उसकी कोई आवाज़ ही नहीं वह चुप्पा अपना काम चुपचाप अन्दर से आवाज़ें पुच पुच मुझे क्या मेरा क्या जाता है मैं खुश अगर यह बेहया सचमुच मेरी बेटी होती तो सोचना बेकार जो नहीं हुआ उसका क्या ग़म। यह न सोचो क्या न पाया यह कहो क्या मिल गया कितने ही गाने मुझको याद ...

नहीं थी किस्मत में औलाद न सही अब रोना क्या उसका। आख़िरी उमर में मैं जगत माता। मैं बांझ नहीं कैसे समझाऊं किस किस को। बस गुस्सा आता है। अपनी ही ग़लती। यह भेद अब मेरे साथ। वैसे तो ठीक ही क्या फ़ायदा किसी को क्या पड़ी वह मेरी यह पीड़ा आखिर क्यों। जब सोचती हूं तब सुलगन बांझ एक गाली क्यों। इसमें औरत का क्या दोष अगर मर्द नामर्द तो उसका क्या कसूर। दिल करता है किसी दिन बाला को सब। रसीला को भी। उसकी मां को कभी नहीं। वह भाभी बस नाम की। मुझे क्या लेना देना उस से मैं अपने घर अच्छी। रसीला घर अपना छोड़ बरसाती में क्यों किसी दिन उस से पूछूंगी। शायद वह खुद ही अपने आप किसी दिन सब कुछ कह डालेगी मुझ से। मैं बाला से। जमादारनें क्यों अक्सर इतनी जाबर। कसी हुई पोशाक अकड़ी हुई चाल। सीना तान के चलती है। आंखों में नशा। बालों में फूल। होठों पर लाली। नाक में लोंग। पैरों में झांझरें। इसीलिए मर्द उनपर लट्टू। आवाज़ सुरीली। नमकीन मुस्कान। इसीलिए मन्दिरों के पुजारी अकसर उनके पीछे बदनाम। औरों को क्या कहूं पिता की आंख उस पारो पर। उन पर मां का पहरा फिर भी। पारो को सब ने काली परी का नाम दे रखा था। मां ने काली डायन का। उसके नख़रों की क्या बात। उसकी आखों से अंगारे। आंखों से ही क्यों उसका तो अंग अंग अंगारा। फटे फटे कपड़े वह जान बूझ कर। मां कहती इसको शर्म नहीं। पारो कहती मांस ही मांस है काला। पिता की आंख उसके पीछे पीछे, मां कहती तेरा घर वाला भी तुझको मना नहीं करता क्यों वह कहती मैं क्या करती हूं और वह भोंदू मुझको क्या बांध के रखेगा कमाएगा उसका बाप। मां कहती तौबा तौबा ! इतनी लाली पोत कर मत आया कर मेरे घर पारो। वह कहती बीजी मुझ ग़रीब की लाली मत छुड़वाओ मैं मर जाऊंगी मुझे एक ही शौक सच कहती हूं मेरा घर वाला बेकार ऐसा तो ईश्वर दुश्मन को भी न दे मैं एक लात मार दूं तो वह लंगड़ा नामर्द मां तौबा तौबा करती कहती इसकी जुबान इतनी लम्बी। पिता की आंख उस पारो

पर। मां कहती पारो तू घर कमाने आती है या नाच नाचने। पारो कूल्हे मटकाती थी। झाड़ू ऐसे देती जैसे आंगन को दुलार रही हो। पिता खड़े खड़े खिसियाते रहते। मैं सब समझती थी तब भी अब और साफ उन दोनों का आंख मटक्का देखने में मुझको मज़ा मां नाराज। मैं मां को छेड़ती मां तू उसको ऐसे धमकाती है जैसे वह तेरी बेटी। तू चुप रह। जैसा बाप वैसी बेटी। बाल पक गये आंखों का ऐब नहीं गया शर्म भी नहीं आती इतनी बड़ी बेटी। मुझे सब याद। सब तो नहीं खैर काफी कुछ। मैं कहती मां देखने दो देखने से क्या होता है। वह कहती तेरा सिर तू चुप रह पैदा होते ही चपर चपर बन गयी हिमायतिन उनकी मैं उनको जानती हूं तू अनजान सब कुछ देखने से ही शुरू होता है। बाला को देख पारो की याद। दोनों का रंग काला आंख करारी बदन में बांकपन अंग अंग से अंगारे। और इशारे। राह जाते की जान निकाल लेने वाली आंखें। दोनों का नखरा टखरा देखने लायक। पारो बाला से बड़ी। जवानी में मैं भी बाला जैसी लेकिन मेरा रंग गोरा। काले रंग की अपनी रौनक़। जमादारनों की अपनी शान ...

बाला बदमाश कहती है मांजी मुझको बेटी बना लो दोहतों से घर भर दूंगी। मुझे नहीं चाहिए दोहते। तो दोहतियों से मांजी सच साल में दो दो आज़मा कर देखो मैं रंग जमा दूंगी इस घर में। यह महल सूना मांजी बच्चों के बग़ैर मेरी शुद्धि करवा लो वैसे मैं हिन्दू और फिर आप तो वैसे भी गांधीवादी। पीछे ही पड़ जाती है क़भी कभी कहती है आप समझती हैं मैं अनपढ़ जमादारिन कैसे आपकी बेटी मैं गिटमिट एक महीने में सीख लूंगी मेरा मुश्टन्डा भी बुरा नहीं बेशक वह बेशरम। कहती है मां जी इस महल का होगा क्या दे जाओ डॉली दीदी को ही पर उसके पास तो अपना ही इतना। मांजी मुझको ही ले लो गोद कर दो अछूत कन्या का उद्धार। बढ़िया पिक्चर। मांजी मैं ऐसी मालिश किया करूंगी टांगों में टैं। सीने में जोश आप तो वैसे भी जवानों को मात। मैं सुन सुन कर हैरान। कभी कुछ कह दूं तो कहती है माफ़ कर दो मांजी मैं तो यूं ही बक बक मेरी क्या औकात मैं आपकी बांदी आपको बेटियों की क्या कमी आप मुझको क्यों मैं आपकी जमादारिन इतना ही काफ़ी है आप मेरे हाथ का बना खा लेती हैं मुझ से मालिश करवा लेती हैं कपड़े धुलवा लेती हैं मुझको अपने फटे पुराने दे देती हैं। नहीं बाला मैं तुझ से क्यों नाराज़ मैं तो उन से तंग जो आ जाती हैं मेरा सिर खाने झूठी हमदर्दी ...

मैं शेरनी भी शरम की मारी। लोक लाज बुरी बला कुछ करने नहीं देती। अन्दर ही अन्दर इस लांछन पर उबलती रहती। बांझ बांझ बांझ। सुन सुन कर छाती छलनी। किसी को असली बात क्यों कभी नहीं बेचारी मां को भी नहीं वह मर गयी मन्नतें मांगती मांगती। सास को शायद सब कुछ मालूम लेकिन वह चुप उसे भी इज्जत की चिन्ता। अब पछताती हूं कभी कभी क्यों अन्दर ही अन्दर उबली खौली क्यों मुंह नहीं खोला। मैं मर्यादा की मारी कड़वे घूंट ही पीती रही। पीती रहूंगी

आख़िर तक। पछतावा बेकार। जो हुआ सो हुआ ठीक ही हुआ। मुझे अब कोई अरमान अफ़सोस नहीं लेकिन है आख़िर इन्सान बड़ मारने से क्या होता है। दूसरों के सामने अब भी दबंग लेकिन अपने से झूठ कैसे। मुझ से नहीं होता। फिर भी पछतावा बेकार मैं बहुतों से अच्छी। औलाद वाली कौन सी कम दुखी इन्सान हर हाल में खुश रह सकता है। मैं रही। लेकिन फिर भी। मुझे शिकायत इस बात की नहीं मैं बेऔलाद। सच बोलूं तो इस बात की भी है आख़िर औरत हूं। लेकिन बांझ का ख़ताब मुझे मारता है। अब भी। मुंह पर मांजी पीठ पीछे सब बांझ मांजी। मुझे अपने मर्द पर दया। मैंने अपना वचन निभाया उसने अपना। दूसरों को क्या मालूम। सच्चाई हमेशा सौ पर्दों में क्यों। मैं मन से आज़ाद रही। तन को तड़पाया नहीं। लेकिन फिर भी। इस फिर भी को अब गोली मारो। मर मिट नहीं गयी इतना ही काफ़ी। इसीलिए तो सब जलती हैं। यह बांझ होकर भी हमसे बढ़िया। मर्द को मोम बना डाला इसने नहीं तो वह जरूर इसे छोड़ दूसरी शादी कर लेता। हम तो उस देवता के धीरज पर हैरान। बस मुझे ये बातें खाती हैं। बकती रहें मुझे क्या। अगर मैं सचमुच बांझ होती तो भी मुझे इनकी परवाह नहीं होनी चाहिए थी लेकिन होती। हर बेऔलाद औरत को बांझ क्यों ! हम सब औरत के दुश्मन क्यों ! किसी दिन रसीला को तो सब कुछ बता ही दूं। वह मेरी चेली। लेकिन वह खुद बरसाती में। क्या पता उसको क्या बिपता। उसमें हिम्मत है। मां भाई के पास नहीं गयी यह उसकी हिम्मत। वह लीडर। अगर मैं अब जवान होती तो शायद मैं भी। औरत पर इतने अत्याचार। वैसे औरतों का अपना भी दोष। हम इतनी दुर्बल क्यों ! हर औरत बेटे की भूखी क्यों ! हर सास बहू की दुश्मन क्यों ! डॉली समझाती रहती है। कहती है कसूर सिस्टम का मतलब समाज का बेचारी औरत का नहीं उसकी बातों में तुक। रसीला भी तो यही कहती है। सीमा से कभी कोई बात नहीं हुई। लड़की वह भी अच्छी बेचारी उस राजू और रजनी से न जाने कैसे। वह दोनों एक दूसरे से बढ़ कर। हर नारी का अपना नर्क हर नर्क की अपनी पीड़ा। मुझे तो सच इन पर भी तरस कभी कभी जो यहां बैठ मेरी बुराई मेरे ही घर। जिनसे मुझे बांझ का ख़ताब क्या करें बेचारियां बचपन से उनके कानों में यही कूड़ा। नारी का धर्म। जो बेऔलाद वह बांझ मर्द लूल्हा लंगड़ा भी औरत से बेहतर। बेटा बेटी से बेहतर। बेटा बुढ़ापे का सहारा बेटी पराया धन। हर औरत को अपने से नफ़रत करना सिखलाया जाता है। इसीलिए बेटों की बलाएं बहुओं को दुख बेटियों से छुट्टी जैसे तैसे। रसीला और डॉली यह सब सुनती हैं तो गद गद ...

कुछ भी हो मैं मन से आज़ाद बदले की भावना हर औरत में मुझ में भी। अगर मैं बेऔलाद न होती तो इतनी आज़ाद न होती अन्दर से। औलाद औरत की ज़ंजीर। शादी भी। मैं खुशकिस्मत। इस तरह से सोचूं तो सब ठीक। मैंने जो किया वह आजकल की पढ़ी लिखी भी मुश्किल से। रसीला सुनकर हैरान होगी। किसी दिन

उसको सारा किस्सा। सारे किस्से। कैसे मैंने अपनी आग बुझाई। उस बूढ़े जगतपिता की किरपा से। हंसी आती है। हाय हाय से हंसी अच्छी। सदा बीमार बूढ़ियों से मेरी नहीं बनती। मैं बूढ़ी सदाबहार मानती हूं बेटियां बेटों से बेहतर। आम तौर पर। रसीला राजेश से। वह खरी वह खोटा। मैं अपने भाई से। वह बुरा नहीं था वैसे। कुछ खोट उसमें थे। कुछ खोट हम सब में। रजनी में बहुत। कुछ ज़्यादा ही। हर औरत हर मर्द से बेहतर नहीं। मेरी मां ने रजनी को रगड़ा अब रजनी सीमा को। सदियों ये यही सिलसिला। मैं इस से आज़ाद। इस आज़ादी की कीमत औलाद। औरत का खोट मर्द के खोट से कम खोटा। यही सब सुन डॉली हैरान। मांजी इतनी साफ सोच। डॉली मैं जनती तो बेटियां ही। शायद। आधी दर्जन। आफ़त आ जाती दुनिया में। कोई सुने तो सोचे मैं पागल। मेरा दिल कहता है मेरे बेटियां ही होतीं। पछतावे बेकार। सब सुख सन्तोष किसी को नहीं। असली बात बस मस्ती की। मैं मस्त। मेरे अन्दर एक समन्दर सुनहरी मछलियां। मेरे सपनों में पानी ही पानी। मैं अक्सर उसमें नंगी। मुझे सपनों का सुख दूसरों को अपनों का दुख। मुझे सब सपने सुख देते हैं। अन्त उनमें अब आंखें मारता है। मैं तय्यार। बहुत भोग लिया। अब इस भवसागर से पार। मुझे वापस बुला लो। क्या गाना था। मुझे दर्द तो है दुख नहीं। दोनों का फ़र्क महीन लेकिन संसार में इतना दुख क्यों ? इतना बड़ा सवाल मेरे बस का नहीं फिर भी मैं पूछने से बाज़ नहीं आती। जैसे मां अपने भारी बुद्धू बेटे को उठाने से। यह ख़याल न जाने कहां से। वहीं से जहां से वह सवाल। इतना दुख क्यों ? मौत तो मान लिया ठीक लेकिन बीमारी लाचारी भूख ऊंच नीच अत्याचार क्यों ? इस सवाल का जवाब उसके पास भी शायद ही। क्या पता वह है भी या नहीं हो न हो मैंने मान लिया है वह है। यह मान लेने से मन को कुछ आराम लेकिन यह मान लेने के बाद भी यह सवाल तो उठता ही है। और ज़्यादा उठता है। औरों के मन में भी उठता ही होगा। मांजी आपको गॉड में विश्वास है ? है भी डॉली नहीं भी। डॉली सुनकर खुश आप माडरन मांजी। कभी आ जाता है कभी उड़ जाता है फिर मैं तिनके की तरह हल्की। विश्वास के बगैर जीना मुश्किल। विश्वास के साथ भी अनन्त बस जीना मुश्किल। मैंने जी लिया जी भर कर अब और क्या बाकी। अब अन्त सामने विश्वास करूं न करूं वह आएगा आए। अक्सर आंखें बंद कर के पुकारती हूं अब आ भी जा। बहुत मज़ा आता है जैसे अंधेरे में किसी के साथ आंख मिचौली। अब आ भी जा। मैं अन्धेरे से घबराती नहीं। अंधेरे में अनन्त को आवाज देने से उजाला हो जाता है। अब आ भी जा ! वह कैसे आएगा किस रूप में कब शायद किसी सपने में पानी में उसकी कांपती तस्वीर अब आ भी ...

... इस अवस्था में भी इतने बड़े मकान में यह बेचारी अकेली न जाने कैसे इन्हें डर तो लगता ही होगा आजकल कुछ भी हो सकता है रात को कुछ हो जाए तो यह क्या करेंगी। इसीलिए इनसान ईश्वर से औलाद मांगता है। औलाद ईश्वर

नहीं देता नादानो औलाद मर्द से मिलती है। मुझे डर नहीं लगता डरपोको इस उमर में डर किस डाकू का। इस उमर में मौत ही असली डाकू या कातिल मैं उसके लिए तय्यार। असली डर इस उमर में अकेलेपन का ही वह मुझे नहीं मैं अकेली कभी नहीं होती। मैं अपनी यादों से खेलती भूल जाती हूं मैं बूढ़ी बेऔलाद। लुटपिट जाने का डर मुझे नहीं। कोई मार देगा तो मार दे मैं मुक्त। इतना बड़ा परिवार मांजी किसी को गोद ही ले लिया होता सुख देता आख़िरी वक्त सेवा करता पानी का ग्लास दवादारू सहारा। नामुराद जब गोद लेने की बात सुझाती हैं तो भी बेटे की ही बात बेटी की नहीं। बेटी को गोद लेना मतलब मुसीबत मोल लेना। कुत्तिया को पालता भी कोई कोई ही। अब इन्हें कौन समझाए मैं अगर गोद लेती तो भी लड़की को ही। मर्दों से मुझे सिर्फ एक ही काम कह दूं तो कहेंगे बुढ़िया बदमाश। अब मुझे भगवान और बाला का ही भरोसा।

... मांजी जमाना बड़ा खराब हर रोज़ अख़बारों में बूढ़ों की मारकाट की ख़बरें आपका दिमाग खराब उस काली जमादारिन का क्या भरोसा सब कुछ नौकर-नौकरानियां ही तो करवाते हैं। नौकरानियां ज़्यादा खतरनाक। उनके यार उन से मिलने आते हैं मांजी वह उनसे मिलकर लुटवाती मरवाती अपने मालिकों को। इन पर इन बातों का कोई असर नहीं होता। बांझों की बुद्धि उल्टी सच कहते हैं। इन्हें क्या मर जाएंगी तो कौन इनको रोने वाला। किसी से बना कर रखी हो तब ना। इसका बस बाला और डॉली और रसीला। तीनों एक सी। एक जमादारिन दूसरी विलायती तीसरी खसम को छोड़ बरसाती में। हमें क्या किसी दिन मरकट जाएंगी। लाश गल सड़ जाएगी तब पता चलेगा। इन्हें मेरी लाश की क्या चिन्ता इनका लालची मन और कहीं। मेरे सन्दूकों में गहनों कपड़ों पैसों में मकान में। इतना बड़ा मकान छोड़ गया इनका वह देवता स्वरूप मर्द इतना माल अस्बाब क्या फ़ायदा। वह बेचारा भी बेवकूफ़। उसको चाहिए था आधा तो किसी और के नाम कर जाता। इसने करने नहीं दिया होगा यह घाघ इसका उसपर जादू उसकी क्या मजाल यह उसको मार डालती। अब हर रात अकेली बैठ अशरफियां गिनती होंगी हिसाब किताब क्या किसको दे जाऊं सोचती होंगी। तुम सोचो मैं किसी को कुछ नहीं दे जाऊंगी सब खा पी जाऊंगी। इनका अपना ही कितना खर्चं पांच आदमियों जितना यह अकेली खा जाती होंगी। ऊपर से पीने की लत इसको। इसकी उमर की किसी को इतना पीते नहीं देखा हमने। कबाड़ी इसकी बोतलों पर हैरान बोरियां भर ले जाता है। बेचती भी नहीं मुफ्त दे देती हैं। दोनों हाथों से लुटा रही हैं।

और मैं सब सुनती रहती हूं अपनी माया का लेखा जोखा इनके मुंह से इनकी नज़रें हर चीज पर गहने गोखड़ू ज़रीदार जोड़ गागरें चांदी के थाल दरियां खेस रेशमी नाले जो मुझे याद नहीं वह इनकी याद। मैं सब सुनती रहती हूं मुझे अब किसी चीज़ से मोहमतलब नहीं। खा हन्डा लिया मेरा मन शान्त जब तक हूं खाऊंगी पहनूंगी।

मरने के बाद सरकार सब संभाल लेगी या कोई और मुझे क्या फ़र्क। लेकिन उसका क्या फायदा। सरकार कौन सी सच्ची सुथरी। आज गांधी जी होते तो सब उनके नाम कहती सब कुछ आपके हरिजनों के लिए। सच मज़ा आ जाता। अब तो उनका नाम भी कोई नहीं लेता। कुछ तो करना ही होगा। डॉली से पूछूंगी लेकिन वह भोली बेचारी उसको यहां का हेर फेर नहीं मालूम सब उसको लूट ले जाएंगे। रसीला से पूछूंगी। वसीयत छोड़ जाऊंगी। लेकिन उसकी भी यहां किसको परवाह। फाड़ फूड़ देते हैं। वकील को भी खरीद लेते हैं जज को भी। कुछ तो करना ही चाहिए। मकान सरकार के नाम बाकी सब रसीला के। एक शर्त के साथ। रसीला और सरकार मिलकर इस मकान में नारीनिकेतन खोलें। बाकी बेसहारा बांझों और जवान विधवाओं के लिए और पतियों से तंग आयी हुई बीवियों के लिए। और बाला को उस नारीनिकेतन की मैनेजर मतलब बॉस। उसके मुश्टन्डे को भी कोई मुनासिब नौकरी। सुन सुन कर कानों को छू लेंगे कहेंगे बुढ़िया बेहया निकली। सबको चकमा दे गयी। बांझों का क्या भरोसा ! जिस औरत ने कुछ जना नहीं वह क्या जाने खून और पानी का फ़र्क। उसके लिए सब एक बराबर। उसकी बुद्धि भ्रष्ट। लेकिन ऐसे ऊट पटांग वसीयत को यहां मानेगा कौन ! सब उसके ख़िलाफ़ उठ खड़े होंगे। हम से वह हरामिन जमादारिन इनको ज़्यादा प्यारी ! यह वसीयतनामा नहीं मज़ाक ! उस कालो ने ज़रूर कोई जादू टोना कर दिया होगा ! अख़बारों में ख़बरें। अगर मरने के बाद कुछ देर के लिए ज़िन्दा हो कहीं से देख सुन सकूं सारा तमाशा तो मज़ा आ जाए। जैसे मश्ट मार कर सब सुनती रहती हूं। लेकिन नहीं। मुझे क्या ! आप मरे जग परलौ ...

वैसे कभी कभी सोचती हूं क्यों न सचमुच सब कुछ सीधा बाला के नाम कर जाऊं। अपने उस कस्बे की कंजरी बालो की याद में। जिस पर सारा कस्बा कुरबान। इसी बहाने उस कस्बे की याद। और माजिद की। वह अभी नहीं। फिर जम कर। सेवा तो आख़िर बाला ही करती है। मान लो लंबी बीमारी आ गई तो बिस्तर में पड़े पड़े सड़ना पड़ा तो। भगवान ने बात न मानी तो। डॉली की वह किट तो एक मज़ाक। बस दो तीन काग़ज़ों पर लिख कर छोड़ जाऊंगी। बाला मेरी बेटी मेरे माल मकान की वाहिद वारिस। और किसीका कोई हक नहीं। डॉली और रसीला की गवाही। हो सका तो सीमा की भी। हो सका तो किसी वकील की मुहर। उसकी क्या ज़रूरत। मैं पूरे होशहवास बगैरह सब लिख दूंगी। दो तीन कागजों पर। इशारा यह है कि बाला मेरी मुंहबोली बेटी नहीं बल्कि असली मतलब सगी। डॉली और रसीला को सब कुछ पहले से ही बता दूंगी। हो सका तो सीमा को भी। कहूंगी तुम सबको उस बेचारी की मदद करनी होगी। मेरे मरने के बाद शोर मच जाएगा। सारे खानदान में ही नहीं सारे हिन्दुस्तान में। मेरे नाम का डंका। रसीला बजाएगी। नारी आन्दोलन के जलसों में। बाला की तसवीरें अखबारों में सब तड़प उठेंगे। रजनी शायद सब से

ज़्यादा। अपने भतीजे को दे जाती देना ही था तो लेकिन कैसे देती। उस बेहया ने पता नहीं किस से कब मुंह काला कर के वह कालो ली। और हम समझते रहे वह बांझ कोई भरोसा नहीं ! सब हिसाब लगाएंगे। नहीं जी बकवास कर गयी वह ताकि कोई रोक टोक न हो। बाला उसकी बेटी हो ही नहीं सकती उसका रंग तो देखो। उसकी उमर तो देखो। ज़्यादा से ज़्यादा बीस बाईस की। अब साठ की उमर में उस बेहया ने मुंह काला किया हो तो भी बच्चा कैसे होगा। मुंह तो ख़ैर वह आख़िर तक काला करती रही। उस बंगाली डाक्टर से। और क्या पता किस किस से। लेकिन बच्चा कहां से होगा कैसे होगा ! साठ की उमर में मर्द तो पैदा कर सकता है औरत नहीं। कुदरत भी बेइन्साफ। मर्द तो सुनते हैं सत्तर अस्सी तक भी। कुछ औरतें सुनते हैं पच्चास की उमर में भी लेकिन नहीं बाला उसकी असली बेटी हो ही नहीं सकती। दिमाग़ ख़राब हो गया होगा जो मन में आया अन्ट सन्ट लिख दिया। रसीला और डॉली को तो मना करना चाहिए था। वे भी तमाशा देखना चाहती थीं। इसका दिमाग ख़राब नहीं था इसने भी हमारा दिमाग़ ख़राब करने के लिए ही सब किया। झूठ मूठ मर सकती तो आज मर जाती और देखती इन चुड़ैलों का नाच। बाला को पता चल जाए मैं इस तरह सोचती हूं तो वह पीछे पड़ जाए। पंजे झाड़ कर। वह लालची हो न हो चाहती तो है कुछ उसके नाम। कहती है मांजी और नहीं तो वह कोठरी तो कर ही जाना मेरे नाम इतनी सेवा की। गांधी बाबा की आत्मा आप पर खुश। मेरे बच्चे आपके गुण गाएंगे। मुश्टन्डा मेरा आपकी फोटू पर फूलों की मोटी माला। कहती है मांजी सोना किस कमरे में दबा हुआ इतने कपड़े किसको दे जाओगी आपके कपड़े सब मुझे फ़िट। बाला की बातें बुरी नहीं लगतीं। मांजी परमात्मा न करे आपको कुछ हो हवा जाए आप गिर विर जाएं आपकी कोई हड्डी वैसे ही करवट बदलते कड़क जाए तो आपकी सेवा टहल कौन करेगा ? मैं या मेरा कजिन मुश्टन्डा। साथ आंख मार देती है। दूधिया दांतों का लिश्कारा मार हंसती है। इसीलिए मैं आजकल उसको अपने साथ ले आती हूं। उससे मालिश करवा के देखिए किसी दिन मांजी वो माहिर पिन्डे में प्राण डाल देता है ...

मुझे क्या मैं जानती हूं वह मुश्टन्डा उसका यार मेरा क्या लेता है मेरे घर में रौनक मेरे बाथरूम में मारे मस्ती मुझे क्या। मेरी बेटी होती तो उसको भी पूरी आज़ादी। सारी पाबन्दियां बेटियों पर ही क्यों बेटे क्या ऊपर से ? रसीला कहती है आप पैदाइशी फ़ेमिनिस्ट मतलब आपकी नज़र में लड़की लड़का एक बराबर आप भेदभाव के ख़िलाफ़ औरत की आज़ादी के हक में। वह सब ठीक लेकिन बेटी मेरा बेटा न बेटी। उस से क्या फ़र्क़ पड़ता है मांजी आप मन से मुक्त। डॉली भी यही कहती है। मांजी आप तो अमरीकी फ़ेमनिस्टों से भी आगे और औरत को मर्द से ऊपर क्यों मांजी मैं ठीक ? डॉली बेटी बिलकुल ठीक। मर्द तो अक्सर मां के मतवाले। बीवी को पीटते हैं मां को प्यार करते हैं। अक्सर नामर्द। यह अलग बात

डॉली कि औरतों के छलफ़रेब भी मुझे नापसंद। लेकिन बेचारियां अगर छलफ़रेब न करें तो और पिस जाएं। छलफ़रेब बचाव करने के लिए भी और बदले के लिए भी। मैंने भी किया छलफ़रेब झूठ क्यों बोलूं डॉली मुझे मर्द पसंद मतलब काम के मर्द काम के लिए। हर बात के दो मतलब कम से कम। डॉली शायद ही समझी हो। औरत की आज़ादी के हक में मैं मर्दों पर मोहित। बेशक अब नहीं। अब क्या करना धरना किसी से भी लेकिन मन तो अब भी खैर। अगर बूढ़े ठरकी हो सकते हैं तो बूढ़ियां क्यों नहीं। आप सचमुच कमाल की मांजी। मुझे तो तुम और रसीला जैसी जवान लड़कियां ही पसंद जो समाज से लड़ें भाइयों से डरें नहीं अकड़ कर चलें बुरे भले का फैसला खुद करें अपनी किस्मत का भी मर्दों की मातहती न मानें। मेरा बस चले तो मैं इन बूढ़ियों की बेड़ियां भी उतरवा दूं। इन्हें अपने बेटों भाइयों बेवकूफ खस्मों से आज़ाद करवा दूं लेकिन यह आसान नहीं। इनको अपनी बेड़ियों से भी प्यार। डॉली मेरी मुरीद। मांजी आप आज़ाद सचमुच मुझ से भी ज़्यादा आज़ाद और निडर मैं कमज़ोर मांजी उलझी हुई। आप मेरे साथ चलो अमरीका मांजी टिकट के पैसे मैं दूंगी। तेरी नानी मुझको मार ही डाले डॉली अगर यह सब सुन ले तो। डॉली खबरदार रहना नहीं तो नानी किसी बुद्धू के साथ बांध देगी। तुम वहीं रहो डॉली वहीं कर लेना शादी अपनी मर्जी से यहां के लड़के मां के लाल। सुन कर वह बेचारी चुप न जाने क्यों। किसी दिन पूछूंगी। शायद अपने ही आप बता दे। रसीला और डॉली मुझ से तो मेरे बारे में पूछती रहती हैं अपने बारे में इनका मुंह न जाने क्यों। शायद शर्माती हों या सोचती हों क्यों बुढ़िया पर बोझ डालें। कुछ है ज़रूर ऐसा इन दोनों के दिल में जो इनके मुंह पर नहीं आता। किसी दिन अपने आप आ जाएगा। डॉली कहती है वह शादी करने नहीं आती हर साल कहती है आते ही यह सवाल क्यों आयी हो आयी क्या करने क्या लेने अगले साल नहीं आऊंगी और अगले साल फिर आ जाती है। कहती है पता नहीं क्यों। मैं समझती हूं डॉली यह तेरा देश दिल करता है इसीलिए हर साल आ जाती हो क्यों न आओ यह तेरा घर वहां तेरा मन नहीं लगता होगा कैसे लगा वह देश बेगाना अब शायद यह भी। डॉली की आंखों में आंसू आ जाते हैं। कहती है नानी ऐसी बातें नहीं करती न ही मां। अपने डैडी का नाम नहीं लेती। सुनती हूं उन दोनों में अनबन ! कहती है नानी की एक ही रट तुम शादी कर लो। मैं कहती हूं कभी न करना किसी के कहने पर जब तक अपना मन न हो कभी न करना वरना पछताओगी। लड़के अब अपनी माओं से भी ज़्यादा लालची। उनको सब कुछ चाहिए। दहेज भी बीवी की जायदाद भी कहते हैं लड़की नौकरी भी करे मां की चाकरी भी तनख्वाह सारी सास के हाथ में। आपको यह सब कैसे पता मांजी। मुझे घर बैठे सब मालूम है। मैं अखबारें पढ़ती हूं। वैसे भी मैंने क्या नहीं देखा। और फिर अपना वह राजू जो है। रसीला का भाई बेचारी सीमा। दिन भर दफ्तर में सुबह शाम सास के नखरे वह तंग आ जाएगी जल्दी ही। डॉली हिन्दू

लड़के सब मां के मुरीद। किसी से कहना मत मुझको मार डालेंगे आजकल सब पागल क्या हिन्दू क्या मुसलमान सब हल्के। हर लफ़्ज़ के मतलब दो कम से कम। किसी दिन डॉली से ही सब कुछ कह दूं। नहीं। सब कुछ कह देने की ख्वाहिश न जाने क्यों। इससे भी यही अन्दाजा अन्त अब आया कि आया। आए मैं तय्यार। सब कुछ तो भगवान से भी नहीं। उस से तो क़ोई भी नहीं कहता सब कुछ। उसको तो सब उल्लू बनाते हैं। उस से सब अपना उल्लू सीधा। उसे बताने की ज़रूरत ही क्या वह अगर है तो सब जानता है। वह है मैंने मान लिया। मैं अपने से ही सब कुछ कहती रहती हूं। लेटी बैठी। अब यही एक लत यही एक लटका। डॉली को यहां की खरदिमाग छोकरियां सब ख़ाली दिमाग़। डॉली ठीक। इनको बस ठुमकना आता है। गिटिमिट गिटमिट दिमाग में भूसा। कुछ हैं जो अच्छी ! रसीला और सीमा जैसी। बस थोड़ी सी। बाकी सब बकरियां ...

तो किसी दिन रसीला को पास बिठा सारी बात। पहले अपना मन पक्का। किसी को सब कुछ दे देना आसान नहीं। मज़ाक की बात और अपना मकान किसी को दे जाना आसान नहीं। रसीला से उसके अपने बारे में अभी नहीं। वह तो मुझ से भी मुहज़ोर। नये जमाने की। लेकिन हुआ क्या इतनी जल्दी घर अपना छोड़ उस बरसाती में। किसी दिन उस से पूछूंगी पर अभी नहीं वह पहले संभल तो ले। शायद अपने आप ही आ बैठे पास किसी दिन। तरह तरह की अफ़वाहें। मैं सुन नहीं सकती। वैसे मुझको क्या मेरी तो गुज़र गयी जो भी किया उसने ठीक किया मैं उसके साथ बस इतना उस से कहना है। तो सब कुछ उसीके नाम ही क्यों न ? मैं किसी के नाम कुछ भी नहीं बस आखिर तक यह ताना बाना मैं मायादासी। जी यह करता है जाने से पहले सब फूंक फांक कर जशन मनाऊं हर रात पटाख़े और बेण्डबाजा। या देवी का जागा। वह मुझ से नहीं। बुढ़िया बेहया पागल हो गयी। हे भगवान मुझे हिम्मत दो लेटे लेटे ऐसा हौल दिल करता है सिर माथा पीटूं अपना चिल्लाऊं सब बकवास अकेली पड़ी मैं पागल इसीलिए बाला के साथ मनबहलावा। क्यों बाला। बॉस वॉस मेरे बस का नहीं मांजी मैं आपकी बेटी बस मेरी शुद्धि कर लो रख लो अपने पास। कपड़ा लत्ता रोटी दोनों टैम और जेबखरच मुझको मेरे मुशटन्डे को मैं उस से शादी भी कर लूंगी लेकिन यह सोच लो मांजी सब आपके दुश्मन हमको मारेंगे। कहेंगे कालो ने काला जादू। क्यों मन्जूर है मांजी। मकान आप डॉली दीदी को वह मेरी बॉस मैं मुफ्त की बेटी भी बांदी भी। फिर आपके बाद मैं डॉली दीदी के बच्चों की आया। गन्दा काम सब मेरा मुशटन्डा कर लेगा मैं हरदम टच्च। डॉली दीदी ले आए कोई गोरा अमरीका से। डॉली भी बाला पर खुश। मांजी यह कितनी तेज़। तो दे जाऊं सब कुछ इसको। वाई नाट मांजी वाई नाट ! आप असली गांधीवादी फेमनिस्ट कर दीजिए सोचिए मत। क्यों बाला मन्जूर। रहने दो मांजी। किसी दिन ऐसे ही हो जाए तो हो जाए सोच समझ कर मुश्किल जीते जी मैं

मायादासी। सब सोचेंगे कुछ दाल में काला। मेरी सारी दाल ही काली। बेटा होता तो बाला को बहू बना लेती सच। वह मानता नहीं। बेचारी पर हाथ फेरने से बाज न आता। सब हिन्दू मर्द जमादारनों पर मस्त। पिता की आंख उस पारो पर। क्या पता कुछ किया भी हो। सब मर्द परायी खुरली में मुंह औरत मारे तो उसको रन्डी। मैंने तो मारा कर लो जो करना है। बेटा होता तो मैं भी अपनी बहू की दुश्मन। बेटी होती तो कहती फिरती काश यह बेटा होती। मैं खुशकिस्मत। मेरे जैसी सब इसीतरह सोचती होंगी। मेरे जैसी बहुत कम। डॉली का सर्टिफिकेट मांजी आपकी उमर में आप जैसी बहुत कम अमरीका में भी। अमरीका ही देख आऊं डॉली के साथ। न बाबा न। अपना दिल इसी देश में। शायद डॉली का भी। इसीलिए हर साल हज़ारां का खर्चा कर आ जाती है लदी फदी हर साल। अपना अमरीका यहीं। जहां अपनी यादें। अपनी मिट्टी। हे भगवान अब मरने का हौसला दो ! हे भगवान अब शांति दो ! बेचारे भगवान के पीछे क्यों ! सब उस से सब कुछ मांगते रहते हैं मैं अब सिर्फ़ मौत। मरने से पहले यादों की माला के मनके ...

अन्दर एक समन्दर सुहानी यादों का। सपनों में पानी ही पानी। पुरानी यादों का। यादें जितनी पुरानी उतनी सुहानी। मैं खुशकिस्मत मुझे सब याद। इस उमर में आमतौर पर हाफ़िज़ा हाज़में की तरह ख़राब। मुझे अब भी सब कुछ हज़म सब कुछ याद। सिरहाने बैठी सिरखानियों की बातें सुनती सुनती मैं अपने समन्दर में डूब यादों की सुनहरी मछलियां पकड़ती रहती हूं।

... पता नहीं इनको इतना नशा कहां से। वह डॉली ले आती है बोतलें ब्राण्डी की अमरीका से। गटागट पीती रहती हैं जैसे अमृत हो। कहती है ताकत की दवाई है और कितनी ताकत चाहिए इनको। सन्डी है पूरी सन्डी। अब मरो भी जान छोड़ो जहान छोड़ो लेकिन यह हम सब को मार कर। बांझों की उमर लंबी। पीती ऐसे हैं जैसे पियक्कड़ मर्द। इनकी हर बात मर्दानी। इसीलिए औलाद नहीं हुई। बहन किसी ने ठीक ही कहा है बांझ औरत असल में आधी मर्द उसको दोनों सुख एक साथ। उसकी मौज ही मौज। कोई रोक नहीं कोई टोक नहीं। पेट का डर न पाप का। भाई का डर न बाप का। बंजर खेत सिंचवाते रहो जिस तिस से जब मन चाहे मार लो झख किसी के भी साथ कितनी ही बार किसी को कुछ पता नहीं चलता फिर पाबंदी क्या। इनका घर वाला तो वैसे भी भोलानाथ। बांझों को अक्सर ऐसे ही मिलते हैं। उनपर ईश्वर की किरपा इस मामले में। सन्तान न सही बाकी सुख सारे सुनते हैं उसको तिगनी का नाच नचाया मांजी ने। हम इनको मांजी क्यों कहती हैं। बस यूं ही। इनकी उमर का लिहाज़। एक बार चल पड़ा नाम तो चल पड़ा। सुनते हैं यह तो शादी से पहले भी बेलगाम। इनको पहले ही पता चल गया होगा यह बांझ। सुनते हैं इनकी मां इन से तंग। बांझों के लच्छन शुरू से ही बुरे उनकी भूख बुरी। मिटती ही नहीं उनकी प्यास। और फिर यह तो बरसों से विधवा भी। सोने पे सुहागा। जब

विधवा हुई थीं तो तब भी बूढ़ी लेकिन बांझों का बुढ़ापा भी बांका। वह भोलानाथ बेचारा कमा कमा कर छोड़ गया यह उड़ा रही है। अकेली मज़ाल है किसी और को कुछ खिलाए पिलाए। हम इतनी दूर से आती हैं पानी तक नहीं। बहुत होगा तो कह देंगी बाला पानी दो। जैसे हम भिखारिनें हों। हम उस काली कलूटी जमादारन के हाथ का पानी क्यों पियें ? हमारा क्या दिमाग ख़राब ! सुनते हैं इनका भोलानाथ ढीला ढाला था दब्बू बेचारा। बांझों की किस्मत अच्छी। उनको अक्सर ऐसे ही मिल जाते है। कमाऊ लेकिन ढीले। कुछ मर्द असल में मोम होते हैं लेकिन इसका यह मतलब तो नहीं कि उनकी औरतें इधर उधर मुंह मारती फिरें। वह लोक लाज का मारा इन्हें कोई परवाह नहीं। इनके करम अच्छे करतूतें बुरी। उस भोलानाथ की जगह कोई और होता तो दूसरी कर लेता। कोई मर्द बेऔलाद नहीं मरना चाहता। यह दूसरी को भी मार डालतीं। बांझें बेरहम होती हैं। क्या पता कह दिया हो उस से खबरदार। क्या पता बेचारे पर क्या जादू। उसने इसीलिए सब कुछ इसके नाम। अब यह पता नहीं किसके नाम। क्या पता कोई हो। शायद अपने बंगाली के नाम। क्या पता इनके मन में क्या। बांझों का मन एकदम काला होता है ...

और मैं सुनती रहती हूं। सीने पर पत्थर रख। पड़ी पड़ी। किसी दिन सारे पर्दे फ़ाश। वह दिन न जाने कब। औरत बस यही सोचती सोचती चल देती है। उसके दिल की बात दिल में ही दफन आख़िर तक। मैं वैसी औरत नहीं फिर भी शायद वैसी ही। दूसरी शादी तो मुझे करनी चाहिए थी। अब क्या कहूं किस से क्या फायदा। जो बीत गया सो बीत गया। मुड़ मुड़ के न देख मुड़ मुड़ के। क्या गाना था। अब कोई शिकायत क्यों। कोई शिकवा नहीं कोई शिकायत भी नहीं। क्या आवाज़ थी। कभी मेरी भी। आजकल पैदा हुई होती तो फ़िल्मों में। अब भी गाने में मज़ा आता है। वह तो हर चीज़ में। और लोग समझते हैं बूढ़ियां सब बुझी हुई। झुर्रियों के नीचे क्या है कोई क्या जाने। अब तो यह ख़िताब भी मन्जूर। बांझ मांजी। सुनने में बुरा नहीं। बांझ भी और मांजी भी। अब किस किस को बताऊं बांझ मैं नहीं थी वह ही नामर्द। तब नहीं बताया अब क्या फ़ायदा। जानने वाले जानते थे। मैंने पर्दा क्यो डाला। पता तो मुझे पहली रात ही चल गया था। मैं अनाड़ी नहीं थी। सास को असलियत मालूम। मां को बरसों बाद मैंने बताया। वह मानती ही नहीं थी कहती थी यह कैसे हो सकता है। मेरी महरम चंबेली बदमाश। मैं उसकी चेली। उसका मर्द नामर्द तो नहीं था लेकिन वह कहती थी मेरे लिए वह नाकाफ़ी। कहती थी मैं सारी उमर एक ही के साथ ! कभी नहीं ! मुझ को तो खेत खेत की मूली मिले तन की मुझे तसल्ली कुछ। चंबेली कइयों के साथ भागी न जाने किस किस के साथ। साफ कहती थी मैं सीता नहीं। कहती थी मुझे पता नहीं मेरे बच्चों में कौन किसका है। कहती थी क्या फ़र्क़ पड़ता है बच्चे बच्चे हैं सब मेरे हैं मैं इनकी मां बाप कोई भी हो। उसका मर्द उस पर मरता था सब कुछ जानते हुए भी कहती थी ऐसा मर्द

किस्मत से मिलता है मैं खुशकिस्मत। मैंने उसकी मानी होती तो मेरी गोद भी हरी भरी। अच्छा ही किया जो नहीं मानी। मेरे मर्द को मन्जूर न होता। वह पढ़ा लिखा अफ्सर चंबेली का अनपढ़ आढ़ती। मैंने देखा है अनपढ़ इन मामलों में ज़्यादा आज़ाद। मैंने देखा है नामर्दों को इज़्ज़त का ख्याल और ज़्यादा। अब हंसी आती है तब भी आती थी। वह तो खैर पहली रात भी आयी थी। उस बेचारे की हालत पर। उसके बहानों पर। साथ तरस भी बस औरत इसीलिए मारी जाती है उसे तरस बहुत जल्दी। चंबेली कहा करती थी उसे अपने हर मर्द पर तरस आता था इसीलिए वह उसके साथ वह कहती थी औरत को देखते ही मर्द की राल टपक पड़ती है। उसे हर मर्द बेचारा लगता था मुझे नहीं। वह मुझ से ज़्यादा उदार। उसने कइयों का बेड़ा पार सिर्फ़ तरस के मारे। चंबेली बदमाश की बातें कमाल की। वह भी अनपढ़ ...

शादी के बाद शुरू शुरू में बहुत मुश्किल। वह अपना ग़म पी कर गलत करता मैं पहन कर। गहनों कपड़ों की कमी नहीं थी। उसकी मां उसके आगे पीछे। बादामी दूध परांठे अन्डे न जाने क्या क्या। मैंने देखा है नामर्द खुराक अच्छी खाते हैं। उनकी माएं अक्सर उनके मुंह में कुछ न कुछ ठूंसती रहती हैं। मैं तो ऐसे सोच रही हूं जैसे सैंकड़ों नामर्द देखे हों। मैंने सिर्फ एक को ही देखा जाना। औरों के बारे में सिर्फ अन्दाज़े। जो हो शुरू में बहुत मुश्किल। फिर खुफ़िया समझौता। धीरे धीरे। मुझे बांझपन मन्जूर बदनामी मन्जूर लेकिन एक शर्त पर। वह रात मुझे याद साफ साफ। उस रात वह खुल कर रोया था। मैं समझ गयी वह हारा मैं जीती। अब सोचती हूं हार जीत की बात बेमतलब उस बेचारे का भी क्या दोष। इस उमर में सब दयावान उस उमर में तो मुझको सब पर गुस्सां लेकिन उस पर तब भी तरस। जब पीटता था तब नहीं। तब मन करता मैं भी मारूं। उस रात से पहले पी कर अक्सर मार पीट मैं हाथ जोड़ती मेरा क्या दोष वह कहता तू बदमाश तेरी आंखों में ऐब। पूछता बोल सच बोल उस चंबेली से क्यों मिलती है। हर रात पूछता आज कहां कहां गयी मां को धोखा देकर। उसकी मां उसके कानों में न जाने क्या क्या। नामर्दों की माएं अक्सर उनके कान भरती रहती हैं समझती हैं सारा दोष बेचारी बहुओं का। वह हुक्म चलाता रहता था। यह मत पहनो उधर मत जाओ आंखें नीची खबरदार जो खिड़की से झांका तो। इतनी चुस्त सलवार कमीज कुछ शर्म करो आंखों में इतना सुरमा क्यों होठों पर इतनी लाली क्यों यह कस्बा लाहोर नहीं। मैं सोचती शायद इसी तरह किसी रात उसे अचानक जोश आ जाएगा तो पूछूंगी क्यों इतने जालिम तुम लेकिन वह मुर्दा। नामर्द मारने में शेर। मारने वाले अक्सर नामर्द। जब और कुछ नहीं उठता तो हाथ ही सही। मैंने सब सहा पर किया वही जो जी में आया। मैं सोचती मार ले मैं बदला लूंगी बाज़ नहीं आऊंगी। मैं हर मौके की ताक में। डॉली को बताऊं तो पूछेगी मांजी तलाक क्यों नहीं। उस जमाने में इस देश में तलाक ! तलाक तो आज़ादी के बाद। आसान अब भी नहीं। मुसलमानों की बात दूसरी। मतलब मर्दों की तीन बार

तलाक तलाक तलाक और छुट्टी। मेरे माजू ने न जाने कितने तलाक लिए होंगे। हर मुसलमान मर्द नहीं लेता। माजू की याद अभी नहीं। वह कभी फिर जम कर। वह तब होता तो शायद मैं उसके साथ भाग जाती। शायद नहीं। मुसलमान मुझे मार डालते हिन्दू उसको। उसकी याद से अब भी रोएं खड़े इस उमर में भी। मतलब वह पहला प्यार पक्का सच्चा। तो उस रात सुन मैंने चंबेली की सिखायी चाल चली और दिया एक मरोड़ा और वह रोया ज़ारोकतार तो मैं शर्मिंदा। कुछ भी कहो। मर्द को रोता देख औरत अक्सर पिघल जाती है उसकी ममता जाग उठती है। मैं उठकर उसके पास जा बैठी। वह मुंह मोड़ लेट गया। मैंने उसकी पीठ पर हाथ फेरा तो वह फफक फफक कर फूटा। मैंने कहा मैं सब समझती हूं तो वह और बेहाल। मैंने कहा मैं पहली ही रात वह बोला बस। मैं उसकी पीठ सहलाती रही। कोई और होता तो जरूर होशियार हो जाता मेरे हाथों में जादू। उस से पहले उसने कभी मुझे अपने पास फटखने नहीं दिया छूना तो एक तरफ मैं बोली कोई इलाज विलाज। वह कुछ नहीं बोला बस मुंह मोड़ कर रोता सिसकता रहा। इतनी बड़ी देह। मैं देख देख हैरान। यह कैसे हो सकता है। शरीर शेरों सा। बस एक ही कमी यह कैसे। मैंने कहा जरूर कोई इलाज यह कस्बा खानदानी हकीमों का। मुझे डर वह फिर उठ कर पीटना शुरू कर देगा समझेगा मैं उसके ज़ख़्मों पर नमक लेकिन वह ख़ामोश। मैं उसकी पीठ सहलाती रही। आखिर वह उठा उसने आंखें पोंछी और बोला सारा कसूर मेरी मां का जिसने मेरी एक न मानी मैं आख़िर तक न न करता रहा लेकिन क्या कहता साफ़ साफ़ अब मेरी इज़्ज़त तेरे हाथ। मैं मन ही मन खुश लेकिन ख़ामोश मैं उसके मुंह से सब कुछ सुन लेना चाहती थी। आजकल का ज़माना होता तो टेप कर सारी बात अब सब से कहती सुन लो अपने कानों से वह ही नामर्द मैं बांझ नहीं। अब क्या सबूत है मेरे पास। मैंने कहा सब ठीक हो जाएगा वह बोला कैसे कुछ ठीक नहीं होगा अब मेरी इज़्जत तेरे हाथ। दूसरे दिन मैंने सारा किस्सा चंबोली को। वह बोली बस अब तेरी मौज अब उसकी क्या मजाल तू आज़ाद जो जी में आए कर तू मेरी चेली हम दोनों ऐश करेंगी चोरी चोरी। अब वह कभी कभी मार पीट भले ही ले लेकिन तेरी लात उसके ऊपर जो जी में आए कर मैं तेरे साथ वह खुश मैं हैरान इसे उस बेचारे की चिन्ता नहीं। क्यों डरती है तू चंबेली बोली मुझको देख मेरा तो नामर्द भी नहीं तू पूछ अपने दिल से। और मर्द अगर खेह खा सकते हैं तो औरत क्यों मरे भूखों। तू अगर बीमार या बदसूरत होती तो बात कुछ और तुझे क्या चिन्ता तू टंच चल मेरे साथ मैं तेरा बन्दोबस्त। तेरा मर्द अगर नामर्द न होता तो क्या वह न खेह खाता वह मर्द क्या जो मुंह न मारे इधर उधर। इसीलिए वह औरत क्या जो एक ही मर्द के नीचे हर रात। डॉली सुने तो कहे चंबेली भी फ़ेमनिस्ट वह मुझ से भी आगे। बोली अब सोच मत कल कह देना खबरदार जो फिर हाथ उठाया तो ! चंबेली न होती तो भी मैं उस रात के बाद आज़ाद। वह तो खैर मैं पहले भी थी

अन्दर से इसीलिए पारो पर पिता की आंख मुझे बुरी नहीं चंबेली की बातें भी बुरी नहीं इसीलिए छुआछूत मुझे बुरी लगती थी तब भी मैं पारो को छूती रहती थी माजू मुसलमान मुझे अच्छा लगता था इसीलिए इन सब से मेरी अनबन डॉली की नानी से बनी नहीं। बस अब और नहीं। बस अपना गुणगान अब और नहीं। मैं भी दोषों की पोटली ...

उस रात के बाद खुफिया समझौता। मैं उसकी सेवा टहल किया करती दुनियादारी रखरखावा रस्मरिवाज लेना देना सब कर लेती और साथ ही अपना काम। खुलेआम मुंह काला कभी नहीं लेकिन पर्दे के पीछे सब कुछ। मैं भूखी नहीं रही उसके बाद। मर्यादा की आड़ में जो हो सब किया काफी कुछ मुझे कोई अरमान नहीं। अब खुलेआम होता है तब लुकछिप कर अब भी खुलेआम अमरीका में ही। हर देश के अपने दस्तूर। अपने के बहुत पेचीदा। उस रात के बाद वह मेरा दोस्त मैं उसकी हमदर्द। दोस्त क्या एक तरह से भाई भी। कभी कभी भड़क भी उठता था। आखिर वह मर्द। लेकिन आम तौर पर अपने काम से काम हम दोनों का। अगर मैं पतिव्रता होती तो सूख गई होती। बांझ बांझ बांझ ! मैंने कस के बदला लिया। उस बेचारे से नहीं उन सब से जो मुझको बांझ उसके बाद उसका हाथ कभी कभी ही उठता था। मैं कहती उठने दो क्या मालूम किसी दिन कुछ और उठ खड़ा हो इसी तरह। मैं सोचती आखिर इतना हक तो है ही उसका मेरे शरीर पर। और फिर इसी तरह पापों का कड़वा फल साथ साथ। हालांकि क्या पाप और क्या शाप किसीको क्या पता। हम सब अन्दर से अधूरे इसीलिए मन करता है फट पडूं तार तार कर दूं सारे पर्दे। लेकिन क्या फायदा मैंने कौन सा तमगा लेना है। मैंने अपने मर्द को धोखा दिया दुख नहीं। बेशक वह जानता सब था। अब छोडूं यह राग रोना बेकार। यादों के फूल चुनो सो जाओ। कड़वे बूढ़े किसी को नहीं भाते। उसको भी नहीं। उसी ने राखी मेरी लाज। शायद। उसी के नाम पर इतने अत्याचार औरतों पर। शुरू से ही हर देश में। मैंने मनु को नहीं पढ़ा रसीला उसका नाम अक्सर लेती है। कुछ दोष औरतों का भी क्यों दबती हैं न दबें लड़ें जैसे मैं लड़ी लुक छिप कर ही डरती क्यों हैं मैं नहीं ...

मैं डरी नहीं। किसी से कभी। अब भी नहीं। अब तो बिलकुल नहीं। अब किसका डर काहे का। मैं जनमते ही जाबर जवान। मां दांत पीस पीस कहा करती थी इस बेहया का होगा क्या कौन बेवकूफ बयाहेगा इस अल्हड़ को लड़कियों वाली कोई बात ही नहीं कुदक्कड़े मारती फिरती है सारा दिन गली गली बाज़ार इसका क्या होगा लोगों यह मेरे माथे का कलंक मेरे किन करमों का फल मैं क्या करूं इसको कोई रोकने टोकने वाला ही नहीं मेरी तो एक नहीं सुनती लोगों की लड़कियां कितनी अच्छी घर का सारा काम सारा दिन जी-जी करती हैं घर बैठी इसको चैन नहीं। मैं मां से पिटते पिटते भी खी-खी करती रहती मां कहती यह ढीठ

मां की मार मरियल जैसे झूठ मूठ जैसे फ़र्ज पूरा करने के लिए लोगों को दिखाने के लिएं मैं सोचती मां क्यों इतनी बुड़ बुड़ बूढ़ियों सी। मैं उस से सिर्फ पन्द्रह साल छोटी। देखने में वह मेरी बड़ी बहन उसे क्या पता कर्मों का उसे क्यों चिन्ता मेरी शादी की वह कहती मैं नहीं करूंगी चिन्ता तो और कौन तेरा बाप ? वह सारा दिन दौरे पर। वह खुद घर नहीं बैठते तुझे क्या रोकेंगे। पिता मां से बड़े शायद दस बारह या पन्द्रह साल। उनकी नज़र पारो पर मां की उन पर। मैं कहती मां क्यों चिन्ता करती हो वह कानों को छू तौबा तौबा जैसा बाप वैसी बेटी। मैं सोचती क्या पता मां की आंख किस पर। उस कस्बे की सब औरतें उस कस्बे के महन्त पर मोहित वह माना हुआ। उस कस्बे में सब कुछ शायद हर कस्बे में। पानी अपना रास्ता अपने आप। सौ पर्दों के पीछे से भी तांक झांक। बुर्का बदमाशी का घर। चोरी छिपे सब कुछ मर्यादा का मतलब यही। मैं पढ़ी सातवीं तक गुढ़ी सोलहवीं तक उस जमाने में सातवीं तक भी मुश्किल से कोई कोई। लड़की को तो आखिर खाना ही पकाना है बच्चे ही जनना है गालियां ही खानी हैं पहले मां की फिर सास की। मैंने नहीं सीखा। मैं इसीलिए आज़ाद। रसोई औरत की कैद बच्चे बेड़ियां पति पहरेदार सास सौतेली मां ससुर अफ़सर। डॉली यह सब सुन कर हैरान। कहती है मां जी आप हम सब से आगे। जो हो मैंने रोटियां सेकना नहीं सीखा। घर गृरस्थी की घिसपिट में कुछ नहीं रखा। बच्चे होते तो बुढ़ापा बढ़िया न होता इतना बच्चों वालियां उड़ती नहीं उनके पर कट जाते हैं। चंबेली के भी। पता नहीं वह कहां किस हाल में। औरों को बच्चों का सहारा मुझको अपनी यादों का। बूढ़े यादों का खून पी कर ही जवान। सब यादों में सबकी यादों में खून कहां सब में खून पीने की हिम्मत कहां यह मैं क्या सोच रही हूं क्यों। क्यों नहीं। सोच को सीमाओं में क्यों बांधूं। लेटे लेटे जो मन में आता है आए मैं रोकूं क्यों मैं रानी अपने बिस्तर की। बूढ़ियों की आंखें अक्सर बेनूर उनकी यादों की लाशें मुर्दा अरमानों पछतावों की। मैं उन से अच्छी। आता है याद मुझको गुज़रा हुआ जमाना ! आप ने इकबाल को भी पढ़ा। मैं सुन सुन कर ही सब याद कर लेती हूं। मैंने उर्दू के शेर माजिद से सीखे वो सारे अब तक याद। वह झाड़ियां चमन की वह मेरा आशियाना। मांजी यह माजिद कौन। डॉली अब क्या बताऊं वह कौन। किसी ज़माने में वह मेरा सब कुछ। मेरा पहला प्यार। पडो़सी लड़का। मुसलमान। मैं उस पर लट्टू वह मुझ पर। मांजी फिर जा डूबीं। एक दिन गुनगुना रही थीं लगता नहीं है जी मिरा उजड़े ब्यार में। ब्यार नहीं बेवकूफ दयार दयार दयार का क्या मतलब ? अब इम्तहान लोगी मेरा सिर खाओगी जाओ घर अपने जिरह करने वाली बूढ़ियां मुझे एक आंख नहीं भातीं जाओ। बाला दरवाजा बन्द। क्या कह दिया हमने गलती से भड़क उठीं अब चल ही दें अब बैठने नहीं देगी। बाला दरवाजा बन्द इन सबको बाहर अब जाएं घर अपने घर वालों का सिर खाएं मैं इनकी बातों से तंग मैं अब अपने ही संग ...

हां आती है मुझको उर्दू बेशक मैं पढ़ी सातवीं तक ही। मैंने माजिद से सीखी उर्दू फ़ारसी भी थोड़ी सी। मैं मन से आधी मुसलमान। मां डरती थी। पिता का तबादला न होता तो न जाने क्या होता। हिम्मत हम दोनों में शायद ही। हम थे ही कितने। मैं तो मान भी जाती माजिद समझदार। लड़कियां हमेशा बेवकूफ लड़कों से आगे अनजान फिर पछताती हैं लड़के चालाक। माजू ईमानदार। उस कस्बे में आधे से ज़्यादा मुसलमान मेरी सहेलियां पड़ोसी भी दाएं बाएं मां डरती रहती थी। वह खुद नौजवान मैं नटखट कहती क्या होगा पिता अक्सर दौरे पर हम तीनों घर में अमृत छोटा सा। मैं कहती मां तुम क्यों डरती हो माजिद मेरा दोस्त हफीज भी मुसलमान क्या हव्वे। वह कहती तू पगली है लुतर लुतर मत कर तू नहीं जानती इन लुटेरों को। मैं हंसती। अब भी जब उन दिनों को याद करती हूं मैं उड़ कर उसी मकान में। तन बूढ़ा हो जाता है मन मरने तक वैसा ही जैसा बचपन में। मैं सोचती शायद मां झूठमूठ ही डरती हो शायद उसको भी माजू के घर से आती खुशबू उनके खाने की अच्छी लगती हो शायद उसने भी शादी से पहले किसी पड़ोसी से कुछ। मैं कहती मां मुसलमान भी आखिर इनसान वह कहती चुप मैं चुप हो जाती लेकिन अन्दर ही अन्दर मेरा मन माजिद पर। लुटेरा माजू मैं हंसती मन ही मन। पिता के दोस्त सब मुसलमान लेकिन वो उनको घर नहीं लाते थे। मैं पूछती क्यों वो कहते मां से पूछो। मैं कहती मां तुम इतनी कट्टर क्यों ! मैं छिप कर उनके घर की रोटी गोश्त सब खा लेती मां मेरा मुंह सूंघती रहती कहती तू बाप की बेटी। वो भी बाहर सब खा पी लेते थे मुसलमानों के घर। कहते उनके मसाले की महक ही और। मां कहती लस्सन की बो कभी नहीं मरती कितने ही कुल्ले-चुल्लियां कर लो। हमारे घर गोश्त कभी कभी उनके हर शाम। हफीजा चोरी चोरी मुझको बोटी टुक्कर मैं जल्दी जल्दी खा खू कर दिन भर मुस्कराती रहती मां कहती आज फिर तूने उनका मांस खा लिया मैं हंसती...

कुरान पाक की कस्में मैं बात बात में माजू मना करता कहता तू काफ़िर तू कुरान शरीफ़ की कस्में क्यों खाती है दोजख़ में जाएगी। मैं कहती मुझे मन्जूर। हफीजा हंसती। तेरे मुंह से कलमा कितना अच्छा एक बार फिर बोल। मैं कहती तू आरती बोल तब बोलूंगी मैं कलमा। उन दोनों को आरती भी आती गायत्री मन्तर भी वो आधे हिन्दू कहते तेरे घर की दाल की बात ही और। वो मुझको कहते तू दालख़ोर मैं उनको कहती तुम राक्षस। मुंह अब भी उनकी बोटियों की याद से महक उठता है। कभी कभी अब भी सोने से पहले कलमा पढ़ लेती हूं। भगवान का नाम सब भाषाओं में एक सा। कलमा पढ़ते ही मैं उस कस्बे में। सीधी। उस गली में। उन सीढ़ियों में उनके घर। अपने घर। सारी खुशबू वापस सारी आवाजें। मुल्लां की बांग। मन्दिर की घन्टी। शिवाले का शंख। गुरुद्वारे का बोले सो निहाल। माजू की सीटी। मशीन का घुघ्घू। टांगों की टपटप। मलाई की बर्फ वाला। फ़कीर की सदा। जो दे

उसका भला जो न दे उसका भी। कोयल की कूक। सब कुछ याद आ जाता है। कलमा पढ़ते ही। माजू की मूंछों की मीठी चुभन। उसकी जीभ का स्वाद। नाक की नाक से रगड़ सीने की सीने से। कितनी सख़्ती। सांसों की सूंसूं। नाखूनों से धुआं टांगे पानी पानी। बस उसका चेहरा अब कभी कभी ही जैसे बिजली की कौंध। उसे इत्र का शौक मैं डरती थी मां पूछेगी इत्र कहा से लगवा लाई। सीढ़ियों का नर्म नर्म अंधेरा। पकड़ कर पहले जान निकाल देता था फिर कान में ज़ुबान शेर सुनाने के बहाने। नये नये कहता था सुनो सकीना रानी शोर मत मचाओ हिन्दू मुसलिम दंगा हो जाएगा। सकीना रानी उसका दिया हुआ नाम। कहता था। बड़ी हो कर देवी मत बन जाना रानी तू आधी मुसलमान मैं आधा हिन्दू किसी ने सुन लिया तो मारे जाएंगे। वह मुझ से बड़ा कद वद में भी वैसे भी। मुझे एड़ियां उठानी पड़तीं उसे झुकना पड़ता। हफीजा कहती माजू मेरा भाई शैतान तू बच कर रहना रानो लड़के सब बेईमान मतलब के तू भोली फिर न कहना मैं खबरदार कर रही। वह कहती काश अमृत कुछ बड़ा होता मैं कहती तू बेशरम हफीजा सूरत न जाने क्यों गुम हो जाती है बार बार बाकी सब हू-ब-हू जैसे कल की बात हो। सीढ़ियां न होतीं तो हमारा क्या होता। मुसीबत मिलना जान की बाज़ी। खड़ा रहता था सीढ़ियों में नीली तहमद बांधे। लम्बे लटकते पल्ले पंजाब में उन्हें लड़ कहते थे। हर लफ्ज के दो मतलब कम से कम। कहता था माजिद भाई जान नहीं माजू कह मैं गूंगी शुरू में वह कहता मुंह खोल जीभ दिखला देखने में दो गज लम्बी तू बोलती क्यों नहीं। सीढ़ियों की सीलन की ठन्डी ठन्डी बो। वह कहता बो नहीं बू मैं अभी तक बू को बो। पकड़े जाने का डर न होता तो मज़ा कम। माजू तू कहां जा मरा उसकी अम्मी की आवाज़। रानो कानो न जाने किस कुएं में मेरी मां की आवाज़। हफीज़ा पहरेदार। वह कहता सुनो सकीना मुंह मेरे कान के साथ मैं लालोलाल। तुम जूठी अब हंसो मत चुपचाप जीभ लड़ाओ मैं पानी पानी। माजिद परशाद। मेरा दिया हुआ नाम। कान लाल दिल मेंढक या मछली अन्धेरे में उसके हाथ हर जगह मैं मर मर जाती थी। मुझे सब याद। बदन में अब भी बूंदाबांदी। कोई मानेगा ! न माने। मैं इस उमर में भी उस उमर में जब वह याद आ जाता है। ज़ोरों से। जैसे बाढ़। सब बूढ़े बेजान नहीं झुर्रियों के नीचे खून का नाच इस उमर में भी अब तक भी उसी तरह जब उसकी याद। मैं किसे बताऊं। हफीज़ा बार बार समझाती रानो इतना मत रीझो वह शैतान कहीं मारी न जाओ तुम हिन्दू हम मुसलमान तू भोली वह भेड़िया मेरा भाई हुआ तो क्या। वह कहता सुनो सकीना कलमा सीखना है तो पहले कान फिर मुंह में उसकी जीभ जैसे शहतूत। वह कहता तेरा कान नमक की खान मेरा मुंह मिसरी मैं लालोलाल पानी टांगे थर थर। उस वक्त अगर ऊपर से आ जाता कोई हम मारे जाते। वह कहता कांप मत कलमा पढ़ मुंह ही मुंह में थूक लड़ाने से पुख्ता प्यार और पुख्ता कहते हैं तू मुंह तो खोल। कच्चे कच्चे होंठ। जिस्मों में ऐंठन। अंगड़ाई तिरी है बहाना। बेवक्त

का गाना। आंखों में धुआं। घर का भी अन्दर का भी। सांसों में सांप सीढ़ियां डावांडोल मैं समझती भूचाल वह कहता तू पगली तेरे सिर में चक्कर उसके हाथ शरारती बन्दर हर कोने में। मैं गीली मिट्टी। हफीजा की हिदायत ऐन मौके पर याद। रानो ख़बरदार वह शैतान। बस माजू बस अब जाओ। कल फिर इन्शाल्ला। कल की कल। मैं कहती बस वह कहता चुप हम चिपके रहते ...

जब नींद नहीं आती थी मैं कलमा मन ही मन। कानों में शहतूत। सीने में सख़्ती। सीना लफ्ज़ उसी से सीखा। अचानक रोना आ जाता मां कहती रानो यह सूं सूं क्या ? कोई सुफ़ना या जुकाम ? मैं कहती दोनों मां शुरू हो जाती। राम जाने क्या होगा इस मरजानी का सारा दिन दगड़ दगड़ उनके घर। लोग क्या कहते होंगे। इसको समझाओ। यह अल्हड़ लड़की। मैं सोचती मां को मेरी चिन्ता क्यों वह आप अभी छोटी सी। मेरी बड़ी बहन सी। उसको मां कहते भी मुझको शरम। उसको छेड़ने की ख्वाहिश होती। मन ही मन मां मेरा नाम सकीना रानी मैं माजू की। मैं आधी मुसलमान। मैं जूठी। मन करता सब कह दूं पर कहा नहीं। मां पक्की हिन्दू। मैं सोचती अपनी बेटी का ब्याह मुसलमान से अपना तो होगा नहीं मैं जानती थी। माजू भी। वह मुझ से बड़ा। कहता था ये दिन गिनती के रानी फिर बेड़ियां शादी बरबादी ये दिन फिर नहीं। तेरा मुंह इतना मीठा क्यों क्या खा कर आती हो कानों में गुदगुद। पकड़े गये तो आफ़त। वह कहता खुदा बचाएगा वह आशिकों का आशिक। मेरे हिन्दू कानों को आशिक का लफ्ज अजीब लगता था। अब भी। वह कहता तू भी तहमद बांधा कर मैं मर मर जाती हफीजा समझाती रानो खबरदार वह ख़बीस शैतान। क्या उसको भी वह सब याद ! क्या वह भी कहीं लेटा इसी तरह ! कुछ पता नहीं वह है भी या नहीं। मैं हूं तो शायद वह भी हो। यह भी कोई दलील। रसीला से पूछूंगी यादों को मौत क्यों नहीं आती वो बूढ़ी क्यों नहीं होतीं वो सीढ़ियां क्यों इतनी साफ वो सूखी सांसें वो सूंसूं वह उसकी तहमद अंधेरा सख़्ती वह चुप्पी शहतूत खुशबू बोटियां लेकिन उस माजू का चेहरा क्यों गायब बार बार दांत झड़ जाते हैं यादें क्यों नहीं मैं उस से पूछूंगी ...

सूअर

ममी मेरी भोली महारानी बिलकुल। सीमा को सीता कहती है। मैं कहता हूं आजकल कोई साली सीता-वीता नहीं सब सरूपनखा। एक से बढ़ कर एक बेहया सब कुछ करने करवाने को तय्यार। हर दम। पैसे की ख़ातिर। या वैसे ही। कुछ तो ऐसी भी जो पैसे देकर। मैं सब जानता हूं। इसीलिए कहता हूं ममी सीमा को सिर पर नहीं। ममी जैसी मदर-इन-ला आजकल किसी किस्मत वाली को ही सीमा खुशकिस्मत। क्या मदर और क्या मदर-इन-ला आजकल सब पागल पैसे के पीछे। बहूबेटियों से बढ़ कर बेहया मैं सब जानता हूं। अख़बारें भरी रहती हर रोज़ क्या क्या नहीं होता इस साली दिल्ली में। सीमा खुशकिस्मत ममी जैसी मदर-इन-ला मेरे जैसा हस्बेन्ड। सोचती तो होगी ही ममी उसको सीता सीता मैं कहता रहता हूं ममी साली को सिर पर नहीं। इस ज़माने में कौन साली सीता सब सरूपनखा नाक कटवाने को तय्यार कई कई बार। ममी समझती नहीं। शायद समझती भी हो। मेरा ख़्याल है वह सब समझती है। वह स्मार्ट। सीमा से ज़्यादा। सीमा उसके सामने सिफ़र। हर बात में। ठीक है नौकरी करती है चार पैसे ले आती है लेकिन वह तो आजकल सब करती हैं अपनी ऐश की ख़ातिर। घर बैठना इनके लिए मौत। इसी लिए कहता हूं नौकरी

का यह मतलब नहीं औरत को सिर पर। औरत आखिर औरत। उसे दबा कर नहीं रखोगे तो वह आपको बेच खाएगी। मैं इस मामले में पुरानपन्थी। मैं ही क्यों सब मर्द अन्दर से। बाहर से कितने ही माडर्न बनें। माडर्न का यह मतलब नहीं कि अपने देश की साली रिवायतें ही बदल डालें। और आजकल तो वेस्ट की देखा देखी यहां भी सब सालियों पर बराबरी का भूत सवार। बराबरी के बहाने वह सिर पर चढ़ बैठना चाहती हैं। मर्द के सिर पर मदर-इन-ला के सिर पर ममी महारानी स्मार्ट लेकिन भोली। उसे मालूम होना चाहिए आजकल हो क्या रहा है। घर घर में बराबरी के बहाने झूठे दावे सालियां पता नहीं क्यों खुद जल मरती हैं और मुसीबत हस्बेन्ड और मदर-इन-ला को। दहेज के लिए जला दिया। ममी को मालूम होना चाहिए। होगा जरूर होगा। अखबारें वह पढ़ती है टी. वी. वह देखती है। वैसे भी वह स्मार्ट। समझती सब है लेकिन टेक्टफुल है। मेरी तरह बेवकूफ नहीं। जो मेरे मन में होता है वही मेरे मुंह में। ममी कहती है होना यह चाहिए कि सांप भी मर जाए लाठी भी न टूटे। ठीक कहती है। एक दम। सेंटपरसेंट लेकिन मैं साला मर्द। औरतों जैसा टेक्ट मुझ में नहीं। ममी जैसा तो बिलकुल नहीं। मैं उसका बेटा मुझे कुछ सीखना चाहिए उस से। सांप को मारने का मैथड। सिर्फ़ सीमा ही नहीं सब सालियों सांप। सब से संभल कर रहना ज़रूरी। सब मौका पाते ही डसने को तय्यार। इसीलिए तो मेरी कोशिश सीमा साली का डंक ही निकाल दूं किसी तरह। उसे दबा कर रखना जरूरी। उसे ही नहीं हर औरत को। इसीलिए जासूसी करता रहता हूं। उसकी हर हरकत को वाच करता हूं। किसी दिन उसके दफ्तर पर भी छापा जिस दिन पकड़ लिया उस दिन वह मेरे काबू में हमेशा के लिए औरत कभी चोरी से बाज नहीं आती। जो मर्द खुलेआम करता है वह औरत चोरी चोरी। उसे बस मौका मिलना चाहिए। मैं सीमा को मौका नहीं दूंगा। हर दम उस से खटका न जाने क्यों । नौकरी करने वालियों को मौकों की क्या कमी। ममी को कैसे समझाऊं मुझे उस साली पर विश्वास नहीं। विश्वास ममी को भी नहीं होगा। वह भोली सिर्फ़ मेरे लिए उसके लिए थोड़ी। वह भी आंख तो उस पर रखती ही होगी। सीता सिर्फ़ ऊपर ऊपर से ही। किसी दिन साफ़ साफ़ कह दूंगा ममी सीता वीता अब कोई नहीं सब नाक कटी . . .

कभी कभी दिल करता है नौकरी छुड़वा दूं बोलूं घर बैठ मुझे शक है तू दिन भर बाहर न जाने क्या। फिर सोचता हूं सोचेगी मैं दकियानूस यह भी ठीक नहीं। और फिर अभी से घर बिठा कर हरामखोरी की आदत क्यों इस हरामजादी को। कोई बच्चा वच्चा हो जाए तो बात दूसरी। लेकिन आजकल औरतों का दिमाग़ खराब। बच्चों को बन्धन मानती हैं। कैरियर के लिए बच्चों की कुरबानी। मैं सीमा साली का कैरियर बनने नहीं दूंगा। फुटकर नौकरी ठीक कैरियर का चक्कर नहीं। कैरियर वाली ही तो मर्द का मुकाबला करती हैं। और तो और उस अपनी बहन

रसीला को ही लूं वह पागल पढ़ी लिखी। उसपर भी आज़ादी का भूत। मुझ से बराबरी। ममी से सीधे मुंह बात नहीं। उसे शिकायत सब मुझे मिल गया मिल जाएगा। खुल कर नहीं कहती लेकिन दिल में खोट। इसीलिए आती जाती ही नहीं। न आए। उसका तो साया भी सीमा पर नहीं पड़ना चाहिए। बड़ी लीडर बनती है। अपना घर छोड़ बरसाती में। अगर हस्बेन्ड के साथ नहीं रहना था तो शादी क्यों की। वह तो सचमुच पागल। पढ़ लिख कर पागल। बड़ी प्रोफ़ेसर बनती। मां से नहीं बनती भाई से नहीं बनती हस्बेन्ड से नहीं बनती। बरसाती में बैठकर दूसरों को उपदेश। गलत रास्ते पर चलने के लिए। उसका साया सीमा पर नहीं। ख़रबूज़े को देख कर ख़रबूज़ा रंग पकड़ता है। एक मछली सारे तालाब को गन्दा। बहन हुई तो क्या है तो पागल औरत। ख़ानदान की बदनामी। अपना घर तो उजाड़ लिया अब मेरा भी उजाड़ देगी। उसका बस चला तो। उसे शायद मर्दों से नफ़रत। कभी किसी जलसे में कभी किसी जलूस में। जब देखो हाथ में झन्डा इसीलिए नहीं बनी होगी शंकर से। कहो तो फट कहती है यह मेरा पर्सनल मामला। बहनों बेटियों वाली कोई बात ही नहीं। नारी मुक्ति के बहाने बीवियों बेटियों को भड़का रही है दिन रात। फ़ेमिनिस्ट बनी फिरती हैं। फ़ेमिनिस्ट सब फ़ेमिली की दुश्मन। अपने अधिकारों के लिए लड़ों। बराबरी के लिए लड़ो ! मतलब मर्द को बस मार ही डालो। साले का कचूमर निकाल दो। खस्सी कर दो। बच्चे पैदा करने बन्द कर दो। वह ऊपर से आएंगे ! भाइयों को राखी मत बांधो। ले जाओ उनको कचहरी में कर दो उन पर दावे ! औरत से मर्द बन जाओ बस ! मैं दकियानूस तो नहीं लेकिन बेवकूफ़ भी नहीं। जायदाद के टुकड़े करने पर तुली हुई हैं ये औरतें। हर औरत अन्दर से फ़ेमिनिस्ट अब। बात बात पर आंखें दिखाती हैं। मां बाप का भी लिहाज़ नहीं। पहले लोग बेटों से तंग अब बेटियों से। इसीलिए तो मुझे डर लगता है किसी दिन सीमा भी न सामने तन खड़ी हो। साली का सिर काट दूंगा। ममी कहती है तू चिन्ता मत कर। उसकी मारल स्पोर्ट मुझे है। यह मेरे लिए बहुत बड़ी चीज। ऐसी ममी हर साले को नहीं मिलती। है तो आखिर वह भी औरत ही बेचारी। उसकी देखभाल मेरा पहला फ़र्ज़। अगर ममी और सीमा में से मुझे एक को चुनना पड़े तो मैं ममी को ही चुनूंगा। आंखें बन्द कर के। एकदम। इसमें कुछ सोचने की गुजांइश ही नहीं। सवाल ही नहीं उठता। और सीमा को यह मालूम होना चाहिए। हो सकता है उसके दिल में कोई गुमान हो। मैं निकाल दूंगा साली समझती क्या है मुझे मैं नामर्द नही। असल में औरत की नज़र नीची रहनी चाहिए। रहती नहीं अपने आप रखनी पड़ती है। मैं ? नहीं। मैं यह नहीं कहता औरत घौंचू हो घर घुसरी हो दब्बू हो। मुझे स्मार्ट औरतें पसंद। ममी जैसी। ऐसी जो स्मार्ट तो हो ही ममी की तरह लेकिन सौदाई न हो रसीला की तरह। रसीला पर ममी का असर नहीं पड़ा न जाने क्यों। वह शुरू से ही ऐसी। सीमा का कुछ पता नहीं चलता। बाहर से करीब करीब बिलकुल ठीक लेकिन

लगता है उसके अन्दर कुछ न कुछ चलता रहता है। बस मुझे वही ठीक नहीं लगता। औरत के अन्दर कुछ नहीं होना चाहिए वर्ना कोई न कोई मुसीबत ज़रूर खड़ी हो जाती है।

सीमा जब देखो अपनी ही सोचों में डूबी हुई। ममी देखती क्यों नहीं। देखती तो होगी वह भी कोई पलान बना रही होगी मन ही मन में। ममी सब कदम सोच समझ कर ही उठाती है। मेरी तरह नहीं मैं जल्दबाज़। साली से पूछो क्या बात है तो मुंह बिचका देती है बोलती नहीं। मुंह बिचकाने वाली औरतें ख़तरनाक। सोचने वाली भी। औरत को सोचने से क्या मतलब। सोचने वाली औरतों पर मेरा तो उठता ही नहीं फ्रैंकली। उठेगा कैसे साला। उसे तो ब्यूटिफुल बाडी चाहिए ब्रेन नहीं। ब्रेन के सामने तो वह बुझ जाता है। एकदम और फिर ब्रेनी औरतें तो खुद भी बुझी हुई होती हैं। सीमा बुझी हुई नहीं। साली ब्यूटिफुल है। इसीलिए तो देखते ही हां कर दी मैंने। सोचा ममी ने माल बुरा नहीं ढूंढा मेरे लिए। इसीलिए सोचता हूं वह सोचती-वोचती नहीं होगी मैं यूं ही डरता रहता हूं। सोचने के लिए दिमाग़ अपने बाप से लेगी ? और फिर उसका बाप कौन सा बड़े दिमाग़ वाला। ठीक है रट्टा लगा कर डिगरी ले ली नौकरी लग गयी बस। डिगरी के लिए दिमाग़ की जरूरत न नौकरी के लिए। डिगरी के लिए रट्टा नौकरी के लिए सिफ़ारिश या रिश्वत। मैं सब जानता हूं मुझे कौन सिखाएगा। मैंने खुद भी तो आखिर इसी तरह। और औरत का दिमाग तो वैसे भी उसकी एड़ी में। एड़ी से और तो जो मरज़ी कर ले सोच नहीं सकते आप। दिमाग़ी औरतों से ईश्वर बचाए। इसीलिए तो रसीला बैठी है बरसाती में। शंकर ने कह दिया होगा जाओ मुझे दिमाग़ नहीं चाहिए। मेरी तो उसके साथ कभी बनी नहीं। बहन वह बस नाम की। मुझे उस पर तरस आता है लेकिन उससे डर भी लगता है। ऐसे देखती है जैसे मैं उसका दुश्मन। सीमा पर उसका साया कभी नहीं। लेकिन इधर उस साली ने रसीला दीदी की रट लगा दी है। रोज़ कोई न कोई मैगजीन उठा लाती है कहती है देखिये दीदी की तसवीर। सौ बार कहा है उसका नाम मत लो इस घर में जिसकी इज़्ज़त उसने मिट्टी में। वैसे तो बोलती नहीं रसीला दीदी की तसवीर देख ले तो उछलने लगती है। ममी कहती है बेटा तू बेफ़िकर रह मैं सब देख रही हूं। ममी इज़ ग्रेट। वह भी तो औरत है उसका दिमाग़ क्यों ख़राब नहीं हुआ क्योंकि शी इज़ ग्रेट। वह समार्ट तो है सिरफिरी नहीं। स्मार्टनेस ही सब कुछ नहीं। औरत में भोलापन भी जरूरी। बेलिंस के लिए। फिर भी सीमा को सीता कहते रहना ठीक नहीं। इस ज़माने की कोई औरत सीता हो ही नहीं सकती। इम्पॉसिबल। एकदम ! और सच तो यह है कि वह होना भी नहीं चाहती सीता कहती है सीता तो सारी उमर दब के रही राम के साथ। और कैसे रहती। औरत दबेगी नहीं तो कैसे रहेगी अपने आदमी के साथ। या किसी भी आदमी के साथ।

और फिर सीमा तो दिन भर घर से बाहर दफ्तर में। घर से बाहर पति की

आंखों से दूर रहने वाली औरत सीता कैसे। वह कुछ करे न करे उसके दिल में सैंकड़ों बुरे ख़्याल तो उठते ही होंगे। आदमी बुरे ख़्यालों को दबा सकता है औरत नहीं। और अगर मान लो वह दबा नहीं पाता तो भी इतनी ख़राब बात नहीं। आख़िर वह आदमी। उसका बिगड़ेगा क्या ! लेकिन औरत अगर एक बार सीधे रास्ते से हटी तो बस गयी। जूठी औरत किस काम की। मतलब जूठी बीवी। दफ्तरों में एक से बढ़ कर एक हरामी। सब अफ़सर अपनी माहततों पर हाथ साफ़। सीमा बेशक समझदार। न होती तो ममी को पसंद कैसे आती। ममी एक ही नज़र में सब कुछ भांप लेती हैं फिर भी सीमा पर संगत का असर तो पड़ ही सकता है। अगर मान लो उसके दिमाग़ में भी फेमिनिज़्म का फ़तूर आ गया तो ! और उसकी पासिबिलिटी आजकल की हर औरत में। हवा ही ऐसी। इसीलिए साली को काबू में रखना ज़रूरी। आंख उठाने और जबान चलाने की नौबत ही नहीं आनी चाहिए। वैसे तो वह न आंख से आंख मिलाती है न ज्यादा बात करती है। लेकिन इस से कभी कभी मुझे और शक हो जाता है। जो औरत आंख से आंख न मिलाए उसका कुछ पता नहीं चलता कि उसके अन्दर क्या चल रहा है। और अगर वह ख़ामोश भी रहे तो मामला और ख़राब। ऐसी औरत किसी भी वक्त उबल पड़े। उबलती हुई औरत को संभालना मुश्किल। इसीलिए तो मैं सीमा से पूछता रहता हूं क्या सोच रही हो ? ज़्यादा पूछना भी ठीक नहीं। ऐसा करने से भी उसका दिमाग़ ख़राब हो सकता है। यह आदमी हर वक्त मेरे ही बारे में सोचता रहता है मुझ पर ही मस्त रहता है इसे बुद्धू बनाओ। औरत का दिमाग उल्टा। उस से ज़्यादा लाड प्सार करो तो वह समझती है आदमी उल्लू। इसीलिए मैं अक्सर उस से कड़क कर बात करता हूं। कभी कभी ख़्याल आता है रहे खामोश मुझे क्या मुझे वैसे भी मज़ा ममी की मीठी मीठी बातों में ही आता है लकिन बीवी क्या जो हरवक्त बुत ही बनी रहे बात ही न करे साली कभी दिल खुश न करे। बाहर तो लोगों के साथ बढ़ बढ़ कर बातें। किसी दिन इसका पीछा जासूसी भी करनी पड़ती है कभी कभी इसके दफ्तर ...

मैं चाहता हूं मैं घर लौटूं तो वह मुझको सजीधजी और खुश खुश नज़र आए ममी की तरह। मैं अक्सर घर देर से आता हूं वह पूछती तक नहीं पूछे तो मैं बताऊंगा बेशक नहीं या जो बताऊंगा वह ज़रूरी नहीं सेंटपरसेंट सच ही हो लेकिन औरत का फ़र्ज है आदमी से पूछना ताकि आदमी समझे यह मुझे मिस करती है। दफ़्तर की बात छोड़ो मैं जब दौरे से लौटता हूं तब भी यह चुपचाप। और एक ममी है कि मुझे देख फूली नहीं समाती। हर शाम ऐसे मिलती है जैसे महीने बाद मिली हो। दौरे के बाद लौटता हूं तब तो वह मुझे देख मारे खुशी के पागल हो जाती है । बीवी हो या मां आदमी औरत से यही एक्सपेक्ट करता है कि वह जब घर लौटे तो उसे महसूस हो वह लाट साब है। ठीक है यह साली नौकरी करती है थक जाती होगी। घर आ कर इसे खाना वाना भी बनाना होता है लेकिन उसमें आजकल देर

कितनी लगती है। सब कुछ तो है घर में और फिर ममी की मदद। वैसे मैंने ममी से कह रखा है कि खाना सुबह शाम सीमा ही बनाए मैं उसे बिगाड़ना नहीं चाहता नौकरी का मतलब यह नहीं कि सैर। और फिर मर्द और औरत की नौकरी एक सी तो नहीं। मर्द पर दफ़्तर का दबाव हमेशा ज्यादा। वह साला तो घर में भी दफ़्तर का ही काम करता रहता है। औरत का क्या वह तो आख़िर दफ़्तर में भी ऐश ही करती है। थोड़ा सा फ़्लर्ट कर दिया बॉस से और वह साला खुश कुछ कहेगा नहीं। और फिर यह फुटकर नौकरी इसका कैरियर तो नहीं। कैरियर वाली बीवी नहीं चाहिए मुझे। एक म्यान में दो तलवारें नहीं समा सकतीं। जो हो औरत का यह धर्म बनता है कि वह अपने हस्बेन्ड का मन बहलाए उसे खुश रखे उसके आगे पीछे फिरे। और जो औरत ऐसा नहीं करती नुक्सान उठाती है। हमेशा। कुप्पा औरत किसी मर्द को अच्छी नहीं लगती। पता ही नहीं चलता कुप्पे के अन्दर हो क्या रहा है। औरत को कुप्पा होना चाहिए न बड़बोला। बस बीच की औरत ही ए-वन। जैसे ममी। लेकिन ममी को बीच की कहना इज़ अनफ़ेयर। शी इज़ ग्रेट इसीलिए तो डैडी ने उसे महारानी का ख़िताब। मैं भी उसे इसी नाम से याद करता हूं। मौका-बे-मौका हर मुश्किल में खास तौर पर। अच्छा लगता है। शान्ति मिलती है। शायद सीमा भी आहिस्ता आहिस्ता सब सीख ले ममी से। नहीं सीखेगी तो मैं उसे सीधा कर दूंगा। बात से नहीं होगी तो लात से। हर औरत असल में लातों की भूत। क्या पता सीमा भी ममी की तरह कभी महारानी बन जाए। लेकिन नहीं। महारानियां वही बनती हैं जो घर बैठती हैं। ममी की तरह। औरत घर से निकली तो घर वाले के हाथ से भी निकल गयी समझो। अजीब प्राबलम है। घर से निकलना नौकरी करना भी आजकल ज़रूरी। लेकिन ममी तो आख़िर घर में ही रहती हैं। उस जैसी सुन्दर और स्मार्ट औरत अगर दिन भर किसी दफ़्तर में काम करती तो पता नहीं क्या हो जाता। सोचते हुए डर लगता है शर्म आती है। मेरा मतलब उस मर्द को शान्ति मिल ही नहीं सकती जिसकी औरत नौकरी करती हो। औरत की नियत बदलते देर नहीं लगती। ज़रा किसी हरामज़ादे ने लिफ्ट दी तो वह समझ बैठती है वह स्वर्ग की परी। ममी तो वैसे भी परी। जवानी में तो वह और भी सुन्दर रही होगी। इसीलिए डैडी ने बाहर नहीं निकलने दिया होगा काम नहीं करने दिया होगा वह काम कर सकती थी वह स्मार्ट। उस ज़माने में घर में ही कितने काम। रिश्तेदारों का मेला लगा रहता था हर घर में। वह ज़माना पुराना नहीं था फिर भी आजकल तो घर बैठी औरत और खतरनाक। उसका दिमाग टी. वी. देख देख कर ही खराब। कुछ समझ नहीं आता। इधर कुआं उधर खाई।

सीमा सोचती तो होगी उसकी सास उससे ज्यादा स्मार्ट। सोचती भी होगी जलती भी होगी। जलने वाली औरत अक्सर खतरनाक क्योंकि वह कुछ भी कर सकती है अपनी जलन बुझाने के लिए। किसी दिन ममी से कह दूंगा इसका कोई

भरोसा नहीं इस से ख़बरदार रहना। ममी के साथ जैसी अन्डरस्टैंडिंग है वैसी इस साली से नहीं हो सकती क्योंकि अन्डरस्टेंडिंग के लिए एक जैसी सोच ज़रूरी प्यार ज़रूरी एक जैसी पसंद ज़रूरी। मैंने देखा है आम तौर पर स्मार्ट और सुन्दर औरतों के भेजे में भूसा भरा रहता है। ममी एक एक्सेप्शन है। शायद सीमा भी हो ममी की चायस। उसने ठोक बजा कर ही चुना होगा। नौकरी करती है बिलकुल बेवकूफ़ नहीं होगी। लेकिन कुछ कहा भी नहीं जा सकता। कोरप्शन का ज़माना। नौकरी सुन्दर छोकरी को वैसे भी मिल सकती है। दफ़्तरों में काम कम होता है ऐश ज्यादा। सब सालियां कूल्हे मटका कर काम चलाती हैं काम साले मर्द करें। हर बैंक में औरतों की चें चें हर कम्पनी में उनकी कांए कांए। एक एक बॉस की दो दो। प्रोमोशन के बाद मेरी भी दो। एक अपने कमरे में अपनी मेज के सामने दूसरी बगल वाले कमरे में। दोनों का असली काम मेरा तनमन बहलाना। एक से तंग आ जाएं तो दूसरी के पास। काम सारा किसी क्लर्क के सिर। एक का नाम मिस मेरी दूसरी का मिस मीरचन्दानी। एक एंगलो दूसरी सिन्धन। आजकल एंगलो मुश्किल से। सब साली हिन्दुस्तानियों में घुल मिल गयी हैं। गोरा खून काला आज़ादी के बाद। सिन्धने अब भी मिल जाती हैं ढूंढने पर। वे भी ज़्यादा बाम्बे में। कुछ भी कहो नख़रा टख़रा सिन्धनों में ज्यादा खुलापन भी। पिला पिलू कर जो मर्जी कर लो। है तो सीमा भी आधी सिन्धन। इसीलिए तो मुझे उस पर और शक। यह तो अच्छा है वह सिन्धी बोल नहीं सकती नहीं तो सब कहते सिन्धन सीमा। कहती है उसने तो सिन्धी सीखी तक नहीं। लेकिन उस से क्या होता है। खून में खराबी तो होगी ही। वह तो पुश्त-दर-पुश्त चलती है। ममी को सोचना चाहिए था। क्या पता सीमा का बॉस जानता हो वह आधी सिन्धन। साला तब तो ज़रूर हाथ फेरता होगा। अब मैं ही उसकी जगह होता तो बाज़ आता ? हरगिज़ नहीं। यह ख़याल पहले क्यों नहीं। आया होगा मैंने टाल दिया होगा ज़्यादा सोचना भी साला बेकार। ममी कहती है राजू तू सोचता बहुत है सोचा मत कर सोचें तेरे दुश्मन। ठीक कहती है। सोचने से दिमाग़ ख़राब। रसीला की तरह। लेकिन करूं क्या दिमाग़ है तो सोचूंगा ही। ओरतों की बात दूसरी। उनका दिमाग़ अव्वल तो होता ही नहीं अगर होता है तो एड़ी में। ममी एक्सेप्शन। माई बेस्ट फ्रेन्ड ग्रेट। बीवी से दोस्ती मुश्किल। होनी भी नहीं चाहिए। बीवी तो बस बिसतर गर्म करने के लिए। या फिर पार्टी शार्टी में दूसरों पर रौब जमाने के लिए। देखो मेरी बीवी कितनी बांकी बनी ठनी। बीवी के साथ बराबरी का रिश्ता तो बेवकूफ़ी की बात। उस साली को हमेशा अपने नीचे हमेशा दो कदम पीछे। बेशक वर्किंग वोमन को दबाना आसान नहीं। उसके लिए टेक्ट की ज़रूरत जो ममी में है। ममी की मारल स्पोर्ट मेरे साथ। उसे सब मालूम है मैं क्या चाहता हूं क्या सोचता हूं। सीमा को नहीं। ममी जानती है मुझे सीमा में पूरा फ़ेथ नहीं। वह आधी सिन्धन। ममी भी सिन्धनों के बारे में वही सोचती है जो मैं। लेकिन किया क्या

जाए। मामला टेढ़ा। मान लो हम दोनों मिलकर उसकी नौकरी छुड़वा देते हैं तो पहले तो चार पांच हजार रुपये का नुक्सान। इतनी तनख्वाह उसे मिलती क्यों है ? प्राइवेट कम्पनी और वह भी छोटी सी। शादी के पहले भी वह वहीं। जरूर इसका अपने बॉस के साथ। कहती तो है वह काला और ठिगना लेकिन बॉस साला बॉस जैसा भी हो। और फिर यह ख़तरा भी तो है कि दिन भर घर में खाली बैठ करेगी क्या ख़ाली हाथ औरत भी ख़तरनाक। पुराना ज़माना अच्छा था इधर शादी उधर बच्चे। एक के बाद एक। किसी साली को सोचने की फुरसत ही नहीं मिलती थी। हर भाभी के दो देवर एक दो जेठ। हर घर में सास ससुर के अलावा एक दो दूर के रिश्तेदार बूढ़े और पड़े रहते थे। मेहमानों का मेला लगा रहता था। किसी साली को सिर खुजलाने की फुरसत नहीं मिलती थी सोचना तो दूर की बात। मैं पुरानपन्थी नहीं एक बात सोच रहा हूं। उस जमाने में आदमी कमाता था औरत जमा करती थी। आजकल आदमी कमाता है औरत ख़र्च करती है। जो काम नहीं करती शापिंग करती रहती है सारा दिन। जिनके बच्चे न हों वो तो और फ़जूलख़र्च। नहीं नौकरी छुड़वाना भी ठीक नहीं।

लेकिन औरत की कमाई में बरकत भी नहीं होती। आजकल इतनी मारधाड़। मियां बीवी दोनों नौकरी करते हैं फिर भी किसी के पास पैसा नहीं। हो कैसे बीवियां साली ख़र्चीली भी बहुत हो गयी हैं। कूड़ा ख़रीद ख़रीद घर भर लेती हैं। आदमी भी खरीदता है कूड़ा लेकिन सोच समझ कर। औरतें तो बस दूसरों की देखा देखी जो सामने आ जाए खरीद लाती हैं। घर बैठी औरतें तो और बेवकूफ़ इस मामले में। टी. वी. देख देख उनका दिमाग खराब। जो टी. वी. पर देखती हैं खरीद लाती हैं। मना करो तो मुंह बना कर बैठ जाती हैं। कुछ समझ नहीं आता क्या करना चाहिए। पुराना ज़माना इसीलिए अच्छा। औरतें नौकरी करती थीं न आवारागर्दी। बदमाश औरतें तो खैर तब भी होती थीं। अपनी ही वह बुआ उर्फ़ बांझ मांजी। उसका साया भी सीमा पर नहीं पड़ना चाहिए। वह रसीला से भी ज़्यादा ख़तरनाक। उसकी रसीला से खूब बनती है मुझ से नहीं ममी से नही। वह जानती है हमें उसकी करतूतें नापसंद। इस उमर में भी वह बाज़ नहीं आती। आदमी बुढ़ापे में बाज़ न आए तो उसे मुआफ़ किया जा सकता है। कुछ बूढ़े आख़िर तक हरे भरे रंगीले। मैं शायद उन जैसा। लेकिन बूढ़ी औरत अगर बाज न आए तो शर्म की बात। मेरा मतलब यह है कि पुराने ज़माने में बेऔलाद बांझ औरतें ही बदमाश हुआ करती होंगी। मुझे खैर पुराने ज़माने का क्या पता। सुनी सुनायी बातें। लेकिन ज़माना इतनी तेज़ी से बदल रहा है कि मैं भी शायद पुराने ज़माने का ही। नहीं जमाने के साथ चलना जरूरी। चल तो रहा हूं और कैसे चलूं। साली को बांध कर थोड़े ही रखा है। बस निगरानी रखनी चाहिए और लात ऊपर। और पैसा अपने हाथ में। औरत के हाथ में अपना पैसा आया नहीं कि उसका दिमाग़ ख़राब हुआ नहीं। फिर तू कौन और मैं कौन।

तलाक वही लेती हैं जिनके पास अपना पैसा होता है मतलब जो नौकरी करती हैं या जायदाद की मालिक होती हैं। रसीला को ही देख लो इसीलिए औरत को जायदाद नहीं देनी चाहिए। औरत आदमी के टुकड़ों पर ही पले तो बेहतर। ममी ने ठीक ही किया जो शुरू से ही सीमा से कह दिया बेटी तनख़्वाह हर महीने मुझे देनी होगी जैसे राजू देता है। अभी तक तो दे रही है साली देखें कितने दिन और।

मुरादाबाद वाली वह सिन्धन सीमा की मासी की लड़की इसीलिए तो अपने मर्द को अपने पास नहीं फटखने देती और दूसरे मर्दों को तिगनी का नाच नचाती है। खूब याद आयी साली। मैं मुरादाबाद में होता तो ज़रूर मज़े लेता। मसल देता साली को। कुछ भी कहूं सिंधनों पर मुझे जोश आता है। आधी सिन्धनों पर भी। क्या पता सीमा भी उस मुरादाबाद वाली की ही तरह शादी से पहले और शायद अब भी। क्या पता किसी से याराना वाराना शादी से पहले और अब भी इतना बड़ा शहर साला क्या पता चलता है कौन क्या कर करवा रही है। लेकिन मेरा दिल नहीं मानता। मेरी बीवी इतनी बेहया नहीं हो सकती मेरी ममी का चायस। इसे पता होगा मुझे पता चल जाएगा तो मैं इसकी टांगें तोड़ दूंगा। एकदम। वैसे आजकल सालियां डरती नहीं दीदे दिखाती हैं। रसीला जैसी फ़ेमिनिस्टों ने सबको उल्टे रास्ते पर। और तो और राजस्थान में भी। फिर भी सीमा किसी और के साथ ? दिल नहीं मानता। मुरादाबाद वाली की बात और। उसका मर्द पियक्कड़ और उस से दस साल बड़ा निखट्टू इसीलिए वह इधर उधर। सीमा को क्या शिकायत। शिकायत हो न हो औरत पर शक जरूरी। कई बार सोचता हूं औरत आख़िर चीज़ क्या है चाहती क्या है चीख़ती चिल्लाती क्यों रहती है आल द टाइम ? इस बला की थाह बड़े बड़े नहीं मैं किस खेत की मूली। औरत असल में पैसे पर मरती है या प्यार पर ? सूरत पर या सोने पर ? दिमाग़ पर या दौलत पर ? प्यार-व्यार तो किस्से कहानियों और फिल्मों में ही होता है रीयल लाइफ़ में नहीं। फिर भी ईगो की तसल्ली के लिए ही सही हर औरत चाहती है कोई न कोई उससे कहता रहे मौका बेमौका वह उसके बगैर नहीं रह सकता पागल हुआ जा रहा है। अगर यह झूठ उसका हस्बेन्ड न बोले तो वह किसी पराए मर्द के पीछे पड़ जाती है। इस तरह की औरत से मर्द को भगवान भी नहीं बचा सकता। मुरादाबाद वाली वह इसीलिए इतनी बदनाम। अपना मर्द पी पी कर नामर्द। सो वह सोचती होगी पैसा मेरे पास है प्यार पराए मर्दों से। उसका आदमी बेशक निखट्टू लेकिन साहिबे जायदाद साला आधा मुरादाबाद उसका साली का नाम याद नहीं आ रहा सीना याद आ रहा है। मैं मुरादाबाद में होता तो ज़रूर मैं भी नहा लेता उस गंगा में। छोटे से शहर में भी वह इतनी बदमाश कमाल की औरत। सीमा से पूछूंगा उसका नाम। शायद उसको शक हो मेरी आंख उस पर। लेकिन अफसोस तो यह है कि सीमा मुझ पर शक भी नहीं करती। दो दो दिन बाहर दौरे पर रह कर लौटता हूं तो भी कुछ पूछ ताछ नहीं करती। जो औरत अपने मर्द पर शक

न करे उसकी अक्सर अपनी नियत ख़राब। ऐसी औरत ख़तरनाक। वह शक इसलिए नहीं करती ताकि उस पर शक न किया जाए। मैं उन मर्दों में से नहीं जो आंख मूंद लेते हैं जानबूझ कर। जो औरत अपने मर्द की आंख से आंख न मिलाए उसके मन में खोट। जो औरत हर वक्त थकी थकी रहे उसकी करतूतें खराब। जो औरत हर वक्त गुमसुड़म रहे वह। मैं पागल हो जाऊंगा। नौकरी छुड़वा दूंगा तो दिन भर ममी की निगरानी में। घर बैठी औरतें कम बदमाश नहीं होतीं। मुरादाबाद वाली वह नौकरी थोड़े करती है। आज वह साली मुरादाबाद वाली मेरे सिर पर सवार। यही कहीं होती तो शायद मैं उस पर सवार। शायद नहीं यकीनन। बदमाश औरत की अपनी बहार। इसीलिए तो लोग कंजरियों के पास। पुराने ज़माने में। आजकल भी। आजकल तो कंजरियां सब कालगर्ल। नौकरी के बहाने बहुत सी तो सही धन्धा। अन्दर से हर औरत वेश्या। हर बीवी बॉडी बेचती है। सोना साड़ी और मकान। लेकिन सीमा साली तो यह भी नहीं मांगती। ऊट पटांग कपड़े पहनती है। बिन्दी तक नहीं लगाती। सोने के बजाय चांदी। साड़ियां सब सूती। ऐसे बनी फिरती है जैसे कालिज की लड़कियां। और मेरा मन करता है वह ममी की तरह सुर्खी पाउडर बिन्दी सब लगाए रेशमी साड़ियां पहने जेवरों से लदी रहे। ताकि मुझे लगे वह खुश है। ताकि मैं निश्चिन्त होकर दौरों पर जाऊं ऐश करूं। वह तो ख़ैर मैं करता ही हूं। वह मर्द क्या जो ऐश न करे। और फिर सीमा तो साली ठण्डी। अब यह बात मैं ममी को कैसे बताऊं। बता भी सकता हूं। अंग्रेजी में। अंग्रेजी का यही फ़ायदा अंग्रेजी जानने वाली ममी का भी। ठीक है ठन्डी औरतें कम ख़तरनाक जनरली लेकिन यार कभी कभी तो हर मर्द का दिल करता है उसकी बीवी उसके नीचे पड़ी पड़ी उछले कूदे बकवास करे ऐन मौके पर चीखे चिल्लाए कहे मैं मर गयी। पड़ोसी भी सुन सुन कर हैरान पड़ोसिन मन ही मन सोचें मर्द हो तो सीमा के हस्बेन्ड जैसा हमारा तो ठण्डा ठन ठन गोपाल। सच कहता हूं लोग इसीलिए एंगलो और सिन्धनों पर मस्त। कहते हैं वे खूब शोर मचाती हैं। प्रोमोशन हो ले मैं भी दो दो। लेकिन सीमा तो अक्सर सी तक नहीं करती। सिकुड़ जाती है। साली छुई मुई का फूल। मज़ा तो आता ही होगा मरदूद को। मज़ा क्यों नहीं आएगा। पिस्ता बादाम खाता हूं मैं। इस मामले में अनाड़ी नहीं। बेशक उसके मज़े की फ़िक्र मुझे नहीं। औरत को ज़्यादा मज़ा न ही आए तो बेहतर। मजा लेने वाली औरत खतरनाक। अगर मान लो किसी रात उसका मर्द उसको न दे सके मजा वह कहीं और मुंह मार कर आया हो तो वह साली सोचने लगेगी आज बात क्या। मज़े की लत पड़ जाती है। जिस औरत को यह लत पड़ जाए वह एक मर्द के पास नहीं। वह निम्फ़ो हो जाती है। अक्सर। निम्फ़ो औरत से भगवान बचाए। चूस के रख देती है। उसका नाम ही इसीलिए लेमनचूस। नीबूनचोड़। मुरादाबाद वाली शायद निम्फ़ो हो। सिन्धनें अक्सर निम्फ़ो। मर्द का मन करता है कभी कभी उसकी बीवी भी निम्फ़ो का स्वांग कहे एक बार और। नहीं कहे

बार बार। इसीलिए लोग अक्सर वेश्या की तलाश में। वह सब से बेस्ट। वेश्या नहीं कालगर्ल। वह अक्सर शादीशुदा। उनके साथ दुगना मज़ा। उन्हें मज़ा आए न आए वो इम्प्रेशन यही देती है उन्हें खूब मजा आ रहा है। असल में मर्द चाहता यही है कि बीवी में भी खूबी हो। तभी वह उस पर लट्टू। लट्टू तो ख़ैर मैं। किसी औरत पर नहीं। ममी एक्सेप्शन। बिलवामंगल बेवकूफ। मैं नहीं। मैं औरतों की असलियत जानता हूं। चुस्त चोलियां और चूतचालाकियां मुझे धोखा नहीं दे सकतीं। मैं देखते ही हर औरत को नंगा कर लेता हूं। ममी की बात दूसरी। शी इज़ ग्रेट। माई बेस्ट फ्रेन्ड। देवी 'यह तो अच्छी बात है सीमा चुस्त चोलियां नहीं पहनती न मेकअप करती है। हालांकि मैं चाहता हूं वह घर में सब कुछ पहने सब कुछ करे। मेरी और ममी की देख रेख में। लेकिन वह तो घर में हर वक्त खोयी खोयी सी रहती है। खोयी खोयी औरतें ख़तरनाक। पता नहीं उसे ग़म क्या है कमी क्या है। ममी जैसी स्मार्ट सास और मेरे जैसा स्मार्ट हस्बेन्ड। अपना मकान। सारा साज़ सामान। टी. वी. विडियो शिडियो सब। और चाहिए क्या उसे। एक दो बच्चे हो जाएंगे तो साली की नौकरी भी छुड़वा दूंगा तो घर बैठ कर ऐश करेगी और बच्चों को पालेगी छोटी महारानी। लेकिन पहले बच्चे तो हों। कहीं साली बांझ न हो। उस बुआ उर्फ बांझ मां जी की तरह। बांझ निकली तो मारा जाऊंगा। मुझे तो कम से कम तीन बेटे चाहिएं। बेटी एक भी नहीं। बेटी को पालना पढ़ाना मुश्किल। एकदम मुसीबत। सेन्ट परसेन्ट। बेटियों का आख़िर फ़ायदा क्या। पढ़ाओ लिखाओ फिर दहेज जायदाद दो और भेज दो दूसरे के घर। ठीक है हो जाए तो सब करना ही पड़ता है। यह तो अच्छा है आजकल सब पहले ही पता चल जाता है लड़का होगा या लड़की। साइंस का कमाल। सब काम आसान कर दिये। नहीं चाहिए तो कर दो सफ़ाया। और आजकल तो बांझें भी बेटे जनने लगीं। उस बांझ बुआ का साया सीमा पर नहीं। वह और रसीला दोनों ख़तरनाक। क्या किस्मत है साली । एक बहन और एक बुआ दोनों खतरनाक। लेकिन मैं क्यों सारा दिन सीमा के बारे में ही सोचता रहता हूं। वह मर्द कैसा जो हर वक्त अपनी ही औरत के बारे में परेशान। सीरियस सवाल ! कहीं ऐसा तो नहीं मैं हेनपेक्ड क्या कहते हैं ज़नमुरीद ! सवाल ही पैदा नहीं होता। मैं किसी भी औरत का मुरीद नहीं। ममी की बात दूसरी। ममी इज़ ग्रेट ...

ममी समझाती रहती है बेटा तू चिन्ता क्यों करता है मैं हूं ना मैं सब संभाल लूंगी मैं कच्ची गोलियां नहीं खेलती मैं सब जानती हूं तू सबर रख बेटा। तेरी बीवी बुरी नहीं बेचारी मैं सब ठीक ठाक। एकदम सही बात। जिसकी ममी इतनी चुस्त चालाक उसे अपनी साली बीवी की इतनी चिन्ता क्यों हो। ममी की पालिसी परफेक्ट मीठा बोलो लेकिन गांठ के पक्के रहो विश्वास किसी पर मत करो बाप पर भी नहीं। बीवी को ढील तो दो लेकिन सोच समझकर बस उतनी जितनी ज़रूरी हो। अब मुझे क्या पता कितनी ढील जरूरी। ममी कहती है उसे सब पता है मैं सारा

मामला उस पर छोड़ दूं। कहती है तुम ऐश करो सीमा को कन्ट्रोल मैं करूंगी अपने तरीके से। मैं ममी का टेक्ट नहीं समझता कभी कभी। समझता सब हूं लेकिन बेसबरा हूं बस। दरअसल मेरे दिमाग़ में यह बात बैठी हुई है कि औरत से मीठा बोलने वाला मर्द नामर्द। अब ममी को यह बात कैसे बताऊं। चापलूसी मुझ से नहीं होती। दफ़्तर की बात दूसरी। बॉस को बट्टर सब लगाते हैं। जब मैं असली बॉस बन जाऊंगा मुझे भी लगाया करेंगे तब मैं दो रखूंगा। एंग्लो को सामने सिंधन को बगल वाले कमरे में। कभी कभी बदल भी दिया करूंगा ताकि सालियां आपस में न लड़ें जैलस न हो जाएं। मतलब बॉस की लल्लोपत्तो सब करते हैं बीवी की सिर्फ़ भौंदू। ममी कहती है बेटा लल्लोपत्तो करने की कौन कह रहा है बस कभी कभी कह दिया करो उसको डार्लिंग वार्लिंग वह खुश हो जाएगी। माई डार्लिंग ममी ! ठीक है आजकल की बीवियों को मारना पीटना शायद ठीक नहीं मारने पीटने से मामला बिगड़ सकता है। मारने पीटने वाले मर्द भी अक्सर नामर्द। जरूरी नहीं। किताबी बात। सच्ची बात तो यह है कि औरत को मारने पीटने की ख़्वाहिश हर मर्द के दिल में उठती है। नारी ताड़न की अधिकारी। पूरी चौपाई याद नही। ममी से पूछूंगा। वह हैरान होगी। सोचेगी मेरा राजू रामभक्त। ममी कहती है कभी कभी उसकी हां में हां मिला दिया करो। मिला दिया करूंगा लेकिन करनी मर्द को हमेशा अपनी ही चाहिए नहीं तो औरत समझती है आदमी उल्लू। मैं तो मानता हूं कि बिस्तर में भी औरत को कभी अपने ऊपर मत चढ़ने दो। कामसूत्र के आसन बीवियों के लिए नहीं। अपनी बीवियों के लिए नहीं वह सब दूसरों की बीवियों के लिए। औरत की सारी बनावट ही ऐसी है कि उसे मर्द के नीचे बिछना चाहिए। बाकी सब आसन अन-नेचुरल। ठीक है कभी कभी किसी रन्डी वन्डी या रखैल वखैल या किसी दूसरे की बीवी से सब कुछ कर लेना चाहिए। ताकि कोई अरमान न रहे। मैं भी कोशिश तो करूंगा। वह तो अब भी करता हूं। जब कभी दौरे पर जाता हूं। दौरे पर जाता ही इसीलिए हूं। काम का तो बहाना। टी. ए. डी. ए. बन जाता है। आजकल जितना भी हो कम पड़ता है। इसीलिए तो साली की नौकरी नहीं छुड़वाता। बच्चे हो गये तो उनकी पढ़ाई लिखाई वगैरह पर और ख़र्च आजकल एक तनख्वाह से नहीं चलता। तो क्या नौकरी इसको सारी उम्र ? देखा जाएगा। बच्चों वाली औरतें कम बदमाश पर। आजकल तो बूढ़ियों का भी कोई भरोसा नहीं। अपनी ही वह बुआ उर्फ बांझ मांजी सुनता हूं अभी भी एक्टिव। उसका साया सीमा पर नहीं। ममी कहती है उसका साया रसीला पर है। इसीलिए तो रसीला घर छोड़ बरसाती में।

ममी समझाती है बेटा कभी कभी इसके साथ चले जाया करो इनलाज़ के घर। चला जाता हूं। सोचता हूं अगर साली इसी से खुश होती है तो मेरा क्या जाता है। लेकिन मैंने देखा है खुश वह किसी भी बात से नहीं होती। शायद उसका टेम्परामेंट ही ऐसा हो। मुझे ही मिलनी थी ऐसे टेम्परामेन्ट वाली। जब कभी इसके साथ इधर

उधर जाता हूं लौटने पर मेरे मुंह से ऐसी वैसी लेकिन कुछ सच्ची बात निकल जाती है जिससे इसका मुंह फूल जाता है। ठीक है बीवी के मायके वालों की नुक्ताचीनी उसके सामने नहीं करनी चाहिए। लेकिन यह भी तो नहीं होना चाहिए कि बीवी हर एक के सामने अपने मायके वालों का गुणगान ले बैठे। ऐसा करने वाली औरतें अक्सर अपने ससुराल टिक कर नहीं बैठतीं। बात बात पर मायके दौड़ जाने की धमकी देती हैं। ख़ास तौर पर अगर मायका साला उसी शहर में हो। अब सीमा बेशक अभी ऐसा नहीं करती लेकिन क्या पता किसी दिन हो जाए शुरू। कर के देखे तो। मैं उसका मुंह बन्द कर दूंगा। हमने कभी उससे यह नहीं कहा साफ साफ कि वह ज्यादा दहेज नहीं लाई लेकिन खयाल तो आखिर आता ही है। ममी को भी मुझे भी। हम आपस में बात कर के जी हल्का कर लेते हैं। मेरी आमदनी के लड़के को चार पांच लाख तो आसानी से मिल जाता है और मुझे नहीं मिला साला एक लाख भी। हम ने सोचा ठीक है साली नौकरी करती है जाने दो। मेरा मतलब है औरत की धौंस नहीं होनी चाहिए। इस मामले में ममी मेरे साथ। लेकिन वह तो हर मामले में मेरे साथ। कई बार मुझे समझा चुकी है कि जवान बीवी की जेब में पैसे हमेशा गिनती के हों। नौकरीपेशा औरत पर इस तरह का कन्ट्रोल आसान नहीं लेकिन ममी ने रखा हुआ है। पहले ही दिन से। सारी सेलरी ले कर बस वस के लिए उसे रोज का रोज दे देती है। बैंक अकाउंट मेरे या ममी के नाम। सेलरी तो मैं भी ममी को ही देता हूं हर महीने लेकिन मुझे कुछ हेराफरी तो करनी ही पड़ती है। न करूं तो ऐश कैसे करूं। क्या पता वह भी करती हो हेराफेरी। लेकिन नहीं। इतनी स्मार्ट नहीं हो सकती। क्या पता अन्दर से हो ही। बस यही बात मुझे बेचैन करती है। साली के अन्दर क्या है यह मुझे मालूम नहीं ठीक ठीक।

किसी दिन ममी से खुल कर बात करनी चाहिए। करूंगा जरूर करूंगा। मैं यह भी तो नहीं चाहता कि ममी परेशान हों इसीलिए उससे साफ़ साफ़ मैंने अभी कुछ नहीं कहा। वैसे कहने की ज़रूरत है नहीं। वह मेरे मन की बात हमेशा बूझ लेती है। कहती है जिसे नौ महीने पेट में रखा उसकी हर बात मुझे मालूम। माई डार्लिंग ममी सचमुच कमाल की। सीमा साली साचेती तो होगी जितना प्यार मैं ममी को करता हूं उतना उसको नहीं। सोचती रहे। किसी दिन अगर उसने मुंह चढ़ कर कह दिया तो मैं साफ मान लूंगा। आजकल साली शायद इसी वजह से सूजी सूजी रहती हो। हो सकता है मां ने सिखला फुसला दिया हो। बीवी की मां से ख़बरदार रहना चाहिए। हो सकता है किसी सहेली-वहेली ने पट्टी पढ़ाई हो पति को सास के कब्जे से निकालो और अपनी सेलरी अपने पास रखा करो। बीवी को उसकी सहेलियों और अपने दोस्तों से हमेशा दूर रखना चाहिए। वह तो ग़नीमत है घर में फोन नहीं। ममी कहती रहती है बेटा किसी से कहो फ़ोन तो होना ही चाहिए। मैं टालता रहता हूं। अक्सर औरतें फोन से ही चिपकी रहती हैं आजकल। फ़ोन तो ख़ैर लगवाना ही

पड़ेगा। स्टेटस का सवाल है। सोचता हूं एक दो साल इसी तरह निकल जाएं तो ठीक। अभी मुझे इस पर भरोसा नहीं। ड्राइविंग इसे कभी नहीं सीखने दूंगा। कई मामलों में मैं ममी से भी ज्यादा स्मार्ट और काशस। कार चलाने वाली औरतें जनरली बेकाबू हो जाती हैं। ड्राइवर भी या तो रखूंगा नहीं या रखूंगा तो बूढ़ा। जवान ड्राइवर का कोई भरोसा नहीं। पता नहीं क्यों मुझे यह ख़तरा है कि सीमा किसी दिन मेरे सामने अकड़ खड़ी होगी। और ममी के सामने भी। मेरे सामने हुई तो ममी के सामने अपने आप हो गयी। ममी और मैं एक। आजकल यह जो नारी मुक्ति की गन्दी हवा चली हुई है वह बहुत ख़तरनाक है। कई घर बरबाद हो जाएंगे। फ़ेमिली सिस्टम खतरे में पड़ जाएगा। मैं तो यहां तक कहूंगा कि हिन्दू धर्म भी। और मेरी बहन इस लहर की लीडर। उसका साया अगर सीमा पर पड़ गया तो सब चौपट। अच्छा है फ़ोन नहीं। अच्छा है कार चलाना नहीं आता इसको नहीं तो जरूर चोरी छिपे और किसी से न सही रसीला से बात करती मिलती। इसे पता है ममी ओर मैं उस पागल से नाराज़ हैं। मुझे तो शक है यह उस से मिलती है कहीं न कहीं किसी न किसी बहाने से। मुझे तो शक है उसका साया इस पर पड़ चुका है। लेकिन ममी कहती है नहीं। वह संभाल लेगी।

ममी कहती रहती है बेटा इतवार वगैरह या छुट्टी के दिन कहीं घुमा लाया करो इन्डिया गेट लोधी गार्डन प्रगति मैदान वगैरह। कहती है और नहीं तो कभी कभी किसी दोस्त के घर ही ले जाया करो। कहती है कभी कभी अपने घर भी बुला लिया करो अपने दोस्तों को ताकि इसका दिल लगा रहे क्योंकि कुछ एन्टरटेनमेन्ट तो होनी ही चाहिए बेचारी की। ममी इज ग्रेट उसे हर बात का खयाल रहता है। और उसकी बात वैसे ठीक है लेकिन डरता हूं अगर इसे घूमने फिरने की लत पड़ गयी तो उल्टे लेने के देने न पड़ जाएं। घूमने फिरने और मिलने जुलने वाली औरतें जनरली भटक जाती हैं। और फिर यह तो रोज़ दफ़्तर जाती ही है। इतवार और छुट्टी के दिन घर बैठ कर घर के छोटे मोटे काम करे तो ठीक। लेकिन यह तो अक्सर छुट्टी के दिन उधर चली जाती है। मैं हर बार तो इसके साथ जाने से रहा। क्या पता उधर जाती है या कहीं और। क्या पता उधर का कह कर रसीला की बरसाती में जा बैठती हो। या उसके साथ किसी जलसे जलूस में चली जाती हो। जहन्नुम में जाए साली ! मैंने तो शादी करके मुसीबत डाल ली। हर वक्त इसी की चिन्ता। अकेला रहता तो ममी के साथ ! क्या ज़रूरत थी शादी की। ममी सुने तो मारे। वह मुझे खुश देखना चाहती है। कहती है बेटा तेरी खुशी में मेरी खुशी। मैं हैरान हूं यह सीमा साली क्यों कभी ऐसी बात नहीं करती जिस से मेरा जी खुश हो। उल्टा जब ममी ऐसी कोई बात कर रही हो तो इसका मुंह खिंच जाता है। ममी भी नोट तो करती होगी नोटिस नहीं लेती। मुझे भी नहीं लेना चाहिए। न लूं तो मस्त रहूं। मैं बेवकूफ़ हर वक्त इसी हरामजादी के बारे में सोचता रहता हूं। मुझे बस यही

समझ नहीं आता। शायद इसलिए कि मैंने दुनिया देखी है और इसलिए भी कि मैं मर्द हूं। ममी ने भी दुनिया तो देखी हे लेकिन मर्द की आंखों से नहीं। मर्द की आंखों से जो दुनिया दिखती है उसका नक्शा ही और होता है। टूर वाली जॉब का और कोई फ़ायदा हो न हो एक्सपीरियेंस तो मिल ही जाता है हर टाइप का। मुफ़्त में। फ़ायदे तो खैर और भी बहुत से हैं। ममी को घर से बाहर की दुनिया की खबर कम। टी. वी. और अखबारों में बहुत कुछ आ जाता है लेकिन सब कुछ नहीं। फिर ममी आखिर है तो औरत ही। और फिर उमर भी उसकी कम नहीं। उस बेचारी को क्या पता जवान लोग क्या कुछ करते हैं। वह समझती है मैं साधू हूं। उसे अगर मेरी करतूतों का पता चले तो चौंक उठे। मैं उसे कोई शॉक नहीं देना चाहता। उसे अपना बेस्ट फ्रेन्ड मानता हूं लेकिन है तो वह मदर ! सारी बातें मदर से नामुकिन ! फादर से भी। उन से तो मेरी ज्यादा बनी ही नहीं। रसीला उनकी बेटी मैं ममी का बेटा। शुरू से ही। मतलब यह कि ममी जो मर्ज़ी कहे मैं सीमा को आवारागर्दी की लत नहीं डालूंगा। और अपने दोस्तों से तो हर हालत में दूर। दोस्त सब हरामी। उनकी नज़र तो ममी पर भी। आजकल किसी साले का कोई एत्बार नहीं। एकदम। सब फ्राड सब बदमाश सब बेअसूले। हिन्दुस्तानी बीवियां तो अक्सर मुंह काला अपने हस्बेन्ड के फ्रेन्डस के साथ ही करती हैं। और कई तो भाग भी जाती हैं उनके साथ। वैसे मुझे अपने दोस्तों से कोई ख़तरा नहीं होना चाहिए। एक भी तो ऐसा नहीं जो मुझ से बैटर हो। किसी भी तरह से। इस लिहाज़ से मैं लकी लेकिन औरत जात कुत्ती उसका कोई भरोसा नहीं ! मुंह काला करने पर तुल जाए तो राह जाते अजनबी के साथ भी कर लेगी। फिर भी मेरा दिल कभी कभी तो यही गवाही देता है कि सीमा सीता न सही एकदम लफंगी नहीं। लेकिन मेरे दिल को उसके दिल का क्या पता। उसका चेहरा कोरा। और ख़तरे वाली एक और बात। पढ़ी लिखी वह बेशक मेरे ही जैसी लेकिन उसे इन्टेलेक्चुअल बनने का शौक। किताबें पढ़ती है बड़ी बड़ी। कहती है ब्रिटिश काउंसिल की लायब्रेरी उसके दफ्तर के पास यह तो मैंने कभी सोचा ही नहीं वहां जाती होगी आते जाते। कभी कभी दबी जबान से नाच गाने के प्रोग्राम में जाने की बात भी कहती है। मैं टाल देता हूं। अपने को तो यह सारी फूंकां बेमतलब। क्लासिकल संगीत बावास। नाच गाना सब आजकल अमीरज़ादों के शोशे। वह साला सर्कल ही ओर। अपने बस का नहीं। वह सब रसीला को मुबारिक। अपने को तो फाइवस्टार होटलों के नाच गाने ही पसंद। प्रोमोशन हो ले कुछ पैसे और जमा हो जाएं जो कभी कभी मौर्या या ऑबेराय। अभी नहीं। अभी तो टूर पर ही थोड़ी सी ऐश। वह सबसे ज्यादा सेफ किसी को पता ही नहीं चल सकता कुछ। पता तो खैर दिल्ली में भी मुश्किल। साली इतनी फैल गयी है कि किसी को कुछ खबर नहीं कौन कहां झख मार रहा है। मार रही है। इन्टलेक्चुअल तो बिलकुल इम्मारल। सीमा का पहरावा उन जैसा। जितनी सादी होती हैं उतनी ज़्यादा सेक्सी।

मुझे तो खैर देसी तरीके से बनी ठनी औरत ही उकसाती है। मोटे बिन्दों और लम्बे बुन्दों वाली। जिनका इम्पीरियल बैंक झलकारियां मारे सामने से। सादी मेरे लिए सेक्सी नहीं। जो ब्रेजियर न पहने वह तो बिलकुल नहीं। उनके तो ढुलक जाते हैं। सीमा भी नहीं पहनती आजकल। यह सारी बातें तो उसकी ऐसी कि लगता है रसीला का साया उस पर पड़ चुका। सारे टेस्ट उसी जैसे होते जा रहे हैं। अब वेस्ट की बात और। वहां की औरतों की ब्रेस्ट जनरली छोटी। वह अगर ब्रेजियर न पहने तो भी बुरी नहीं लगतीं। यहां की औरतों की ब्रेस्ट बड़ी और भारी। उनके लिए ब्रेजियर ज़रूरी। अब यह बात ममी को कैसे बताऊं। बता भी सकता हूं। मजाक मजाक में और अंग्रेजी में। कह सकता हूं इसे समझाओ इसकी फिगर को ये कपड़े सूट नहीं करते। लेकिन क्या क्या बात कहूं ममी से। लम्बी लिस्ट। लिख कर रख लेनी चाहिए सब कुछ।

एक बात सीमा में अच्छी कि किताबें ज़्यादा हिन्दी की ही पढ़ती है। शायद वह भी उसने रसीला से ही सीखी हो। वह हिन्दी के हक़ में। कहती है नारी आंदोलन को आम जनता में फैलाने के लिए हिन्दी जरूरी। यह आजकल नयी स्नाबरी चली है साली। अपनी भाषाओं के हक़ में। अरे आजकल के जमाने में अपनी भाषाओं से नहीं चलेगा। अंग्रेजी जरूरी एकदम। सेन्ट-पर-सेन्ट। फिर भी सीमा के लिए हिन्दी अंग्रेजी से ज्यादा सेफ़। मैं तो समझता हूं किताबें अब पढ़नी ही नहीं चाहिएं। क्या फ़ायदा। आजकल तो सब काम कम्प्यूटर से। टी. वी देखो आराम से। पोथे पढ़ने के लिए वक्त किसके पास। मेगजीनों अखबारों और टी. वी. में सारी इन्फोर्मेशन केप्सूल फार्म में। पढ़ने से दिमाग खराबी। पढ़ाकू औरतें जनरली बिस्तर में ठन्डी। हो सकता है सीमा इसीलिए ठन्डी। कहीं फ्रिजिड न हो। निम्फ़ो से फ्रिजिड बीवी ज्यादा सेफ। लेकिन यार सेफ़टी ही तो सब कुछ नहीं। लाइफ़ में कुछ मजा मस्ती भी तो चाहिए। वह कहां से। वह बस बाहर से। बीवी से तो सिर्फ़ बच्चे लेकिन यह साली तो वह भी नहीं दे रही। देगी देगी इसका बाप भी देगा। मुझे सबर करना चाहिए। पढ़ने दो साली को। बस चोरी छिपे देखते रहना चाहिए क्या पढ़ती है। ज़्यादा रोकथाम भी ठीक नहीं। चलती घोड़ी को चाबुक मारो तो वह बिदक जाती है। सवाल तो यही है कि यह घोड़ी चल भी रही है या नहीं। घोड़ी न सही गाड़ी तो चल ही रही है। ममी कहती है बीवी को बिजी रखना चाहिए। सेन्ट-परसेन्ट ठीक कहती है। खासतौर पर जब तक बच्चे न हों। कहीं साली बांझ न हो। बाझें आजकल नहीं होती। आजकल साइंस ने सब ठीक कर दिया। वैसे बिजी तो रहती ही है। दफ्तर से लौटते ही रसोई में। ममी तो सिर्फ सुपरवाइज़ करती है। और नहीं तो क्या ममी महारानी। अब इस उम्र में मैं उसे खाना बरतन तो कभी न करने दूं। खैर मनानी चाहिए। नौकरी करने वाली बीवियां किचन को किच किच कहती हैं। सीमा ने अभी तक कोई नख़रा नहीं किया। इसीलिए तो कई बार मुझे और शक होता है। कहीं ऐसा तो नहीं इसके मन

में कोई चोर हो। जिसे छिपाने के लिए ही सब कुछ चुपचाप सह रही हो। घर से बाहर इसने कोई सिलसिला जोड़ रखा हो। इस तरह से सोचता रहूंगा तो पागल हो जाऊंगा। शक्की हस्बेन्ड अक्सर हो जाते हैं। इतनी इनसिक्योरिटी मुझे क्यों ? ममी को ही कान्फिडेंस में लेना पड़ेगा। किसी दोस्त से बात करने का तो सवाल ही पैदा नहीं होता। वो साले या तो मज़ाक उड़ायेंगे या मौके का फ़ायदा उठाने की कोशिश करेंगे और असल में अपना कोई दोस्त वोस्त है ही नहीं। सिवाय अपनी ममी के। शी इज़ माई बेस्ट फ्रेन्ड। अब यह किसी को बुरा लगता है तो लगे। सीमा को जरूर लगता होगा। कोई बीवी यह नहीं चाहती कि उसका हस्बेन्ड अपनी ममी को ही अपना बेस्ट फ्रेन्ड माने। न चाहे साली ...

वैसे आजकल यह साली कुछ ज़्यादा ही एब्सेन्ट माइंडिड रहने लगी है। उड़ी उड़ी सी। डूबी डूबी सी। जैसे प्रेगनेन्ट औरतें होती हैं। कहीं प्रेगनेन्ट तो नहीं ! होती तो क्या बता न देती ? ममी को वैसे भी पता चल जाता। मुझे भी। मैं इस मामले में माहिर। चाल देख बता सकता हूं कौन सा महीना। पता नहीं यह हुनर मुझ में कहां से ? लेकिन प्रेगनेन्ट नहीं होगी। होगी कैसे। कभी कुछ करने तो देती नहीं खास अपनी मर्जी से। इधर तो एक दम बन्द सी हो गई है। टाइट। वैसे तो मर्द को टाइट औरतें ही पसंद। लेकिन टाइट और ठन्डी का कम्बिनेशन खराब। बहुत खराब। एक दम। आदमी छिल जाता है। साली को रेप करना पड़ता है एक तरह से हर बार। रेप से प्रेगनेन्सी मुश्किल। आलमोस्ट नामुमकिन। यह जो अखबारों में आता है कि उस औरत को रेप से प्रेगनेन्सी हो गयी मैं नहीं मानता। ऐसे केसों में औरत किसी न किसी स्टेज पर ज़रूर सब कुछ भूल कर मज़ा लेना शुरू कर देती है तभी प्रेगनेन्सी होती है। मैं तो यहां तक कहता हूं कि पूरा रेप बहुत रेअर। आजकल तो रेप आदमी से बदला लेने का एक बहाना। पहले उसे उकसाओ फिर टाल मटोल करो और जब वह जबरदस्ती करे न माने तो सब कुछ करवा के कह दो रेप। मतलब मजा भी ले लो बदला भी। और अक्सर इस तरह के किस्से नौकरानियों वगैरह और इसी तरह के तबकों में ही होते हैं। मतलब वही औरतें आजकल रेप का शोर मचाती हैं जिन्हें अपनी इज्जत का ख्याल नहीं होता शर्म हया नहीं होती। पहले होता थ कि अगर मान लो हो भी गयी कोई ऐसी वारदात तो औरत चुप मार जाती थी। सोचती थी क्या फायदा शोर मचाने का कोई मानेगा थोड़े ही। यह तो नया रिवाज चला है कि हर रोज अख़बारों में रेप की खबरें। नारी आन्दोलन वालियों ने तो इसे एक मेजर इश्यू बना लिया है वेस्ट की देखा देखी। अब उनको तो सेक्स के बारे में शोर मचाने में मज़ा आता है। वहां वैसे भी कौन साला रेप करना चाहेगा जब सब अपनी मर्जी से करवाने को तय्यार तो रेप की क्या जरूरत। वहां तो उल्टा औरतें रेप करती होंगी मर्दों को। यहां भी वही हालात पैदा हो रहे हैं। मेरा मतलब यह कि रेप के बारे में मेरी राय है कि वह यहां बहुत रेअर। थोड़ी बहुत फोर्स तो औरत पर चलानी ही पड़ती

है। हमारी औरतों के संस्कार ही ऐसे हैं वह हां नहीं करती आसानी से। वह क्या गाना था मेरी न को न न समझो। तो इन कन्डीशन्ज़ में अगर मर्द जबरदस्ती न करे तो बैठा रहे भूखा। यहां तो वेश्या भी सौ न करती है। अपनी बीवी तो करती ही है। अपनी बीवी से भी रेप करना पड़ता है मगर रेप का मतलब है कुछ जबरदस्ती। अफ़सोस की बात। दुख की भी। शर्म की भी। कोई सुने तो क्या कहे। ममी सुनती तो होगी शोर शराबा। वह बेचारी समझती होगी हम मस्ती मार रहे हैं। खुश होती होगी। उसे यह बात भी बतानी होगी किसी दिन अंग्रेज़ी में। मुझे तो मज़ा भी आ सकता है अगर जबरदस्ती के बाद वह घुटने टेक दे लेकिन वह या तो टांगें ही नहीं खोल के देगी या यूं ही पड़ी रहेगी जैसे मुर्दा हो सकता है उसे इसी तरह मज़ा आता हो लेकिन मज़े की बात कोई अलामत भी तो होनी चाहिए। जो हो वह प्रेगनेन्ट नहीं होगी क्योंकि पिछले एक दो महीनों से तो साला रेप भी नहीं हुआ। उसने कुछ भी नहीं करने दिया। ज़बरदस्ती भी एक हद के बाद मुश्किल। आख़िर मैं एकदम वहशी भी तो नहीं। ऐसा तो नहीं कर सकता कि जान से ही मार डालूं हरामज़ादी को। दिल तो कभी कभी यही करता है। मेरा ही नहीं हर मर्द का। औरत अक्सर हरकतें ही ऐसी करती है कि मर्द वायोलेन्ट हो जाए। अच्छा भला पढ़ा लिखा भी। और फिर पढ़ने लिखने से मर्द की मरदानगी मर तो नहीं जाती दब भले ही जाए। नहीं प्रेगनेन्सी नहीं . . .

और फिर पिछले एक दो महीनों से मैं खुद भी तो मुसीबत में। मुसीबत में नहीं बस शशोपंज में। अब मर्द हूं तो मुसीबतें तो होंगी ही। प्रोमोशन होगा या नहीं। कब होगा। बॉस को कैसे पटाऊं। प्रोमोशन हो गया तो तबादला न हो जाए साथ। हो गया तो उसे कैसे रुकवाऊंगा। अगर न रुकवा सका तो सीमा साली की नौकरी छुड़वानी पड़ेगी उस नुक्सान को कैसे कम्पेन्सेट करेंगे। दिन रात यही उधेड़बुन। मर्द हूं कैरियर के बारे में सोचना भी ज़रूरी। अगर उसका मुंह सीधा होता तो उस से बात करता। नहीं। मैं उन मर्दों में से नहीं जो हर बात अपनी बीवियों से ही कर के कोई फ़ैसला करते हैं। मैं तो ममी से भी सब बातें नहीं करता मतलब अपने दफ़्तर वगैरह की। क्या फ़ायदा उस बेचारी को बादर करने का। कुछ बातें मर्द को अपने तक ही रखनी चाहिए। ख़ास तौर पर दफ़्तर कैरियर की बातें। औरत मर्द को अक्सर पीछे खींचती है। रिस्क नहीं लेने देती और रिस्क नहीं लोगे तो ऊपर कैसे उठोगे। मैंने देखा है जब मैं परेशान होता हूं तो उठता मुश्किल से ही है। पक्की बात है परेशानी मर्द को नामर्द बना देती है। कुछ देर के लिए। बेशक मेरे साथ ऐसा नहीं हुआ अभी तक। सारी सोच विचार के बावजूद मैं बाज़ नहीं आता बुरी आदतों से। घर में नहीं तो बाहर ही सही। सच तो यह है कि जब आदमी वरीड हो तो उसे वाइफ नहीं कोई तेज़ तर्रार प्रोफ़ेशनल एक्सपर्ट चाहिए। जो अपने कमाल से उसे परेशानियों से आज़ाद कर के उसमें जान डाल दे। इसीलिए मैं पिछले एक दो महीनों

से खुद सीमा से दूर दूर रहा। अगर औरत को पता चल जाए कि उसका मर्द पिचक गया है तो उस साली का पलड़ा भारी। बेस्ट यही होती है ऐसी सिचुएशन में कि आदमी बीवी को एवायड करे। इसीलिए तो मैं कहता हूं वह प्रेगनेन्ट नहीं होगी। नहीं नहीं नहीं। सवाल ही नहीं उठता। हां किसी और से ले आयी हो तो बात दूसरी। यह मैं क्या बकवास सोच रहा हूं। सचमुच मैं इनसेन । हो सकता है मेरी अपनी कांशंस गिल्टी है। इसीलिए मुझे उल्टे सीधे शक। नहीं। मैं क्यों गिल्टी फील करूं। देखा जाए मैंने किया ही क्या है ऐसा जो हर मर्द नहीं करता। देखा जाए तो ऐसे मामलों में अल्टीमेटली फाल्ट बीवी का ही होता है। अगर सीमा इतनी ठन्डी और इनडिफ़रेन्ट न हो तो मैं क्यों जाऊं इधर उधर दूर पर। हो सकता है साली फ़्रिजिड भी हो निम्फो भी। फ़्रिजिड अक्सर निम्फ़ो होती हैं और वाइस वर्सा। लेकिन गर्म औरत भी अक्सर खतरनाक। तुरंत तय्यार हो जाने वाली राह जाते पर रीझ उठती हैं। अब यह बातें मैं ममी से कैसे करूं। करनी पड़ेंगी इशारे से अंग्रेज़ी में। अंग्रेजी न होती हिन्दुस्तान में तो कितनी मुश्किल होती। अपनी भाषा ठीक लेकिन उसमें ऐसी बातें करनी मुश्किल। आजकल रेडियो और टी. वी. पर जो गुलाबी भाषा चल रही है वही सब से अच्छी। चुलबुली तेज तेज बोलने वाली लड़कियों के मुंह से यह मिली जुली भाषा सुन कर मज़ा आ जाता है मुझे। मन करता है मुंह चूम लूं उनका। ममी भी उनकी ही तरह बोलने लगी है। तीन लफ्ज़ अंग्रेजी के दो हिन्दी के मतलब हिन्दुस्तानी के। सीमा कहती है उसे पसंद नहीं। कहती है अंग्रेज़ी बोलो तो अंग्रेज़ी बोलो हिन्दी बोलो तो हिन्दी। रसीला का असर। वही इन्टिलेक्चुअलों वाली उल्टी बात। काम चलाऊ लेंगुएज ही बेस्ट। हमने कौन सी फिलासफी मारनी है। अब हिन्दी के या अंग्रेजी के बड़े बड़े वर्ड नहीं चलेंगे। साले हमारे देश में अब देश मेरे जैसों के हाथ में आने वाला है। देश की चिन्ता छोड़ू मुझे अपनी ...

पता नहीं क्या हो गया है मुझे दिमाग़ दस तरफ़ एक साथ दौड़ता है। जैसे अब फिर यह ख़याल कि ये सारी बातें ममी से नहीं किसी दोस्त से करूं। यह खयाल गलत। इसे आने ही नहीं देना चाहिए। दोस्त सब दरअसल दुश्मन। ख़ास तौर पर पैसे और औरत के मामले में। हरामी चटखारे लेंगे और कोशिश करेंगे बस बस एक बार फ़ैसला कर लिया सारी बात ममी से ही। वही सब ठीक कर सकती है और कोई नहीं। मेरी परेशानी का सारा ब्लेम सीमा पर। अगर वह हर वक्त मेरे साथ सड़ी सूखी न रहे अगर वह मेरे साथ हंसे खेले अगर वह मेरे बिस्तर में बर्फ की सिल्ली सी ! उफ ! कुछ कसूर मेरा अपना भी। अगर मैं उसको इतनी इम्पॉर्टेंस न दूं लेकिन सवाल इम्पॉर्टेंस का नहीं सवाल असल में यही है कि उसकी अकड़ अभी तक नहीं टूटी। बेशक वह आगे से जवाब नहीं देती लेकिन उसकी चुप्पी ही उसकी अकड़ का प्रूफ है। लगता है अन्दर ही अन्दर उबल रही है और किसी दिन अचानक फट पड़ेगी किसी छोटी सी बात पर। फटती है तो फटे मैं इस से यह पूछने से तो रहा कि

इसे शिकायत क्या है। अगर इसी तरह रही तो ममी से कहूंगा ले जाओ पकड़ कर इसे किसी डाक्टर के पास और लगवा दो चार पांच टीके। यह मैं क्या अनपढ़ों की तरह सोच रहा हूं। असल में जब मुझे गुस्सा आता है तो मैं भूल जाता हूं मैं कौन हूं क्या हूं असल में ओवरसेंस्टिव होना भी ठीक नहीं। अब छोड़ भी दो यार। मुझे तो वहम हो गया है। वैसे हो सकता है इसे शिकायत हो कि नौकर नहीं। नौकर न सही नौकरानी तो है पार्ट टाइम। कमला। करारी। मुझे तो डर है कि अगर सीमा का रुख यही रहा तो किसी दिन मैं कमला को ही न पकड़ लूं। सारा कसूर उसी का होगा। अगर किसी दिन उसने खुल कर कह दिया नौकर रख दो तो मैं कहूंगा क्यों रख दूं? घर में कोई पलटन तो बैठी नहीं हुई। पांच सात फुल्के और दाल सब्जी मीट मेरे लिए होटल से आ जाता है। सुपरवाइज सारा ममी करती है। मेंहमान आते हैं तो स्पेशल चीजें ममी खुद बनाती है। दोस्तों सालों को मैं आने ही नहीं देता। यह समझती होगी इसके पकवानों के बग़ैर मैं रह ही नहीं सकता किसी दिन कह दूंगा मुझे तुम्हारा पकाया पसंद नहीं मैं तो जो पकाती हो इसलिए खा लेता हूं ताकि ममी को तकलीफ न हो अगर ऐसी बात है तो अपना बना लिया करो हम मां बेटा आप अपना अलग। इस बात की नौबत नहीं आनी चाहिए। अगर आ गयी तो समझो सब कुछ बाहर आ जाएगा अन्दर से। फिर इस साली की ख़ैर नहीं। और फिर अच्छा नौकर आजकल मिलता कहां है। नौकरों के कारनामों से अखबारें भरी पड़ी रहती हैं। मैं टूर पर और घर में दो औरतें। कैसे छोड़ दूं उन्हें किसी हरामी नौकर के भरोसे। छोटे से छोटे नौकर की आंख में खोट सब साले मालिकिनों के मतवाले। मर्द बेचारा दिन भर दफ्तर में औरत घर बैठी मुण्डू से मालिश और आजकल मुण्डू मिलता कहां है सब मुश्टन्डे मालिक से चार इंच ऊंचे। ठीक है सीमा घर नहीं बैठती लेकिन ममी तो है। ठीक है ममी इज़ वेरी स्ट्रांग लेकिन है तो औरत ही आख़िर। नौकर रखने के ख़िलाफ मेरे पास दलीलों की कोई कमी नहीं। मैं शक्की नेचर का नहीं लेकिन बेवकूफ़ भी नहीं। मैं औरत ज़ात को अच्छी तरह जानता हूं। और नौकर की नेचर को भी। नौकर हमेशा मालिक से बदला लेना चाहता है। और बदले का बेस्ट तरीका वह जानता है। कहूंगा सीमा रानी नौकर का तो नाम ही मत लो। कभी कभी मैं भी उसके नाम से रानी जोड़ देता हूं। अब नहीं एक दो महीने पहले तक। मज़ाक मज़ाक में। लेकिन उसके माथे पर बल पड़ जाता था। तब जी चाहता था साली का माथा नौच लूं लेकिन करूं ...

सौ बातों की एक बात मुझे उसकी अकड़ से नफ़रत है। लगता है उसकी चुप्पी मुझे चेलेंज कर रही हो। लगता है जैसे वह मन ही मन मेरी हर हरकत हर बात को कान्डेम कर रही हो। मसलन मेरे मुंह से सीमारानी सुन कर उसके माथे पर बल पड़ जाना। तो वह चाहती है मैं उसको डार्लिंग कहूं। नेवर। कभी कभी ममी को मैं कह देता हूं माई डार्लिंग ममी तो उसका मुंह देखने लायक होता है। पता नहीं ममी क्यों

नहीं देखती। देखती सब होगी अनदेखा कर देती होगी। ममी इज़ वेरी डीप। कभी कभी तो मुझे सीमा पर इतना गुस्सा आता है कि अगर ममी का डर न हो तो मैं उसके दांत तोड़ दूं। मैं वायोलेंट नेचर का नहीं। लेकिन अकड़ी हुई कुप्पा औरत को मार डालने का मन होता है। कोई शिकायत हो या तकलीफ़ हो या डिमांड हो तो साफ़ साफ़ कहे मुझ से। वाजिब होगी तो दूर या पूरी कर दी जाएगी। लेकिन हिन्दुस्तानी औरत के तिरियाचरित्तर मुझे बिलकुल पसंद नहीं। हिन्दुस्तानी औरत की सोच में सौ पेच। उसकी कोई भी कल सीधी नहीं। कोई पता नहीं कब किस करवट लेट जाए किसके साथ। मुझे किसी मेम का एक्सपीरियंस अभी नहीं लेकिन मेरा गेस है मेमें सब सीधी मतलब जैसी बाहर वैसी अन्दर। किसी दिन पकड़ कर पूछूंगा तुम आखिर चाहती क्या हो इतनी अकड़ी सूजी क्यों रहती हो तुम्हें क्या सुर्खाब के पर लगे हुए हैं जो सीधे मुंह बात ही नहीं करती हो तुम इतनी ठंडी क्यों हो ? मेरा ख़्याल है शी इज़ जैलस ऑफ ममी। लेट हर बी। मेरी बला से। अब उसके लिए मैं ममी को निगलेक्ट करने से तो रहा। मामूली ममी होती तो और बात थी लेकिन वह तो स्पेशल। एकदम सेन्टपरसेन्ट। साली। मैं उसे ममी तो बना नहीं सकता। वह मेरे हाथ में नहीं। ममी के सामने वह हमेशा सेकिन्ड नम्बर पर। हर तरह से। पर्सनेलिटी के लिहाज़ से भी और प्यार के लिहाज़ से भी। ममी जब मेरे साथ बाहर सैर या शॉपिंग के लिए जाते हैं तो लोग उसे मेरी बहन समझते हैं या सौतेली मदर। शी लुक्स सो यंग। मैं तो खुद हैरान होता हूं। डैडी की डेथ के बाद उसकी बॉडी और खिल गयी है। ममी और सीमा साथ साथ चली आ रही हों तो कोई कह ही नहीं सकता यह सास बहू की जोड़ी आ रही है। ज़्यादा से ज़्यादा जेठानी लगती हैं। अब मैं इसका क्या कर सकता हूं। ममी को साड़ी भी सूट करती है सूट भी। मैं तो समझता हूं वह स्कर्ट या पेंट पहन ले तो वह भी सूट करेगी। उस पर हर रंग फबता है। लाल और हरा खास तौर पर। उसका टेस्ट बढ़िया। ए-वन। एकदम। और फिर चाल ढाल ! उसकी ग्रेस ! उसके मैनर्ज़ ! क्या बात है ! कोई कह नहीं सकता कि यह दो मैरिड बच्चों की ममी है। सीमा और उसका कोई मुकाबला ही नहीं। सीमा ठीक ठाक लेकिन दूसरे नम्बर पर। हर बात में। अब जैलस है तो हो मैं क्या करूं। जैलसी औरत की नेचर में। हर औरत दूसरी औरत से जलती है। हर औरत दूसरी औरत को ऐसे देखती है जैसे उसे खा जाना चाहती हो उसके कपड़े उतार लेना चाहती हो। औरत की आंखों में भूख ही भूख। ममी की बात दूसरी। और तो और रसीला बहन हो कर भी मेरी दुश्मन। वह ममी से भी जलती है मुझ से भी। उसका तो ख़ैर दिमाग ही ख़राब। पहले डैडी ने उसे सिर पर चढ़ाया हुआ था अब उस बुआ उर्फ़ बांझ मांजी ने। उसका तो ख़्याल आते ही मुझे बुख़ार चढ़ जाता है। सीमा पर उसका साया पड़ गया तो मेरा सत्यानाश। उसका बस चले तो सब बीवियां घर छोड़ बरसातियों में जा बैठें नारी आंदोलन का झण्डा ले कर। बस मुझे यही डर है

सीमा भी घर उजाड़ उसकी पार्टी में भरती हो जाएगी। इधर शादी उधर बरसाती उसकी मिस्टरी तो मेरी समझ में ही नहीं आयी। बड़ी इन्टलेक्चुअल बनती है ! मुझ से बिलकुल उल्टी। मैं ममी की इज़्ज़त करता हूं उसे लव करता हूं वह उसे दुख देकर खुश। डैडी की फ़ेवरिट। अब डैडी की डेथ हो गयी तो उसमें ममी का क्या कसूर। कहती है ममी को डेडी की डेथ का दुख ही नहीं हुआ। कहती है ममी को राजू के सिवा किसी से प्यार नहीं। एक तरफ तो नारी आन्दोलन का झण्डा दूसरी तरफ ममी से इतनी नफ़रत मुझे तो उसका कुछ पता ही नहीं चलता। जैलस है और कुछ नहीं। हो मुझे क्या ! मैं ममी को कभी हर्ट नहीं करूंगा। सीमा को छोड़ दूंगा ममी को नहीं। रसीला को असली जलन इसी बात की कि ममी ने ड़ैडी से लड़ झगड़ कर सारी जायदाद मेरे नाम क्यों करवा दी। अगर ममी ने ऐसा न किया होता तो रसीला जरूर मुझे कोर्ट में। अभी भी उसका कोई भरोसा नहीं। यह डर अन्दर ही अन्दर खाता रहता है वह किसी दिन दावा कर देगी। आखिर नारी आन्दोलन का एक मोर्चा यह भी तो है कि बेटी बेटे का डिफरेंस न रहे बेटी को बेटे के बराबर जायदाद मिले। अपनी शादी में उसने दहेज भी नहीं लिया। इस से मुझे और शक कि वह किसी दिन कह देगी ममी ने डेडी पर दबाव डाल कर सब कुछ मेरे नाम। कहती तो वह अब भी होगी किसी दिन दावा कर देगी। वह बुआ भी उसे भड़काती होगी। वह भी आजकल नारी मुक्ति की नेता बनी फिरती है। घर बैठी। इसीलिए ममी कहती है बेटा बहन से मत बिगाड़ो। टेक्टफुल ममी ! सांप को मारो लाठी मत तोड़ो। कहती है मन की मैल मुंह पर न आने दो। कहती है जुबान हमेशा मीठी रखो मन बेशक कड़वा। मेरी ममी मीठी छुरी ! कहती है बेटा तू भोलानाथ तुझे दुनियादारी नहीं आती लेकिन दुनियादारी तो आनी ही चाहिए। कहती है मैं हमेशा तो नहीं रहूंगी। मैं कहता हूं ममी प्लीज शटाप ऐसी बातें करोगी ते मैं कुट्टी कर दूंगा तुम से। यह सुन ममी खुश और सीमा कुप्पा ...

ममी

मेरे मेमने का मुंह मीठा मेवा इतना सा माथे पर बल आंखों में पानी मैं समझ गयी मेरा सरदार थानेदार किसी संकट में क्यों मैं वारी बलिहारी अपने लल्लू पर मैंने जब पूछा क्यों बेटा भूख लगी है वह बोला नो ममी नो मेरा अंग्रेज़ मेरा शहज़ादा मैं समझ गयी मेरा गोपाल किसी विपदा में हो उसके दुश्मन मेरा इकलौता क्यों पिन्डा तो गर्म नहीं नो ममी नो मेरा तोता तोतला ...

छोटा सा था इतना पिस्ते सा तब भी बाहर से आता इसी तरह इतना सा मुंह लेकर सीधा गोदी में सिर नाक रगड़ता पेट से मुंह से सूं सूं मैं पूछती किसने मारा मेरे मुन्ने को आंखों से आंसू छम छम मेरी तो जान तब चूम लिया करती थी बार बार अब भी मन करता है लेकिन अब कैसे वह उल्लू इतना ऊंचा मुंह अब भी मेवे सा हर संकट में सीधा ममी के पास मेरा पिस्ता मैं कैसे चूमूं अपना चांद अब उसकी सीमा पढ़ी लिखी वह मेरा लखटकिया लटके-बाज मैं वारी बलिहारी मेरा इकलौता न जाने ममी तो वह मेरा गोरा साहिब अंग्रेज़ बचपन से गिटमिट मैं उसकी ममी ...

इतना सा था तब भी तेज़ मैं कहती रहती गिर जाएगा बेटा मेरा भोलू नहीं ममी उस बुद्धू ने धक्का मैं उसको डांटती तू इसकी बड़ी बहन नो ममी नो वह मेरी

दुश्मन न बेटा न वह मेरा लाल रसीला से डट कर लड़ता था बचपन में क्यों बेटा क्या उसने फोन नो ममी नो उसका नाम न लो मैं समझ गयी मेरा सरदार ...

जब छोटा था मैं चूम चूम बहाल जब उसको कोई चोट वह मेरा फूल मैं कहती किसने मारा मैं उसको मारूंगी ऐसा वह याद करेगा तुम गन्दे लड़कों से क्यों खेलो तुम मेरे दिल के टुकड़े आंखों में आंसू मैं कहती रोएं तेरे दुश्मन तू मेरा हीरो ...

अब कैसे चूमूं अब उसकी बीवी वह बुरी नहीं फिर भी अब कैसे अब इतना ऊंचा मैं छोटी सी वह मेरा सरदार सात फुट का नहीं मेरा मतलब अब इतना ऊंचा एड़ियां उठाऊं तो भी मेरा मुंह माथे तक पीठ पर हाथ भी मुश्किल से अब कभी कभी जब बैठा हो वह तो अब भी भोला बालक वह मेरा बुद्धू सीमा के सामने भी सिर मेरी गोदी में वह बुरी नहीं फिर भी न जाने उल्टी सीधी क्या उसके मन में वह बुरी नहीं लेकिन वह बीवी जब अपना होगा तब शायद वह मेरा शैतान जब दूध पिया करता था तो बीच बीच में काट मैं सी सी करती वह गट गट पीता ...

न जाने क्यों दफ़्तर से जल्दी मुंह छोटा सा माथे पर बल मैं समझी भूख बुखार दफ़्तर में गड़बड़ या कार में नो ममी नो मेरा महाराजा न जाने किस झंझट में आ बेटा आ पहले कुछ मुंह में छोटा सा था तब भी उसका दिल छोटा मैं कहती यह मेरा लाडला इसका क्या होगा यह इतना भोला क्यों अब उसकी बीवी बुरी नहीं वह कहता है नो मी नो यूं डोंट नो मेरा अमरीकन ...

छोटा सा था तब कहता था मैं बला हो कर तुम से छादी मैं कहती चुप बेशरम मैं तेरी ममी वह फिर कहता मैं बला होकर मैं पानी पानी वह मेरा पापी पिस्ता शैतान इतना सा था तब भी हर संकट में सीधा सिर गोद में वह तो अब भी न बेटा अब तेरी बीवी वह बुरी नहीं फिर भी न बेटा तू उसके सामने सिर उसकी गोदी में बेशक वह बुरी नहीं फिर भी पराये घर की क्या पता जब अपना होगा कब होगा ममी यू डोंट नो मेरा अंग्रेज़ ...

अब उसका कद मैं माथे तक मुश्किल से वह घुटने टेक कर प्यार करवाता कभी कभी जब उसका जन्मदिन या टूर पर जाने से पहले मेरा दिल खुश सीमा न जाने क्या वैसे बेचारी बुरी नहीं मुंह घुटा घुटा बेशक दांत ऊंचे फिर भी आखिर तो बहू सास की सेवा खुशकिस्मत है ससुर नहीं इकलौता लड़का वह मेरा मोती ...

जब छोटा था सब कहते उसकी बुआ बांझ वह बांझ मांजी भी ठिगना होगा मेरा पिस्ता मैं कहती ठिगने होंगे उसके दुश्मन और मैंने अखरोट बादाम काबुली दूध दही खुराक विटामिन सब कुछ दिन रात अपने मिट्ठू मियां के मुंह में चूरी फिर कद निकला बहन से ऊंचा दोनों में अनबन छुटपन से मैं कहती तू बड़ी है बेटी यह तेरा भाई खुशकिस्मत हो इकलौता वह कहती मैं भी इकलौती यह लाट साहब मुझको क्यों डांटे पीटे इसको समझाओ मैं इससे बड़ी ...

दसवीं तक मेरे साथ रसीला जलती रहती डर मुझे भी लगता है यह डरपोक

बेशरम मैं क्या करती वह कहता ममी नींद नहीं मेरा सिर खुजलाओ उसके सिर में खुश्की बादामरोगन की मालिश हर रात सुबह सिर धोती अपने हाथों से वह कहती इसको शरम नहीं आती मैं कहती मेरा बच्चू वह कहती मैं भी तो बच्ची मैं क्या करती उसको कैसे समझाती वह बेटा तू बेटी उस से बड़ी दो साल ...

अब उसकी बीवी बुरी नहीं बेचारी बेटा अब सिर उस से मालिश उस से कहता है उसे नहीं आती थक जाती है कहती है बचगानी आदत मुझे से नहीं होती खुजली मालिश और उसके हाथों में बात नहीं वह ममी वह माडर्न तुम भी हो उससे ज्यादा और उसके हाथों से लस्सन की बू मैं कहती हूं बेटा वह सुन लेगी सुन ले बुरी नहीं बेचारी मैं उसको सिर पर थोड़े ही वह तेरी बीवी मैं समझाऊंगी यह भोला बुद्धू बेटी कदबुत मत देखो मेरे भोंदू का जब अपना होगा तो शायद ...

जब अन्दर आया तो मुंह इतना सा मैं समझ गयी पूछा क्या बात है बेटा आंखों में पानी छोटा सा था तब भी आंखों में मोती बड़े बड़े रोएं तेरे दुश्मन रसीला कहती यह रो धो कर सच्चा चालाक मैं कहती तू चुप रह लड़की तो उसका मुंह कुप्पा जलती थी मैं समझाती वह तेरा भाई वह कहती समझाओ सूअर को मैं हैरान वह इतनी मुंहफट बड़ी लड़ाकी मेरे लाडले से जलती वह कुप्पा ...

बेटा अब सिर सीमा से वह बीवी मैं बूढ़ी मेरी उंगलियों में लोच नहीं अब आंखें भी मद्धिम अब सीमा काम संभाले मेरा धीरे धीरे मैं उसको सिखला दूंगी नो ममी नो वह साली सिल्ली कुछ नहीं सीखेगी मैं बूढ़ी बेटा खबरदार शीशे में देखा तुम अब भी उस से अच्छी न बेटा न वह सुन लेगी मैं डरती हूं नो ममी तुम अब भी शानदार वह बुद्धू मैं सिर तुम से ही या कमला से न बेटा न कमला से क्यों सीमा है ...

वह धुन का पक्का मेरा धनपत ज़िद्दी सिर अब मुझ से ही अब भी कहता है नींद नहीं दसवीं तक तेरे साथ रसीला कहती मुझे क्यों नहीं मैं गोद में बैठूंगी मैं कहती बेटी तू बड़ी मैं कहती गोद में बेटे ही वह कुप्पा वह कहती मां मुझे क्यों नहीं पता नहीं उसको किसने मैं कैसे समझाती दूध ही सूख गया था मेरा उसकी पैदाइश मुश्किल मैं क्या करती वह कहती तुम उसको सिर पर क्यों वह मेरा इकलौता बेटा मैं उसको सिर आंखों पर वह मेरी आंख का तारा वह सुन कर कुप्पा ...

मैं समझ गयी मेरा सरदार कुछ कहना चाहे आ बेटा आ सीमा नहीं आयी वह आज देर से कहती थी दफ़्तर से छुट्टी लेगी उस तरफ वह कड़का रोज़ रोज़ उस तरफ़ ममी मना करो मेरा मुंहज़ोर जाने दो बेटा इसी बहाने मैं रोटी अपने हाथ नो ममी नो उसकी यह आदत ठीक नहीं वह रोज़ रोज़ उस तरफ़ दाल में काला वह शक्की शैतान मैं समझ गयी बीवी से खटपट ...

दसवीं तक मेरे साथ सीमा क्या जाने वह कितना लाडला मैं चूम चूम कर बेहाल मन अब भी करता है वह इतना ऊंचा सीमा का अपना होगा कब होगा ममी कैसे कद कॉलिज जाकर मुर्ग़ा मछली खुराक़ आखिर फल लायी और वह बांझ बुआ

कहती थी सब कहते थे यह ठिगना होगा अब देखें मेरे ठिगने का कद कितना ऊंचा फिर भी हर संकट में सीधा मेरे पास मुंह मेवे सा मैं समझ गयी बेशक वह बुरी नहीं बेचारी लेकिन कुछ जलीकटी क्या मालूम उसके मन में क्या मैल ...

कुछ बोलो तो बेटा हुआ क्या क्यों मूड सवेरे तो ठीक क्या सीमा ने दिन में फ़ोन शर्माओ मत मेरा शर्मीला बचपन में भी सब कहते घौंचू होगा मां का लाल अब देखो आ कर वह कितना चुस्त सीमा खुशकिस्मत मैं समझाऊंगी देखो बेटी उसका दिल कोमल वह सह नहीं सकता कोई भी बात वह मेरा मोमदिल तुम उसको समझो उसका सिर खुजलाना सीखो यह उसकी आदत सोने से पहले दूध और खुजली हर रात तुम भी कर देखो बेटी वह खुश हो जाएगा जब खुश होता है तो खिलता है खुश रखो उसको फिर देखो वह तुमको राज कराएगा मैं तो अब बूढ़ी मेहमान मेरा क्या अब सब कुछ तुम दोनों का दसवीं तक मेरे साथ सीमा क्या जाने जब अपना होगा ...

अपना कब होगा कहता है कैसे होगा कहता है फिर चुप शर्माते क्यों हो बेटा क्या बात क्या गांठ क्या गुत्थी मुझ से क्या पर्दा मैं उसकी ममी दसवीं तक मेरे साथ सब कहते देखो मां का लाल उसका मुंह लाल वह कहता मेरी दुश्मन बहन नहीं उसने ही अवफाह सब लड़कों को कैसे ममी सच वह मेरी दुश्मन तुम उसको डांटों वह सुन कर कुप्पा छोटी सी थी तब से जलन अपने इकलौते भाई से कोई हाल है कलियुग ...

इनकी वह बहन बांझ मांजी भी सुनती हूं इनसे लड़ती थी मां से भी मुझ से भी उस से परहेज अच्छा उसका साया शायद रसीला पर उल्टा सीधा असर उसकी बातों का बूढ़ी हो गयी बांकपन वैसे का वैसा ये कहते थे रसीला बुआ की बेटी वही हुआ राजू नहीं जाता मैं भी क्यों जाऊं सीमा को भी मना कर दो ममी कहीं रसीला के साथ मुझे दुख होता है इकलौती बेटी इतनी रूखी सीधे मुंह बात नहीं जब आती है गुस्से में इतनी बड़ी पढ़ लिख कर सत्यानाश सब सुख किसको मुझे क्या मैंने अपना फ़र्ज़ इतनी मुश्किल से शादी और ख़ैर राजू कहता है तू चिन्ता मत कर ममी मैं हूं हां बेटा मुझ बूढ़ी को और किसका ममी तू अगर बूढ़ी तो सच कहता हूं सब समझते हैं तू सीमा की बहन चल हट नटखट बदमाश मेरा बेटा दस नम्बर का मैं वारी बलिहारी अब चूम नहीं सकती खुल कर अब उसकी बीवी सीमा बुरी नहीं लेकिन क्या जाने मां बेटे का प्यार जब अपना होगा तब शायद यह सुनते ही ममी वह कैसे होगा न जाने उसके मन में तू खुल कर बोल मैं सब ठीक ...

वह बुआ बांझ मांजी भड़काती होगी अपना तो हुआ नहीं मेरे घर फूट राजू कहता है सीमा को उन दोनों से दूर मैं कैसे आख़िर वह बेटी वह इनकी बहन लाखों की मालिक विधवापे में भी बन ठन कर बैठी रहती है बेशर्म राजू कहता है उन दोनों से दूर वह भड़का देंगी सीमा को वह साली बेवकूफ़ धीरे बोलो बेटा मैं नहीं डरता

ममी उसके मुंह पर कह देता हूं तू बेवकूफ़ ममी से सीख तुझे सिर खुजलाना तक नहीं आता न बेटा न ज़माना बहुत बुरा है वह बुरी नहीं बेचारी जिस घर से आयी है उसका असर तो जाते जाते ही जाएगा आख़िर लड़की है ममी तू भोली ...

दिल खुश कर देता है छोटा सा था तब भी सब कहते ठिगना मैं जानती थी ठिगने होंगे उसके दुश्मन मैंने खुराक पर जोर सब कहते मोटा हो जाएगा रहेगा ठिगना ही वह बांझ बुआ मांजी तो आवाज ही इसी नाम से ओ ठिगने वह कहता ममी कह दूं बुआ को बांझ उसके मुंह पर ठिगनी तू मेरा मुंहफट महाराजा उसको क्या मालूम मां का प्यार वह बांझ मेरे लाल को ठिगना अब देखो इतनी खुराक वह कहते बेटी को भी मैं कहती बेटियों को गरम चीजें नहीं देते बादाम सिरफ बेटों को आप क्या जानें अपनी मां से पूछिए जा कर बेटी तो रूखी सूखी खा कर भी हट्टी कट्टी हर चीज उसे नहीं मर्दों को क्या पता रसीला कुप्पा सीधी बाप के पास मेरी शिकायतें मां यह नहीं देती वह नहीं देती ...

वह तो चले गये बेटा न होता नालायक होता बिगड़ा हुआ होता मैं किसके पास वह मेरा आसरा बेटी तो बात नहीं करती उस से न मुझ से मैं कहां जाती राजू न होता तो ऐसे ही नहीं सब मरतीं बेटों पर मैं क्या करती कैसे जीती मरती वह न होता मैं मर जाती बेमुराद बेटे बिन मां अधूरी मैं खुशकिस्मत मेरा बेटा इकलौता मुश्किल से पाला मतलब कुछ हो जाता तो मैं क्या करती बेटी क्या रखती पास सीधे मुंह बात नहीं जब आती है जली भुनी अब कहती है उसको अपना दूध दिया मुझे क्यों नहीं न जाने किसने शायद उस बुआ ने या बाप ने ही बिगाड़ा उसे उल्टी सीधी बातों से मैं दूध कैसे उसकी पैदाइश मुश्किल मैं मर सकती थी दूध था ही नहीं मैं कैसे वह कहती है क्यों नहीं था कुदरत का खेल ...

अब भी कभी कभी तोतली बोली ममी मेले छिल में खुदली कलो ना मेली प्याली ममी सुन कर मैं लोटपोट सीमा कसी हुई वह उसकी बातों पर हंसती नहीं थकी थकी सी हर दिन क्या पता कोई बीमारी अपने घर से वह कहता ममी सीमा का मुंह सूजा सूजा क्यों बेटा चिन्ता मत कर मैं सब ठीक वैसे बहुओं बेटियों के मन का मैल का क्या पता जब अपनी बेटी ही ख़ैर उसको छोड़ो गोली मारो ममी वह एकदम मैड सीमा की सोचो तुम मौजें मारो मैं सब ठीक ठाक यू आर ग्रेट मेरा अंग्रेज अफ़्सर मुझ से अंग्रेजी कहता है ममी तू मेमसाब मैं लोटपोट सीमा कसी हुई न जाने क्यों ...

सूअर

कभी कभी जब सोच सोच कर दिमाग़ एकदम ख़राब हो जाता है तो एक रांग ख़याल तंग करने लगता है कहीं ममी से मिस्टेक तो नहीं हो गयी उस से धोखा तो नहीं हो गया शायद मुझे खुद भी कुछ पूछताछ करवानी चाहिए थी लेकिन अगर ममी से मिस्टेक हो सकती है तो मुझ से तो मिस्टेक का बाप होता। मैं ममी के मुक़ाबले में बुद्धू एकदम। मैं जानता था मुझ से कुछ नहीं होगा ममी की हेल्प के बग़ैर। इसीलिए मैंने ममी पर छोड़ दिया सब कह दिया मुझ से मत पूछो जो चीज़ तुम्हें पसंद वह मुझे पसंद बात फ़िनिशड फ़ाइनल। तो क्या अब रिपीट कर रहा हूं ? ऐसी बात नहीं फिर भी ख़ैर। लव-शव तो अपने से कभी न होता। मैं लव मैरिज में बिलीव ही नहीं करता। मुझे बीवी चाहिए थी तमाशा नहीं माशूका नहीं। इश्क विश्क सब फ़िल्मी शोशे। सो मैंने कह दिया था ममी से बस अपने जैसी कोई ढूंढ़ दो ऐसी जो तुम्हारी सेवा भी करे सुन्दर भी हो स्मार्ट भी हो अंग्रेजी बोल लेती हो बहुत ज़्यादा पढ़ी लिखी न हो खाना पकाना जानती हो सीने पिरोने की जरूरत नहीं आजकल रेडीमेड सब साला मिल ही जाता है आसानी से। मेरी बस एक ही शर्त थी कि साली कद की छोटी न हो क्योंकि ठिगनी औरतें बदचलन होती हैं। पता नहीं क्यों। सीमा

ठिगनी तो नहीं लेकिन लंबी भी नहीं। शायद इसीलिए मुझे उसके करेक्टर पर शक। लंबी तो खैर ममी भी नहीं लेकिन उसकी बात दूसरी। ममी के करेक्टर पर शक करने का सवाल ही नहीं पैदा होता मैं कपूत नहीं। सीमा हाई हील में तो ठीक ही लगे लेकिन वह पहनती ही नहीं हाई हील। उसे घिसी हुई चप्पलें ही पसंद। यह भी हो सकता है उसने रसीला से ही सीख लिया हो। इन्टेलेक्चुअल सब सालियां चप्पल घसीट। वैसे ज़्यादा लंबी औरतें भी ठीक नहीं होती। ऊंटनी के साथ सोना आसान नहीं। कद औरतों का मर्द से कुछ कम ही होना चाहिए। मैंने देखा है छोटे कद का या बहुत लंबे कद का मर्द उतना भद्दा नहीं लगता जितनी कि औरत। मर्द साला जैसा भी हो चल जाता है औरत नहीं। सीमा की हाइट तो मुझे मन्जूर लेकिन उसकी चुप्पी और ठन्डक और अकड़ मुझे मन्जूर नहीं ममी उसके ये डिफ़ेक्ट भी दूर कर देगी। लेकिन कैसे ? ठन्डक को तो मैं ही दूर कर सकता हूं। ठण्डक दूर हो जाए तो चुप्पी भी टूट जाए अकड़ भी। बेसिक डिफ़ेक्ट उसकी ठण्डक। सो वह कैसे दूर हो ! उसे गर्माया कैसे जाए ! वह कुछ करने दे तो ना। जो करता हूं ज़बरदस्ती। अब यह कैसे बताऊं ममी को। वह समझती है सब ठीक नहीं तो जरूर वरी करती वह भी। मैं भी उसके सामने खुश रहने की कोशिश करता हूं। और सच तो यह है कि ममी को देखते ही मेरी वरीज़ दूर हो जाती हैं। कुछ देर के लिए। ममी का फ़ेस ही ऐसा है। उसकी आवाज़ में भी जादू टच में भी जब वह मेरे बालों में उंगली चलाती है तो ऐसा मज़ा आता है कि मैं सीमा को बिलकुल भूल जाता हूं। मुझे लगता है सारी उमर सीमा साली को तो रेप करना पड़ेगा साला। लेकिन रेप से ठण्डक और बढ़ जाती है। अपनी बीवी को रेप। इसे कहते हैं किस्मत का मज़ाक ...

एक दो महीनों से तो कुछ भी नहीं हो रहा। रेप के लिए इरेक्शन इज़ ए मस्ट। वह ही नहीं हो रही एक दो महीने से तो रेप कैसे हो। मैंने सुना है बहुत से रेपिस्ट नामर्द होते हैं। मुझे यह बात कभी समझ नहीं आयी रेपिस्ट को तो आम आदमी से कहीं ज़्यादा पोटेन्ट होना चाहिए। बात असली यह है कि अगर माइन्ड एट पीस न हो तो इरेक्शन कैसे हो और अगर इरेक्शन न हो तो रेप कैसे हो। आम इन्टरकोर्स मतलब नार्मल जिसमें ज़ोर ज़बरदस्ती न हो ढीली इरेक्शन से भी हो सकता है बशर्ते औरत कोआपरेट करे तो। लेकिन रेप मतलब ज़ोर ज़बरदस्ती वाले इन्टरकोर्स के लिए तो एकदम हार्ड इरेक्शन की जरूरत होती है। अब अगर बीवी चाहे तो मर्द के माइन्ड को भी एट पीस कर सकती है, और उसकी इरेक्शन को भी हार्ड बना सकती है। ठीक ठाक बीवी सब कुछ ठीक ठाक कर सकती है। और ग़लत बीवी मर्द को नामर्द बना देती है। कहीं मेरे साथ यही तो नहीं हो रहा ? नेवर ! मैं ऐसा होने ही नहीं दूंगा। मुझे औरतों की क्या कमी ! अगर अपने बिस्तर में सेटिस्फ़ेक्शन नहीं मिलेगी तो बाहर झख मारूंगा। वह तो वैसे भी मारता ही हूं। प्रमोशन हो जाएगी

तो और मारूंगा। लेकिन बाहर झख मारने का भी असली मज़ा तभी आता है जब अपनी बीवी पूरी तरह अपने कब्जे में हो बेसिक बात यही है। सो खोल कर बात करनी पड़ेगी ममी से। शर्म को मार कर। वह जैसे कहेगी वैसे ही करूंगा। यह नहीं भूलना चाहिए कि वर्किंग वाइफ़ आसानी से नहीं मिलती। मतलब ऐसी जो घर का काम भी करे। वर्किंग विमिन इसीलिए तो आजकल मैरिज नहीं करतीं। पता नहीं क्या क्या करती करवाती रहती हैं। बहुत सी तो आजकल लेज़्बियन। फ़ेमिनिज़्म के बुरे नतीजों में से एक। अब रसीला को कौन समझाए कि अगर औरत मर्द से नफ़रत करेगी तो वह लेज़्बियन नहीं बनेगी तो और क्या बनेगी ! क्या पता रसीला का प्राब्लम सही हो ! और सीमा का भी। नहीं। इस वक्त मैं गुस्से में लेकिन आख़िर हुआ तो अभी कुछ भी नहीं मुझे इतना गुस्सा क्यों ? यूं ही टार्चर कर रहा हूं अपने आपको। मुझे पाजिटिव साइड को देखना चाहिए। आम तौर पर वर्किंग वाइफ़ माता का माल। उसमें नखरा-टखरा तो होता है ग्रेस नहीं होती। टीम टाम तो होती है ब्यूटी नहीं होती। अकड़ तो होती है टॉलरेंस नहीं होती। अब सीमा में कुछ अच्छी बातें तो हैं ही। बेशक उसके रंग में वह रौनक नहीं जो ममी के में है लेकिन आम वर्किंग वाइफ़ की तरह वह मुरझाई हुई भी नहीं। बेशक उसके बाल इतने लंबे नहीं जितने ममी के लेकिन शुक्र है वह बालकटी नहीं। बालकटी बीवियां बेहया जनरली। इसीलिए सिन्धने और एंगलोइन्डियन मुझे नामन्जूर। आई मीन बतौर बीवियां प्रमोशन के बाद दो। यह बात पक्की। वैसे बंगालिने और मदरासिने भी सुना है पेशनेट बहुत होती हैं। काले रंग का अपना चार्म। उड़ीसा की सब से बढ़िया। उनकी आंखों से धुआं फूटता रहता है। उनके अन्दर आग। उनमें ट्राइबल खून। उसका जोश ही और। अब कभी कभी मैं सीमा से इस तरह की बात करने की कोशिश करता हूं ताकि वह कुछ खुले कुछ गर्म हो कुछ गीली ढीली हो लेकिन वह मुझे लिफ़्ट ही नहीं देती। उसे मेरी ह्यूमर की समझ ही नहीं आती। कभी कभी किसी बात पर हंसती ही नहीं। लाइफ़ के लिए सेंस ऑफ ह्यूमर बहुत ज़रूरी। वाइफ़ के लिए भी उसके लिए तो और ज़्यादा। क्योंकि उसका तो फंक्शन ही यही है कि वह अपने मर्द को खुश रखे। मतलब मेन फंकशन। अगर उसमें सेंस ऑफ ह्यूमर नहीं होगी तो वह मर्द के जोक्स पर हंसेगी कैसे ! अगर उसके जोक्स पर हंसेगी नहीं तो वह भला खुश कैसे होगा ! और अगर वह खुश नहीं तो उसे वाइफ़ का क्या फ़ायदा। ममी हैज़ ए सेंस ऑफ ह्यूमर। शी हैज़ एवरीथिंग शी इज ग्रेट ...

पैनिक की ज़रूरत नहीं बस यह पता लगाना है किसी तरह ममी की मदद से कि उसके अन्दर ही अन्दर चल क्या रहा है ताकि ऐसा न हो कि पानी सिर से ऊपर चढ़ जाए। सांप निकल जाए और मैं लकीर ही पीटता रह जाऊं। रसीला की तरह यह साली भी कहीं किसी दिन घर छोड़ किसी बरसाती में जा बैठी तो। कई बार तो दिल करता है जा बैठे किसी कोठे पर मेरी बला से मैं आराम से ममी के साथ चैन की

बंसी बजाऊंगा। नहीं यह बात ग़लत। रसीला की बात और। उसने जो किया जान बूझ कर किया। ताकि ख़ानदान की बदनामी हो। ताकि ममी मिजरेबल फील करे। अब पछता रही होगी। बदनामी ख़ानदान की नहीं हुई उसीकी हुई है। और ममी ने ज़्यादा मिज़रेबल भी फ़ील नहीं किया। वह अपने बेटे के पास उसे क्या ! अब क्या पता वह और क्या करती है। करे जो करती है मुझे क्या। वह बहन बस नाम की। उस से तो अब एक ही ख़तरा। कहीं दावा न कर दे। कहती तो यही है उसे जायदाद का लालच नहीं लेकिन मैं नहीं मानता। जायदाद का लालच किसे नहीं होता। जिसे जायदाद का लालच नहीं वह उल्लू। मुझे तो खतरा था शादी के बाद शंकर रसीला को उकसाएगा अपना हिस्सा मांगो। उसकी नौबत ही नहीं आयी अच्छा हुआ। शंकर वैसे लालची नहीं। उसने और उसकी मां ने दहेज तक नहीं मांगा। वह तो रसीला के असूल के भी ख़िलाफ़। इसीलिए तो और खतरा था कि शादी के बाद कहीं दोनों मिल कर यह डिमांड न रख दें ममी के सामने कि हमने दहेज नहीं लिया जायदाद का हिस्सा दो। उस लिहाज़ से अच्छा ही हुआ कि उनकी बनी नहीं आपस में। क्या पता असली बात क्या है। मिस्टरी है साली मिस्टरी। ममी कहती है रसीला कहती है शंकर से उसे कोई शिकायत नहीं। तो फिर बरसाती में क्यों ? शादी का नाटक क्यों। कहती है यह मेरा पर्सनल मामला। मैं तो ममी को यही कहता हूं हमें ख़ैर मनानी चाहिए वह अपना घर छोड़ हमारे घर नहीं आ बैठी। यहां आ जाती तो मुसीबत खड़ी हो जाती। ममी कहती है अकेली को कुछ हो हवा गया तो ? मैं कहता हूं उसको कुछ नहीं होगा आख़िर फ़ेमिनिस्ट मतलब मरदानी। ममी कहती है बेटा तू बहन के बारे में ऐसी बात नहीं। मैं कहता हूं वह बहन बस नाम की वह मेरी दुश्मन शुरू से ही हमारे घर में रहती तो सीमा को उसके साए से बचाना इम्पासिबल होता। वह सोचती तो होगी यह घर उसका भी है। मैंने सोचा था शादी हो गयी कमबख़्त की छुट्टी हुई लेकिन अब ख़तरा है। ममी तो कहती है मैं बेकार वरी करता हूं लेकिन मुझे खटका लगा रहता है किसी दिन झण्डा ले कर आ खड़ी होगी दरवाज़े पर और चिल्लाना शुरू कर देगी मुझे मेरा हिस्सा दो ! यह फ़तूर हिन्दू औरतों के दिमाग़ में ही क्यों ? मुसलमान औरतें क्यों नहीं मांगतीं अपना हिस्सा ? इसीलिए तो हिन्दू धर्म और समाज का बुरा हाल। मुसलमान हमेशा यूनाइटिड। हिन्दुओं में फूट। बहन भाई की दुश्मन। अब अपनी मर्जी से कोई दे दे लड़की को जायदाद का हिस्सा तो ठीक उसे मुंह चढ़ कर नहीं मांगना चाहिए। सीमा को उसके घर वालों ने अपनी मर्जी से छोटा सा प्लॉट दे तो दिया। उसने या हमने मांगा तो नहीं। हर फ़ेमिली की अपनी सिचुएशन। वैसे मुझे यह ख़तरा भी है कि कहीं सीमा की अकड़ उस प्लाट की वजह से न हो। है तो वह छोटा सा ही लेकिन है लाखों का और कीमत हर रोज ऊपर जा रही है। मैं कभी कभी उस प्लाट साले को भूल जाता हूं ममी कभी नहीं भूलती। कहती है सीमा को उस प्लाट की ख़ातिर भी खुश

ज़रूरी है। कहती है बेशक वह अभी सिर्फ़ उसी के नाम है लेकिन मैं धीरे धीरे सब ठीक कर लूंगी और उसके साथ कागज़ों पर तुम्हारा नाम लिखवा दूंगी। ममी दूर की सोचती है मैं नहीं। मैं साला सिंगलमाइन्डिड मेरे सिर पर सेक्स सवार। सेक्स भी ज़रूरी है लेकिन प्रापर्टी से ज़्यादा नहीं। सेक्स साली कैन बी वॉट प्रापर्टी नहीं ! उसके लिए लाखों चाहिए। सेक्स के लिए दो तीन सौ काफी ...

असल में जायदाद ही सारे झगड़ों की जड़। पुश्त-दर-पुश्त मुकद्दमे चलते रहते हैं। खानदान उजड़ जाते हैं। इसीलिए तो यह और भी ज़रूरी कि औरतें जायदाद के झगड़ों में पड़ें ही नहीं। दहेज़ का सिस्टम अच्छा था। ज़ेवर कपड़े नकदी बरतन बिस्तर देकर लड़की से छुट्टी ले लो सारी उमर के लिए। अब ममी को जायदाद का लालच क्यों नहीं ? क्योंकि उसे भरोसा है मैं उसकी देखभाल करूंगा उसे कोई तंगी नहीं होने दूंगा उसके लिए जान भी कुरबान कर दूंगा जायदाद क्या चीज़। बेटी पर ऐसा भरोसा इम्पॉसिबल। दामाद कभी अपना नहीं होता। मैं अपनी ही बात करूं क्या मैं सीमा के मां बाप को अपने साथ रख सकता हूं उनकी देखभाल कर सकता हूं ? नेवर ! सवाल ही नहीं उठता। एक दिन भी उन्हें साथ रखना पड़े तो मैं पागल हो जाऊं। इसीलिए तो हमारे सिस्टम में लड़की के पेरेन्टस उसकी मेरिज़ के बाद उसके घर का एक दाना तक मुंह में नहीं डालते थे। वह सिस्टम ठीक था। मेरी विश मेरे घर बेटी हो ही नहीं कम से कम तीन बेटे हों। बेटी इज़ ए प्राब्लम नथिंग बट ए प्राब्लम। ज़माना बदल गया है इसलिए फ्रैंकली किसी से यह बात कह नहीं सकता लेकिन अपने मन में तो कहता ही रहता हूं। औरतों का भी दिमाग़ ख़राब इस मामले में मतलब आम औरतों का भी उनका भी जो फ़ेमिनिस्ट नहीं मतलब घरेलू औरतों का भी वह भी कहती फिरती हैं बेटी बेटे में क्या फ़र्क। सब कहने की बातें माडर्न बनने की कोशिश। ऊपर से। अन्दर से सब जानती हैं कि फ़र्क है और हमेशा रहेगा। मैं तो पहले से ही पता चला लूंगा क्या होने वाला है। लड़की हुई तो सफाया। टेक्नालोजी का फ़ायदा तो उठाना ही चाहिए। सीमा न मानी तो ? उसका बाप भी मानेगा। डाक्टर को रिश्वत देकर अपनी तरफ़ कर लूंगा कह दूंगा कह दो कुछ डिफेक्ट है। पैसा पास हो तो सब कुछ पॉसिबल। डाक्टर भी खरीदे जा सकते हैं। और फिर उन्हें तो वैसे भी फ़ायदा। इस धन्धे में हजारों कमा रहे हैं। लेकिन पहले कुछ हो तो। प्रेगनेन्ट नहीं दिखती। चाल ही बदल जाती है सालियों की। अब मुझे तो याद भी नहीं पिछली बार कब किया था लड़झगड़ कर। एक दो महीने तो हो ही चुके होंगे। क्या मजाक है अपनी बीवी के बारे में अन्दाज़े लगाने पड़ रहे हैं। पूछ क्यों नहीं लेता साफ साफ ! कम्यूनिकेशन ही ख़तम होती जा रही है। लेकिन पूछने की ज़रूरत नहीं। पूछूंगा तो समझेगी मैं बहुत कीन हूं। मेरा अन्दाज़ा तो यही है कि प्रेगनेन्ट नहीं। होती तो सब से पहले मुझे ही मालूम होता। मेरी बीवी है किसी ऊटपटांग फ़िल्म या नावल की हीरोइन तो नहीं। और न ही कोई सिरफिरी लिब्बर

रसीला जैसी। नो शी कांट बी प्रेगनेन्ट विदाउट माइ नालिज ! लेकिन यार क्यों नहीं। मैं बिलकुल अनपढ़ों की तरह सोच रहा हूं। प्रेगनेन्सी के लिए हस्बेन्ड ज़रूरी नहीं यह तो मैं मानता हूं लेकिन सीमा के बारे में सोच ही नहीं सकता वह किसी और से भी। सोच तो यही रहा हूं पागल हो जाऊंगा। फिर ममी की देखभाल कौन करेगा। ममी से बात करनी ज़रूरी। अब और टालना अनसेफ़ और रिस्की। वही उसकी चुप्पी को तोड़ेगी। उसकी अकड़ को भी। पहले ये टूटे फिर ठंडक मैं ठीक कर लूंगा। ठण्डक बेसिक प्राब्लम नहीं अकड़ और चुप्पी बेसिक। मैं गलत ...

लेकिन मैंने दुनिया देखी है कम से कम दस को तो चख चुका हूं मैं इस औरत को क्यों नहीं समझ पा रहा क्यों उसे समझा नहीं पा रहा। अपनी बीवी को कोई साला ही समझ सकता है। दूसरों की बीवियों को समझना आसान। इसीलिए मर्द अक्सर दोस्तों की बीवियों पर फ़िदा। जो हो समझाने का काम ममी के ज़िम्मे। मेरे बस का नहीं यह काम। मेरा पारा तो एकदम ऊपर चढ़ जाता है। पता नहीं मेरा टेम्पर किस पर गया है। डैडी तो बहुत सोबर थे। ऊपर से अन्दर का क्या पतां ममी उन से ज्यादा तेज मिज़ाज। बस उसे कन्ट्रोल करना आता है मुझे नहीं। ममी डैडी से ज़्यादा स्मार्ट। सच अगर औरत न होती तो यह सोचना बेकार। औरत की स्मार्टनेस मर्द की स्मार्टनेस से डिफरेन्ट। जब से सीमा मेरे सिर पर सवार हुई है मेरी सोच ही साली एकदम कन्फ़्सयूज्ड हो गयी है। फिर भी मैं सीमा से ज़्यादा स्मार्ट रसीला से ज्यादा सेंसेबल। रसीला समझती है मैं बुद्धू हूं। लाड में तो ममी भी मुझे बुद्धू ही कहती है लेकिन वह जानती है मैं कितना काबिल हूं। काबिल न होता तो इतना ऊपर न चढ़ता पढ़ाई में मैं रसीला से कम कमाई में ज़्यादा। असली बात तो कमाई की ही है पढ़ाई को आजकल कौन पूछता है। मैं बुद्धू उस बेवकूफ से बेहतर। सारे घर को संभाला हुआ है सीमा को भी संभाल लूंगा। उसकी तरह तमाशा तो नहीं किया। न ही करूंगा। घर की बात घर में ही रखूंगा। अगर मैं बुद्धू होता तो ममी सारी जायदाद मेरे नाम न करवा देती अपने नाम रखती। वह तो शायद उसने इसलिए भी किया हो ताकि उसे तंग न करे। कहे कुछ भी यह शक उसे भी है कि रसीला किसी दिन अपना हिस्सा मांगेगी। अब मुझ से डील करना पड़ेगा ममी से नहीं। मैं उसको चने चबवा दूंगा। उसके छक्के छुड़ा दूंगा समझती क्या है। बहन भाई का रिश्ता बहुत नाजुक होता है। अगर बहन मुकाबले पर उतर आए तो वह रिश्ता टूट जाता है। अब हमारा टूट ही गया है। और उसकी सबसे बड़ी काज़ यही है कि रसीला के मन में जायदाद और मुक़ाबले की मैल शुरू से ही लेकिन डैडी की डेथ के बाद तो वह बिलकुल फ्रंट बेशक खुल कर अभी भी अपने हिस्से की बात नहीं करती। कर के देखे। जिस दिन करेगी उस दिन से बातचीत भी खतम। वह तो अब भी नहीं होती। उसे देखते ही मेरी तो सांस फूल जाती है। पता नहीं क्यों घुस आती है बार बार मेरी सोच में। एक साली सीमा क्या कम है मुझे सताने के लिए। आजकल और किसी

बात के बारे में सोच ही नहीं सकता मैं नहीं तो मर्द को सौ काम होते हैं सौ सोचें होती हैं। मुझे भी है प्रमोशन से लेकर अपनी इन्वेस्टमेन्ट तक। जिसके बारे में सीमा को पता है न ममी को। क्या फ़ायदा उन्हें उलझाने का और फिर उन्हें समझ ही क्या इन बातों की। ममी समझती है मैं सारी सेलरी उसको देता हूं लेकिन मैं बेवकूफ़ नहीं मैं अपनी ऐश के लिए कुछ रख लेता हूं और अपनी इन्वेस्टमेन्ट के लिए भी। ममी समझदार है फिर भी है तो औरत ही। और औरत के पास जितना पैसा हो उतना ख़र्च हो जाता है। इसीलिए मैं मानता हूं उसके पास मिनिमम पैसा होना चाहिए। मैं किसी न किसी बहाने ममी से महीने के एण्ड तक काफी कुछ ऐंठ लेता हूं। यह मैं किधर बहक गया। बस कन्सेन्ट्रेशन नहीं रही साली। न वह उल्लू का पट्ठा उठता है न दिमाग़ ठीक तरह से चलता है। एक काम करना होगा रसीला को दिल और दिमाग दोनों से निकाल देना होगा। जब उसमें बहनों वाली कोई बात ही नहीं तो मैं क्यों बनता फिरूं भाई उसका। उसे खुश करने का एक ही तरीका है। अगर मैं अपने आप उसका हिस्सा उसे वापस कर दूं तो वह शायद खुश हो जाए। मुंह से कहती नहीं लेकिन उसके माइंड में यही कांटा। और यह मैं करूंगा नहीं। यह बात मेरे असूल के ख़िलाफ़। लड़की को जायदाद देने का मतलब जायदाद की बरबादी उसके टुकड़े टुकड़े। हिन्दू कोड बिल तो नेहरू ने पास करवा दिया मुसलमानों को खुश करने के लिए। मुसलमान तो आख़िर यही चाहते थे कि हिन्दुओं की सारी प्रापर्टी छोटी छोटी टुकड़ियों में बंट जाए हिन्दू धर्म वीक हो जाए भाई बहन में फूट पड़ जाए। नेहरू मुसलमानों के हाथ में कठपुतली। हर मामले में। मौलाना ने कहा उन्होंने चुपचाप मान लिया। मुसलमानों के वोट लेने के लिए। नहीं तो क्या ज़रूरत थी हिन्दू कोड बिल साले की। मैं पूछता हूं मुसलिम कोड बिल क्यों नहीं बनवाया ? क्यों नहीं करते अपनी जमीन जायदाद का बंटवारा ? सिख इसीलिए तो अपने आपको हिन्दू नहीं मानते नारी के राइट्स को प्रोटेक्ट करने के बहाने बेड़ा गर्क कर दिया नेहरू ने हिन्दुओं का। यह तो अच्छा ही हुआ कि कोई उस बिल की परवाह नहीं करता। करनी भी नहीं चाहिए। अगर फ़ेमिली सिस्टम ही नहीं रहेगा तो जायदाद का क्या फ़ायदा। और अगर बेटी बेटे का फ़र्क मिट जाएगा मतलब औरत मर्द का फ़र्क मिट जाएगा तो फ़ेमिली कैसे रहेगी। उसकी जड़ें तो पहले ही खोखली हो चुकी हैं। तो मैं फिर फंस गया रसीला के झमेले में। असली बात तो यह है कि जब तक मैं उसके आमने सामने हो कर अपनी सारी भड़ास नहीं निकालूंगा तब तक मुझे चैन नहीं आएगा। और जब तक मुझे चैन नहीं आएगा तब तक वह मेरे दिल दिमाग से निकलेगी नहीं। न आए चैन ! न निकले वह नहीं निकलती तो। उसके आमने सामने होना ख़तरनाक। कोई ज़रूरत नहीं। कोई फ़ायदा नहीं। और अगर मैं पहल करूंगा तो वह समझेगी मेरे मन में चोर मैं गिल्टी। बेशक मैं कभी कभी गिल्टी तो फील करता हूं कौन नहीं करता लेकिन उसे क्यों बताऊं उस पर क्यों ज़ाहिर होने

दूं। और फिर यह भी तो हो सकता है एक परसेंट कि उसे अपने हिस्से विस्से की कोई चिन्ता ही न हो। नहीं यह नहीं हो सकता। यही तो हमारी अनबन की असली रूट यह कैसे ...

जो हो मैं तो यह बिलीव करता हूं कि हम हर स्थान में वेस्ट की कापी पहले भी करते थे अब और अभी तक हम कालोनियल अन्दर से। अभी तक हम गोरों के गुलाम। वहां औरतें हर बात में मर्दों से बराबरी करती हैं यहां क्यों न करें ! वहां रेप के ख़िलाफ़ शोर मचा हुआ है यहां क्यों न मचे ! वहां तलाक से फ़ेमिली सिस्टम तबाह हो रहा है यहां क्यों न हो वहां औरतें मर्दों से लड़ रही हैं यहां क्यों न लड़ें ! वहां बहनें भाइयों की परवाह नहीं करतीं यहां क्यों करें ! वहां लोग मां बाप को गोली मारते हैं यहां क्यों न मारें ! हम अपने कल्चर को बरबाद करने पर तुले हैं। हजारों सालों से हमारा कल्चर औरत के सहारे चलता आ रहा है लेकिन अब औरत को आज़ादी और बराबरी की धुन उसे कल्चर को बचाने की कोई चिन्ता नहीं। मर्द तो साला वेस्ट की नक्ल से नहीं बच सकता औरत को तो बचना चाहिए लेकिन नहीं वह पीछे कैसे रहे। रसीला को औरत की आज़ादी की चिन्ता तो है अपने कल्चर की नहीं। फेमिनिस्टों को तो अपने कल्चर से नफरत। वह तो रामायण महाभारत में भी डिफ़ेक्ट निकालती है। मैं पुरानपन्थी नहीं लेकिन इतना तो मानता ही हूं कि हमारा कल्चर ग्रेट। वेस्ट में जो हो रहा है वह मुझे मालूम। वहां तो मां बाप लड़के को कुछ देते हैं न लड़की को। खुद मोज उड़ाते हैं आख़िर तक। शादी तो वहां अब सिर्फ़ नाम की। बूढ़े बूढ़ियां सब बदमाश। वहां कोई बेटा बूढ़े मां बाप की सेवा करेगा उन्हें पास रखेगा ? सवाल ही नहीं उठता। फ़ेमिनिस्टों का बस चला तो यहां भी वही हाल होगा। पहले कम्यूनिस्ट अपना कल्चर डेस्ट्राए करने पर तुले थे अब फ़ेमिनिस्ट। उनको सुनता कोई नहीं कुछ शहरों में ही शोर। अपना कल्चर अब देहात में। लेकिन वहां भी अब हवा ख़राब हो रही है। ठीक है मुझे क्या। मैं कौन सा कल्चर का ठेकेदार हूं। मैं इन्टलेक्चुअल नहीं। इन्टलेक्चुअल सब वेस्ट के पीछे पागल। अन्दर से। बाहर से बेशक भारतीय बनें। सालों की सोच सारी बाहर की। लकिली उन्हें पूछता कोई नहीं मतलब पावर उनके हाथों में नहीं। पावर पैसे वालों के हाथों में और पैसे वाले इन्टलेक्चुअल नहीं। लकिली। वह सब वेस्ट को इस्तेमाल करना चाहते हैं उनकी नकल नहीं। मैं अभी पैसे वाला नहीं बना लेकिन बन जाऊंगा धीरे धीरे अभी तो मैंने लाइफ शुरू ही की है। इसीलिए तो चाहता हूं कि सीमा साली काबू में रहे। फिर घुस आयी साली सोच में ...

अगर ममी अमेरिका में होती तो डैडी की डेथ के बाद दूसरी शादी कर लेती। बग़ैर किसी रोक टोक के। एक तरफ तो फ़ेमिली सिस्टम साला टूट रहा है वहां दूसरी तरफ़ उन्हें तीन तीन चार चार शादियों का शौक। बुढ़ापे में भी बाज़ नहीं आते। ममी की उमर की ममी जैसी स्मार्ट औरत वहां विड्डो थोड़ी रहेगी। ममी अगर

शादी करना चाहे तो यहां भी कर सकती है। कई करती ही हैं। ममी अगर एक इशारा करे तो कई आदमी क्यू में खड़े हो जाएं। शी इज चार्मिंग इस उमर में भी। लेकिन ममी मेरे साथ खुश। अपने इकलौते के साथ। उसके माइंड में कभी खयाल ही नहीं आया होगा। हमारा कल्चर ममी जैसी औरतों के कन्धों पर कायम। ममी माडर्न तो है मैड नहीं रसीला की तरह। मैं यही चाहता हूं कि सीमा ममी जैसी बने रसीला जैसी नहीं। और डेंजर यह पैदा हो रहा है कि ऐसा होगा नहीं। ममी इज़ यूनीक। एकदम उस जैसा कोई वेस्ट में मिलनी इम्पॉसिबल। यहां भी बहुत रेअर। अब सीमा जब मदर बनेगी तो ममी जैसी बन सकेगी ? मुश्किल ही नज़र आता है अभी तो खैर यही मुश्किल नज़र आता है कि वह कभी मदर बनेगी भी। क्या पता बैठी रहे उस बुआ की तरह खाली सारी उमर। उसका साया जिस पर पड़ा वह बांझ और बरबाद। है तो अपनी बुआ लेकिन मुझे उसके करेक्टर पर शक। मुझे ही नहीं ममी को भी। वह तो साफ़ कहती है वह महा बदमाश। एक बार तै कर लिया ममी से सारी बात करनी है बस। एक और बात भी तै हो गयी कि कुछ जासूसी करनी पड़ेगी। ममी से बात करने से पहले या बाद ? देखा जाएगा। अमेरीका होता तो लगा देता किसी प्राइवेट डिटेक्टिव को इस काम पर। वह इंतजाम तो यहां भी हो सकता है लेकिन मुझे यहां का कुछ पता नहीं। साला सब कुछ उधर जा कर सीमा को बता दे या उसे ब्लैकमेल करना शुरू कर दे। यहां किसी का एतबार नहीं किया जा सकता। यह बात तो अब तै हो चुकी कि मेरे मन में शक है जिसे मैं इगनोर कर रहा हूं और जिसे इगनोर करना ठीक नहीं खतरनाक है। अपनी बीवी पर शक ? क्यों नहीं ! मुझे तो हर औरत पर शक। अपनी ममी पर भी। कभी, कभी मानते हुए शर्म आती है लेकिन यह सच है मैं इस से इनकार कैसे करूं। रसीला पर तो मुझे है ही। उसकी नियत पर भी और वैसे भी। क्यों न हो ! वह तो ममी और मेरी क्लोजनेस को भी मार्बिड समझती है। ममी को पता नहीं इसका पता है या नहीं लेकिन मुझ से तो वह कई बार बकवास कर चुकी है। कहती है तुम ओडिपस काम्पलेक्स के मरीज इसीलिए ममी से चिपटे रहते हो ग्रो नहीं कर रहे तुम्हें तो शादी करनी ही नहीं चाहिए थी। सस्ती साइकालाजी ऊटपटांग। वेस्ट की नक़ल का एक और प्रूफ़। कोई सुने तो क्या कहे। मां और बेटे के प्यार को भी मार्बिड कहे काम्पलेक्स कहे उसे पागल न कहूं तो और क्या कहूं ! हद हो गयी है यार बकवास की ! काम्पलेक्स वगैरह सब वेस्ट की बीमारियां। अगर मुझे ओडिपस काम्पलेक्स है तो राम और कृष्ण को भी था रामकृष्ण परमहंस को भी था अरविंद को भी था लव और कुश को भी था और अपने कन्ट्री में करोड़ों बेटों को है मतलब उन सबको है जो अपनी माताओं को प्यार करते हैं। अगर रसीला सही है तो सारा मुल्क साला बीमार है। एक दम। सेन्ट-पर-सेन्ट। ओडिपस को इडिपस कहती है। बड़ी आयी अंग्रेज़नी। अपने आपको पता नहीं समझती क्या है। उल्टी साइकालोजिस्ट ! मुझे तो उसकी बातों पर

उल्टी आती है। इसीलिए तो मैं उसे अवायड करता हूं चाहता हूं उसका साया भी सीमा पर न पड़े ख़ैर मनाता हूं कि वह अपना घर छोड़ कर यहां नहीं आ बैठी अपनी उस बरसाती में पड़ी हुई है। वहीं पड़ी रहे सारी उमर। क्या पता उसने शंकर पर भी यही इलज़ाम लगाया हो कह दिया हो ओडिपस काम्पलेक्स है पहले इलाज़ करवा फिर मैं रहूंगी तेरे साथ ! उसकी चले तो सब बेटों को उनकी मदर्ज से अलग कर दिया जाए। वह पगली फ़ेमिनिस्ट असल में फ़ेमिली सिस्टम के ही ख़िलाफ़। अब हमारा फ़ेमिली सिस्टम अगर बचा हुआ है तो इसीलिए कि उसका बेस साला बेटा है बेटे और मां का प्यार है। अगर उसीको उड़ा दोगे तो फ़ेमिली सिस्टम साला कैसे चलेगा। वह तो चाहती ही यही है कि यह सिस्टम न चले। इसीलिए तो उसने अपना घर उजाड़ा। यह साबित करने के लिए कि शादी बकवास है फ़ेमिली सिस्टम बकवास है वह बरसाती में जा बैठी है। शंकर भी तो मां का इकलौता बेटा है। जरूर रसीला ने उसे कुछ ऐसी वैसी बात कह दी होगी। किसी दिन जा कर शंकर से पूछूंगा हुआ क्या। वह शरीफ़ है सब बता देगा साफ़ साफ़। लेकिन मुझे क्या लेना देना। क्यूरासिटी तो है लेकिन नहीं लेट हर गो टू हेल मुझे क्या ! दूसरों की भी तो बहनें हैं जान देने के लिए तय्यार हरदम। प्यार से राखी टीका सब करती हैं और जो मिलता है हंसी खुशी लेकर भाई को दुआएं देती हैं। इसकी तरह नहीं कि भाई को ओडिपस कह कर बदनाम करती फिरें उसकी जड़ें काटती फिरें। इसे अपने काम्पलेक्स नहीं दिखते। जब से डैडी की डेथ हुई है इसका दिमाग और खराब कभी कभी तो ऐसी बात कर देती है जब आती है जैसे उसे ममी पर कोई शक हो जैसे वह डैडी की डेथ के लिए भी ममी को रिसपांसिबल समझती हो। मैं तो इस बात के बारे में सोचने से भी डरता हूं लेकिन उस उल्टी साइकालोजिस्ट को कौन कहे कि बकवास मत सोचे मत बके। मुझे ओडिपस काम्पलेक्स ममी को कोई और ! मन नहीं होता बात करने का। और इधर सीमा साली ने रसीला दीदी की रट लगा रखी है कुछ दिनों से। मैं बिस्तर में लेटा उसे गर्म करने की कोशिश कर रहा होता हूं वह रसीला दीदी की तारीफ शुरू कर देगी। जानती है मुझे जलन होती है इसीलिए उसकी तारीफ़ों के पुल। ममी से कहना पड़ेगा इसे मना कर दो। मेरे इशारों का इस पर कोई असर नहीं होता। इशारों का असर औरतों पर जनरली कम। ममी की बात और। शी इज़ एन एक्सेपशन टू एवरी रूल। एकदम ! सीमा उसके मुक़ाबले में सी क्लास।

जो बीवी बिस्तर में बर्फ़ की सिल्ली बन जाए उसका कोई फ़ायदा नहीं। और अब तो पता नहीं इसे क्या हो गया है हाथ ही नहीं लगाने देती। छूता हूं तो ऐसे उछल पड़ती है जैसे कीड़े ने काट खाया हो। कीड़े साले को भी आजकल जैसे सांप सूंघ गया है काटेगा खाक उसमें हरकत ही नहीं होती। वह हो कैसे। दूर पर होती है खूब होती है। बस अपने बिस्तर में नहीं होती। पहले होती थी। अब कैसे हो। अब

तो उस साली का सिर दर्द ही दूर नहीं होता। एक बार दो बार साला हर बार। मैं कहता हूं दर्द सिर में है वहां तो नहीं मुझे सिर से क्या लेना मुझे तो सूराख चाहिए मतलब होल साला मैं तरस गया हूं। सिर में दर्द किसे नहीं होता। हर औरत को होता है। हर औरत खुद एक सिर दर्द मैं कहता हूं। अब क्या सब काम बन्द कर के बैठ जाए आदमी साला। अगर दफ़्तर जा सकती है खाना पका सकती है रसीला दीदी की रट लगा सकती है कपड़े बदल सकती है तो करवा क्यों नहीं सकती अपने हस्बेन्ड से। उस साले को देखते ही सिर में दर्द दरवाज़ा एकदम बन्द अन्दर जाना मना जैसे भी वह आफ़िस हो मेम साब का। सिर दर्द सरासर बहाना जब वह नहीं होता था तब भी कौन सा खुश होकर देती थी। तब भी जैसे फर्ज पूरा कर रही हो साली। यह काम ही ऐसा कि जब तक तन मन से न करो तसल्ली ही नहीं होती साली। जिस औरत के सिर में हमेशा दर्द हो वह जनरली झूठी उसकी नियत ख़राब। उसे सिर दर्द नहीं कोई और ही तकलीफ़ वह अन्दर ही अन्दर कोई मन्सूबा बांध रही होती है। वह अनसेटिसफ़ाइड अपने हस्बेन्ड से। अब अनसेटिसफ़ाइड औरत का क्या इलाज। उसे तो खुदा भी खुश नहीं कर सकता। हस्बेन्ड किस खेत की मूली। वह साली बदमाशी के रास्ते पर चलने लिए तय्यार। पराए मर्द के लिए रेडी। मुरादाबाद वाली उसकी कजिन की तरह। आदमी अनसेटिसफ़ाइड हो तो भी सोच समझ कर झख मारता है बेकाबू नहीं होता। उसके फ़ेस से पता नहीं चलता वह अनसेटिसफ़ाइड है। क्योंकि वह बदनाम नहीं होना चाहता। लेकिन औरत की बात ही और। उसके फ़ेस से पता चल जाता है साली अनसेटिसफाइड है। बस फिर क्या। उसके आस पास साले भूखे भेड़ियों का मेला। ऐसी औरत पर कड़ी निगरानी ज़रूरी। ऐसी औरत को बांध कर रखना मुश्किल। ऐसी औरत को आदमी मारना पीटना चाहता है। मैंने नहीं मारा यह मेरी शराफ़त। और फिर आजकल इसके उधर के दौरे कुछ ज़्यादा ही हो गये हैं। एक ही शहर में औरत का मायका और ससुराल नहीं होना चाहिए। जाने से रोको तो मुश्किल जाने दो तो कोई भरोसा नहीं मायके गयी है या कहीं और। और फिर क्या पता मायके में ही बैठा हुआ हो कोई पुराना यार। दूर पार का कोई कजिन। आजकल तो नजदीक के कजिन भी बाज़ नहीं आते। कहते हैं मुसलमानों ईसाइयों में कोई परहेज़ नहीं तो हमें क्यों हो। यह भी एक तरह से वेस्ट की ही नकल। मुसलमान तो पहले ही ईसाई कई मामलों में। जैसे तलाक। जैसे मुर्दों को दफ़न करने में। मेरा मतलब है अब हिन्दू भी आधे ईसाई मुसलमान होते जा रहे हैं कई मामलों में। खैर इस वक्त मुझे चिन्ता हिन्दू धर्म की नहीं अपनी सो काल्ड धर्मपत्नी की। पूछो देर क्यों हो गयी तो ऐसे देखती है जैसे कोई ग़लत बात हो गयी हो। गोल मोल जवाब देगी या चुप रहेगी। दफ़्तर से तो सीधे घर ही आना चाहिए साली को। नहीं तो खाना इसका बाप बनाएगा। कई बार तो ऐसी लुटीपिटी सी लौटती है कि मुझे लगता है किसी के साथ लोट पोट हो कर आयी है। अब कैसे

कहूं यह बात किसी को। और किसीको तो कहने का खै़र सवाल ही नहीं पैदा होता मेरा मतलब ममी से कैसे कहूं। अब तो शायद ममी ने भी शक करना शुरू कर दिया है। उसकी आंखों से पता चलता है। ममी की आंखें बहुत एक्सप्रेसिव शक तो उसे पहले भी हुआ होगा कई बार। मुझ से भी पहले। औरत इन मामलों को बहुत जल्दी सूंघ लेती है मर्द मुंह फेरता है क्योंकि फ़ेस नहीं करना चाहता साला डरता है फ़ेस कर लूंगा तो कुछ करना पड़ेगा। शक तो खै़र मुझे भी शुरू से ही था लेकिन मैं उसे टालता रहा यह सोच कर शायद मेरी अपनी ही गिल्टी कानशंस काम कर रही हो साली। मैं रसीला की तरह साइकालोजिस्ट तो नहीं लेकिन जानता सब हूं इनसान के माइंड के पेच। जानने पड़ते हैं। वन हैज टू नो। नहीं तो काम ही नहीं चलता दुनिया में। मुझे दुनियादारी आए न आए मैंने दुनिया देखी है। अब मैं अपने शक को फ़ेस कर रहा हूं फुल्ली इसीलिए अब उसे रेप करने का मन भी नहीं होता। इरेक्शन हो तब भी नहीं। इरेक्शन न होने की एक वजह यही शक जो मुझे अन्दर ही अन्दर खा रहा है। शक के शिकार आदमी को जनरली इरेक्शन नहीं होती। ख़ासतौर पर उस औरत पर जिस पर उसे शक होता है ...

ज़बरदस्ती करने में भी मज़ा तब आता है जब औरत नखरे से करे। जब लगे कि उसकी न असल में हां है। और इधर तो उसका रिएक्शन अजीब ही हो गया है। छूता हूं तो उछल कर परे हो जाती है। अगर अड़ जाऊं पीछे ही पड़ जाऊं मरने मारने पर उतर आऊं तो लाश की तरह लेट जाएगी। अब मुर्दे से करने में मज़ा किस साले को आएगा ! मुझे तो नहीं। नेक्रोफिल्या अपने बस का नहीं। इरेक्शन पहले तो होती नहीं उसकी इनडिफ्रेन्स को देखते हुए और अगर हो भी तो उसे मुर्दे की तरह सामने बिछा देख हवा हो जाती है। रात को सोये सोये कभी सहलाना शुरू कर दूं तो यूं बिदक उठती है जैसे बीवी न हो पड़ोसिन हो। पूछो तो कहती है सपना देख रही थी। सपने देखने वाली औरत जनरली अनफेथफुल। वैसे सुना तो यहीं है कि अनफेथफुल औरतें ज्यादा जोशीली होती हैं अपने मर्द के साथ। हो न हो शो करती है कि हस्बेन्ड को शक न हो उन पर। इसका खेल इसलिए मेरी समझ में नहीं आ रहा। इसे यह वरी भी नहीं कि मैं इस पर शक कर रहा हूं। इसे पता तो होगा ही। बेशक मैंने अभी इस पर खुल कर हमला नहीं किया लेकिन हिन्ट तो देता ही रहता हूं। कभी मज़ाक मज़ाक में कभी वैसे। समझती तो होगी लेकिन कहती कुछ नहीं। मन होता है साली को निकाल दूं घर से। क्या पता शंकर ने रसीला को निकाल दिया हो किसी ऐसी ही बात पर। रसीला फिर घुस आयी निकाल तो दूं लेकिन ममी क्या सोचेगी ? बेटी ने भी बदनाम किया बेटे ने भी। कुछ और करना चाहिए। लेकिन क्या ? और फिर अब तो यह रात को कपड़े भी नहीं बदलती। दिन भर के बासी बदबूदार कपड़ों में ही तो सो जाती है। यह मेरी इनसल्ट है। ममी ने इतनी नाइटियां दे रखी हैं इसे अपनी लेकिन यह मैला चूड़ीदार पहन कर ही पड़ी रहती है। मुंह मोड़

कर। दिल खुश हो तो औरत के पसीने की बू भी मस्ती पैदा करती है। मेरा दिल तो आजकल राख का ...

रिलकटेन्टली इस नतीजे पर पहुंच रहा हूं कि इस इश्यू पर ममी से साफ़ साफ़ बात करनी बहुत डिफ़िकल्ट होगी यह मामला मर्दाना। किसी दोस्त से ही करनी पड़ेगी। लेकिन किस से ? ढींगड़े से ? हरगिज नहीं। वह एक हरामी। मदद करने के बजाय मज़े लेगा और फिर साला स्मार्ट भी बहुत है। उसकी आंखें तो पहले ही सीमा पर होंगी। उसे यह सब बताने का मतलब उसे चांस देना। नेवर ! अगर किसी दोस्त से बात करनी है तो कोई ऐसा पिकअप करो जिस से सारी बात इंगलिश में हो सके। पंजाबी या हिन्दी में ऐसी बात ठीक तरह से सोची जा सकती है न की। तो क्यों न उस सुन्दरम से ? साउथ इण्डियन सोबर होते हैं। और फिर वह इतना क्लोज फ्रेन्ड भी नहीं। क्लोज फ्रेंड ख़तरनाक जनरली उन्हें ऐसे भेद न ही बताए जाएं तो सेफ़। मदद करने के बजाय वह साले कुरेद कुरेद कर मजे लेते हैं। लेकिन उस से कहूंगा क्या ? ठण्डी है ? शायद निम्फ़ो हो ? मुझे उस पर शक है ? सिर दर्द का बहाना करती है ? रात को कपड़े नहीं बदलती ? हंसती नहीं ? खोयी खोयी सी रहती है ? आंख से आंख नहीं मिलाती ? देती नहीं ? उस बेचारे की अपनी बीवी में शायद ये सारी बातें हों। उसकी बीवी असली साउथ इंडियन नज़र नहीं आती। असली काली होती हैं। और पेशनेट। जनरली। उनकी आंखें बड़ी बड़ी होती हैं। खैर वह असली हो या नकली मुझे उस से क्या लेना। अगर ढींगड़ा बदमाश है तो सुन्दरम सीधा है। उसे मेरी बात समझ ही न आए शायद। हो सकता है वह कह दे सब ठीक हो जाएगा इसमें घबराने की क्या बात है। वह कुछ ज़्यादा ही शरीफ़। शरीफ़ आदमी जनरली बेवकूफ़ होते हैं। असल में घूम फिर कर मानना पड़ता है कि शादी ही नहीं करनी चाहिए थी। घर संभालने और खाना पकाने के लिए ममी थी ही। शादी कर के मुसीबत मोल ले ली। सेक्स का सिलसिला चल ही रहा था। वह तो अब भी चल ही रहा है। प्रोमोशन के बाद और चलेगा साला। अफ़सोस है कि शादी के बाद घर बैठे न मिले तो क्या फ़ायदा शादी साली का। एक बात आई कांट अन्डरस्टेन्ड। सीमा साली क्या करती है अपनी सेटिसफेक्शन के लिए। जवान है हैल्थी है बाहर घूमती है कुछ तो करती ही होगी। इसीलिए तो मेरा शक जिसे मैं इतने दिन दलीलें दे देकर क्रश करता रहा। सिर दर्द तो एक बहाना। ऐसा भी सिर क्या जिस में हर रात दर्द ही होता रहे। दिन भर दफ़्तर में। बसों स्कूटरों में आती जाती है। गॉड नोज़ क्या करती है। यह तो मैंने अपने आपको डिसीव करने के लिए बना लिया है कि साली ठण्डी है मेरे साथ ठण्डी है। मैं तो पागल हो जाऊंगा अगर इसी तरह चलता रहा तो। हो जाऊंगा नहीं हो गया हूं। दफ़्तर में चैन न घर में। उसके दफ़्तर में जाने का कई बार सोचा है लेकिन उसका क्या फ़ायदा। साली दफ़्तर में दिन दहाड़े थोड़े ही करवाती होगी। यूं ही वहां जाकर अपनी बेइज़्ज़ती करवाऊंगा

इस से ? कोई माकूल बहाना भी तो होना चाहिए। यूं ही जा कर बिटर बिटर देखना शुरू कर दूंगा हर आदमी को ? नहीं जासूसी करने के लिए भी पूरा जाल फ़ैलाना पड़ता है साला। ऐसे थोड़े ही होता है कि मुंह उठा कर चल दिए बीवी के दफ़्तर। बाबू कहें आ गये अपनी बीवी के पहरेदार ! शक हो तो भी शो तो यही करना पड़ता है कि सब ठीक चल रहा है। शक्की हस्बेन्ड का सब मज़ाक उड़ाते हैं। सुन्दरम वुन्दरम को बताने से कुछ नहीं होगा। वह तो डूबते को तिनके का सहारा वाली बात ही हुई। मुझे नहीं चाहिए यह सहारा ...

कुछ और ही करना होगा ममी के साथ मिल कर। उसकी गाइडेंस में। कोई ऐसा जाल फ़ैलाना होगा जिसमें मछली अपने आप आ फंसे। फिर देखूंगा कैसे तड़पती है। एक साल से ऊपर हो गया अब और ढील नहीं। ढील की बात नहीं। बात साली न जाने क्या है। कभी सोचता हूं दफ़्तर में नौकरी करने की बजाय किसी कॉलिज वॉलिज में पढ़ा रही होती तो दिन भर घर से बाहर तो न रहती। और फिर छुट्टियों की भी भरमार रहती। प्रेस्टीज भी कुछ ज़्यादा ही होती। आजकल सेलरी भी बुरी नहीं। यह मैं क्या सोचने लगा इधर मेरी इज़्ज़त खतरे में है इधर मैं उसकी सेलरी के बारे में सोच रहा हूं। उसका कैरियर बना रहा हूं।। इसे कहते हैं पागलपन। क्या मैं नहीं जानता कि कॉलिज बदमाशी के अड्डे। कॉलिज में पढ़ा रही हेती तो उसकी अकड़ और ज़्यादा होती। तब तो साली को काबू करना और मुश्किल होता। तब तो सचमुच इन्टलेक्चुअल समझने लगती अपने आपको। कॉलिज में पढ़ाने वालियों की शक्ल सूरत नहीं होती नख़रा बहुत होता है और मौके भी बहुत मिलते हैं नर्सों की तरह। आधी तलाकशुदा बाकी स्पिंस्टर। अक्सर अपने सटूडेंट्स से फंसी रहती हैं। कॉलिजों में तो लेज़्बियन भी बहुत। कहीं यह साली भी ? शायद इसे मर्दों से नफरत हो। रसीला को तो है। ज़रूर है। शायद यह इसीलिए ठण्डी। शायद इसे सब मर्द सूअर नजर आते हों। अगर ऐसी बात है तब तो इसे रसीला से बचाना और ज़रूरी। उसके लिए तो सब मर्द सूअर हैं ही। अब यह बात ममी को कैसे बताऊं। उसे इन बुरी बातों का क्या पता। उसने तो यह लफ़्ज भी नहीं सुना होगा। लफ़्ज न भी सुना हो पता सब होगा उसे। मैं ममी को अन्डरएस्टीमेट क्यों कर रहा हूं ? उसने दुनिया देखी है। वह स्मार्ट है। इशारा करने भर की देर है वह सब समझ जाएगी। नहीं तो कहूंगा डिक्शनरी देख लो। वह भी तो नहीं घर में। मैं किताबें नहीं खरीदता। सीमा साली को शायद यह भी शिकायत हो। किताबों पर पैसा बरबाद करने का फ़ायदा ? और फिर टाइम किस के पास है। किताबें इतनी महंगी। वह पता नहीं कहां से खरीद लाती है। पूछो तो कहती है बारो की है। किस से बारो करती है। खैर एक छोटी सी डिक्शनरी तो होनी ही चाहिए घर में। एमरजेंसी के लिए। लेकिन ऐसा न हो मैं सचमुच पागल मतलब वहमी। क्योंकि मेरे पास देखा जाए तो कोई सबूत नहीं। मैंने कोई चिट्ठी पकड़ी है न उसे किसी के साथ पकड़ा है। ठण्डी है तो क्या हुआ ! गर्म

होती तो भी मुसीबत होती। तब मुझे और शक होता। जिनकी गर्म हैं वह साले ठण्डी के लिए तरसते होंगे। उन्हें हर वक्त यह चिन्ता रहती होगी कि उसे ठण्डा कैसे करें। ठण्डी हो गर्म हो मुझे क्या। अपना काम ज़ोर ज़बरदस्ती से करते रहना चाहिए। आख़िर दो चार कतरे पानी ही तो निकालना होता है। मज़े के लिए मुरादाबाद वाली की कल्पना। या फिर टूर वालियों की। मुझे कौन सी बड़ी खेती करनी है। कुप्पा बनी रहती है तो बनी रहे। बातों के लिए ममी तो है ही। मुझे वैसे भी ममी की बातों में ज़्यादा मज़ा आता है। मेरे टूर सलामत रहें। मेरी प्रोमोशन कभी तो होगी ही। आजकल एड्ज़ का रिस्क लेकिन मैं केअरफुल। प्रोफेशनल के पास कभी गया ही नहीं। मन करता है लेकिन यह रिस्क नहीं लूंगा। एक बात यह है कि मेरी तसल्ली क्यों नहीं होती कहीं मैं भी निम्फ़ो नहीं। मर्द के लिए कोई और वर्ड होगा। डिक्शनरी होती तो देखता किसी तरह से ढूंढ लेता। बात यह है कि अब मैं इधर उधर मुंह मारना कम कर देना चाहता हूं। एकदम। प्रमोशन के बाद की बात दूसरी लेकिन टूर अब कम कर देना चाहता हूं। अब जी चाहता है घर में ही मौज मस्ती हो। गपशप के लिए ममी ऐश के लिए सीमा। मन करता है सीमा मुझे सिर आंखों पर बिठाए मेरी बलाएं ले मेरे बाल सहलाए सिर खुजलाए कहे डार्लिंग हाउ आर यू ? सीमा की एक और आदत भी मुझे तंग करने लगी है। वह अंग्रेजी नहीं बोलती न ही अंग्रेजी के वर्ड यूज़ करती है ज़्यादा अपनी बोल चाल में। उस से ज़्यादा तो ममी यूज़ करती है इंगलिश इसीलिए ममी से बातचीत करने में मज़ा आता है। सीमा ऐसे बोलती है जैसे हिन्दी की मास्टरनी हो। यह आदत पता नहीं कैसे पड़ी आजकल तो टी. वी. देख देख कर नौकर नौकरानियां भी हर सेंटेंस में सात वर्ड अंग्रेज़ी के डाल देते हैं। जो हो मेरा जी चाहता है मेरी सारी उल्टी सीधी ख्वाहिशें घर में ही पूरी रहें अब। और यह सब सीमा के हाथ में है। ममी तो अपना रोल बिलकुल ठीक कर रही है कमी है तो सीमा में। उसमें तो कमियां ही कमियां हैं वैसे हो सकता है मुझ में भी कोई कमी हो। कोई ऐसी कमी जिसके रहते मैं उसको जीत नहीं सकता। असली बात बस जीतने की। जब तक उसे जीतूंगा नहीं तब तक वह मेरे पैरों की जूती नहीं बस मैं उसे वहीं देखना चाहता हूं अपने पैरों में। हर मर्द यही चाहता है हर असली मर्द। अमेरिका में तो सुना है एक सोसाइटी बन गयी है ऐसे मर्दों की। यहां भी बनेगी। मैं बनाऊंगा। बेकार की बातों में तो वेस्ट की कापी होती रहती है काम की बातों में नहीं। अगर यह साली कोआपरेट करे तो मैं इसे ऐसे मज़े दूं कि इसे मां याद आ जाए। मुझे सब ट्रिक आते हैं। मैं इसको मल्टिपल मज़े दे सकता हूं। लेकिन नहीं कहीं ऐसा न हो कि मुझ से सब कुछ सीख कर यह दूसरों को सिखाती फिरे। अपने पैरों पर आप कुल्हाड़ा नहीं ...

इसी तरह सोचता रहूंगा साले हेमलट की तरह तो कुछ भी नहीं कर सकूंगा कुछ भी नहीं। और ऊपर से ममी ने प्रेशर डालना शुरू कर दिया है अब बेबी होना

चाहिए। कुछ दिन पहले तक तो यही कहती थी जल्दी क्या है बेबी की हो जाएगा अभी तुम मौज करो लेकिन अब कुछ दिनों से उसने कुछ और ही कहना शुरू कर दिया है। बेचारी ने देख लिया होगा कुछ गड़बड़ है देर नहीं होनी चाहिए लगता है वह मुझे बात करने का चांस दे रही है बेबी के बहाने। मैं खुद कितने दिनों से सब कुछ उसके सामने उगल देने के लिए तय्यार हो रहा हूं। इरादे बांध रहा हूं। किसी दिन उसकी गोद में सिर डाल कर सब कुछ बता दूं उसे और अपना जी हल्का कर लूं फिर न जाने क्यों रुक जाता हूं। शायद रसीला की बात का असर हो गया है। डरने लगा हूं कहीं ओडिपस काम्पलेकस न हो गया हो। हो तो नहीं सकता साला ममी के बारे मे बुरे ख़याल का सवाल ही नहीं उठता। तो फिर रुक क्यों जाता हूं ? बस शर्म आती है और क्या ! इंगलिश यूज़ कर सकता हूं लेकिन ममी आख़िर ममी है उसके साथ बात करूंगा तो हिन्दी भी यूज़ करनी ही पड़ेगी। ज़्यादा डिफ़िकल्ट अंग्रेजी वह नहीं समझ सकेगी। कई बातें ऐसी हैं जो उसके सामने मेरे मुंह से नहीं निकल सकेंगी। और उनके बग़ैर सारी बात क्लीअर हो नहीं सकती। ख़ैर इतना तो बता ही सकता हूं ममी बेबी कैसे होगा जादू से जब तक वह विलिंग न हो तो बेबी नहीं होगा। इतना तो कह ही सकता हूं ममी छीना झपटी में बेबी जनरली नहीं होते सब कुछ साला इधर उधर ही बेकार बिखर जाता है। अब यह बात ममी से कैसे कहूं ? नहीं कह सकता कहने की ज़रूरत भी नहीं वह सयानी है समझ जाएगी। मैं पुरानपन्थी नहीं लेकिन इतना जानता हूं हेल्थी बेबी तभी होते हैं जब मिंया बीवी विलिंग हो सब कुछ आराम से मजे लेले कर करें। डिफ़ेक्टिव बेबी पैदा करने का क्या फायदा ? ममी कहती है बेबी के बग़ैर घर सूना कहती है अपने जैसा एक बेटा दो बेटा ताकि मैं उसे नहलाऊं धुलाऊं खिलाऊं चूमूं चाटूं जी तरस गया है। पता नहीं अचानक ममी को क्या हो गया है बात करते करते उसकी आंखें भीग जाती हैं। ज़रूर उसके मन में कोई चिन्ता कोई शक कोई सस्पिेंशन। अब मैं ममी को कैसे बताऊं महीने में दस दिन उसे माहवारी। क्या वाहियात वर्ड है। मेन्सस में जो बात है माहवारी में नहीं। ममी को मेन्सस वर्ड आता होगा। ज़रूर आता होगा। माहवारी तो ऐसे लगता है जैसे कोई बीमारी हो। वैसे है तो बीमारी ही साली कुदरत भी कैसे कैसे मजाक करती है औरतों के साथ ठीक ही करती है। फिर भी औरत अकड़ से बाज़ नहीं आती है न अपनी करतूतों से। महीने में दस दिन ! इतना लंबा मेंसस हमने नहीं देखा। और ऊपर से दर्द। सिर में भी वहां भी तीन दिन पहले और चार दिन बाद। महीना होता कितने दिनों का ! इतना लंबा मेंसस ! खून की जगह पानी निकलता होगा नहीं तो कमज़ोर न हो जाती साली। कपड़े देखूंगा जांच पड़ताल की शुरुआत घर से ही। जासूसी की भी। कभी कभी इसके कपड़ों से अजीब अजीब महक आती है दूर से ही। अजीब और मिलीजुली। परायी परायी सी। सिगरेट की भी कई बार। मैं सोच लेता हूं बेचारी बस में जाती है इसलिए। अब कार में तो मै इसे

जाने नहीं दूंगा। ड्राइवर रख लिया तो भी नहीं। कार में गयी तो गयी। कार वालियों के पीछे कई कुत्ते। उसे शायद मेरे कपड़ों से महक आती हो लेकिन नहीं वह मेरे कपड़े नहीं सूंघती वह साली तो अब रात को भी अलग सोने की कोशिश करती है। और फिर मैं बहुत केअरफुल। कच्ची गोलियां नहीं खेलता मैं। टूर के कपड़े अर्जेंट धुलवा लेता हूं। बदमाशी के बाद फौरन बाथरूम। दो दो बार साबुन। शायद वह भी केअरफुल हो। फिर वही वहम। जिस दिन कोई सबूत मिल गया टांगे तोड़ दूंगा। न होगा बांस न बजेगी बांसुरी ...

वैसे एक मन यह भी करता है कि ममी को बीच में लाऊं ही नहीं। क्या फ़ायदा उसे दुख देने का बेशक वह मेरे लिए सब कुछ करने को तय्यार ख़ैर तो मन करता है किसी दिन अचानक बग़ैर नोटिस सीमा को पकड़ लूं और कहूं बताओ उस बास्टर्ड का नाम। अगर पीली पड़ जाए तो समझूं दाल में कुछ काला। लेकिन जो सचमुच बदचलन होती है वह पीली नहीं पड़ती आसानी से वह जनरली बहुत चालाक। उसे तो रंगे हाथों पकड़ लो तो भी मान के नहीं देती। साली रोने धोने बैठ जाएगी और सारा इलज़ाम मर्द पर डाल देगी। कहेगी इसने ज़ोर ज़बरदस्ती की मैं क्या करती। रेप के केस अक्सर झूठे। झूठ औरत की नेचर में। अब वह मुरादाबाद वाली मानेगी ? कभी नहीं। उसकी तो खैर बात ही और। लेकिन मान लो मैं किसी दिन पूछ ही लेता हूं बताओ उस बास्टर्ड का नाम और वह साली दस नाम गिनवा दे तो ? मेरी तो हवा निकल जाएगी। क्या करूंगा तब मैं ? औरत को ऐसा चांस ही नहीं देना चाहिए। या फिर मरने मारने के लिए तय्यार रहना चाहिए। क्या मैं हूं तय्यार। बातें तो बहुत बनाता हूं लेकिन हूं तो आख़िर पढ़ा लिखा। मरने मारने वाले और ही होते हैं। कुछ भी क्यों न कहूं जो फ़ायदे टेक्ट में हैं कान्फ़्रन्टेशन में नहीं। माडर्न औरत का कोई भरोसा नहीं। जब चाहे नंगी हो जाए। नंगी औरत जनरली बहुत खतरनाक। बेधड़क। उसे संभालना मुश्किल। उसके मुंह में जो आए कह दे। वह जब चाहे जिसको नंगा कर दें जो खुद नंगी हो गयी उसे क्या डर। मान लो मैं किसी दिन उसको कान्फ़्रन्ट करता हूं कहता हूं तुम कुप्पा क्यों बनी रहती हो ? इतनी ठण्डी क्यों हो ? कहता हूं तुम चाहती क्या हो ? क्या तकलीफ़ है तुम्हें ? मायके क्यों जाती हो ? मुझ से सीधे मुंह बोलती क्यों नहीं ? सिर दर्द का बहाना क्यों करती हो ? महीने में दस दिन मेंसस क्यों ? कोआपरेट क्यों नहीं करती ? छूता हूं तो उछल क्यों पड़ती हो ? मेरी बातों पर हंसती क्यों नहीं ? मान लो किसी दिन तंग आ कर मैं उस से यह सब कह देता हूं। कुछ देर तक वह सुनती रहती है। और फिर तुनक कर कहती है सुनना चाहते हो सच सुनना चाहते हो तो सुनो और फिर हो जाए शुरू। कहे मैं तुम से नफ़रत करती हूं तुम इम्पोटेंट हो मुझे सेटिसफ़ाई नहीं कर सकते तुम्हारे जोक्स घटिया होते हैं तुम बदसूरत हो तुम्हारे टेस्ट अच्छे नहीं मुझे तुम्हारी कोई भी बात पसंद नहीं तुम अनपढ़ हो तुम्हारे मुंह से बू आती है मुझे

तुम्हारी ज़रूरत नहीं मैं तुम पर डिपेन्ड नहीं करती तुम रहो अपनी डार्लिंग ममी के पास मैं जा रही हूं ख़बरदार जो मुझे हाथ लगाया तो आई हेट यू यू आर ए सिस्सी ! और फिर शोर मचा कर लोगों को इक्ट्ठा कर ले कहे यह मुझे पीटता है ये दोनों मुझे तंग करते हैं कहते हैं दहेज में तुम यह नहीं लाई वह नहीं लाई ये दोनों मुझे किल करने पर तुले हुए हैं। और फिर दूसरे दिन घर के सामने नारी मुक्ति वाली औरतों का मोर्चा। रसीला सब से आगे। मेरी अपनी रिअल बहन ! तब मैं क्या करूंगा ! तब तो मेरी ममी भी कुछ नहीं कर सकेगी। तब तो सारी इज़्ज़त मिट्टी में। और यह नहीं ऐसी बातें होती नहीं हर रोज़ होती हैं ...

टेक्ट का अल्टरनेटिव नहीं। मैं तो वैसे ही पागल हुआ जा रहा हूं और अगर वह साली तन कर खड़ी हो गयी सामने तो मैं बिलकुल खतम। मुझे लगता है इसकी ख़ामोशी भी उतनी ख़तरनाक। मुझे लगता है इसकी ख़ामोशी में से वह तमाम बातें फूट फूट कर मुझ तक आ रही हैं जिन्हें मैं इमेजिन करता रहता हूं। मुझे लगता है इस साली ने कोई जादू कर दिया है इसीलिए मैं अब दिन रात इसीके बारे में सोचता रहता हूं। और कोई आइडिया ही नहीं आने देती दिमाग में। पहले ममी के ख़याल से खुशी और शान्ति मिल जाती थी अब वह भी नहीं हो पाता। वह पूछती रहती है राजू बेटा तू मुरझाता क्यों जा रहा है किसी डाक्टर को क्यों नहीं दिखाता। क्या दिखाऊं साले डाक्टर को। कोई फ़िजिकल तकलीफ़ तो है नहीं। कैसे कहूं उस से मैं मेन्टल केस हूं बना दिया गया हूं। एक्शन तो अब ममी को ही लेना पड़ेगा। मैं तो अब कुछ सोच भी नहीं पा रहा। हिन्दुस्तानी हेमलेट। हेमलेट भी औरतों से तंग आया हुआ था मेरी तरह। उसे तो अपनी मां पर भी शक मुझे नहीं मेरी ममी एकदम प्योर रसीला पागल काश कि सीमा भी होती प्योर। शायद हो ही। अभी तक मैं ट्रुथ को फ़ेस करने से कतरा रहा हूं। कोई औरत प्योर नहीं होतीं नौकरी पेशा तो बिलकुल नही। पेशे और प्योरिटी का क्या मेल। बदमाशी के बगैर पहले तो नौकरी मिलती नहीं मिल जाए जो टिकती नहीं। प्रोमोशन तो बिलकुल नहीं। मर्द को मक्खन भी लगाना पड़ता है माल भी चढ़ाना पड़ता है। औरत को तो और भी बहुत कुछ करना पड़ता है। इसीलिए बेस्ट तो यही होता है कि औरत घर में ही रहे। घर में भी बिलकुल सेफ़ नहीं लेकिन बाहर से ज़्यादा। घर बैठ कर भी वह बदमाशी कर सकती है लेकिन बाहर से कम। अब मैं टूर पर जिन के साथ मौज मारता हूं उनमें नौकरी पेशा भी होती हैं घरेलू भी लेकिन मैंने देखा है नौकरी पेशा ज़्यादा वल्गर होती हैं घरेलू कम। शादीशुदा दोनों ही कइयों के बच्चे भी होते हैं। बच्चों को सास के सुपुर्द। कइयों की सासों को सब पता होता है। मैंने सब कुछ देखा है इसीलिए तो इतना तड़प रहा हूं। अब यह बात मैं ममी को नहीं बता सकता। शॉक से उसे कुछ हो जाए तो ! वह समझती है मेरे जैसा शरीफ़ ख़ैर शरीफ तो मैं हूं ही। न होता तो इतना परेशान न होता। मैं ऐसों को भी जानता हूं जो अपनी बीवियों को अपनी प्रमोशन के लिए यूज़

करते हैं। हो सकता है दूर वालियों के हस्बेन्ड भी सब जानते हों। असल में सारी सोसायटी ही करप्ट। बिलकुल वेस्ट की सी हालत होती जा रही है। बदमाशी तो खैर पहले भी होती ही होगी। कामसूत्र ऐसे ही तो नहीं लिखा जा सकता था। पैसे और पराए मर्द की लत तो औरतों का शायद आर्यों के ज़माने में भी। इतनी दूर जाने की क्या ज़रूरत। मुझे अपनी औरत को काबू में रखना है बस। जैसे भी हो सके। अगर सीमा में सेक्स अपील न होती तो और बात थी। सिंधनों में और होता ही क्या है। सीमा आधी सिंधन थैंक गॉड पूरी होती तो मैं मारा जाता। सेक्स अपील तो ममी में भी कम नहीं इस उमर में भी। इसीलिए तो मैं अपने दोस्तों को नहीं लाता घर। लेकिन ममी मेरी महारानी। महारानियों की सेक्स अपील जनरली ख़तरनाक नहीं होती। उनकी ग्रेस उनकी सेक्स अपील को भी संभाल लेती है। सीमा की बात दूसरी। वह अभी कच्ची। इसीलिए तो नौकर नहीं रखता घर में। मालकिन में सेक्स अपील हो तो नौकर रखना ख़तरनाक। नौकरानियां ही सेफ़। ज़रूरत के वक्त काम भी आ जाती हैं। जैसे कमला। काली लेकिन एकदम क्रिस्प। चरक लगी साड़ी जैसी। अगर सीमा इसी तरह रही तो किसी दिन कमला से ही काम चलाना होगा ...

तो फिर नतीजा क्या निकला ! शायद मैं नतीजा निकालने से डर रहा हूं। अगर नतीजा निकाल लिया तो ऐक्शन लेना ज़रूरी। वह तो ख़ैर ममी ही लेगी मैं नहीं ले सकता। नतीजा भी शायद उसे ही निकालना पड़े। वह तो तभी निकाल सकेगी अगर मैं सारे फेक्ट्स उसके सामने रखूं। और अपने फीलिंग्ज़ भी। बनता तो हूं बहादुर हूं साला डरपोक। कहता तो हूं मैं पुरानपन्थी नहीं लेकिन हूं साला पुरानपन्थी नहीं तो ममी जैसी स्मार्ट औरत से फ्रैंकली बात करने में इतनी दिक्कत क्यों। वह खुद ही किसी दिन पकड़ कर कहेगी बताओ बेटा सब कुछ। मैं उसी दिन का इन्तज़ार कर रहा हूं। नहीं मैं कुछ भी नहीं कर रहा। बस टाइम बरबाद कर रहा हूं। एक बात की तरफ न जाने मेरा ध्यान पहले क्यों नहीं गया। और वह बात इम्पोर्टेन्ट है। जब से मैंने कान्डम चढ़ाना बन्द किया है साली ने सेक्स बंद कर दी है यह कनेक्शन मैंने पहले क्यों नहीं नोट किया। तब से साली ने चढ़ने ही नहीं दिया ऊपर। और इस बात को अब एक दो महीने हो रहे हैं। तरह तरह के बहाने। और मैंने कान्डम चढ़ाना बन्द ही इसीलिए किया था ताकि प्रेगनेंसी हो। मुझे याद है मैंने जिस रात यह टापिक छेड़ा था उस रात बहुत बहस हुई थी। मैंने साफ़ कह दिया था ममी को अब बेबी चाहिए। वह बोली थी मैं और वेट करना चाहती हूं। मैंने कहा था मैं और वेट नहीं करूंगा। फिर मैंने कान्डम का पेकिट फेंक दिया था और उसे अपनी तरफ़ खींचा था वह अड़ गयी थी। मैं भी अड़ गया था। मेरा ख़याल था वह लाश की तरह लेट जाएगी। लेकिन उस रात इरेक्शन थी। पूरी तो नहीं काफी थी लेकिन उस रात साली ने बिलकुल इनकार कर दिया था पता नहीं मैं रुका कैसे। उस रात रेप कर सकता था। शायद यही सोच कर न किया हो कि अगर उसे प्रेगनेंसी हो गयी तो

बेबी की साइकालोजी ख़राब हो जाएगी। मैं साइकालोजिस्ट नहीं लेकिन बच्चे का बीज मस्ती में ही पड़ना चाहिए यह मैं मानता हूं। अब पछतावा हो रहा है। जो हो अब कान्डम यूज नहीं करूंगा। बाहर तो करता ही हूं। करना भी चाहिए लेकिन घर में क्यों करूं ! और अब तो ममी ने भी कह ही दिया बेबी चाहिए तो वह होगा मुझे लगता है यही है ममी का ऐक्शन। उसने ले लिया चुपचाप। बेबी हो जाएगा तो सीमा अपने आप बदल जाएगी। अब मुझे अपना पार्ट पूरा करना है। जैसे भी हो। कुश्ते खाने पड़े तो खाऊंगा उसे बेहोश करना पड़ा तो करूंगा। अब मैं रुकूंगा नहीं। लेकिन ! लेकिन वेकिन अब नहीं। मेरा मतलब है यह साली वेट क्यों करना चाहती है। अगर मोज भी नहीं मारनी तो वेट किस लिए। होगी इसके मन में कोई घुण्डी। होने दो। मैं तो हाथ धो कर पीछे पड़ जाऊंगा इसके। हाथ धोने का कोई फ़ायदा नहीं कुछ और करना होगा वह सब भी करूंगा। लेकिन कहीं इसने उस रात के बाद कुछ फिट न करवा लिया हो अपने अन्दर। एहतियातन। मुझ से पूछे बग़ैर ? उसकी यह हिम्मत ! और अगर मैंने कोई ऐक्शन न लिया अगर मैं इसी तरह अगर मगर करता रहा तो उसकी हिम्मत बढ़ती ही जाएगी। पता कैसे चले ! अब यह बात मैं ममी को कैसे बताऊं। आजकल डाक्टर साले कुछ पूछते पाछते नहीं। होना यह चाहिए कि वह कहे हस्बेन्ड को साथ लाओ या उसका लेटर। उन्हें तो पैसों से मतलब है। अनमैरिड भी फिट करवा लेती हैं। वह तो और ज़्यादा। लेकिन इस साली को तो मैं सीधी समझता रहा। इसे मालूम होगा ? आजकल पैदा होते ही सब सालियों को सब कुछ मालूम। वेस्ट की सब बुरी बातें यहां आ रही हैं धड़ाधड़। एक दिन अचानक बोली अगर कान्डम नहीं तो कायटस इन्टरप्टस करना पड़ेगा यह बात पहले की। शुरू शुरू की। मैं तो हैरान। साली या तो बात ही नहीं करेगी या ऐसी करेगी कि आदमी दंग। उन दिनों भी कभी कभी मैं अड़ जाता था आज कान्डम नहीं। आदमी तंग आ जाता है कभी कभी ग़िलाफ़ से बड़ी मुश्किल होती थी। किसी न किसी तरीके से ऐन वक्त पर बाहर। चादरें ख़राब। कमला देखती होगी धब्बे धोते वक्त। और अब सोचती होगी कुछ हो ही नहीं रहा। नौकरों-नौकरानियों को सब कुछ मालूम रहता है। इसीलिए वह ख़तरनाक। इसीलिए नौकर नहीं रखूंगा। नौकरानी ही ठीक। एमरजेंसी के लिए। जब बीवी को मेंसस हो तो। अपनी को तो रोज़ ही। बीवी विलिंग हो तो ब्लडबाथ में भी कहते हैं मज़ा। मुझे नहीं। मैं कई बातों में पुराने ख़यालों का। मुझे तो नाम से ही नफ़रत। सीमा को मालूम है इसीलिए शायद मेंसस का बहाना। मैं तो मेंसस वाली औरत से बात भी नहीं कर सकता। दूर से ही बदबू। कुदरत भी औरत के ख़िलाफ। अच्छा ही है नहीं तो साली सिर पर चढ़ी रहती। पहली रात को भी इसे मेंसस ही था। मुझे शक हुआ था शायद बहाना हो मैंने जिद्द की थी दिखाओ। और कोई होती तो कभी न मानती। इस साली ने दूर से ही दिखा दिया था सलवार उतार कर मुझे शर्म आयी थी इसे नहीं। दूर से खून तो

नहीं नेपकिन दिखायी दे गया था। अब क्या पता यूं ही ठूस लिया हो इसने। बचने के लिए। बचने के और तरीके भी होते हैं। औरत रो कर भी बच सकती है। पहली रात औरत का रोना मर्द को अच्छा लगता है। मैं इस बात में भी पुराने ख़यालों का। रोती हुई औरत मुझे अच्छी लगती है। उस पर तरस आता है। मैंने सीमा को कभी रोते हुए नहीं देखा। अज़ीब औरत है। न हंसती है न रोती है। पहली रात भी रोयी नहीं थी बस कुप्पा बन पड़ी रही थी। रोने के बावजूद पर्दा पहली रात ही फटना चाहिए। बेशक आजकल अक्सर पहले से ही फटा हुआ होता है। कहते हैं उछलकूद से भी फट जाता है साइकल चलाने से भी। जो ही अपनी सुहागरात भी साली सूखी निकल गयी थी। इसने मेंसस की चाल चल दी और हम साले एकदम मुरझा गये थे। इसने पता नहीं कैसे गेस कर लिया था कि मेंसस का नाम सुनते ही मैं पीछे हट जाऊंगा। मुझे पास जाकर देखना चाहिए था। लेकिन शादी की शुरुआत ही मैं शक से कैसे करता। अब पछता रहा हूं। अब मुझे यकीन होता जा रहा है इसने पहली रात भी मुझे धोखा दिया था। अब यह बात ममी को कैसे बताऊं ? लेट गयी थी मुंह मोड़ कर। क्या पता किस यार की याद में। अब तो भूल जाओ उस हरामज़ादे को ! अब तो एक साल से ऊपर हो गया शादी को। औरतें आसानी से नहीं भूलतीं कोई भी बात। इस वक्त वह मुरादाबाद वाली याद आ रही है। मेरा दिमाग दस तरफ़ एक साथ दौड़ता है। ख़याल आ रहा है शायद ममी से मिस्टेक हो गयी। डर लग रहा है रसीला इसे भी अपनी पार्टी में भरती कर लेगी। आजकल सब अख़बारें बिक्री बढ़ाने के लिए नारी मुक्ति का झण्डा लहरा रही हैं। हिन्दी की अख़बारें भी। जिन्हें मैं तो पढ़ ही नहीं सकता। मेरा बस चले तो सब बन्द करवा दूं। मैं पुरानपन्थी नहीं लेकिन मर्द औरत की बराबरी बकवास। नेवर। मैं तलाक के भी खिलाफ़। सीमा अगर रसीला की तरह घर छोड़ बरसाती में जा बैठी तो मैं उसकी टांगे तोड़ दूंगा। मैं साला बेवकूफ़। टांगे तोड़ना गंवारों का काम। टांगे वह तोड़े जिन के पास टेक्टफुल ममी न हो। मेरी ममी टेक्टफुल। माई बेस्ट फ्रेन्ड ! एकदम ! गुड नाईट डार्लिंग ममी।

बांझ मांजी

... जब तक यह जागेगी नहीं हम जाएंगी नहीं। हम इतनी दूर से इतने पैसे बरबाद कर आई हैं बसों में धक्के बूढ़े बदमाशों के खा खा हम इसको देखने हमें देखते ही इसकी आंखें बंद जैसे हम इसकी दुश्मन हों। लेट गयी मुंह फेर यह फफेकुट्टन ! धीरे बोल बहना यह झूठमूठ सोयी है उठ कर डण्डे मार के देखें मैं नहीं डरती हम इतनी दूर से इतना भी नहीं कि पानी चाय पूछे। सारा दिन उस अपनी कालो से हिनहिन हमें देखते ही हाय हाय। न जाने क्या खा फूट कर पसरी पड़ी है दिन दहाड़े और हमें नींद रात को भी नहीं सच कहते हैं खाने पीने वाले बूढ़े सदाबहार। बूढ़े मर्दों को तो खाते पीते बदमाशियां करते देखा था बूढ़ी औरत पहली बार यह तो मर्दों से भी आगे। इसे कोई परहेज नहीं। शराब कबाब मछली मिठाई पापड़ पान जर्दा तम्बाकू रेवड़ी चने सब इसको हज़म। कैरम वैरम ऐसे खेलती है जैसे स्कूली लड़कियां ताश शतरंज ऐसे जैसे जुआरी। पक्के गानों और गजलों का शौक भजन कीर्तन का बिलकुल नहीं। मुंह के बाजे से अंग्रेजी गाने। उस काली बाला के संग सुनते हैं, नाचती भी है। बेशरमी की हद। ऐनक सिर्फ पढ़ते वक्त। बहस में नुक्ते बड़े बड़े लीडर कहती है बुद्धू। कहती है बापू की बेटी स्वतंत्रता

सेनानी मुझे वज़ीफ़ा दो। कहती है मेरा मन मन्दिर तुम मोह माया के महल उसारो मांगो उस से दूध पूत मैं सौदेबाजी नहीं करती उस से तुस सब मतलबी मैं उसकी सच्ची भगतनी वह मेरा भाई। अपने सगे भाई की बीवी अपनी भाभी से सीधे मुंह बात नहीं भगवान को अपना भाई बापू को बाप कालो को बेटी हम मन्दिर जा जा सौ सौ मन्नतें मांगती हैं फिर भी दस दुखड़े यह घर लेटी ऐश लूटती है अब क्या पता कब जागे ...

मैं तब जागूंगी जब तुम सब अपने घर। तब तक मश्ट मार कर सारी बकबक। मैं अपने मन मन्दिर में ही मस्त तुम जाओ वैसे एक बात है औरतें मन्दिर भी न जाएं तो मर जाएं पागल हो जाएं घर बैठी बैठी सारा दिन। मुसलमानियां बेचारी इसीलिए अक्सर बीमार। उन्हें मस्जिद जाना न जाने क्यों मना। इसीलिए वो दरगाहों में। मैं फिर उस कस्बे में। मन्दिर घर से भागने का एक बहाना। पुजारियों से प्यार। मोटे मुश्टन्डे सब मुफ़्तख़ोर। अगला जन्म संवारने के लिए नहीं मन्दिर इस जन्म को सहने के लिए ज़रूरी। चौरासी लाख। हम हिन्दू गिनती के शौकीन। मुसलमान पैमाइश के। दाढ़ी कितनी लम्बी हो। और बाल। माजू के मजाक। मैं फिर उस कस्बे में। दिन में कई बार। पराया परलोक किसने देखा है। जाने अनजाने मैंने कितने ही बन्धन तोड़े। इसीलिए अब आज़ाद इसीलिए इनकी बातें मुझे बेहुदा। औरत औरत की दुश्मन क्यों लड़ती हैं आपस में। मर्द क्यों हमारे तन मन धन के मालिक। शादी से पहले पिता फिर पति फिर बेटा और भाई क्यों ! मैं अपने पैरों पर। भला हो उस मर्द नामर्द का कोई और होता तो मैं भी गुलाम। डॉली कहती है औरत अमेरिका में भी आज़ाद नहीं मांजी आप यहां बैठी बिलकुल आज़ाद ! यहां तो अभी तक जलायी जाती है। रूपकंवर बेचारी को सब के सामने जलती चिता में सरकार भी देखती रह गयी। यहां तो कई पढ़े लिखे मर्द भी सती के हक में। उन मर्दों को गोली डॉली सच कहती है। बालों से पकड़ कर घसीट ले गये उस बेचारी को झौंक दिया वह चीखती रह गयी। हम हिन्दुओं को जलने जलाने में क्यों इतना मज़ा नहीं बीमारी शायद हवन वगैरा कारण। अग्निपरीक्षा। मैं पूछती हूं मर्द की क्यों नहीं उसके पाप क्यों माफ़। लोकलाज का टंटा औरत के लिए ही क्यों ! मेरा तो खून खौल उठता है हम हिन्दू हत्यारे झूठे। लेकिन मुसलमान भी फरिश्ते तो नहीं वो भी बेईमान और जालिम। डॉली कहती है मांजी औरत का हाल बुरा हर मज़हब में ईसाई कौन से कम आदम और हव्वा का किस्सा मांजी मालूम ! ईसाइयों ने औरत को जादूगरनी कह कर सताया मुसलमानों ने पत्थर मारे यहूदियों ने भी हिन्दुओं ने उसे जलाया। औरत को दबा कर रखने का उपदेश हर मज़हब में मांजी। वह मर्द की जूती कुत्ते की दुम नर्क का दरवाज़ा ताड़न की अधिकारी उसे दांव पर लगा दो बेच डालो किराए पर चढ़ा दो वनवास दे डालो धरती में गाड़ दो। उसको झूठी लल्लोपत्तो से टालो कह दो तुम देवी हो घर की शोभा हो लेकिन जायदाद में हिस्सा मत दो। मर्द को झख मारने की

आज़ादी औरत को आंख मारने की भी नहीं। चंबेली आज़ाद आंख मारने में माहिर। मैं नहीं। माजू ने सिखाने की कोशिश की कई बार। मुझे तो बदमाश औरतें ही अच्छी लगती हैं। वो आज़ाद। मर्द की बराबरी शरीफ़ औरत कर ही नहीं सकती। जो मुंह खोले वह मुंहफट। जो सिर उठा कर चले वह बेहया। जो बोले वह बेशरम। जो अपना हिस्सा मांगे वह लालची। जो शादी न करे वह बेवकूफ। जो बच्चे न जने वह बांझ। मैं अगर जवान होती तो हाथ में झण्डा लेकर रसीला और डॉली के साथ। डॉली कहती है मांजी अगर मैं आपकी उमर में आप जैसी तेज़ और ताज़ा रह सकी तो समझूंगी मैं खुशकिस्मत। डॉली तू मेरा दिल खुश कर देती है जब आती है लेकिन तुझे अभी से आगे की चिन्ता क्यों तू जवान यह तेरे मस्ती के दिन तू मौजें मार तू हरदम इतनी उदास क्यों ! मांजी मैं उलझी हुई मेरा मन अब अमरीका में नहीं लगता मैं यहां की न वहां की मैं हर साल यहां क्यों क्या लेने किसी दिन आप से सारी बात मांजी आराम से। आज ही आ जाओ डॉली शाम को ब्रान्डी वह आपके लिए मांजी मैं नहीं पीती। अमरीका में रह कर भी डॉली भोली· यहां की खुर्राट पढ़ी लिखी क्या अपढ़ क्या आजकल सब सब कुछ खा पी लेतीं ...

डॉली के मन में गांठ। बोलते बोलते अचानक गुम। बुझ जाती है बेचारी नानी ने नाक में दम। उधर अमरीका में शायद इसके मां बाप में अनबन। यह उस से अलग कमरा ले कर उसी शहर में। वहां का यही दस्तूर कहती है वहां की मुश्किलें और मांजी किसी दिन आराम से। डॉली मैं अब इनेगिने दिनों की मेहमान। क्या बात करती हैं मांजी आप मजबूत। मैंने कहा डॉली किसी दिन रसीला दीदी से भी करो बात मैं बूढ़ी वह मनोविज्ञानी समझदार। डॉली भी हैरान रसीला बरसाती में क्यों। उसके बारे में भी बात। फिर कभी कोई कारण तो होगा ही। सारी उमर का झूठ झंझट क्यों क्या फ़ायदा मैंने खुद जो किया वह क्या ठीक था। क्या ठीक क्या गलत मैं नहीं जानती कौन जानता है। सब झूठ बोलते हैं। अपने आप से भी। मैं नहीं। मैं भी शायद नहीं ज़रूर। आप हम से आगे मांजी रसीला कहती है। बूढ़े या तो बहुत पीछे या फिर बहुत आगे इतने आगे कि कोई उनके साथ चल ही नहीं पाता जैसे गांधी बापू। डॉली पूछती रहती है मांजी आप शादी के हक में या ख़िलाफ़। मैं कहती हूं मेरी मत सुन अपने मन की सुनो मेरी तो गुज़र गयी अपने असली मन की सुनो। दूर अन्दर की आवाज़ जैसे बापू सुनते थे। कान लगा कर। फिर दुनिया इधर से उधर हो जाए वो वही करते थे जो उनकी आवाज़ दूर अन्दर की उनसे करवाना चाहती थी। वैसे अब शादी ज़रूरी न बच्चे। हमारा ज़माना और था। तू नये ज़माने की डॉली तुझे क्या चिन्ता। पति का सहारा अपढ़ों को ! हां प्यार हो जाए तो बात दूसरी। प्यार में भी सौ पेंच। परिवार प्यार का दुश्मन। परिवार औरत का दुश्मन। बेशक परिवार खड़ा औरत पर। क्या बात कही मांजी। मैं तो दिन में ऐसी सात। इसीलिए तो मैं कहती हूं आप असली आज़ाद हम नकली। आजकल मैं सीमा के बारे में अक्सर।

कहां जा फंसी। रजनी और राजू के बीच वह आखिर कितने दिन। मेरी चले तो मैं सब से कहूं उड़ जाओ। मैं मन से शादी के खिलाफ़। शायद परिवार के भी। परिवार के लिए क्या शादी ज़रूरी ? मांजी सारी दुनिया के सामने यह सवाल बड़ों बड़ों के पास भी कोई ज़वाब नहीं। वो तो मेरे पास भी नहीं डॉली मैं तो यूं ही जो मन में आता है सोच जाती हूं। असली मन की आवाज किसी किसी को ही। आसानी से कभी नहीं। सुनने की प्रेक्टिस। ध्यान से सुनने की असली मन किसी किसी का। अक्सर नकली के नीचे दब जाता है। बापू असली मन के माहिर। कितने आन्दोलन अन्दर की आवाज के इशारों पर शुरू। और फिर बन्द चेले हैरान दुश्मन परेशान बापू मस्त। आजकल तो लोग उनका नाम तक नहीं लेते। न लें वो मेरे बापू मैं उनकी बेटी मस्त। आजकल सब उखड़े उखड़े। सब नहीं। मैं नहीं। जितने पहले उतने ही अब। नहीं अब शायद पहले से ज्यादा। लेकिन मुझे क्या पता मैं यूं ही ...

मांजी मेरा मन करता है करूं नहीं मेरा मतलब शादी क्या फ़ायदा पछताऊंगी। वो तो सब से बेस्ट डॉली आज़ाद रहो और ऐश करो। लेकिन मांजी मैं उलझी हुई। फिर किसी दिन। इसी तरह असली बात टाल जाती है। सोचती होगी मैं समझूंगी नहीं। किसी दिन पीछे पड़ जाऊं तो नहीं। किसी के मन मे ज़बरदस्ती नहीं। क्या पता क्या दिख जाए न बाबा न। अपना ही काफी। मांज़ी आप गॉड में बिलीव करती हैं ? शायद इसे यह उलझन भी। गॉड मेरा बड़ा भाइं लेकिन भाइयों का भी क्या भरोसा। वो भी बहनों को अक्सर धोखा ही माओं से मिलकरं रसीला को उसका हिस्सा नहीं दिया रजनी ने। सारा कुछ राजू के नाम। हो सकता है रसीला को यह रंज भी किसी दिन पूछूंगी। कानून की परवाह किसको। राखी टीका बहनों का बहकावा कोरे कागज पर उन से दस्तखत मैं अपनी मर्जी से सब कुछ भाइयों को। बहनों का बुरा हाल लेकिन मुझे अब क्या मेरी तो गुजर गयी मुझको क्या लेना देना दुनिया से सब जाएं भाड़ में मुझे क्या कभी कभी मन करता है अब सोचना बन्द ऐसी शान्ति कैसे अब उठ कर चल दूं अब क्या रखा है हे भगवान अब सुन भी लो ...

मांजी आप एक नावल लिखिए नाम हो मेरी यादों का बाग या ऐसा ही कुछ नाम बाद में आप शुरू तो करें। रसीला आज यह क्या। मैं आपको एक मशीन मतलब कैसिट रिकार्डर बस आप बोलती जाएं जो याद में उछले बाकी सब बाद में ठीक। रसीला मैं सातवीं तक पढ़ी मुझे क्या लिखना आता है तू लिख तेरी बोली में रस मेरी क्या यादें सब ऊटपटांग नावल क्या यादों से और फिर उस उमर में सब लाठी लेकर मेरे पीछे बुढ़िया पागल तू लिख बेटी मैं तो सातवीं तक ही नावल पढ़े लिखों का काम। मांजी आप में दम है मैं सच कहती हूं धूम मच जाएगी नाम वाम सब बाद में बदल देंगे ऐसे किसी को कुछ पता नहीं चलेगा क्या झूठ क्या सच आप बस अपने मन की बात जो जैसा याद आजकल सब ऐसे ही लिखते हैं बड़े बड़े।

मेरा मन मेरे तन में यादें भी सब ऊबड़ खाबड़ कभी कुछ याद आ जाता है कभी कुछ मैं कैसे तू लिख वैसे सच बेरोकटोक कह डालूं जो अन्दर तो नावल का बाप। वह मेरा आख़िरी कारनामा लिखना न सही बोलना तो आता है वो तो सबको ही लेकिन क्या फ़ायदा बेटी आज यह क्या ले बैठी तू। मांजी आप हैं मंजी हुई आपकी बातें भी आपके बनुभव भी अच्छा नावल न सही अपनी आपबीती ही लिखिए उस से नारी आन्दोलन को बल। रसीला अगर मैं सच सच सब कह दूं सब मुझको मारेंगे तेरी मां सब से पहले सब से ज़्यादा सच कहने की हिम्मत अभी नहीं ! मैं सब मशीन में बोल जाऊंगी तुम बाद में लिखना अपने नाम से। मेरे मरने के बाद। रसीला बेटी यादें बूढ़ी क्यों नहीं होती मर क्यों नहीं जातीं मेरे सपनों में पानी ही पानी क्यों इतने सपने क्यों। सपनों में हम देखते कैसे हैं बोलते कैसे हैं। यादें भी सपने ही सपनों में यादें भी। बरसों पहले के किस्से कैसे कभी कभी सपनों में कटे फटे सच हैरानी होती है किसी दिन मुझको समझा बैठ कर तू मनोविज्ञानी मांजी ये सारे सवाल आप अपने नावल में मैं कहती हूं लोग दंग बड़े बड़े लेखक भी ऐसी ही बातों के कारण बड़े बड़े। आपकी सोच में गहराई मांजी मानिए बातों में बेबाकी आपकी यादें इतनी ताजा आप बस शुरू कर दीजिए। तुम दोनों मेरा दिल खुश कर देती हो जब आती हो। वैसे या यादों में। हम आपकी फ़ैन मतलब मुरीद...

वह माजू भी अक्सर यही मैं तेरा मुरीद सकीना रानी तू मेरी महबूबा हिन्दू हुई तो क्या मैं आधा हिन्दू। हम दोनों कच्चे मैं उस से ज़्यादा। हमारा कच्चा कच्चा प्यार। खट्टा मीठा माजू के मज़ाक। तू काफिर मैं मुसला दीवाना तू कलमा पढ़ मैं ओम् भूर हम मिया बीवी सचमुच के। उसकी हाय पर मुझे हंसी। दिल ऐसे थामता था जैसे कोई ऐक्टर। हर वक्त डरामा। सीढ़ियों में अक्सर उसका मुंह बन्द करने के लिए उसंके मुंह पर अपना हाथ। उसकी जीभ हथेली पंर जैसे कोई कीड़ा गुदगुदी याद उंगलियां उसके मुंह में वह कहता ये मिसरी की डालियां एक आने की चार। कभी कभी रात को मैं मुह ही मुंह में माजू की महबूबा मां पूछती रानो सपने देख रही हो। मां सोती न जाने कब थी। मैं कहती मां मन्तर पढ़ती हूं नींद नहीं आती। मां शुरू हो जाती क्या होगा इस लड़की का यह उलटे सीधे मन्तर न जाने कहां कहां से सीख आती है इसकी सब बातें उल्टी सीधी दिन भर यह दगड़ दगड़ नीचे मेरा दिल हिल जाता है। मैं पूछती मां अमृत को क्यों ऊपर मना नहीं करतीं लो सुन लो इसकी बात छोटे से भाई से मुकाबला नहीं वह बेचारा भोला सिर्फ चार साल मैं सोलह साल की या सतरह की वह मेरी पूछ वह मुझको प्यारा। इस मामले में मां अच्छी। बेटी बेटे में फर्क नहीं वह अक्सर कहती। हफीज़ा अमृत को पकड़ पकड़ कर चूमती चाटती काश कुछ बड़ा होता यह मैं कहती चल हट बेशर्म अमृत का मुंह लाल। वह मेरे रुक्के माजू को उसके मुझको हम डरते रहते किसी दिन मां को या उसकी अम्मां को। मैं मां को अम्मा कहती तो वह डांटती कल उनको अब्बा

बोलेगी मैं कहती हां मां इसमें आख़िर फर्क ही क्या। मां इतनी सख़्त न जाने क्यों। जैसे कोई बुढ़िया। माजू का रुक्का पढ़ कर सीधा मुंह में। जैसे आमपापड़। गोली बना कर नाली में थूह। माजू नाराज़ लेकिन झूठमूठ कभी कभी ज़िद करता बेरियों वाली सड़क पर मिलो जैसे भी बेशक बैठना मत। उन पेड़ों से दिन ढले डर लगता था। शां शां की आवाजें। कहते थे वहां डायनों का डेरा। अमृत मेरे साथ। वह कहता इतनी दूर मैं थक जाता हूं मैं कहती दो पैसे दूंगी चल माजू की जिद। कहता इन पेड़ों को याद करोगी। अब करती हूं। कहता मेरा असली नाम माजू नहीं मजनूं है तू मेरी लैला जान हथेली पर रख कर आ तब मानूं। अमृत मेरे साथ। अमृत न होता हफीज़ा न होती सीढ़ियां न होती हिम्मत न होती हम मर जाते दोनों सच। अमृत आखिर तक अच्छा। बेशक रजनी से डरता था लेकिन अच्छा रसीला अमृत पर इसीलिए वह मुझको अच्छी वैसे भी राजू रजनी पर। मुझ से सीधे मुंह बात नहीं। रजनी ढोंगी। दिल की खोटी मैं उस से दूर दूर। सीमा बेचारी मुझे शक है वह दुखी उन दोनों से। माजू को याद करती करती मैं उधर क्यों कभी कभी सच मैं बुढ़िया बे सिर पैर ...

वह बंगाली बदमाश अब उसके हाथ कांपते हैं टूंटी भी हिलती रहती है पर आंखें अब भी ऐबी हर औरत पर। कहता है तेरा दिल मज़बूत ऐसे धक धक करता है जैसे तू सोलह साल की कहता है तू सब कुछ खा पी लेती है मैं इतने परहेज फिर भी मैं बूढ़ा बीमार तू उसी तरह। उसको मालूम मैं बांझ नहीं। कहता है तू जनती तो न जाने कितने उसे सब मालूम। कहता है उस दाई ने ही सब कुछ ख़राब। हर बार उस किस्से की याद। मैं कहती हूं अब छोड़ो भी क्या फ़ायदा अब। वह बदमाश फिर फ़िर सुन कर मज़े लेने की ख़्वाहिश। होता अब कुछ नहीं लेकिन हवस बाकी। कहता है तू बूढ़ी बाहर से ही अन्दर से अब भी चुस्त न जाने कैसे मत आया कर मैं मुर्दा अब बातें ही बातें बंगाली बदमाश मुझे अब भी अच्छा कभी कभी जब घर खाने को बाला की बक बक मरने का डर यादों के भूत तब हौल सा उठ आता है मैं उसके पास मुझे देखो तो छाती में दर्द जी कच्चा कहीं कुछ गड़बड़। बंगाली की आंखों में मस्ती कहता है तू सोलह आने ठीक मैंने सब देख लिया अन्दर बाहर से ठोक बजा कर तू चिन्ता मत कर घर जा जो मर्ज़ी हो खा तेरा दिल ठीक फेफड़े साफ तू अब भी हट्टी कट्टी न जाने कैसे मैं बीमार तुम से तीन साल छोटा रात भर खों खों करता रहता हूं तू दिन भर खी खी अपनी उस बाला से किसी दिन उसको भी ला साथ मैं देखूं उसका दिल उसकी छाती ...

बाला पर बूढ़े मोहित वो तो ख़ैर होंगे ही पिता की आंख उस पारो पर मां का पहरा वैसे मां अच्छी थी बस बदनामी का ड़र। और मुसलमानों का। न जाने क्यों उस कस्बे के हिन्दू मुसलमानों से डरते थे मुसलमान हिन्दुओं से नहीं। मां कहती कितनी बार कहा है मकान बदल लो बेटी बिगड़ रही है बदनामी होगी। दहलीज के साथ उनकी दहलीज। सब आवाज़ें साफ। उनके मांस की बो हमारे मटरों में। इतना

बड़ा लड़का। दीदे फाड़ फाड़ कर देखता है। उसकी आंखों में ऐब। कितनी बार कहा है उसको रखड़ी बांध दो तो मैं निश्चित यह मानती नहीं कहती है मुसलमान को रखड़ी मां मैं कैसे। मैं चाहती तो कर सकती थी ढोंग नहीं किया माजू भी कहता कभी नहीं। पिता मां को समझाते खेलने दो बेचारी को बचपना चार दिन का फिर शादी वह भी तेरी तरह जवानी में ही बूढ़ियों की सी बातें तू अपना बचपन याद कर क्या तू पैदा होते ही इसी तरह मतलब सुधड़ सयानी क्या तू अपने पड़ोसी मुसलमानों के घर नहीं जाती थी क्या तू कभी किसी मुसलमान लड़के से नहीं खेली खेलने दो। मां कहती बस इसीलिए तो वह दगड़ दगड़ दिन भर उनके घर आख़िर बेटी है यह मत भूलो। मैं छिप कर सब सुन लेती थी। मुझे मां पर गुस्सा नहीं आता था। लगता था वह अपना फ़र्ज़ पूरा करने के लिए ही वह सब कहती थी। लगता था उसे मुसलमानों से डर था न नफरत वह बस अपना फ़र्ज़ पूरा करने के लिए ही मुझे मना करती रहती थी पिता को मकान बदलने के लिए कहती रहती थी। हफीज़ा और माजू की अम्मा से वह दिन में कई बार मिलती कई बातें करती। माजू को बेटा हफीज़ा को बेटी उनकी अम्मा को बहन इसीलिए मैं पकड़े जाने से तो डरती थी वैसे नहीं मां से वह अच्छी थी। अब लगता है वह सब जानती थीं चाहती तो हमको पकड़ सकती थी। अब लगता है जैसे हम पकड़े जाने से डरते थे वह पकड़ने से। उसकी कोशिश यह रहती थी कि मैं बिलकुल बेलगाम न हो जाऊं। यह ख़याल अब आने लगा है तब नहीं। अब सोचती हूं मां भी अपने संस्कारों से लड़ रही थी अपने तरीके से। और हिन्दू मुसलिम भेदभाव तो अभी तक। अब तो और। शहरों में खास तौर पर। अब तो इलाके अलग अलग। दूर दूर तक एक भी मुसलमान नहीं। बस एक सब्जी बेचने वाला लड़का है बंगलादेशी मुसलमान। उसीको देख माजू को याद कर लेती हूं। कभी कभी। उसके चेहरे में माजू के चेहरे को खोजती हूं। चोरी चोरी। उसे बेटा कह कर बुलाते हुए झिझक होती है लेकिन बुलाती हूं। चाहती हूं वह मुझे अम्मा कह कर बुलाए किसी दिन उस से कह दूंगी। वह हैरान होगा। है बंगलादेशी लेकिन हिन्दी फर फर बोल लेता है। मुझे उसकी हिन्दी में माजू की पंजाबी उर्दू सुनायी देती रहती है। वह बाला से मुंह बना बना कर बोलता है तो मुझे अच्छा लगता है। बाला कहती है बंगाली बदमाश है मांजी जब आप देख नहीं रही होती तो आंख मार देता है मैं सोचती हूं सब बंगाली बदमाश। बाला किसी से कम नहीं। कहती है मांजी किसी दिन अपने किस्से सुनाइए मैं किसी को कुछ नहीं बताऊंगी। कहती है मांजी बुरा मत मानो तो एक बात पूछूं आप ने दूसरी शादी क्यों नहीं की इतने साल अकेली कैसे आप अभी तक इतनी जवान। पूछती है मांजी डॉली दीदी की शादी क्यों नहीं होती रसीला दीदी शादी के बाद उस बरसाती में क्यों। किसी दिन उन दोनों को पास बिठा कर। लेकिन क्या समझाऊंगी ? मैं तो डॉली से कभी न कहूं कर लो शादी रसीला से कभी न कहूं बरसाती छोड़ अपने घर बैठो। वो दोनों

समझदार ...

मैं रसीला के साथ नारी आंदोलन के जलसों में बोल सकती तो कहती परिवार के पिंजरे से बाहर निकलो मां बाप से दबो नहीं बस हाथ जोड़ के कह दो हम अपने पैरों पर हम शादी अपनी मर्ज़ी से जब मन होगा। जिस से मन होगा हमें हमारा हिस्सा दो दहेज नहीं हम भाइयों से बराबरी क्यों न करें पतियों से पिसना बन्द जो पिसी सो पिछड़ी सास का सामना डट कर सामने से ससुर को समझाओ न समझे तो नमस्कार अलग हो जाओ। मशीन होती तो सब बोल देती उसमें कहती ले जाओ रसीला यह मेरा सन्देश घर घर में पहुंचा दो शाबाश ! मेरे अन्दर अभी भी एक अल्हड़ मुंहज़ोर जवान बेकाबू औरत। शायद हर बूढ़ी के अन्दर। शायद डॉली की नानी के अन्दर भी नहीं उसके अन्दर नहीं। वह तो बचपन में भी बूढ़ी मुझे समझाया करती थी रानो माजू मुसलमान उस से हिलोमिलो मत तुम हिन्दू। मैं बेऔलाद न होती तो क्या पता मैं भी अपने बच्चों को ऐसे ही उपदेश। औलाद की बेड़ियां। मैं आज़ाद मैंने तो चुन चुन कर तोड़े सब कानून कायदे। क्या पता कोई बीमारी ही हो। मज़ेदार बीमारी मुझको भी चंबेली को भी मैं उसकी चेली वह चन्ट बदमाश बदनाम सारे कस्बे में। क्या पता माजू मिल जाता मतलब उस से शादी हो जाती तो मैं भी उसकी जूती बन जीती। माजू भी आख़िर मर्द उसमें मर्दों के सब ऐब बाद में शायद उसने भी अपनी बीवी को पीटा पीसा हो क्या पता वह कहां वह मुझ से बड़ा था क्या पता वह चला गया हो उस पार। मांजी आप ने गोद ले लिया होता कोई अच्छा सा बच्चा किसी यतीमखाने से। मैं लेती तो लड़की ही लेती डॉली लेकिन बस नहीं लिया। अच्छा ही किया। सौ मुसीबतें फ़ायदा क्या मैं ऐसी ही अच्छी आज़ाद अकेली कह लो मैं मतलबी। मांजी आपको सिरहाने बैठी बूढ़ियों पर गुस्सा नहीं आता। क्यों नहीं आता डॉली मैं सन्तनी थोड़ी। मैं सब पापों की पुतली काम क्रोध सब मुझ में लेकिन लोभ नहीं या काफी कम। मन ही मन अब भी सब कुछ। यारों की याद दिन में कई कई बार। और तो और बूढ़े बूढ़ियों में भी भेद। बूढ़े कई बार शादियां अपने से पच्चास से कम उमर की लड़कियों से भी लेकिन अगर कोई बूढ़ी किसी लड़के पर लट्टू तो आफ़त। अब मसलन मैं ही अगर। सोचना भी मुश्किल। मेरे लिए नहीं। मैं सब सोच लेती हूं समझूं न समझूं कुछ करूं न करूं यह दूसरी बात। बूढ़ों की नजर अक्सर नौकरानियों पर बूढ़ों की ही नहीं सब मर्दों की बच्चों की भी लेकिन अगर कोई बूढ़ी या जवान किसी से कह दे खुल कर वह अपने नौकर पर मस्त तो वह उसे मारने को दौड़ें। पिता की आंख पारो पर लेकिन मान लो मां की आंख पारो के पति पर होती तो पिता पागल हो जातें शायद मैं भी। मैंने इस भेदभाव का बदला चोरी चोरी लिया जब ले सकी इसीलिए मुझे कोई पछतावा नहीं। शोर मचाती तो कुछ न कर पाती मर जाती। उस ज़माने में सीढ़ियां सड़क से बेहतर। आजकल शोर ज्यादा काम कम लेकिन मुझे क्या पता। मैंने शुरू माजू से किया खत्म बंगाली

बदमाश पर शायद अभी क्या पता यह सोचते हुए शर्म आती है। किसी बूढ़े को शायद ही आए। उस बंगाली बदमाश को तो कभी भी नहीं लेकिन प्यार सिर्फ माजू से उस से शादी नामुमकिन होती हिन्दू मुसलिम फ़साद। वो तो ख़ैर अब भी होते हैं लेकिन हिन्दू मुसलिम शादियां आसान लेकिन कम बहुत ही कम क्यों। मजहब की दीवार शायद हर देश में ....

पिता का तबादला न होता तो न जाने माजू और मैं क्या करते। आख़िरी मेलमिलाप उन सीढ़ियों में ही। सारा इन्तज़ाम हफीज़ा का। अम्मा और मां बाहर डेवढ़ी में। हफीज़ा उन के साथ। पता नहीं कितनी देर क्या किस्से कहानियां सुनाती रही उन दोनों को। पिता दौरे पर अमृत गली में। आख़िरी बार हम खुल कर रोए। जी भर के चूमा चाटा। वह नमक अब तक याद। वैसा नमक फिर कभी नहीं मिला चखने को। माजू की मूंछों में भी उसके आंसू। सुनते हैं तो सुने मैं लापरवाह मुंह खोल के रोयी। हफीज़ा होशियार डेवढ़ी में उसका शोर। तुम कलमा मत भूलना मैं ओम् भूर सपनों में आऊंगा। ख़त हफीज़ा के ख़तों में खुश रहना जहां भी रहना अब मिलना मुश्किल। वह आख़िर तक मज़ाक करता रहा रोते रोते मैं आख़िर तक रोती रही हंसते हंसते ...

माजू की याद में इधर आ एक एक और यार से प्यार सालों बाद हैदराबाद में जब शादी हुए भी ज़माना। उसका नाम साजिद न होता तो कुछ न होता। मैंने उस साजू को माजू का अवतार मान लिया वह था नहीं मैं जानती थी। सब सोयी खोयी उमंगे अचानक जाग उठी थीं। मेरी जान फिर हथेली पर। हिन्दू मुसलिम दंगे का ख़तरा फिर। साजिद मुझ से छोटा शायद पांच दस साल मैंने पूछा नहीं। मैं उसको माजिद कह देती कभी गलती से कभी यूं ही जान बूझकर। वह हर बार भड़क उठता वह माजिद मादर कौन मैं कहती ख़बरदार मुंह गन्दा मत करो मेरे सामने मैं बड़ी बहन बराबर वह हक्का बक्का कहता पर था कौन। मैं उसको समझाती बाबा मुझ से गलती मैं हिन्दू नारी माजिद साजिद सब मेरे लिए एक तुम इतने शक्की क्यों तुम अपने काम से काम। वह सोच में पड़ जाता मैं अपने मन में उसको माजू ही जब आंखें बन्द मुंह उसके मुंह में। काश वह सचमुच माजिद होता। एक वहम बार बार तंग करता है माजिद का चेहरा शायद इसलिए याद नहीं आता क्योंकि माजिद शायद मर चुका है। लेकिन कई मर चुके लोगों के चेहरे मुझे याद। सोचती हूं माजिद भी कहीं बिस्तर में इसी तरह सोच रहा होगा मैं मर चुकी हूं इसीलिए उसको मेरा चेहरा याद नहीं आता। इस दुनिया में न जाने कितने लोग एक दूसरे से बिछुड़े बिखरे इसी तरह सोच रहे होंगे इस घड़ी। माजिद मुझे भूल भी तो सकता है मेरे चेहरे को ही नहीं मुझे भी। फिर भी कभी कभी तो याद आती ही होगी उसको मेरी। अगर मेरा घर बच्चों से भरा हुआ होता अगर मेरा मर्द नामर्द न होता अगर मैं इतने सालों से अकेली न होती तो क्या मैं करती माजू को याद इतना मैं कह नहीं सकती।

अगर की गरदान ग़लत बिलकुल ग़लत। वह सोच रहा हो या नहीं मुझे उसके बारे में सोचने से सुख मिलता है उसे याद करने से मेरे खून में हरकत मैं उसको बार बार दिन में कई कई बार। सब बूढ़े बूढ़ियां यादों की जुगाली। व न करें तो कैसे काटें पहाड़ से दिन। सब अपने मन का बहलावा जैसे तैसे। मैं भी। डॉली कहती है अमरीका में बूढ़ों का बुरा हाल। सारा दिन टी. वी. के सामने या किसी पार्क की बेंच पर कहती है अमरीका में बच्चे मां बाप से दूर। वह तो अब यहां भी। पुराना ज़माना अब नहीं रहा अब सब अपने बच्चों से दुखी। अब बच्चे सब मतलबी। फिर भी अमरीका जैसी बात नहीं मांजी वहां के बूढ़े बेचारे। बेशक वह मानते नहीं न ही मिन मिन करते हैं पर उनके चेहरे कोरे आंखें खाली यहां भी कुछ सालों में यही हाल। वहां के बूढ़ों की आंखों को देख मुझे डर लगता है मांजी यहां अभी वैसी हालत नहीं। बुढ़ापा बुरी बला डॉली क्या यहां क्या वहां परिवार एक पचड़ा क्या यहां क्या वहां। मांजी दिमाग़ कमाल का ...

मांजी आप मौत से डरती हैं ? डॉली मौत से नहीं मरने से डरती हूं बीमारी से मतलब मुझे वह किटशिट ला देना डॉली अगली बार किसी से कहना मत। ये सब जो मुझे देखने मेरा सिर खाने आती हैं इन सब की ख़्वाहिश मैं कल की मरती आज मरूं। अब मैं ढीली ढाली इक्कीसवीं सदी को देख कर जाने की बात बेकार। अब और नहीं सब देख लिया सब सदियां एक जैसी। किसी ज़माने में लोग हजार साल जिया करते थे कहते हैं मैं नहीं मानती। मैं उन लोगों की लुगाई यह लफ़्ज कहां से। और नहीं तो मनबहलावा लफ़्जों से ही। उन लफ़्जों से जिन से यादें फूटें। या ग़ज़लों औरे पक्के गानों से सपनों से। कभी कभी अब सब कुछ सपने सा मांजी मैं आपके गानों से तंग मुझे तो फिल्मी डिस्को मैं नाच दिखाऊं मेरा मुश्टन्डा भी। बाला के नखरे कहती है हर रात नाचती हूं अपने मुश्टन्डे के साथ अपनी झुग्गी में टी. वी. के सामने। सब कानों में एक सा शोर। ऊंच नीच का अन्त ऊपर आकाश से। बाला को बेटी हिम्मत नहीं होती हो जाए शायद मरने से पहले मोह क्यों नहीं मरता। मांजी आप एक बार अमरीका मेरे साथ। पीछे की देख भाल सब बाला। मैं करूंगी क्या डॉली तेरा अपना मन मेरी और बात मांजी मैं उलझी हुई आप को कुछ दिन बस सैर सपाटा मैं आपके साथ वहां तो नानियां दादियां भी डेटिंग मतलब मर्दों से मेलजोल खुलेआम। अब मैं कैसे समझाऊं लुक छिप कर मिलने का अपना आनन्द सड़क से सीढ़ियां अच्छी हम सबको चोरी का चस्का अमरीकन उल्टे। जब माजिद अंधेरे में पकड़ लेता था मेरी जान निकल जाती थी। जब तक जान न निकले मज़ा क्या और जान सड़क पर नहीं सीढ़ियों में। मैं यहां से अब कहीं नहीं डॉली मेरी जान यहीं लेटे लेटे यादों की गोद में। और करूं भी क्या। सीना पिरोना मैंने सीखा ही नहीं खाना अब बाला के जिम्मे। औरों को आगे की चिन्ता पीछे का पछतावा मैं यादों की माला बार बार बस मेरा यही जपतप या कभी उस बड़े भाई से झगड़ा झूठमूठ। और लोग

इस उमर में अपने बच्चों के बच्चों से खेलते हैं मैं अपनी यादों से। सब कुछ किसीको नहीं मिलता नहीं देता वह उसका अपना गठजोड़ पेचीदा। किसी को दिल तो किसी को दिमाग किसी को धन किसी को मन किसीका कोई अंग उल्टा किसी का कोई ढंग किसी को यह बीमारी किसी को वह किसी को बच्चा नहीं किसी को बाप नहीं। कोई न कोई कमी हर एक में। कोई नहीं कई। मुझे इस उमर में अरमानों की आग नहीं यादों की मरहम मैं लाखों से अच्छी खुशकिस्मत खुश आख़िर तक आख़िरी वक्त है राम बापू की ...

अब और यादों के साथ साथ उनकी भी अक्सर बाप से बढ़कर बापू। राम रहीम एक हैं कृष्ण करीम एक। मैं शुरू से ही उनकी शिक्षा की शौदाई। मुसलमान अछूत सब मुझको अच्छे। माजू से प्यार इसीलिए पारो पर पिता की आंख मुझे मन्जूर बाला कालो के हाथ का खाना बापू की बातों का असर मुझ पर गहरा नहीं तो मैं भी डॉली की नानी की तरह मुसलमानों से नफरत मैं उल्टी लट्टू। शादी के बाद उनके आश्रम में जा बैठने का ज़नून जब मर्द बहुत मारता था मांजी उनका नाम क्यों नहीं लेतीं। कुछ बातों में मैं दकियानूस नाम लेने में शर्म तो नहीं बस संकोच कह लो संस्कार बलवान। नामर्द को भी मर्द यह लफ़्ज मुंह पर कभी नहीं बस मन ही मन में। पहली बार उसीने गुस्से में पी कर मुझे पीटते पीटते अचानक अपना माथा पीटना शुरू कर दिया था। मैं नामर्द मादर बार बार अपने को गालियां और मुझको भी मैं हैरान बाद में जब हम दोनों दोस्त कभी कभी जब वह अपने मूड में होता मैं गाती मेरे तो ठन ठन गोपाल ठन्ड चंबेली कहती तू खुशकिस्मत जो जी में आए कर अब वह तेरा दास। वह महाबदमाश मुझको समझाती मुझको देख मेरा तो नामर्द भी नहीं मैं फिर भी भूखी बेवकूफ तुझको अब पूरी छुट्टी तू जिस से जो मर्ज़ी। उसकी शिक्षा का असर मुझ पर गहरा। वह कहती अगर मर्द दूसरों की खुरली में मुंह मारने से मरते दम तक बाज नहीं आता तो औरत क्यों आए। मर्द लोग भाभियों सालियों बीवी की सहेलियों नौकरानियों से छेड़छाड़ कर सकता है तो औरत क्यों नहीं। वह कहती मर्द कोठे पर जा सकता है तो औरत क्यों नहीं। चंबेली मुझ से पहले आज़ाद ज़्यादा। मैंने शुरू तो सब डरते डरते ही लेकिन किया तो वर्ना मैं नेस्तोनाबूद हो जाती। कितना प्यारा पुराना लफ़्ज याद आया। अब इसे कोई बोलता ही नहीं न जाने क्यों। हम दोनों नेस्तोनाबूद हो जायेंगे रानो वह कहता था यह रौनक बस चार दिनों की तू नख़रे मत कर सकीना रानी मैं तेरा आशिक। तब उसकी बातों पर हमेशा हंसी आती थी अब आंसू भी। चंबेली से भी पहले मैं माजू की चेली वह मुझे मानता था कहता था तू हिम्मत वाली ...

चंबेली के चक्कर में न पड़ती तो शायद भाग गयी होती बापू के आश्रम में। वहां मेरे जैसी और कई। पतियों की सतायी हुई। मनसूबे मन ही मन में। अख़बार तो पढ़ती ही थी उर्दू का। अरुणा का नाम बाद में सुना। और भी कई नाम पाकिस्तान

से पहले। क्या पता था नेता बन जाती सूत कातती जेल में जाती बापू के पेट पर मिट्टी का लेप सुबह शाम उनका हाथ मेरे कन्धे पर आख़िरी घड़ी में उनके साथ उस प्रार्थना सभा में हे राम ! अब भी रौंगटे उठ खड़े होते हैं। मैं सुन कर रोयी थी ज़ारोज़ार। भाग गयी होती तो जीवन और। वह जीवन मुश्किल तो होता लेकिन क्या पता करो या मरो उनका नारा मैं जेल चली जाती या छिप लुक कर तोड़ फोड़। नहीं मैं हिंसा के हक में कभी नहीं लेकिन क्या पता मैं भी अरुणा की तरह वह कितनी तेज। वह कहां मैं यूंही लेकिन ख़ैर सोचने में क्या नुकसान मैं मन से गांधीवादी बेशक खद्दर नहीं पहना। आश्रम में पहनती। अगर वह मारता रहता तो मैं जरूर नेता बन गई होती। और अब कहीं मिनिस्टर मैंने जब उसको धमकी दी ख़बरदार जो अब हाथ उठाया तो मैं सीधी बापू के आश्रम में आज़ादी की जंग में भरती हो जाऊंगी तो वह हक्का बक्का उसका हाथ हवा में ही रुका रहा जो होता है ठीक। आश्रम में भी शायद किसी मुसलमान से ही मेल। बापू समझाते बेटी इस आश्रम में सब शाकाहारी ब्रह्मचारी। उड़ जाती तो अब बड़ा नाम। कोई मानेगा नहीं न माने मेरे मन में यह उमंग भी थी लेकिन मैं उल्टे रास्ते पर चली। चली गयी होती तो भारत छोड़ो आन्दोलन में भरती हो मरखप जाती किसी जेल में। मेरी उमर उस वक्त न जाने क्या। मैं अपनी उमर किसी को नहीं बताती सब अन्दाज़े लगाते रहते हैं। मांजी आप कितने सालों की ? मैं किसी साले की नहीं हर लफ़्ज के दो मतलब कम से कम। चली गयी होती तो नोआखली में बापू के साथ हिन्दू मुसलिम भाई भाई का उपदेश बंगालियों को बेवकूफ़ो शर्म करो बापू तुम से अमन की भीख। क्या करूं क्या करूं बापू अपने मन से पूछते मुझ से भी मैं कहती बापू जो आपका मन। मांजी को सब मालूम खिलाफ़त क्या और डान्डी मार्च और चम्पारण और चौराचोरी और गांधी ईरविन पेक्ट न जाने क्या क्या। कहती है मैंने घर बैठे बैठे धरना कई बार आमरण अनशन और मौनव्रत। कहती है मैं सच्ची सत्याग्रही। हमें तो लगता है इसका दिमाग़ अब ख़राब इसीलिए जमीन आसमान के कुलाबे मिलाती रहती है। दिमाग़ ख़राब हो मेरे दुश्मनों का इन कमीनियों का इन्हें क्या पता मेरे दिमाग़ का इन्हें क्या पता दिमाग़ होता क्या है इनके लिए एक हल्का काला कुत्ता ...

हूं चीज़ बड़ी मैं मस्त मस्त वाला बलखाती झाडू छोड़ मुश्टन्डे से छेड़छाड़ मेरे सामने बेशर्मी बस काम करो अपना उसको अब जाने दो। मांजी यह मुझे छोड़ कहां जाएगा यह मेरा डिस्को डांसर मैं इसकी माधुरी कोई कजन वजन नहीं यह मेरा दूरपास का अब आप से क्या छिपाना आप मांजी मेरी सगी नहीं तो क्या। यह मेरा मंगेतर ही समझ लो या जानी मांजी आप तो समझदार आपने दुनिया देखी क्या गजब का गाना है मैं चीज बड़ी हूं तुम भी उठ कर नाचो मांजी सब मजा आ जाएगा बाद में ऐसी मालिश करूंगी थकावट सब दूर अंग अंग हो जाए फूल। डॉली दीदी कहती है बाला तू अमरीका होती तो मालिश से मालामाल वहां सब मालिश पर

मरते हैं सैंकड़ों देते हैं तेरे हाथों में जादू। और एक यह अपना देश गांधी बापू का अभीं तक छुआछूत दूर से छी छी करते हैं या फिर हाथ फेरने की कोशिश सच मांजी दिल करता है काट के फेंक दूं सालों का सब कुछ क्यों मुश्टन्डे एक चाकू ला दे बाला की बातें मांजी मुझे डॉली दीदी के संग अमरीका। बस एक साल के लिए मैं सारा कर्जा चुका दूंगी फटाफट लौटते ही। लौटूंगी लदी फदी जैसे डॉली दीदी। आप के वास्ते ब्रांडी बिस्कुट और जो चाहो वो भी। यह मुश्टन्डा पीछे आपके पास मैं इसको सब कुछ सिखा समझा दूंगी सच मांजी मान भी जाओ टिकट कटवा दो बाकी सब डॉली दीदी कर लेगी मैं मालिश कर मालामाल वहां से लौटूंगी तो काली मेम साथ एक गोरा मुश्टन्डा यह मुश्टन्डा गोल। अच्छा बाबा बकबक अब और नहीं। आपका मूड क्यों इतना आज हुआ क्या। कुछ नहीं बाला तुम दोनों जा कर बाथरूम धो डालो मैं कुछ देर के लिए फिर लेटूंगी आंखें मूंद मुझे गुज़रा ज़माना...

देश भक्ति का बीज शादी के बाद जब शायद मैं बीस साल की माजू से बिछुड़े दो चार साल। नया शहर। नया शोहर नामर्द। क्या नाम था उस शहर के शेर का कितना शानदार सरदार हकूमत सिंह तांबा शेरेगुजरात क्या मुंछें क्या छाती क्या बाल क्या मुखड़ा आंखों में आग आवाज में गरजन। इन्किलाब जिन्दाबाद ! सब तरफ सन्नाटा सरकार उस से डरती थी दो सी. आई. डी. हर वक्त उसके पीछे सहमे सहमे से मुड़ कर देखता तो वो उसे सलाम करते कहते सरदार साहब कोई कसूर नहीं सरकार की नौकरी हम क्या करें हमें माफ। खद्दर का कड़कदार कुरता मुंह में पान आगे से उठी हुई तहमद मैं उसे देख दिल ही दिल में जिन्दाबाद मेरा मर्द घबराता ख़बरदार जो खिड़की से झांका तो बाहर वह भेड़िया। शेरेगुजरात की सारे शहर में धाक वह बदमाशी छोड़ बापू का भक्त कांग्रेस का नेता कई बार जेल उस पर कई मुकद्दमे वह डंके की चोट चिल्लाता लगा लो फांसी मुझको भारत माता की आज़ादी के लिए मेरी जान हरदम हाज़िर छाती ऐसे ठोकता जैसे फौलाद की हो। और लोग कहते किसी ज़माने में वह शहर का सबसे बड़ा शराबी कबाबी रन्डीबाज़ जब पी कर झूमता झामाता गलियों में घूमता सब दरवाजे बन्द लोग कहते बचो बचाओ अपनी बहुबेटियों की इज़्ज़त वह सरकारी सांड बेकाबू। लोग कहते न जाने कितनी बेचारियों को उसने लूटा। वह रावण। उसके ये किस्से सुन सुन मैं सोचती काश मैं कुछ साल पहले पैदा हो उस शहर में उस शेर के पास। मैं चंबेली से पूछती क्या तुमने भी रंगरलियां उसके साथ वह कहती रानी मैं भी छोटी थी तब मुन्नी सी तू समझती क्या है मैं तेरे जितनी मेरी करतूतों पर मत जा। और अब वह देश भक्त देखते ही आंखें नीची कर लेता है रानी कहता है हर औरत मेरी मां। देशभक्ति का बीज मेरे दिल में उसीको देख देख। क्या जानदार आवाज़ सुनते ही सन्नाटा अन्दर बाहर का सारा नक्शा ही और हो जाता हर जलसे जुलूस में मैं सब से आगे उसके

पीछे पीछे मुट्ठियां ताने मन ही मन मैंने कई रेशमी साड़ियों को फूंका उसके कहने पर अपने हाथों से। मेरे मर्द ने मारा पीटा मैं बाज नहीं आयी। क्यों आती। मैं तैय्यार मर मिटने के वास्ते। चंबेली कहती रानी वह शेर बूढ़ा और शरीफ तू उसके पीछे क्यों चल मेरे साथ। उसने ही मुझको रोका। मैं सब कुछ छोड़ कांग्रेस में भरती। बापू के आश्रम में जा मरती शायद। चली गयी होती तो बच जाती पापों से। क्या पाप क्या पुण्य मेरा मन साफ मैंने धर्म निभाया पर्दे डाले जो किया पर्दे में न करती तो वैसे मर जाती मैंने उसकी सेवा की। और क्या करती भरी जवानी में भूखी मरती उससे उसको क्या फ़ायदा होता। मेरा मन माना न तन। मैं अपने तन मन की बन्दी अब भी। उसकी इज़्ज़त की खातिर मैंने बांझ बनना मन्जूर किया और क्या करती। अगर मुझ में कोई कमी होती तो क्या वह न करता कर सकता तो सब कुछ। मर्द को सब माफ़। औरत को नहीं यह अन्याय रसीला ठीक। उन दिनों शायद ही मैंने ऐसे सोचा हो। उन दिनों मैंने अपने तन को ही सुना होगा शायद। चंबेली की शिक्षा इसीलिए मन्जूर मुझ को। उन दिनों वह मारने में शेर। मैं हैरान होती उसमें इतनी ताकत कैसे। सोचती मारे बेचारा शायद उसको इसी में कुछ मज़ा। उधर आज़ादी की जंग ज़ोरों पर शेर की गरज गली कूंचे में मेरे मन में देश भक्ति का बीज मैंने कई साड़ियां फूंकी रेशमी अपने हाथों से। सरफ़रोशी की तमन्ना और न जाने क्या क्या। अगर वह शेर एक इशारा भी करता मैं उड़ कर उसके पास जो वह कहता मैं करती। अगर आदमी औरत के पीछे पागल हो सब कुछ बरबाद कर सकता है तो औरत क्यों नहीं उसे रोकने वाला कौन। मेरा बस यही सवाल यह भेदभाव क्यों औरत आख़िर औरत मैं नहीं मानती रसीला ठीक। औरत बच्चे जनती है इसीलिए तुम उसको उमरकैद की सज़ा। उसे घर में बन्द बस पिटे एक ही मर्द से बेशक वह नामर्द हो तो भी। अब भी उबल पड़ती हूं जब सोचती हूं क्यों न उबलूं मैं अबला नहीं मैं एक बला। माजू फिर याद कहता था तू तो एक बला है बला। औरत आख़िर औरत मैं नहीं मानती वह भी इन्सान वह भी आदमी से कम किसी बात में मैं नहीं मानती रसीला ठीक नारी आन्दोलन ठीक। बापू के आश्रम में जा बैठी होती तो मैं और आज़ाद शायद बापू से बा के लिए लड़ती बुलबुलेहिन्द से बातें करती और राजकुमारी से भी मैं उस आश्रम में भी शायद ही भूखी क्या पता जो हुआ नहीं उसके बारे में बार बार न जाने क्यों ...

ममी

मेरी आंखों से देखो सीमा रानी तो वह अब भी पिस्ता छाटा सा मन अब भी करता है पुच पुच चूंमूं अपने ऊंट को दिन रात वह मेरा बच्चा मेरा सब कुछ मेरा संसार ये संस्कार बुरे नहीं तुम सोचो बेटी वह मेरी जान जब अपना होगा तब जानोगी कब होगा वह कहता है क्यों इनके कमरे में इतनी चुप्पी हर रात कहीं कुछ गडबड़ तुम दोनों इतने सुस्त इस मामले में मेरा माधो क्यों मिट्टी लेकिन मैं सीमा को कैसे आजकल की लड़कियां लड़कों से आगे नहीं सीमा तो अच्छी ही वैसे इतनी जल्दी भी क्या मैं क्यों उकसाती रहती हूं जब अपना होगा वह भी हो जाएगा सब काम अपने समय पर और अभी तो इस रीछ पर ही मैं रीझी रहती क्यों न हो वह मेरा इकलौता न होता तो भी मैं क्या इतनी पागल नहीं शायद अब दिन रात यही चिन्ता इसे कुछ हो गया तो मैं सोच सोच कर पागल तीन होते तो और बात इसीलिए सीमा रानी बर्थ कन्ट्रोल कभी नहीं यह सब अपने ही मन में अभी तक किसी दिन उसको पास बिठा कर लेकिन जल्दी क्या है पोतों की अभी तो अपने ही जाये का चाव जब अपना हो गया तो मैं पीछी कोई पूछे न पूछे मैं यू ही जल्दी अभी नहीं अभी तो अपने ही शौक ये भी मैं भी अभी तो मेरी आंखों का तारा मेरा राजू ही

मेरा बाजा मेरा बाजू मेरा बैजू बावरा कहता है ममी तुम्हें पुरानी फिल्में अच्छी लगती हैं तो ला दूं विडियो या चलो हर इतवार मेरे साथ नहीं बेटा सीमा के संग जाओ नो ममी सीमा को गोली मारो नखरे करती है न बेटा न वह बुरी नहीं बेचारी दिन भर दफ़्तर में फिर घर का काम रसोई रोटी कमला तो सिर्फ़ सफ़ाई करती है नौकर बेचारी ममी तुम उनको सिर पर सब करती है सब काम आजकल क्या मुश्किल गैस से सब फटाफट कहता है नौकर नहीं वह खतरनाक मुश्टन्डे हर दूसरे दिन वारदात मैं बाहर रहता हूं अक्सर वह दफ़्तर में तू अकेली घर में ममी नौकर बदमाश हरामी सब चोर मेरे राजे को मेरी चिन्ता कहता है अभी तो बच्चा भी नहीं घर में काम ही कितना ममी वह कामकोस आयी किस घर से कितने नौकर थे ये नख़रे क्यों जब देखो थकी थकी जब देखो सूजी सूजी न हूं न हां जब देखो दुखी दुखी न हंसती है न हंसाती है खा पीकर सो जाती है मुंह फेर कर मेरा बच्चू बेचारा बीना मैं समझ गयी लेकिन बेटा तू इतना सोचा मत कर सिर चकरा जाएगा दफ़्तर में भी दिमागी काम सोचें तेरे दुश्मन ये तेरे मौज मस्ती के दिन किस से मारूं मस्ती ममी वह मुर्दा मैं समझ गयी ...

दसवीं तक मेरे साथ सातवीं तक मैं नहलाती कपड़े मेरे सामने वह भी कहते बेटी भी अब शर्म करो राजेश यह ठीक नहीं कोई देखे तो क्या सोचे मैं कहती देखें वह मेरा बेटा मैं उसकी ममी नहलाऊं नहीं तो कैसे उतरे मैल वह है कितना सा मेरा मन साफ वह मेरा पिस्ता इतना सा बेटी तो जलती थी क्या वह भी मैं अपने इकलौते से लाड़ प्यार न करूं मैं कैसी मां वह कैसे बाप बेटी एक तरफ हम मां बेटा एक तरफ दस्तूर दुनिया का इसमें मेरा क्या दोष मैं पढ़ी लिखी बेशक कम लेकिन इतनी साइकालोजी आजकल की उल्टी सब रसीला को मालूम इसीलिए उजाड़ लिया अपना घर जा बैठी बरसाती में मुझ से नाराज़ भाई से शायद उस बुआ बांझ मांजी ने भड़काया मेरा राजू समझदार उसका साया मैं सीमा पर नहीं तो यह भी उसी तरह सिरफिरी ले बैठेगी नारी मुक्ति का झण्डा आज यह जुलूस कल वह जलसा दहेज के खिलाफ पता नहीं ये औरतें इनका दिमाग ख़राब मर्दों से मुक़ाबला बराबरी गलत बात कुदरत का खेल तुम कैसे बदलोगी अब मर्दों को क्या हमल हंसी भी आती है गुस्सा भी आखिर बेटी लेकिन सुने तब ना उसका तो दिमाग ख़राब उसके डैडी ने उनको डैडी मुझको मां क्यों क्या मैं इतनी बूढ़ी जान बूझ कर चिढ़ाया उसने शुरू से ही भाई से बराबरी अब एक गोद में एक साथ दो कैसे वह मोटी फिर प्यार तो आखिर छोटे को ही कहती है मुझे दूध क्यों नहीं क्यों सूखा दूध क्योंकि मां तू बेटे की भूखी मैं बेटी निकली दूध उसकी बारी क्यों नहीं सूखा कुदरत से पूछ मेरा क्या दोष ...

रसीला वह सिर्फ नाम की वह शुरू से ही पत्थर पक्की बेटियों वाली कोई बात ही नहीं वह दूध पी रहा होता यह उसके बाल खींच भाग जाती बेचारे की चीख

निकल जाती इन से शिकायत करती तो कहते क्या हुआ बेचारी को प्यार आ गया होगा मैं कहती प्यार नहीं उसका बस चले तो मार ही डाले बेचारे को वह कहते तुम यूं ही उस से नाराज़ बच्ची है हो गयी ग़लती और फिर यह आम बात है बहन भाई बचपन में इसी तरह एक दूसरे से जलते हैं लेकिन अब तो वह बड़ी हो गयी अब भी उसी तरह क्यों वह आज होते तो पूछती कहती पूछिये इस से यह क्यों इतनी कड़वी आंखों से मेरी आंख के तारे अपने भाई को अब तो इसने उस बेचारे शंकर को क्यों छोड़ा उसकी मां से शारदा से किसी दिन नहीं मुझे क्या वह साफ़ कहती है मां तुम इस बात को भूल जाओ मैं अपनी मर्ज़ी की मालिक मैं पूछती हूं पहले मानी क्यों ठीक है मैंने अपना फ़र्ज़ अब जो इसके जी में आए लेकिन इसका भरोसा कैसे किसी दिन कुछ और न कर करा बैठे कोई नया तमाशा शंकर बेचारा शरीफ़ नहीं तो इसे इतनी भी चिन्ता नहीं मां बेचारी मेरी विधवा लाज लोक में मिट्टी ...

राजू ठीक रसीला पागल सीमा घुन्नी कुछ पता नहीं चलता उसके मन में क्या घुटी घुटी दिन रात आंखों में कुछ है जो ठीक नहीं राजू को शक यह चोरी चोरी उस उल्टी बुद्धि वाली बुआ बांझ या रसीला से क्या मालूम मैं पूछूंगी वह न कर देगी आजकज सब झूठी इसीलिए तो घर घर में आग अख़बार देखती हो ममी औरतें मर्दों से आगे हर बदमाशी में हर बेईमानी में एक एक के चार यार ममी मैं सच कहता हूं मैं सुनकर हैरान मेरे बेटे को मेरी चिन्ता कहता है कमला से भी बच कर रहना ममी नौकरानियां नौकरों से कम नहीं उसकी आंखें ठीक नहीं और उसके नख़रे मेरा मतलब सीमा के ममी उसका मुंह सूजा सूजा तुम उसको सीता उसको सिर पर मत वह मुझ से मुंह मोड़े क्यों क्या मैं उससे कम ममी मुझे काला काला उसकी दाल में मेरा मसख़रा माखनचोर न जाने किस संकट में मुंह इतना सा जब कॉलिज में था तब भी खाना मैं अपने हाथों से बेटा तू बैठ मैं एक परांठा अण्डे का आज अपने हाथों से सीमा के आने से पहले हम दोनों मां बेटा आज इकट्ठे खाएंगे यहीं बैठ इसी पलंग पर तू लेट जा मैं तेरे तलुओं में तेल सिर में खुजली मुंह में रोटी तू मेरा लाल क्यों इतना ख़स्ता हाल आज आख़िर हुआ क्या तू कह दे बेटा साफ साफ मैं सब क्या सीमा से खटपट कब कलमुंही ने क्या कह दिया नो ममी नो मेरा अंग्रेज़ मैं समझ गयी गहरी चोट अब मैं न होती तो वह किसके पास मुंह मेवे सा ले कर वह किसे सुनाता सीमा बुरी नहीं लेकिन लाड़ प्यार मेरे जैसा वह कैसे कहता है ममी अभी उसका तो मुंह ही टेढ़ा न जाने सोचती क्या रहती है सिर अपना सोचेगा बेटा तू इतना सोचा मत कर सोचें तेरे दुश्मन ये दिन जवानी के तू खा पी कर ऐश उड़ा वह मेरा ऐशीलाल इतना सा मुंह ले कर सिर मेरी गोद में बेटा पहले कुछ खा ले फिर खुजली आराम से उसके आने से पहले वैसे भी वह देर से आज आने दो उसको बेटा न तू कुछ मत कहना कहती थी उसकी कजिन रोज बहाना ममी मैं न आ जाता जल्दी तो तू अकेली वह कमला भी छुट्टी पर मेरे छोटू को मेरी चिन्ता मैं

खुशकिस्मत न होता मेरा क्या होता वह मेरा होता कश्मीरी मैं उसकी ममी ...

बेटी पर ऐसा लाड़ प्यार न जाने मुझे कभी नहीं क्यों कुदरत का खेल वह इसीलिए नाराज़ अब तक उसके मन में यही मैल इतनी पढ़ी लिखी प्रोफेसर उस से डर लगता है लेकिन पगली राजू ठीक अब जा बैठी बरसाती में झण्डा लेकर घर बरबाद बदनाम गुस्सा इतना पता नहीं किस पर उल्टी साइकालोजी बड़ी बड़ी गांठों की बातें पहले अपनी खोलो अच्छी भली ममी को मां भाई को सूअर नाम उन्होंने रखा रूप तो मुझ से ही डैडी की लाडली का मुचड़ा हुआ मुंह देख मैं घबरायी थी एक तो बेटी वह भी बदसूरत मैं उनकी मां से भी तो डरती थी लेकिन नाम रसीला उसके डैडी ने दिया बोले घबराओ मत मुचड़ी हुई को मत देखो देखना कितनी सुन्दर सात दिनों में मत करिये मज़ाक मेरी आंखें डबडब मैं बेटा चाहती थी पहला बेटा न हो तो औरत की साख सारी मिट्टी खानदान में बदनामी और ख़ैर जो हुआ ठीक लेकिन दूध नहीं दे सकी सब कहते सदमे से सूख गया इस मरजानी को न जाने किसने इसके डैडी ने ही उनका मज़ाक मुसीबत मेरी हर एक से कहती फिरती है मेरी मां का दूध इसलिए सूख गया था क्योंकि मैं लड़की अब अपनी तकरीरों में भी अपने घर की बात लाउडस्पीकर पर मेरी मां मुझ से नाराज़ मैं लड़की थी इसीलिए उसका दूध नहीं मुझको देखा और सूख गया राजू ने अपने कानों से इसके भाषण लोग न जाने क्या क्या बातें कहती है अगर मां को पता चल गया होता मरवा देती मुझको पेट में ही उसकी बदकिस्मती उस जमाने में पता नहीं चलता था पहले वर्ना वह तो आखिर तक बेटे की उम्मीद डाक्टर जब बोला बेटी मैं बेहोश इसके डैडी खुश उनका बस चलता दूसरी भी बेटी फिर मैं क्या करती मेरा क्या होता कौन संभालता मुझको वह तो चले गये मैं किसके पास मर्दों की बातें बेकार कुछ मर्दों की मैं क्या करती विधवा को कौन पूछता है अपने देश में बेटा बड़ी बड़ी लीडरानियों को भी विदेशों की बात दूसरी वहां तो बूढ़ी विधवाओं की बड़ी मांग मुझे क्या पता राजू कहता है दुनिया की सैर कराऊंगा ममी तू देखती जा और एक यह है इसने बदनामी दुनिया भर में इसने सोचा मां मर जाएगी शर्म के मारे मरे मेरे दुश्मन मेरा बेटा मेरा बादशाह मेरी दुनिया का मुझको क्या चिन्ता सब जानते हैं बेटी पगली झण्डे वाली सब नहीं वह बुआ बांझ भड़काती होगी भड़काए मुझे क्या मेरा राजू जिन्दाबाद मैं उसकी ममी लेकिन दुख तो है आखिर बेटी रूप तो मेरा ही दूध न सही खून तो मेरा भी बराबरी बेशक मुश्किल मुझ से न होगी मैं झूठ क्यों बोलूं ...

मैंने देखा वह दुखी तो मैं दुखी क्यों बेटा आखिर बात क्या तुम कह क्यों नहीं देते साफ साफ फ्रैंक्ली मेरा अंग्रेज़ खुश होता है मेरी अंग्रेज़ी पर उसकी तरह नहीं वह हंसती थी हम दोनों पर कहती मां अंग्रेज़ी मत बोलो घर में हम हिन्दुस्तानी छोटी सी थी तब से लेक्चर मुझे बेटी बेटे में बराबरी की शिक्षा मैं इस से तंग अपना होगा जब मैं देखूंगी वह कहती थी मां देख लेना क्या मालूम अपना घर बरबाद इसीलिए

बरसाती में फिर शादी करवाई क्यों मुझे बदनाम करने के लिए और क्यों ठीक है जो चाहे करे सब जानते हैं वह पगली कैसी कैसी बातें लाउडस्पीकर पर जब तक औरत आज़ाद नहीं होती कोई आजाद नहीं होगा जब तक उसको उसके हक नहीं मिलते सामाजिक अन्याय पता नहीं इसको इतनी हिन्दी क्यों आजकल सब पढ़े लिखे अंग्रेज़ी यह हिन्दी कहती फिरती है लाउडस्पीकर पर जब तक बेटी बेटे का फर्क रहेगा औरत का बलात्कार शोषण न जाने क्या क्या बढ़ता जाएगा जब तक औरत को जायदाद का हिस्सा नहीं तब तक दहेज की ख़ातिर उसे जलाया जाएगा राजू कहता है ममी इसका दिमाग़ ठीक नहीं यह हम दोनों पर दावा तुम इसके भाषण नहीं सुनती कल मैंने सोचा उसने ही कुछ बोल दिया होगा उसके दफ़्तर में क़ोई फ़ोन कोई ऐसी वैसी धमकी वैसे मुझे भरोसा है वह अपने भाई पर दावा कभी नहीं आख़िर बेटी तो मेरी फिर भी हवा आजकल की और इसकी बुद्धि उल्टी राजू को चिन्ता मैंने पूछा क्यों बेटा बहन ने तो कुछ ऐसी वैसी बात नो ममी नो उसका तो नाम न लो मुझे दुख होता है इतनी अनबन इन दोनों में वह कहती है इसका कारण भी तुम हो मां तुमने ही इसको अपनी गोदी से आज़ाद नहीं कहती है जब तक औरत सास ससुर की दासी घर वाले के पैरों की जूती भाइयों के सिर का बोझ और न जाने क्या क्या कहां कहां से कितने शोशे कहती है जब तक हिन्दुस्तानी बेटे माओं से मुक्त नहीं होते तब तक औरत आज़ाद नहीं कहती है औरत की आज़ादी में ही सबकी आज़ादी कहती है मेरी मां का दूध इस सदमे से उफ़ कितनी शर्म की बात लोग क्या कहते होंगे एक दिन बोली मां मेरी पहली चीख सुनकर ही कैसे जान लिया मैं लड़की तेरी मां ने तुझे यह भेद मैं हैरान इसे यह कैसे मालूम सारा कसूर इसके डैडी का खुद चले गये मुसीबत मुझको अब इसे वह सब बताने की क्या ज़रूरत इसका दिमाग़ उन्होंने ही ख़राब खुद चले गये मैं क्या कहती छोड़ो बेटी बेकार की बातें मैं जैसे राजू की ममी वैसे ही तेरी तुम दोनों मेरी जान झूठ न बोलो मां मैं झूठ नहीं बेटी जब अपना होगा तो मैं कभी न होने दूंगी मर जाऊंगी मां मैं कभी न ऐसा बेटी सदियों के संस्कार कुदरत का खेल लेकिन उस पर असर नहीं वह कहती है औरत ही औरत की दुश्मन क्यों बेटों की खातिर बेटियों का खून क्यों करती है मां सच बोलो अगर पहले से ही मालूम होता तो तुम क्या करती मैं टाल गयी तू पगली है तो मैंने सोचा राजू को इसीने कुछ ऐसा वैसा वह बोला नो ममी नो तुम उसको भूल नहीं सकती मैं वैसे ही आज कुछ डिप्रेस्ड मतलब बुझा हुआ वह बेवकूफ़ घर होती तो खरी खरी दो चार न बेटा न नौकरी करती है बेचारी बुरी नहीं कभी कभी उसको उस तरफ रोज रोज उसका उस तरफ जाना गलत अब इतनी देर खाना उसका बाप मेरे शेर को भूख लगी होगी मैं बोली बेटा आज मेरे हाथ की मक्की की रोटी नो ममी नो आज आने दो उस इडियट को इतनी देर यह घर है या मज़ाक मैं जल्दी न आ जाता तो तुम अकेली कुछ हो जाता तो मैंने शादी क्यों की

ताकि वह सेवा करे मैं सुन कर गद्गद् बेटा हो तो ऐसा मैं बोली बेटा मुझ बूढ़ी को अब क्या होगा वह बोला बूढे हों तेरे दुश्मन तुम एकदम यंग ममी बिलकुल मेम माई डार्लिंग ममी मेरा अंग्रेज़ इतना सा था तन भी पेट पर चढ़ कर गिट मिट रसीला क्या बोल रहा है उसके सामने मैं इस से खुल कर प्यार नहीं उसके डैडी भी कहते क्या जब देखो तेरी गोद में जब देखो पुच पुच जब देखो मालिश कोई और काम नहीं महारानी को मैं कहती तुम दोनों क्यों मेरे पिस्ते के पीछे ...

मैं समझ गयी दफ़्तर में कुछ गड़बड़ सीरियस बेटा बोल क्या खाएगा खुजली करवाएगा बालों में आ लेट यहां सूट बूट उतार कर यह तहमद में मेरा लाल बुझक्कड़ लम्बड़दार सीमा के सामने अपने लड्डू से लाड़ नहीं जब अपनी बेटी को रास नहीं आता सीमा बेगानी बहू मन करता है लेकिन अब उसकी बीवी मैं बोली बेटा बोल बालों में तेल या तलुओं में उसका सिर गोदी में पहले कुछ खा पी ले बिस्कुट नमकीन मछली मंगवा दूं छोटा था तो कांटे निकाल कर जब कॉलिज में था तब भी मेरा काजू मन करता है कचकच खा जाऊं अब सब कुछ मन ही मन अब भी करता है बस पुच पुच कर लेती हूं मन ही मन खट्टा मीठा मेरा मियां मिट्ठू चूरी खाएगा चूरी को चूली बला हो कर छादी ममी छे मेरा छैतान आ लग जा छाती से अब नहीं अब सीमा शायद कुछ खा लिया होगा खट्टा मीठा मेरे पेटू का हाज़्मा नाजुक शुरू से ही चूरण का शौक़ीन गोलगप्पों का भी मेरा गुलगुला मैं सोच सोच कर पागल जब टूर पर जाता है क्या करता होगा मेरा मस्ख़रा जब आता है लदाफदा कहता है टी-ए डी-ए बन गया बहुत से पैसे पीछे से उस बेवकूफ़ ने तंग तो नहीं उस तरफ तो नहीं दौड़ी इतनी चिन्ता मेरी मैं खुशकिस्मत कहता है यह रेशमी साड़ी खास उड़ीसा की और यह पर्स पाकिस्तान से मैंने सोचा ममी पुराना ज़माना याद करेगी बेटा यह बहू को ममी इडियट के लिए भी लाया हूं यह सब तेरा बेटा मैं अब बूढ़ी यह भड़कीले रंग नो ममी नो शटाप सब रंग तुम पर फबते हैं सीमा से ज्यादा यह कंगन केरल से हाथी दांत का यह माला आसाम से यह आसन बनारस का और यह गज्जक ग्वालियर की बस बेटा इतने पैसे तू क्यों बरबाद बूढ़ी ममी पर मेरे राजा कुछ बहन के लिए उसका नाम न लेना ममी वह पागल मेरी दुश्मन किसी दिन दावा कर देगी नहीं बेटा वह जैसी भी है मेरी बेटी तेरी बहन बेशक तू ठीक वह पागल न जाने क्यों उल्टे रास्ते पर उसको मारो गोली ममी अगली बार तुम मेरे साथ टूर पर सैर सपाटा और पार्टी शार्टी शॉपिंग बढ़िया होटल ए. सी., टी. वी. रास्ते में तिरूपति क्यों ममी मज़ा आ जाएगा न बेटा अब तू सीमा के संग नो ममी नो वह तो इडियट एकदम उसका मुंह सूजा सूजा कम्पनी डल किसी बात पर उसको हंसी ही नहीं क्या फ़ायदा वह अपने घर उस तरफ़ हम दोनों हवाई जहाज में अगली बार हांगकांग चीनी खाना पीना जापानी कार क्या याद करोगी ममी बेटा मेरा वह भोलानाथ लंबू शाह दौले का बागड़ बिल्ला जुग जुग जिये जवाहर लाल मेरा मन

करता कच कच कच्चा अपने पिस्ते को ...

दसवीं तक मेरे साथ रसीला जलती थी वह कहते गलत बात महारानी बड़ा होगा तो उलझन पैदा होगी मैं कहती उस बेचारे को नींद नहीं कहता है सपनों में सांप और लंबे दांतों वाली डायनों से मुझे डर लगता है वह हंसते रसीला रोती डर मुझ को भी डैडी सपने मुझ को भी वह झूठा कहती है मां मुझ में क्या दोष था क्यों मुझको दूध नहीं क्यों अपने साथ कभी बिस्तर क्यों मुझ को एक बार भी चूमा न चाटा कहती है मां अगर तूने मुझको चाहा होता तो दूध आ जाता फिर मैं जानती हूं वह प्रोफ़ेसर बड़ी बड़ी पोथियां उस से डर लगता है मैं खुद हैरान होगी कोई गांठ वह कहती है जब तक औरत को अपने से नफ़रत तब तक वह आज़ाद नहीं तब तक वह बेटी से नफरत बेटे की बीवी से नफरत कहती है मां अपना बचपन याद करो मुझे क्या पड़ी मैं खुश मेरा बेटा आज्ञाकारी वह यूं ही उससे जलती है उसका गुस्सा उसकी आग न जाने उसने शादी क्यों राजू कहता है वह मर्दों से नफरत करती है मां सब मर्दों से लेकिन वह तो डैडी की लाडली नफरत मुझ से गुस्सा मुझ से मैंने ही उन से लिखवा लिया सब कुछ अपने नाम कर दिया सब कुछ बेटे के नाम उसे सब मालूम राजू कहता है किसी दिन दावा शायद ही लेकिन वह लाउडस्पीकर से एलान जब तक औरत को उसका हक़ ज़मीन मकान में जब तक जब तक ऐसे बोलती है आंखों से शोले लेकिन फिर शादी क्यों पूछो तो चुप और जब कर ली तो इतनी जल्दी शंकर को छोड़ बरसाती में क्यों कहती कुछ नहीं मर्जी की मालिक राजू ठीक शादी उसने सिर्फ इसलिए ताकि बदनामी से दुख हो हम दोनों को सब पूछें आ आ कर क्या हुआ हम शर्म के मारे मुंह काला ममी वह पागल तो है ही दुश्मन भी मेरी किसी दिन सीमा के कानों में न जाने क्या क्या कुछ दाल में काला मैं सीमा की टांगें अगर रसीला के नारी आंदोलन में क्या नया ज़माना राखी न टीका सब ढोंग कहती है लड़की को दान नहीं भीख नहीं रक्षा नहीं दहेज नहीं चिकनी चुपड़ी खोखली बातें उसको उसका हक बराबर का उसको उसकी आज़ादी उसकी इज़्ज़त वह क्यों दूसरे तीसरे दर्जे की उसको क्यों खाना भी कम बेटे से उस पर इतनी बंदिश क्यों उसको शुरू से ही चूल्हे चौके में इस लड़की ने सीख के नहीं दिया चूल्हा चौका इसीलिए बरसाती में शायद शंकर की मां से नहीं बनी वह लड़की क्या जो चूल्हा चौका न पढ़ने लिखने नौकरी के साथ वह सब जब तक नहीं औरत बेकार इस लड़की ने कभी घर के काम में मेरा हाथ क्यों नहीं औरत से इतनी हमदर्दी मां से जरा नहीं क्यों कहो तो कहती थी मैं उसकी नौकर हूं क्यों धोऊं कपड़े बरतन उसके जूठे वह क्यों नहीं करता कोई भी काम वह लाट साब मैं भी जाती हूं कॉलिज उससे से अच्छी मैं अपना काम खुद वह क्यों नहीं तुम उसकी नौकर मां मैं नहीं बहनों जैसी कोई बात ही नहीं हर बात में बराबरी इसीलिए तो सारा काम अपने सरदार का अपने हाथों से इसीलिए तो इतना प्यार जो होता है

ठीक होता है वैसे वह होते तो कहती देख लिया कहती जा बैठी बरसाती में देख लिया ...

बेटी बेटे में फ़र्क कौन नहीं करता कौन सी मां कौन सा बाप बुढ़ापे में बेटा बाप की सेवा बेटी अपने घर इसमें मेरा क्या दोष ख़्वाह-म-ख़्वाह मुझ से नाराज़ शह उनकी उल्टी सीधी आज होते तो पूछती ले लिया तमग़ा जा बैठी और पढ़ाओ उल्टी सीधी शह दो और सिखाओ उसको भाई से लड़ना वह लड़की क्या जो दबे नहीं क्या फ़ायदा इस पढ़ाई का मैं तो बी. ए. से आगे कभी नहीं वह होते आज तो पूछती मुझ से क्यों करवायी चाकरी अपनी सारे परिवार की मैं भी पढ़ी लिखी अपने जमाने में जितनी सब मैं भी नौकरी कर सकती थी मुझे क्यों नहीं दी आज़ादी क्यों बांधा घर में मुझे क्यों नहीं बढ़ने दिया आगे मैं भी पढ़ना चाहती थी शादी के बाद मैं पूछती क्या उनकी मां उनकी बहन से उस बांझ मांजी से उतना ही प्यार करती थी जितना उन से मैं कहती सारा कुसूर उनका ही उल्टा सीधा जब सामने अब मैं कहती समझाइए उसको अब जिस लड़की की अपने भाई से न बने मां से न बने घर वाले से न बने उसका क्या फ़ायदा उसकी पढ़ाई कमाई का उसकी लीडरी का वह दुनिया को बदलेगी बदनाम होकर बेकार की बातें राजू ठीक वह पागल मैं पूछती उनसे यही सिखाया और फिर क्या वह अपनी मां के लाडले नहीं थे क्या उनकी मां उनकी उस बांझ बहन राजू की बुआ बांझ मांजी को उतना ही प्यार जितना उन से मैं पूछती वह तो मुझ से यूं ही लल्लो पत्तो कर खुद इधर उधर झख़ परायी रण्डियों से और मैं दिन भर घर की चक्की में बरसों उनके मां बाप की दासी मुझे आज़ादी क्यों नहीं और जब आखिर बेटा दिया भगवान ने तो मैं क्यों न उस पर लट्टू मेरा और था कौन मैं क्यों न करती लाड़, मैं औरत मां मेरा इकलौता न होता मैं क्या करती विधवापे में क्या लड़की के पास वह मुझ से नफ़रत नारी आंदोलन मेरा सिर मैं भी नारी मैंने भी तो दुख मैं भी तो पिसी मुझ से उसकी कोई हमदर्दी क्यों नहीं मैं पूछती उन से मुझ को क्यों पीसा बेशक ऊपर से लल्लो पत्तो ताकि मैं घर बैठूं वह बाहर झख़ मारें मैं सब जानती थी बेटा न होता मैं मर जाती ज़हर खा लेती मैं कम दुखी नहीं थी नारी आंदोलन मेरा सिर ...

सूअर

कुछ भी हो उस कमीनी के सामने मुझे रोना नहीं चाहिए था रो कर मैंने अपना केस कमज़ोर कर लिया रोना नहीं पता नहीं मैं क्यों एकदम इतना कमजोर इतने दिनों से मैं अन्दर ही अन्दर सुलग रहा था फिर भी। मर्द असली मर्द कभी किसी औरत के सामने रोता नहीं अपनी औरत के सामने तो बिलकुल नहीं उस औरत के सामने तो बिलकुल नहीं जिस पर उसे शक हो और जिसे वह कन्ट्रोल करने की कोशिश अब बेकार पता नहीं अब क्या होगा ममी की बात दूसरी क्योंकि उसकी गोद में सिर रख कर रोने का मन कभी कभी तो जी करता है फिर से दूध पीता बच्चा बन ममी की गोद में घुस सब कुछ भूल जो सुख मां की गोद में वह किसी माशूका की बाडी में नहीं। मुझे रोना नहीं चाहिए था लेकिन मैं उसके सामने थोड़े ही रोया मुझे क्या पता उल्लू की पट्ठी मुड़ कर देख लेगी बाहर जाने से पहले ज़रूर उसने नोट कर लिया होगा मेरी आंखें फुल साली ने ऐन मौके पर पकड़ लिया। मेरा दिल कई दिनों से भारी मैं सोच सोच कर पागल रोता न तो क्या करता साला मैं जब ममी मेरे पास। ऐन मौके पर साली ने मुड़ कर उसे मालूम था उसने जान बूझ कर देखा देख मुस्कराई साली अगर मुस्कारती नहीं तो शायद मैं उसे माफ़ कर देता

सोचता साली से ग़लती हो गयी छोड़ो जाने दो। अगर उसकी मुस्कराहट में मैल न होती अगर वह वल्गर न होती तो भी शायद। आम तौर पर तो मुस्कराती नहीं कभी साली सीधे मुंह फिर क्यों उस वक्त ऐसे जैसे क्या कोई बेटा अपनी ममी के गले मिला अपना जी हल्का नहीं इसमें मुस्कराने की क्या बात ! और वह भी ऐसे वल्गर तरीके से जैसे बाज़ारू। ऊंचे दांतों वाली औरत की मुस्कराहट जनरली वल्गर ऊंचे दांतों वाली औरत अक्सर आवारा मैं सोचता रहा यह साली शायद एक्सेप्शन लेकिन मैं रांग मैं इतना भोला क्यों वह ऐसे मुस्करायी जैसे मेरा जैसे हम दोनों का मजाक जैसे हम चोर जैसे उसपर रसीला का साया। मुझे रसीला की बकवास वही ओडिपस वाली उसीदम याद मैं समझ गया। हस्बेन्ड का मज़ाक उड़ाने वाली औरत जनरली वाहियात। ममी न होती तो मैंने उसके मुंह पर चांटा उसी वक्त उसके दांत बाद में टांगे। मज़ाक उड़ाने वाली औरत को मज़ा चखाना सबक सिखाना ज़रूरी नहीं तो वह समझती है साला कमज़ोर मुझे रोना नहीं चाहिए था वेट करना चाहिए था जहां इतना वेट किया था थोड़ा सा और उसे बाहर जा लेने देता तो। मज़ाक उड़ाने वाली औरत के मन में मर्द के लिए रेस्पेक्ट नहीं द्रोपदी और दुर्योधन का किस्सा मज़ाक ही महाभारत की रूट काज़। ऊंचे दांतों वाली औरत न मुस्कराए तो भी लगता है मुस्करा रही है लेकिन मैं अन्धा नहीं मैंने देख लिया वह मुस्करा रही थी मैंने उसी वक्त उसके दांत क्यों न तोड़े अब अफ़सोस। ऊंचे दांतों वाली औरत में सेक्स अपील तो होती है लेकिन उस वक्त मुझे साली की सेक्स अपील नहीं वल्गेरिटी ही दिखायी दी इतने दिनों का गुस्सा मेरे अन्दर मैं रो पड़ा मैंने समझा साली गयी उसने जाने से पहले। औरत की बुरी आदत मुड़ कर देखने की आदमी नहीं देखता मुड़ मुड़ के। ऐसे मुस्कारायी जैसे कोई डर लिहाज ही न हो हमारा जैसे रसीला ने कोई ऐसा मन्तर फूंक दिया हो साली के कानों में मेरे सारे शक ठीक। अब वह अपने असली रंग में ठीक है मैं भी अब अपने असली रंग में। वैसे एक हिसाब से जो हुआ ठीक। अब ममी भी कनविंस्ड वह साली सीता नहीं ममी इज़ नो फूल वह जानती पहले भी थी वह सरूपनखा डायन नम्बर वन ममी से मिस्टेक हो गयी साली लेकिन वह अब भी सब कुछ ठीक ठाक तो कर ही लेगी बद्तमीज की हिम्मत कैसे हुई मुस्कराहट नहीं मेरी ममी की छाती पर साली मूंग। आख़िर हुआ वही जिसका ख़तरा मुझे था शायद ममी को भी। चल गया जादू रसीला का वह बहन के भेस में दुश्मन बेशक हिस्सा नही मांगती खुल कर लेकिन बदला ले रही है घर मेरा बरबाद किसी दिन हिस्सा भी कर देगी दावा और क्या कई वकील उसके वाकिफ़ नारी आंदोलन की नेता वह पता नहीं क्या पट्टी कब से कंस्पिरेसी ज़रूर उस बुआ का भी हाथ। साली की स्माइल से साफ़ कि वह भी मुझको ओडिपस रसीला की उल्टी सीख स्माइल ऐसे कि जैसे कह रही हो मैं सब जानती हूं क्या जानती है तू यू बिच !

रसीला ने भी साफ झूठ बोला। लिफ्ट माई फुट ! पता नहीं कहां कहां झख मार

कर आयी दोनों हमें उल्लू बनाने की कोशिश मैं कहता हूं झूठ क्यों बोलती हो साफ़ कहो बरसाती में बैठ बकवास। मैं पहले ही कहता था ममी यह उधर नहीं कहीं और ही। उधर का बहाना। दोनों एक दूसरे से मिली हुईं रसीला दीदी यह रसीला दीदी वह अब खुला भेद सारा ये दोनों मिलकर मेरी जड़ काट रही हैं नहीं तो इसकी हिम्मत होती इस तरह मुस्कराने की कभी नहीं नेवर आज तक कोई साली मेरी किसी हरकत पर इस तरह नहीं मुस्करायी। अब तो साली की नौकरी छुड़वानी ही पड़ेगी अब तो ताला लगा कर अन्दर बन्द साली को अब तो पैसों की सेक्रिफ़ाइस करनी ही पड़ेगी नहीं तो लेने के देने। इसके चाले ठीक नहीं अब साबित हो गया यह बेहया एकदम सेन्ट परसेन्ट इसका कोई एतबार नहीं अब यह साली नंगी मैं उसको और नंगा कर उसको जूते मारूंगा। यह मुझे समझती क्या है मैं पढ़ा लिखा हूं इसलिए चुप बैठ रहूंगा कभी नहीं नेवर अब मैं ममी की भी एक नहीं मानूंगा कहूंगा लातों के भूत बातों से नहीं लातों से ही काबू में। वैसे मुझे पता होना चाहिए था कि औरत कमरे से बाहर निकलते वक्त मुड़ कर देख लेती है हिन्दुस्तानी औरत खास तौर पर क्योंकि उसे शक रहता है उसकी पीठ पीछे उसकी निन्दा क्योंकि वह खुद दूसरों की पीठ पीछे दूसरों की निन्दा। मैं साइकालोजिस्ट नहीं लेकिन सब जानता हूं इसीलिए तो उसकी स्माइल से इतना परेशान इसीलिए तो सोचता हूं मुझे उसके सामने रोना नहीं ख़ैर अब जो हो गया सो हो गया अब आगे की चिन्ता। अब सब कुछ ममी पर नहीं आख़िर वह भी है तो औरत ही उसे आजकल की छोकरियों के बारे में क्या पता लेकिन क्या इस साली या रसीला के डर के मारे मैं ममी से प्यार करना छोड़ दूं उसके गले न मिलूं उसकी गोदी में सिर रख कर रोऊं न कभी कभी उस से तोतली जुबान में बोलूं नहीं ! नेवर ! गला भर आएगा तो रोऊंगा कैसे नहीं इनसान हूं पत्थर तो नहीं साली सीमा की तरह वह बरफ की सिल्ली ! अब साली को मजा चखाने का एक ही तरीका ! जब इरेक्शन होगी उसी वक्त पकड़ कर रेप कपड़े तार तार बालों से घसीट कर कमरे के अन्दर बुला ले नारी आन्दोलन वालियों को पुलिस को कर ले वो जो करना चाहे मैं अपने घर का बादशाह ! और साथ ही दफ़्तर में प्रोमोशन के बाद दो। एक गोरी एक सांवली दोनों कुंवारियां एज़ फार एज़ पॉसिबल। आजकल असली कुंवारियां कहां ! सब नाम की। शायद सीमा भी नहीं थी शायद क्या यकीनन। होती तो इतनी जल्दी बेहया न हो जाती मुस्कराती नहीं इस तरह।

पहली रात को ही पूछ लेना चाहिए था। अचानक। अगर पीली पड़ जाती तो पोल खुल जाती। कोई साली पीली नहीं पड़ती आजकल। रंगे हाथों पकड़ लो तब भी नहीं। कोई टैस्ट होना चाहिए जिस से पता चल जाए। डाक्टरी मुआइना पूछ लेता तो क्या पता पलट कर कहती तुम क्या कुंवारे हो ? यही तो मुसीबत है हर बात में मर्द से बराबरी मुकाबला। नहीं पूछने से कुछ पता नहीं चलता कुंवारी वह नहीं थी

नहीं होगी। प्रोमोशन पता नहीं कब। हनुमान मन्दिर जाऊंगा ममी को साथ लेकर मन्नत मागूंगा मुझे यह मानने में शर्म नहीं मैं हनुमान को मानता हूं मैं रसीला की तरह नास्तिक नहीं मेरा ख़याल है यह साली भी नास्तिक न होती तो कभी उस तरह न मुस्कराती सोचती बेटा अपनी मां के गले लग रो रहा है इसमें बुराई आख़िर क्या मुस्कराने की बात क्या इसकी मुस्कराहट को मारना ज़रूरी एक बार मुस्कराई है तो दोबारा मुस्कराएगी यह नहीं भूलना चाहिए इसको ऐसा सबक कि इसकी आंखें नीचे इसके दिल में डर बिठा देना चाहिए किसी तरह शुरुआत तो कर ही दी अब रुकना नहीं बस हर दूसरे तीसरे दिन इसीतरह तब समझेगी साली। वैसे मेरे हाथ में हो तो एक ही बार में तीन बेटे दे दूं इसको होश आ जाए हरामज़ादी की नौकरी भी छूट जाए अपने आप दूसरी बुरी आदतें भी। किसी डाक्टर के पास ले जाना चाहिए इसे किसी तरह। अब जाएगी नहीं। कैसे नहीं जाएगी बीवी है बॉस नहीं यह हिन्दुस्तान है यहां हस्बेन्ड ही असली बॉस रसीला कुछ भी कह कर ले सदियों से चलता आ रहा हमारा सिस्टम इतनी आसानी से तहस नहस नहीं। नेवर ये फ़ेमिनिस्ट फ़ैशन यहां नहीं। डाक्टर साब यह इतनी टाइट क्यों शादी को साला एक साल से ऊपर यह कभी गीली ही नहीं होती चाहे कुछ भी कर लो इसे अभी तक प्रेगनेंसी क्यों नहीं अब तो कान्डम भी नहीं। किसी लेडी डाक्टर के पास ले जाऊंगा। इसे बाहर बिठा कर सारी बात खुद करूंगा। वह भी खुश मैं भी लेडी डाक्टर आम तौर पर अगली। मैं कोई अंच्छी सी स्मार्ट सी ढूंढूंगा। कहूंगा मुझे भी देख लीजिए हो सकता है मुझ में ही कोई कमी हो कहूंगा पहले मुझे ही देखिए। यह बाहर बैठी सोचेगी अन्दर पता नहीं पति देव क्या कर रहे हैं। इसी बहाने किसी लेडी डाक्टर का एक्सपीरियेंस भी। मेल डाक्टर के पास इसे ले जाना ख़तरनाक। डाक्टर सब हरामी। जो साला अन्दर हाथ डालेगा ब्रेस्ट दबाएगा मजा नहीं लेगा ? मैं नहीं मानता। मैं तो इसे कभी किसी मर्द से डिलिवरी न करवाने दूं। डिलिवरी से पहले हर महीने मुआइना पूरी खाना तलाशी साली यहां के डाक्टर तो साले दस्ताने भी नहीं पहनते। विदेशों की बात दूसरी वहां के डाक्टर इतने हरामी नहीं हो सकते जितने हिन्दुस्तानी। यह साले सब सेक्स के भूखे। अब मान लो मैं ही डाक्टर बन जाऊं तो क्या मैं बाज आऊंगा बदमाशी से ? नेवर ! सामने साली कोई औरत टांगे खोले लेटी हो तो मैं बेवकूफ़ हूं जो बाज आऊंगा ! औरत कितनी ही बीमार क्यों न हो है औरत ही। और फिर प्रेगनेन्ट औरतों का अपना चार्म। उनके चेहरे पर चमक। डाक्टर को सब मालूम क्या कैसे करना है। और फिर डाक्टरों के पास जो जाती है वह सब सीरियस तो नहीं होतीं। ज़रा सा सिर दर्द हुआ और चल पड़ीं डाक्टर से दबवाने। अमीर औरतें तो सुना है अक्सर डाक्टरों से ही। वैसे पुराने हकीम खानदानी कम बदमाश नहीं होते थे। डाक्टर और प्राइवेट ट्यूटर ऐश करते हैं। सन्त महात्मा भी। अपनी वह बुआ अब भी एक्टिव उस बंगाली डाक्टर के साथ। मैंने देखा है बंगाली डाक्टर इस हुनर

के माहिर। पंजाबी भी कम हरामी नहीं होते होंगे। मैंने तो सुना है हमारे डाक्टर बाहर जा कर भी बाज नहीं आते। असल में वह बाहर जाते ही इसीलिए हैं। पैसा भी कमाओ मेमों से ऐश भी करो। अगर यहां की चूंचरा नहीं करती तो वहां की तो अपनी मर्ज़ी से सब कुछ करवा लेती होंगी। मुझे अपने लिए कोई अच्छी सी लेडी डाक्टर नहीं वह तो शायद सब लेज़्बियन। कोई मैरिड खोजूंगा। ख़ैर यह बातें बाद की। अभी तो इस साली को ही किसी के पास ले जाना होगा। डाक्टर साब यह इतनी ठण्डी क्यों इसे कुछ समझाइए इसे सेक्स में मजा क्यों नहीं।

अब तो ममी ने देख लिया रसीला और सीमा साथ। लिफ़्ट माई फुट वह सब झूठ यह साली उधर गयी ही नहीं दफ़्तर से सीधी उसकी बरसाती में। वहां दोनों मिल कर पता नहीं क्या बातें फिर रसीला ने कहा होगा लो मैं तुम्हें छोड़ आती हूं डरो मत। किसी औरत का कोई भरोसा नहीं। सब बेईमान। कभी विश्वास नहीं करना चाहिए। राम ने नहीं किया सीता पर। धोबी बेचारे का तो बहाना। भगवान राम ने एक तरह से सब हस्बेन्ड्ज़ को ही नहीं सब मर्दों को यह शिक्षा दी किसी भी औरत पर विश्वास मत करो ! मैं तो यही मानता हूं। और जब से इसने बाल कटवाए हैं असल में उसी दिन से मुझे इस पर और शक इसने हमें बताया ही नहीं बाल कटवा लिए ममी ने मना कर दिया नहीं तो मैं पूरी पूछताछ करता इस से इसने क्यों इतना बड़ा कदम उठाया मुझ से पूछे बग़ैर। लंबे बालों वाली औरतों की आंखें जनरली नीचे। और फिर जूड़े की अपनी ही शान। लेकिन विश्वास लंबे बालों वालियों पर भी नहीं करना चाहिए रसीला के बाल लंबे लेकिन वह भी झूठी। एक फ़ायदा है लंबे बालों का कि जब गुस्सा आए पकड़ लो चुटिया से। गुस्सा आए न आए कभी कभी वैसे ही खींच देने चाहिए बाल ताकि उसे याद रहे बॉस कौन आज अगर बाल होते उसके तो मेरा हाथ सीधा वहां ख़ैर आज मैंने शुरू तो कर ही दिया अब पीछे नहीं। लंबे बालों वाली को रेप करना आसान। शायद रसीला ने ही कहा हो कटवा दो हैरान हूं उसने खुद क्यों नहीं कटवाए उसने तो ख़ैर नाक ही कटवा दी अपनी भी हमारी भी। बेहया बीवी भी बुरी बहन भी। कुछ लोग अपनी बीवियों के बाल कटवा कर खुश होते हैं समझते हैं बीवी माडर्न हो गयी साले यह नहीं जानते माडर्न बीवियां करती करवाती क्या क्या हैं चोरी छिपे और अब तो खुले आम भी मैंने देखा है कई बेशरम अपनी बीवियां अपने बॉसों को पेश करते हैं प्रमोशन के लिए बेहयाई करवाते हैं अपनी बीवियों से। जब मैं बड़ा बॉस बन जाऊंगा तो मुझे भी मौके तो मिलेंगे ही। मैं उसी दिन के इन्तजार में। देख टटोल कर ही प्रमोशन दिया करूंगा बड़ा सा दफ़्तर होगा उसी में सोफ़ा और बार और लंच टाइम में रंगरलियां। एक पहरा दिया करेगी दूसरी गोद में पिया करेगी पिलाया करेगी। नहीं मैं खुद नहीं पियूंगा पीने वाले जनरली इम्पोटेन्ट हो जाते हैं। उनकी हवस बढ़ जाती है लेकिन होता हवाता कुछ नहीं उन से। मुरादाबाद वाली के मर्द का सही हाल। मैं तो देख

कर ही धुत्त होता नहीं बस ऐक्टिंग कर लेता हूं टूर पर ऐक्टिंग ज़रूरी। औरत साली ऐक्टिंग पर खुश होती है। ममी समझती है मैं मेमना हूं भी उसके लिए। हमारा कल्चर भी साला कमाल का हमें सिखाता है आदमी मां के सामने मेमना बीवी के सामने शेर माशूक के सामने मजनूं। मेरी कोई माशूका नहीं। इश्क एक फिल्मी शोशा इसके लिए टाइम किसके पास यह सब फालतू बात मज़े लो और मारो लात औरत बस बच्चे पैदा करने के लिए या मज़े के लिए आदमी को इमोशनली इनवाल्व नहीं होना चाहिए क्योंकि उसमें टाईम बरबाद पैसा बरबाद बदनामी का डर बस हाथ फेरो पानी निकालो और कहो नेक्स्ट। सक्सेस के लिए सेक्स ज़रूरी लेकिन लव ख़तरनाक। सक्सेस हो तो सेक्स अपने आप। औरत हमेशा कामयाब आदमी के पीछे भागती है और आदमी कामयाब तभी होता है जब वह औरत के पीछे नहीं औरत उसके पीछे भागे। बस प्रमोशन हो जाए तो सब मेरे पीछे भागेंगे शायद सीमा भी तब सीमा की नौकरी फिनिश्ड बस घर बैठे ममी की सेवा करे बच्चे पाले और रात को मुझ से पिट कर सो जाए मुझे और कुछ नहीं चाहिए। अगर न मानी तो ! मानेगी कैसे नहीं आज उसने देख ही लिया न करने का नतीजा। और मुस्काराने का। अब मैं नहीं डरूंगा। अब हाथ खुल गया अब साली न करने से पहले सोचेगी सौ बार ...

मान लिया मुझे रोना नहीं चाहिए था लेकिन अगर मैं रोता नहीं तो वह मुस्कराती नहीं और अगर वह मुस्कराती नहीं तो मुझे गुस्सा न आता और अगर मुझे गुस्सा न आता तो मैं उसकी ख़बर न लेता उसे अपने दो हाथ न दिखाता बस बैठा सोचता रहता हेमलट की तरह। जो होता है ठीक होता है हर बात का अपना वक्त होता मैं खुश हूं अब वह अकड़ेगी नहीं। जब ममी ने उससे कहा दौड़ कर पानी ले आओ फटाफट सीमा रानी मेरे राजू का जी ख़राब और वह खड़ी मुस्कराती रही थी तभी अगर मैं एक लात मार देता तो अच्छा होता मन तो हुआ था लेकिन औरत पर हाथ उठाने में हिचक तो आख़िर होती ही है पढ़ा लिखा हूं गंवार होता तो और बात काश गंवार होता तब यह नौबत ही न आती साली गंवारों की औरतों में अकड़ नहीं होती और अगर बाहर जाते वक्त वह दरवाजा इतने जोर से न बंद करती तो मैं शायद गुस्सा पी जाता कह नहीं सकता क्योंकि उसकी मुस्कराहट ने मेरा मूड ख़राब बहुत कर दिया था। सारा घर हिल गया था साला ममी का दिल भी पता नहीं साली में दतना जोर कहां से मैं तो उसी वक्त जा कर उसे झंझोड़ देना चाहता था लेकिन ममी ने मेरा हाथ पकड़ लिया बोली बेटा न इस वक्त तू गुस्से की गरमी में तू यहीं बैठ। वह तो ठीक ही किया उसने वर्ना मैं न जाने क्या उस वक्त आउट आफ कन्ट्रोल शरम भी और गुस्सा भी मैं मरने मारने को तय्यार। ममी दौड़ कर ठण्डा पानी ले आयी फटाफट बेटा पी दो घूंट रोएं तेरे दुश्मन तू मेरा राजा ममी की बातें सुन मैं मोम जो काम उस कमीनी का था वो ममी ने किया मुझे तसल्ली दी आंसू

पोंछे गले लगाया बोली थोड़ी देर लेट बेटा ! और फिर उसने जब जलती हुई आंखों को चूमा तो जैसे अंगारों पर फूल जैसे किसी परी ने मेरी आंखों के अंगारों को फूलों में जैसे कोई जादू मैं हैरान ममी के टच में मैजिक मैं उस दम साली को भूल अपनी ममी का मैं खुशकिस्मत मुझे क्या वह जाए। जो काम उस साली का वह ममी ने आख़िर वह औरत क्या जो आदमी को शान्ति न दे उसके गुस्से को ठन्डा न उसका मूड न बदले उसकी आंखें न चूमे पानी न दे ठण्डा वक्त पर दरवाजा बन्द बाहर। मैं उसकी टांगें किसी दिन सारा कसूर औरत की टांगों का इसीलिए यह मुहावरा औरत साली टांगों को जोड़ कर रख ही नहीं सकती उसकी टांगों में नरक का दरवाजा। मतलब गेटवे टू हेल साला एक दम। वह तो ममी ने मोम कर दिया अपने जादू से नहीं तो मैं उस वक्त सचमुच पागल। सीमा उस से जलती है तो जले हो जाए कोयला मुझे क्या मां का प्यार मां का प्यार मैं उल्टी साइकोलॉजी में बिलीव नहीं। अगर ममी न होती तो मेरा क्या होता उसने ही मुझे ठण्डा इतनी देर तक मुझे समझा बुझा कर और उधर वह आवारा गर्द दफ्तर से सीधी उसकी बरसाती में बहाना अपने घर वालों का हम से झूठ लिफ़्ट माई फुट मैं कैसे मानूं। और फिर चुपचाप बाहर जाओ कमरे से स्माइल करने की ज़रूरत क्या ! ममी उसे पानी लाने के लिए कहे और वह हिले नहीं उसकी यह हिम्मत जब हिले तो दरवाजा ऐसे बन्द करे जैसे कोई जानवर या राक्षसनी जान बूझ कर यह जतलाने के लिए कि मैं नहीं करती परवाह मुझे रसीला दीदी की शह ! ममी से कह के जाए कज़िन से मिलना है और मिले रसीला से और फिर उसको साथ ले आए झूठ बोले दीदी ने लिफ्ट दी मैं नहीं मानता दोनों मिल कर हम दोनों का फूल मैं पूछता हूं कौन से बस स्टाप पर कब ! और अग़र कोई कज़िन आ भी गयी है कहीं से तो आफ़त कौन सर आ गयी लोग डेली आते जाते हैं कज़िन ही तो है क्वीन तो नहीं। उसे दफ़्तर से सीधा घर आना चाहिए था बस। अब तो ममी को मालूम हो गया कि मुझे साली पर शक है। अब उसे भी मालूम हो गया मैं उसकी अकड़ तोड़ कर रख दूंगा अब रसीला को भी मालूम हो गया मैं उसके साथ उस साली के मेलजोल के खिलाफ़। अब सब कुछ साफ हो गया बस। देखता हूं कैसे स्माइल करती है कैसे दरवाजा बन्द करती है कैसे इनकार करती है। औरत में थोड़ा नख़रा हो तो बुरा नहीं लेकिन अकड़ को कौन बरदाश्त कर सकता है। नख़रे और अकड़ में बेसिक फ़र्क। नख़रा औरत मर्द को खुश करने के लिए करती है अकड़ उसे नीचा दिखाने के लिए अकड़ी हुई औरत की टांगें तोड़ना ज़रूरी उस पर हाथ उठाना ज़रूरी मैं साला यूंही टालता रहा इस ज़रूरत को। अकड़ी हुई औरत को रेप करने की ख़्वाहिश होती है यह अलग बात कि पढ़े लिखे मर्द में इस ख़्वाहिश को पूरा करने की हिम्मत नहीं होती यह पढ़े लिखे होने का नुक्सान इसीलिए रेपिस्ट आमतौर पर अनपढ़ ...

असल में अब सोचता हूं पहली रात ही बिग ब्लंडर हो गयी मुझ से साली।

ठीक ही कहते हैं बिल्ली को पहली रात मार डालना चाहिए मैं साला धोखा खा गया मुझे उसकी एक नहीं सुननी चाहिए थी। मेंसस माई फुट ! जबरदस्ती एण्टर कर जाना चाहिए था नाक बन्द कर के अगर मेंसस था तब भी मैं दूर से देख कर ही दब गया बेवकूफ़ मुझे कहना चाहिए था पास आ कर दिखाओ वह आदमी क्या जिसकी सुहागरात भी सूखी लेकिन सुहागरात तो औरत की मतलब मेरी पहली रात। मैं बुकिश बातों में आ गया पहली रात जबरदस्ती मत करो बेचारी अपने घर वालों की याद में ग़मगीन आजकल कोई नहीं होती खुश होती है उल्टा घर वालों से आज़ादी मिली। एक तरफ मेंसस का बहाना दूसरी तरफ कान्डम की फ़रमाइश मुझे शक क्यों नहीं हुआ साली पर मैं भोला बादशाह समझ ही नहीं पाया उसकी चालाकी औरत बाई नेचर औलाद की भूखी कितनी ही पढ़ी लिखी क्यों न हो बेशक कुछ एक्सेप्शंज सब विमिनलिब्बर वह मर्दों की दुश्मन शायद रसीला भी शायद वह साली भी। टिपिकल औरत तो तय्यार हो कर आती है बेबी के लिए चाहती है पहली रात से ही शुरू हो जाए कोशिश उसकी मां ने उसे समझा रखा होता है बेटी बेबी में देर मत करना आदमी को काबू में रखने का बेस्ट तरीका बेबी। फिर मुझे उस पर शक क्यों नहीं हुआ ज़रूर हुआ होगा मैंने उसे क्रश कर दिया होगा न जाने क्या सोच कर। शक तो मुझे हर औरत पर ममी को छोड़ कर कभी कभी उस पर भी आख़िर वह औरत। मैंने दुनिया देखी है मेरे जैसे चूतिया भी इस दुनिया में बहुत कम मैं कितनी जल्दी धोखे में आ जाता हूं। मुझे पूछना चाहिए तुम्हें कान्डम का पता कैसे लेकिन वह तो आजकल भीख मांगने वाली को भी शायद कमला को भी हर खम्भे दीवार पर इश्तहार। फिर भी पहली रात को ही उसने इतनी बेशरमी से जैसे कान्डम भी किसी मिठाई का नाम और साथ मेंसस का भी मैं सुन कर चौंका क्यों नहीं ताव क्यों न आया मुझ को अब आ रहा है जब चिड़िया चुग गयी खेत अब क्या फ़ायदा और तो और साली ने ब्रेस्ट को भी टच नहीं करने दिया वहां तो मेंसस नहीं था साला वहां के लिए तो कान्डम भी नहीं चाहिए था लेकिन बोली बहुत टेन्डर है मैं चीखा क्यों नहीं टेन्डर नहीं होगी तो और क्या छाती आख़िर छाती। उसने सोचा होगा अज़ीब उजबुक है जो कहती हूं मान जाता है बस उसी रात उसने सोच लिया होगा मैं इसको तिगनी का नाच असल में उस रात मैं खुद ठन ठन गोपाल न जाने क्यों लेकिन उसे क्या मालूम शायद हो भी शायद उसने मेरे चेहरे से ही पहचान तब तो मुझे ख़ैर मनानी चाहिए क्योंकि अगर मुझे नंगा कर देती या देख लेती तो और मुसीबत। यह बात आज याद क्यों आयी मैं साइकॉलोजिस्ट तो नहीं रसीला जैसा लेकिन इतना तो जानता ही हूं कि आदमी अनप्लेज़ेन्ट यादों को दबा जाता है शायद मैंने भी पता नहीं उस रात हुआ क्या था। शायद मेंसस का नाम सुनकर ही मैं मुर्दा या शायद मन में चिंता। बस आदमी को यही चीज़ मार जाती है उसे हमेशा परफार्मेंस की चिन्ता होनी भी चाहिए क्योंकि औरत हमेशा इस घात में

रहती है कि देखें आदमी में दम कितना है मतलब स्टेमिना कितना सख्ती कितनी साली हर चीज़ का हिसाब रखती है। इसलिए आदमी कई बार ऐन मौके पर एकदम फुस्स और फिर उसके लिए छिपाना नामुमकिन औरत को इस तरह की कोई चिन्ता नहीं होती कुदरत पार्शल इस मामले में। औरत कुछ भी न करे तो चल जाता है। उसका रोल पेसिव। एग्रेसिव औरत रेअर इण्डिया में बाहर तो सब एग्रेसिव अब शायद यहां भी सब विडियो वगैरह देख देख और एम टी वी लेकिन यह अपना कल्चर नहीं। औरत बस झूठ मूठ सी सी कर दे आंखें बन्द कर के ऊई मां कह दे तो मर्द साला खुश हो जाता है समझता है साली को तारे नजर आ गये। मुझे जबरदस्ती करनी चाहिए थी मैंने देखा है धींगामुश्ती से सब ठीक हो जाता है बेशक सेन्ट-पर-सेन्ट नहीं हर बार नहीं पहली रात लेकिन मैंने सोचा होगा जाने दो जल्दी क्या है एडजस्ट हो जाने दो जो हो अब मुझे यकीन हो गया झूठ मूठ के मेंसस से टाल दिया मैं बेवकूफ़ टल गया। वह जानती थी पहली रात इन्टरकोर्स हुआ तो मुझे पता चल जाएगा वह टाइटनेस ही और होती है और दूसरी रात को शायद सचमुच का मेंसस आ ही गया था अब याद नहीं कितनी रातें साली सूखी निकल गयीं। बीच में टूर न आ जाता तो और मुश्किल होती। मेंसस के बाद तो वैसे ही सब कुछ लूज पता ही नहीं चलता। वह ज़माना कितना अच्छा था जब लड़की की शादी बारहवें तेरहवें साल में पहला बच्चा एकदम मासूम लड़की की बात दूसरी अब तो शादी से पहले ही सब कुछ लुटपिट कर एक दम। लूज और बासी हमारी तो क्लाइमेट भी इतनी गर्म लड़की बहुत जल्दी तय्यार। कल्चर और क्लाइमेट का कनेक्शन देखना जरूरी इसीलिए शादियां जल्दी होती थीं। भोली भाली लड़कियों को सब कुछ उनका हस्बेन्ड ही सिखाता था अब नहीं सब कुछ सीख कर आती हैं। अब सीमा ने ही मेंसस का नाम ऐसे लिया था जैसे नमकीन हो कान्डम का ऐसे जैसे दस्ताना और वह भी पहली ही रात। मैंने बुरा क्यों नहीं माना मेरा माथा क्यों नहीं ठंक ठंक। सब सुन कर मैंने मज़ाक में क्यों टाल दिया था हाथ पकड़ कर कह दिया था जानेमन मैं हस्बेन्ड हूं यार नहीं मैं कान्डम क्यों यूज़ करूं मुझे जल्दी क्या और उसने कह दिया था डोंट बी वल्गर ! उसी वक्त उसके मुंह पर तमाचा क्यों नहीं जड़ दिया मैंने ! यह तो मैं समझ गया फौरन साली में सेंस ऑफ ह्यूमर की कमी लेकिन उसकी शराफ़त पर शक क्यों नहीं हुआ मुझे मैं बेवकूफ़ अब साल बाद पछतावा बेकार। उसकी रूडनेस को बरदाश्त नहीं करना चाहिए था। अरे साली वल्गर तू है या मैं ! कान्डम का प्रोपोज़ल उसका था या मेरा ! अगर वह इन्टरकोर्स के लिए मना कर देती इशारे से मसलन रोने लग जाती तो मैं समझता सब ठीक है साली मिस कर रही है अपना घर थक गयी होगी शायद कुछ डर भी हो आख़िर पहली बार और फिर सेरिमनी रिश्तेदार लेकिन नहीं वह तो ऐसे बिहेव कर रही थी जैसे सब जानती हो जैसे कोई कालगर्ल अपने कस्टमर के साथ। अब सारा सीन याद। ऐसे बोली थी जैसे कान्डम

का पेकिट पर्स में ले कर आयी हो पता नहीं तैश क्यों नहीं शायद ममी का लिहाज वह साथ वाले कमरे में सब सुन सकती थी वैसे भी सोचा होगा ममी की चायस गलत नहीं। मैं इसी भरोसे पर अब तक और नहीं अब आख़िर आंखों से पर्दा उठ ही गया अब उसकी नाक में नकेल अब देखूंगा कैसे वह ...

बांझ मांजी

मांजी आज आप अपनी शादी के बारे में सब कुछ मैं आज सुनकर ही जाऊंगी सारा किस्सा सच मन हो तो ले लीजिए दो घूंट टालिए मत आज मैं ला दूं बाला की भी छुट्टी आज वह अपने मुश्टन्डे के साथ इण्डिया गेट मौसम भी अच्छा बाई गॉड मांजी प्लीज़ अब टालिए मत मैं आज सुन कर ही ...

अच्छा तो डॉली सुनो सुन कर चौंकना मत न ही टोकना बीच में नींद आ जाए तो सो जाना बेशक उठ जाना बुढ़िया का किस्सा बोर सुन कर करोगी क्या तू जानती तो है खैर रसीला होती तो एक ही बार दोनों को लेकिन शायद मैं उससे शर्म लेकिन ये मेरे आख़िरी दिन अब मैं सब कुछ से ऊपर अब शर्म नहीं यह मेरा नावल सुन ...

मेरी शादी एक शरीफ़ आदमी से। वह मुझ से बड़ा पांच दस साल यह बात आम उन दिनों बीवी से खाविंद बड़ा खाविंद से बीवी बड़ी कभी नहीं देखने में ठीक ठाक चेहरे पर लाली सरकारी अफसर अच्छी तन्ख्वाह ऊपर की आमदनी इकलौता बेटा मां मोटी और क्या चाहिए। मेरे मां बाप खुश मेरे न करने का सवाल ही नहीं उन दिनों देखने दिखाने का रिवाज़ भी नहीं था डॉली सारी बात बड़ों की मर्ज़ी से

ही। मैं भी खुश शादी तो आखिर करनी ही थी उन दिनों कुंवारी घर कोई नहीं बैठती थी। तुम खुशकिस्मत डॉली न मन हो तो मत करना तुम लव मेरिज ही करना नानी को न न। मेरा कद कोठे जितना उमर बाइस से ऊपर मैं पूरी औरत शादी तो करनी ही थी माजिद तो मुसलमान उस से नामुमकिन वैसे भी वह अब दूसरे कस्बे में। उन दिनों थोड़ी सी दूरी भी बहुत हुआ करती थी आजकल की तरह नहीं हवाई जहाज में बैठो सो जाओ जागो तो दूसरे देश में। उसके पैगाम भी धीरे धीरे बन्द उसने भी निकाह मैं सोचती और फिर उन दिनों लड़की की न ही को, कौन सुनता था बेशक मैं मुंह फट शादी से पहले भी अनजान नहीं मुझको माजू ने काफ़ी कुछ सिखा दिया था और कुछ मैंने खुद इधर उधर से भी।

जवानी और पानी अपना रास्ता आप बना लेते हैं तुम कुछ भी कर लो। तुम से मतलब मां बाप भाई बुआ समाज बिरादरी लोग वगैरह बेशक वह ज़माना पुराना पचास साठ पहले की बात और तब अंग्रेज़ों का राज तुम्हें क्या पता वैसे बहुत कुछ अब भी वैसा ही अन्दर से बाहर की बात और फिर भी अब मेल मिलाप आसान शहरों में। सो मेरी शादी उस शरीफ आदमी के साथ धूमधाम बैण्ड बाजा सब कुछ हुआ मैं उस सब को भूल चुकी सच वह सब उस वक्त भी मुझको बेमतलब मैं अपने वक्त से आगे बेशक पढ़ी मैं सातवीं तक ही लेकिन मैं लम्पट अन्दर से बाहर से सादी! मेरा मन और कहीं माजू के साथ उन सीढ़ियों में अपने दूल्हे से दूर उस दूसरे कस्बे में उस दूसरे घर में जिसमें मैं आधी मुसलमान वह आधा हिन्दू शादी नामुमकिन हम दोनों अल्हड़ शादी के बाद ससुराल एक और शहर में तुमको कया मालूम सब पाकिस्तान में। सुहागरात मतलब पहली रात मेरी बेरौनक सूखी मतलब उस रात कुछ भी नहीं हुआ बेशक वह कमरा सजा धजा फूलों के गजरे दूधिया चादर दूध बादाम भगवान की मूर्ति सब कुछ था लेकिन वह शरीफ आदमी पी कर मस्त। मैं पीने को बुरा नहीं मानती थी पिता खुद पीते थे लेकिन पहली ही रात मुझे शक वह पिलपिला उसे शक मैं शैतान दोनों शक ठीक। नामर्द मर्द हमेशा शक्की। यह याद रखना डॉली शायद हर मर्द शक्की। शायद हर मर्द को शक कि वह नामर्द। शायद हर मर्द को यह डर। मैं नहीं जानती ऐसा क्यों। रसीला जानती होगी शायद तुम भी। वैसे तो शक्की औरत भी लेकिन उसके शक अक्सर ठीक। राम को सीता पर शक हुआ सीता को राम पर नहीं। मैं नहीं जानती क्यों। मेरा शक ठीक। मैंने तो दिन में ही देख लिया था वह अपनी मां का गुड्डा। मां के लाल अक्सर मिट्टी के माधो डॉली मुझे गलत मत समझना मैं बेऔलाद लेकिन मां बेटे का प्यार मैं समझ सकती हूं वह अनमोल अटूट बेजोड़। मां के इकलौते लाल अक्सर अपनी बीवियों के लिए बेकार मैं नहीं जानती क्यों। हो सकता है रसीला इसीलिए बरसाती में। उसका शंकर भी अपनी मां शारदा का इकलौता हो सकता है राजू भी वैसा ही हो। हो सकता है सीमा को भी वही करना पड़े जो रसीला ने किया। क्या अमरीका में भी

ऐसे केस आम ? मैं समझती थी यह बीमारी हमारे देश में ही क्योंकि यहां मां की पूजा कुछ ज़्यादा ही।

मेरा शक धीरे धीरे पक्का जब उसने पी कर मारना पीटना शुरू कर दिया तो और। औरत की मारपीट मैं जानती हूं आम। सब मारने पीटने वाले मर्द बेशक नामर्द नहीं होते लेकिन उनको डर रहता है कि मारे पीटेंगे नहीं तो नामर्द हो जाएंगे उनको शक रहता है कि उनकी बीवियों को उन से सन्तोष नहीं मतलब वह शायद उन से नाखुश वह बीवियों को काबू में रखना चाहते हैं। क्या वहां अमरीका में भी यही हाल ? क्या मेमें भी मार खाती हैं ? तो फिर ठीक। मैं समझती थी यह बीमारी हमारे ही देश में। वैसे यह बात भी नहीं कि जो पीते हैं वही मारते पीटते हैं। यह ग़लत अफ़वाह फ़िल्मों ने ही फैलाई है। मैंने पन्डितों को भी पीटते देखा है अपनी बीवियों को उन पण्डितों को जो पानी के सिवा कुछ नहीं पीते। मैंने तो माओं को भी पिटते देखा है बेटों के हाथों। हैरानी की बात। जिस देश में मां की पूजा होती है उसी देश में औरत को पीटा जाता है हालांकि हर औरत को मां समझने का उपदेश यहां आम। मेरा मतलब डॉली नामर्द मर्द औरत को पीटने में सब से आगे। लेकिन मैं क्या बोलती किस से कहती कुछ मैं मन ही मन सुनसान ...

अपनी किस्मत पर रोना नहीं गुस्सा आता था। माजू के साथ उन कच्ची मौजों की याद आती थी। मन करता था सब कुछ छोड़ छाड़ कर भाग जाऊं उस कस्बे की तरफ उस शरीफ़ आदमी की हालत पर तरस और हंसी एक साथ। तुम कुछ भी कहो नामर्द मर्द बेचारा बेहूदा भी। जब वह पीट रहा होता मैं सोचती कभी कभी पीटने दो बेचारे को वह कुछ और कर भी तो नहीं सकता। मुझे लगता कभी कभी उसे सब मालूम मेरे मन में क्या क्या ख़याल आते थे इसीलिए वह मुझे और पीटता था। मुझे लगता था वह पीता ही इसीलिए था ताकि मुझे पीट सके। मैं सोचती उसने शादी क्यों की शायद सोचा हो शादी के बाद सब ठीक शायद सोचा हो मैं कोई जादू कर दूंगी शायद सोचता हो पीटने से ही किसी दिन उसके मुर्दे में जान शायद सोचता हो सारा दोष मेरा मैं खुद कभी कभी यही सोचा करती सब औरतें हमेशा अपने को दोषी। बाद में कई इलाज जादू टोने टोटके शायद पहले भी लेकिन सब बेकार मां के लाल अक्सर मिट्टी के माधो। दिन भर वह देहात के दौरे पर गयी रात मां के पैर दबाने के बाद ऊपर चौबारे में थका चुका पी कर पड़ रहता या पीटता।

कभी कभी मन करता कि कह दूं सब थूक दूं मुंह पर नंगा कर दूं नंगी हो जाऊं चिल्लाऊं सास से कहूं यह कैसा लाल मां से शिकायत करूं यह कैसी शादी। मेरे ससुर भी सुस्त। पिता पर पूत। सास सदा बीमार ताकि दोनों आदमी उसके इर्दगिर्द। दुख के वह दिन बड़ी मुसीबत के डॉली मैं डावांडोल मन करता जा बैठूं बापू के आश्रम में हो जाऊं भरती उनकी फौज में। उन दिनों भारत छोड़ो आन्दोलन तुम क्या जानो जानती हो तो अच्छा। उस शहर में भी ज़ोर शोर शेरेगुजरात का। मैं

उसकी शैदाई बेशक वह बड़ा शायद बाप बराबर लेकिन देखने में एकदम जवान दीवाना आज़ादी का। उस से कुछ हुआ नहीं वह पक्का देशभक्त बापू का चेला पहले बदमाश्च किसी जमाने में अब सबको मां बहन समझता था मैं उस पर मस्त मतलब दूर से ही। बस आंखें बंद कर के उसके पास सपनों में ही सब कुछ आख़िर कुछ तो करना ही था डॉली मुंह ज़ोर जवानी। और मेरा वह मर्द नामर्द पी कर चिल्लाना खबरदार जो तू उस तांबे के जलसे में गयी तो मैं सरकारी नौकर वह कांग्रेसी सांड सरकारी सी. आई. डी. उसके पीछे ख़बरदार जो खिड़की से झांका तो।

मैं सुन लेती सह लेती मार लेकिन मैं बाज नहीं आती थी जाती थी उसके जलसों में झांकती भी थी खिड़की से और सपनों में उसके साथ सोती थी न सोती तो करती क्या मुंहजोर जवानी। मैंने देखा है डॉली जो मर्द जितना ढीला उतना ही सख्त पीटने में। देखने में ठीक बिस्तर में ठन ठन गोपाल ! मुझे तो इस भजन ने बचाया डॉली सच मैं गाया करती थी मेरे तो ठन ठन गोपाल। हंसते हंसते लोट पोट आखिर जब मैं चंबेली की चेली। चंबेली मेरी सहेली बिलकुल बदमाश मतलब आजाद ऐसी कि आजकल भी वैसी मुश्किल से ही मिलें वह कहती तू चिन्ता मत कर रानी उस उल्लू को सीधा करने का एक तरीका तुझको बतलाती हूं तू एक काम कर अगली बार जब वह पी कर लौटे तू उसको वहां से पकड़ कर एक मरोड़ा दे फिर देख तमाशा। मैं पहले हैरान फिर सोचा वह शायद मज़ाक कर रही हो लेकिन वह सीरियस कहती तू कर के तो देख वह ऐसा सीधा होगा तू हिम्मत कर बस एक बार। मैं कहती चंबेली यह बेशर्मी आसान नहीं वह कहती तू बेवकूफ़ बेशर्मी क्या वह तेरा अपना आदमी उसको सबक सिखाना है तो यह हिम्मत करनी ही होगी बस एक मरोड़ा आंखें बन्द कर लेना बेशक लेकिन पूरे जोर के साथ एक मरोड़ा मज़बूती से।

शादी को हुए सात-आठ महीने हो चुके थे डॉली मैंने उसे कभी देखा तक नहीं था समझी न कपड़े बदलते हुए न नहोते हुए और वह चन्ट चंबेली कह रही थी वहां से पकड़ कर एक मरोड़ा दे फिर देख तमाशा। मैं तमाशा नहीं देखना चाहती थी लेकिन फिर मैंने सोचा चंबेली चालाक छटी हुई छिनाल ज़रूर कुछ होगा इसकी बात में। लेकिन हिम्मत नहीं हुई। कई दिन बाद एक रात वह नीली तहमद पहन कर ऊपर आया तो मुझको माजू की नीली तहमद याद आ गयी साथ वह सीढ़ियां साथ और बहुत कुछ जब पी कर वह लगा पीटने तो मैंने माजू को याद किया और मौका मिलते ही उसको पकड़ लिया नीचे से और दिया एक मरोड़ा ऐसा वह चीखा मां मैं मरा। उसका मुंह मारे दर्द के मुट्ठी सा आंखें बन्द हाथ हवा में वह दोहरा तेहरा। मेरे हाथ में वह ढीला मांस जिसकी धौंस नामर्द मर्द भी देता है। मैंने उसे छोड़ा नहीं। मैं तो तमाशा देख ही रही थी मैं उसको भी दिखाना चाहती थी। मैंने उसको मज़बूती से पकड़े पकड़े ही कहा ख़बरदार जो अब हाथ उठाया तो ! वह

बोला मेरी तौबा ! मैं बोली भाग जाऊंगी मुंह काला कर लूंगी शेरे गुजरात के साथ बापू के आश्रम में जा बैठूंगी ख़बरदार ! वह फिर बोला मेरी तौबा ! अब मुझे मज़ा आ रहा था डॉली मैं बोली एक होता हवाता कुछ नहीं ऊपर से मारपीट ख़बरदार ! वह फिर बोला मेरी तौबा ! जब तक उसने हाथ नहीं जोड़े नाक नहीं रगड़ी मैंने उसे छोड़ा नहीं ! और जब छोड़ा तो वह फफक फफक कर रोया बोला पानी ! उसे पानी दे कर मैंने दो चार घूंट ग़ट ग़ट उसकी बोतल से लिए तो वह हक्का बक्का। मैं खुद हैरान चंबेली ने तो एक मरोड़ा देने के लिए कहा था मैं उसे धमकियां भी दे रही थी और पी भी रही थी। उस मरोड़े ने मुझे न सिर्फ तमाशा दिखा दिया था बल्कि ताकत भी दे दी थी। अब मैं होशियार वह हारा हुआ। वह रो भी रहा था और अपने आपको गालियां भी दे रहा था बार बार कह रहा था मैं नामर्द। मैं बोली तुम पियो शौक से पियो मैं खुद डाल दिया करूंगी लेकिन ख़बरदार जो हाथ उठाया तो। वह ख़ामोश सिर नीचा आंखें लबालब दोनों हाथ जांघों में दाबे जैसे कोई मुजरिम। मैं बोली ब्याह कर लाए हो भगा कर नहीं आख़िर हुआ क्या मैं इतनी बदसूरत क्या कमी है मुझ में सात आठ महीने होने को आए तुम पढ़े लिखे मैं क्या समझाऊं ! वह फफक फफक कर फिर रोया। मुझे डर उसकी मां ऊपर आ कर उसे पुचकारना शुरू कर देगी। चंबेली ने तो सिर्फ मरोड़े के लिए कहा था मैं अपना सारा मुकद्दमा ले कर बैठ गयी मैं खुद हैरान अपनी बातों पर अपनी हिम्मत पर अपने पीने पर मैंने उस से पहले कभी शराब पी न मरोड़ा दिया था। मैंने दो चार घूंट उसे पिलाए और दो चार और खुद लिए और कहा रोने से कुछ नहीं होगा। अब मैं उसके पास जा बैठी थी सट कर वह परे हट गया मैं बोली ऐसा था तो शादी क्यों की वह चुप मैं उठ कर अपनी खटिया पर जा लेटी।

उस रात कोई और बात नहीं हुई डॉली वह रोते रोते सो गया मैं सोयी सोयी जा पहुंची माजू के साथ उन सीढ़ियों के सपनों में। उस रात के बाद उसने कई दिनों तक पीटा नहीं जब पीता फफक फफक कर रोता कहता मैं नामर्द मादर चो। चंबेली कहती बस अब दोस्ती कर लो उससे और कुछ होगा नहीं वह सच्चा नामर्द। मैं पूछती वह कैसे वह कहती हमदर्दी से नामर्द मर्द बीवी को भी मां। वह रोता मैं कहती रोओ मत कुछ करो। क्या करता वह बेचारा मैं सोचती यह बेचारा निर्दोष न जाने क्या बीमारी मैं कहती किसी वैद हकीम के पास जाओ। डॉली उस कस्बे में कुत्तों से ज्यादा हकीम एक से एक बढ़कर दीवारें भरी पड़ी पोशीदा बीमारियों के सब माहिर सब खानदानी ताकत की दवाइयां नामर्दी का शर्तियां इलाज तरह तरह के कुश्ते मतलब टॉनिक और तेल। मैं उर्दू पढ़ लेती थी। सब इश्तहार उर्दू में सब हकीम मुसलमान मैं सोचती यह कस्बा नामर्दों का चंबेली समझाती कुछ मर्द भी हैं तू सबर कर थोड़ा सा। जब वह रोता मेरा मन कहता कह दो लो पीट लो थोड़ा सा बस रोओ मत। फिर डरती किसी दिन बेकाबू हो मार न डाले चुप रहती सोचती रोने दो।

अपनी मां को उसने कुछ कह दिया होगा अब वह ऊपर कम आती थी मुझ से डरती थी अब उसके हुक्म भी बन्द बहुत कम मुझ को चूल्हे चौके से भी छुट्टी। कहती आराम करो यह खा लो वह पी लो मैं हैरान एक मरोड़े के इतने फ़ायदे। अब वह अपने बेटे की तारीफ़ करती रहती बहुत ही बीबा है बेचारा मैं सोचती काश इतना न होता ! वह भी बुरी नहीं थी बेचारी मैं सोचती इसका भी क्या दोष यह उसकी मां। बस यही मुसीबत है डॉली मुझे सब लगभग निर्दोष नजर आ जाते हैं इसीलिए मुझ में कड़वाहट कम इसीलिए मैं सबके सब कसूर माफ कर देती हूं मन ही मन देर सवेर। बेशक मैं सन्तनी नहीं हूं डॉली लेकिन मेरी जगह कोई और होती तो सारी उमर कोसती उसको उसकी मां को अपनी किस्मत को न जाने क्या क्या बकती करती और नहीं तो मन ही मन में। मैंने यह सब नहीं किया इसलिए मैं सुखी।

लेकिन जो मैंने किया डॉली वह और बुरा औरों की नजरों में मेरा मन साफ। डॉली अब तुम से क्या छिपाऊं तुम पढ़ी लिखी अमरीका में रहती हो मुझे अपने मर्द की हालत पर हंसी भी आती थी रोना भी तरस भी आता था गुस्सा भी लेकिन उस से नफरत कभी नहीं सच कहती हूं बाई गॉड डॉली हाथ मिलाओ जब उसने दोबारा पीटना शुरू कर दिया बाकायदा कभी कभी तब भी नहीं। हां डॉली बहुत पीटा बेचारे ने बाद में कई सालों तक वह किस्सा बाद में। अब ऐसा भी नहीं था कि हर वक्त उसकी हालत का ही रोना रहता हो घर में और भी बातें जैसी हर घर में कभी कभी हंसी मज़ाक भी उसकी हालत पर भी मेरे बुरे हाल पर भी लोगों का आना जाना खाना पीना सब चलता था लेकिन उस सब की बात बेफ़ायदा और फ़िजूल मैं तुमको बोर क्यों करूं। उस मरोड़े के बाद एक तरह का समझौता हम तीनों के बीच। तीसरी उसकी मां। अब एक तरफ तो उसकी बीमारी का इलाज़ शुरू हो गया था फिर से दूसरी तरफ चंबेली ने मेरे इलाज की तदबीरें शुरू कर दी थीं। मैं उसको रोकती कहती चंबेली तू चन्डालिनी मतलब बदमाश तू मुझको उल्टे रास्ते पर मत डाल मुझ में धीरज है शायद वह ठीक हो जाए वह आदमी बुरा नहीं तू मुझको मरवाएगी वह कहती तू बक मत धोखा मत दे अपने आपको तू जवान वह नामर्द बस यह मत भूल वह कभी ठीक नहीं होगा सोलह आने मतलब पूरा तू अपनी चिन्ता कर मुझको करने दे कुछ। वह कहती जिस मर्द को तूने इतनी बार रोते देख लिया तू उस पर रीझेगी कैसे रानी यह मत भूल वह अपनी माई का लाल उसकी बीमारी उसके मन में। डॉली मैं उसकी बातों पर हैरान उसकी समझबूझ पर मतलब वह बिलकुल अनपढ़ वह मेरे जितनी ही लेकिन वह ऐसे बोलती जैसे रसीला से भी बड़ी मनोविज्ञानी हो वह मुझ से भी आगे वह असली फ़ेमनिस्ट वह मेरी उस्ताद वह कहती उसे कोई हकीम ठीक नहीं कर सकता चंबेली कर दे शायद तू कहे तो कर दूं।

बेशक वह मज़ाक ही करती थी डॉली लेकिन सच कहती हूं मैं उसके लिए भी तय्यार। खैर वह तो नहीं हुआ लेकिन मैंने उसे सब हकीमों के पास ज़रूर भेजा बारी बारी फिर उस विलायत पास डाक्टर साहनी के पास भी जिसकी मेम विलायत में रहती थी बीवी उस कस्बे में। मेम का पता नहीं लेकिन बीवी एक स्कूल मास्टर के साथ। डॉली उस कस्बे में सब किस्म के किस्से शायद हर कस्बे में सब शहरों में मैं जहां कहीं भी रही मैंने सब कुछ देखा डॉली उस जमाने में भी। मेरे मर्द का तबादला हर तीसरे चौथे साल वह किस्से फिर कभी। कहने का मतलब यह डॉली जमाना बदलता रहता है ज़मीन नहीं।

अब मैं यह क्या कह गयी डॉली तू भी सोचती होगी मांजी बे सिरपैर की लेकिन बेटी मैं सोचती हूं अपनी कहानी कहने का अन्दाज़ बेशक अटपटा लेकिन इस से मेरे मन की बात सीधी तुम तक सारी तस्वीर सारी बेशक नहीं लेकिन काफी। मुझे सब याद नहीं डॉली लेकिन उतना सब याद जो याद रखने के काबिल बाकी सब कूड़ा खैर हां तो डॉली इलाज सब किये करवाए हालांकि उसे शर्म आती थी। शुरू-शुरू में कहता कस्बे में बदनामी मैं कहती होने दो हम तबादला करवा लेंगे। बाद में करवाया भी। लेकिन मैं कहती इस कस्बे के हकीम सब खानदानी उनके पास पुराने नुस्खे़। उसकी मां भी मिल जाती साथ कहती हां बेटा तू कमज़ोर तुझे ताकत की दवा चाहिए हम दोनों बाद में हंसते मां की नादानी पर। वह बेचारा मां और बीवी के बीच शर्म का मारा कहता मां मैं हट्टा कट्टा। मां कहती बेटा कमज़ोरी अन्दर है बाहर नहीं। यह सुन सुन कर मुझे भी झेंप। चंबेली कहती उसकी मां को सब मालूम है उसकी अन्दर की कमज़ोरी के बारे में। वह कहती नामर्द की मां को हमेशा मालूम होता है उसका बेटा नामर्द। डॉली मैं उस चंबेली की बातों पर हैरान वह मेरी उस्ताद। तो वह आखि़र गया सब हकीमों के पास फ़ायदा किसी से नहीं। उसकी मां कहती बेटी तुम भी जाया करो इसके साथ। उसे पोते की उतावली वह मुझे साथ नहीं ले जाता था कहता था हकीम सब हरामी। मैं कहती मैं अकेली चली जाऊं वह कहता तू बेशरम।

चंबेली मुझे फुसलाती कहती किसी तरह अपनी सास को सब बता दो वैसे उसे पता तो होगा ही लेकिन एक बार जतला दो उसे नहीं तो उमर भर बांझ कहलाओगी फिर न कहना बताया नहीं। वह कहती तू बाद में पछताएगी मैं कहती तू बदमाश मैं पतिव्रता मतलब पति की पूजा करने वाली डॉली। वह कहती तू पागल है मैं तेरा इलाज़ जल्दी ही करवा दूंगी मैं कहती किस से कब वह कहती तू हां तो कर मैं कहती बकवास बन्द। तो डॉली किसी टोने टोटके का कोई फ़ायदा नहीं हुआ। उसकी मां भी पीरों फ़कीरों से कितने तावीज़ और जन्तर मन्तर लाती सब बेकार बहाना बच्चे का। मैं कहती पीना बन्द कर दो वह कहता जीना मुश्किल हो जाएगा जब सब ठीक हो जाएगा तब पीना बन्द। चंबेली कहती तू पागल है पीने दे

पी कर पड़ा रहे। तुझे क्या मैं तेरा बन्दोबस्त जल्दी ही तू हां तो कर मैं कहती अभी नहीं वह पूछती हरकत हुई मैं कहती अभी नहीं वह कहती अब कभी नहीं। फिर भी मेरी उम्मीद मरी नहीं। मैंने भी उसे दुलारा पुचकारा नाची कूदी सब कुछ किया जो चंबेली ने कहा जो मुझको सूझा जो उसने कहा सब बेकार। वह बुद्धू बेजान देखने में ठीक ठाक। चंबेली कहती कई बार पतले ज़्यादा ज़ोरदार कहती जान बेजान से नहीं निकलती जान निकलनी ज़रूरी रानी तू अनजान तू कब तक उसका इलाज करवाएगी क्या सारी उमर उन सीढ़ियों के सहारे तू पागल तू चल मेरे साथ। मैं डावांडोल डॉली अब अन्दर से राजी सब कुछ करने को।

एक दिन इतना सा मुंह लेकर आ बैठा बोला बालो कंजरां का बड़ा नाम सब कहते हैं दूर दूर से मेरे जैसे लाइलाज उसके पास आते हैं कहते हैं वह बेजानों में जान डालने में माहिर कहते हैं उसके हाथो में जादू। मैं बोली जाओ बाला के पास वह हक्का बक्का मैंने मन ही मन सोचा चंबेली के पास क्यों नहीं वह तय्यार कहती एक बार मुझे बस एक मौका दे दो। मैंने सोचा वह सचमुच भोला बालो के पास पहले क्यों नहीं शादी से पहले शायद गया भी हो लेकिन नहीं वह घौंचू वह मुझे पूछने आया। मैं बोली जाओ इसमें सोचना क्या इससे हरज ही क्या इलाज के लिए इन्सान हर किसी के पास अब सोचो मत जाओ। अब पता नहीं वह गया था या नहीं लेकिन हुआ कुछ नहीं होता तो कहता मैंने पूछा नहीं पूछना क्या जब हरकत ही नहीं तो फ़ायदा क्या बेचारे को बालो ने न जाने क्या कुछ कहा होगा। अब मैंने मन ही मन मान लिया था चंबेली ठीक वह लाइलाज। उसने मतलब मेरे मर्द ने भी शायद मान लिया हो क्योंकि डॉली अब उसने फिर मार पीट शुरू कर दी मैं सोचती फिर वही मरोड़ा दूं लेकिन सच डॉली अब उस मुर्दे को हाथ लगाने मतलब मरोड़ा देने का भी मन न होता मैं सोचती मरे हुए को मारना ठीक नहीं बस हाथ लगाने के ख़याल से ही उल्टी सी आ जाती मैं सोचती मारने दो। वह पूछता तू बोलती क्यों नहीं अब रोती चिल्लती क्यों नहीं मैं चुपचाप वह चिल्लाता तू सोचती क्या रहती है क्या उस तांबे के बारे में ख़बरदार तू बेशर्म वह तेरे बाप बराबर। मैंने देखा है डॉली नामर्द मर्द को गुस्सा बहुत आता है वह ख़बरदार बार बार चिल्लाता है अपनी औरत की चुप्पी से डरता है चाहता है वह चहके। लेकिन वह बेचारी कैसे चहके कैसे न सोचे उसका तनमन अशान्त वह उससे कहे क्या। नामर्द की औरत के मन में क्या क्या उबाल आते हैं मैं जानती हूं।

अब उसने शायद पछताना शुरू कर दिया था यह सोचना शुरू कर दिया था मैंने इसके सामने सब कुछ मान क्यों लिया उस मरोड़े के बाद रोया क्यों इसके सामने उस वक्त इसे बालों से खींच घर से बाहर क्यों नहीं फेंक दिया मैं रोया क्यों। उसने अब डरना शुरू कर दिया था मैं बदला लूंगी। उसको मालूम हो गया था अब मैं बाज नहीं आऊंगी अब मेरी आंखें उसके सामने नीची कभी नहीं। मैं मानती हूं

डॉली मेरा डर ख़त्म हो गया था मैं अब बस मौके की तलाश में थी यह मत भूलो डॉली मैं जवान थी अनजान नहीं थी मुझे कोई मर्द चाहिए था नामर्द नहीं मैं चंबेली के चक्कर में न पड़ती तो शायद मर जाती मैं दिन रात तड़पती थी जलता है बदन वह गाना सुना है बस उसी तरह मैं करती क्या। बस मैंने वही किया जो करना चाहिए था मतलब जो शायद मुझे नहीं करना चाहिए था जो तेरी नानी न करती न कर सकती। मैंने मरने जलने नहीं दिया अपने आपको मैं उस से पिटती रही चुपचाप और चंबेली की मदद से मिटाती रही अपनी भूख कह लो लुटाती रही अपना सब कुछ चोरी छिपे। भला हो चंबेली का अब वह पता नहीं कहां वह न होती तो शायद मैं बापू के आश्रम में जा बैठती उस घर में बैठे रहना मेरे लिए नामुमकिन होता। मैंने जो किया बदले की भावना से शायद नहीं लेकिन क्या मालूम मन में क्या था क्या क्या था शायद बच्चे की ख़्वाहिश भी थी। चंबेली कहती तू मेरी मान बच्चा कर ले किसी को क्या पता चलेगा किसका वह कुछ नहीं कहेगा उसको अपनी इज़्ज़त का डर वह मन्जूर कर लेगा इस कस्बे में कितने ही ऐसे वह मान जाएगा सब मान जाते हैं तू बच्चा कर ले एक नहीं तो सारी उमर बांझ का ख़िताब तेरे माथे पर। वह कहती उसकी मां भी खुश हो जाएगी वह भी तू बच्चा कर ले। चंबेली की बात ठीक। जो कहती थी वही हुआ मैं बांझ ही कहलायी सारी उमर।

वैसे मैंने सब कुछ भगवान पर ही छोड़ा हुआ था डॉली उस जमाने में बर्थ कन्ट्रोल यहां कौन करता था। उधर उन दिनों उसका पीना ज़ोरों पर क्योंकि उसको मुझ पर शक। सास कहती रोको इसको मैं कैसे रोकती मैं सोचती बेचारे में एक ही ऐब ठीक है इसके तनमन का बहलावा मुझे क्या। और साथ चंबेली की नसीहत का भी असर। कभी कभी पी कर वह अजीब अजीब बातें करता कभी बुरी तरह पीटता फिर रोता मैं सोचती अब इसे चुप कैसे कराऊं कुछ समझ में न आता डॉली। जब कहता तू दूसरी शादी कर ले तो मैं सोचती यह क्यों ऐसी बात शायद यही देखने के लिए मैं क्या कहती हूं मैं कुछ भी न कह पाती। वह कहता तेरा दुख देखा नहीं जाता तू जा क्यों बैठी है क्यों बरबाद कर रही है तू अपनी जवानी देखती नहीं मैं मुर्दा नामर्द तू जा जिसके पास जी चाहे चोरी चोरी जा मैं लोक लाज का मारा लेकिन ऐसे मत देख। मुझे समझ न आता कैसे देखूं। चंबेली कहती कुछ बक मत देना रानी वह चालाक चाहता है तू सब बक दे अपने मुंह से कभी न बकना मर्द कभी कुछ मानता नहीं तुम बस चुप रहना अगर तू ने अपने मुंह से मान लिया तो वह तेरा जानी दुश्मन किसी दिन जान से मार डालेगा। शक करता है करने दो खुद बकना मत। कभी कभी वह नंगा हो जाता पी कर मैं हैरान वह कहता देख मैं सोचती क्या देखूं मुझे डर लगता वह कहता किसी दिन इस साले को काट फेकूंगा मैं फिर भी चुप। कभी कभी वह बाहर से शूशक मतलब पतली टहनी की चाबुक सी ले आता कहता बोल अब तक कितनों से किस किस से कहां कहां। मैं फिर भी चुप वह

चीखता और पीटता जाता शूशक टूट जाती वह ताबड़ तोड़ अपना माथा पीटना शुरू कर देता मैं हैरान कुछ समझ में न आता कैसे रोकूं उसको उसकी मां नीचे सब सुनती होगी। मैं उसके पांव पड़ जाती कहती बस यह कैसा पागलपन वह शायद यही चाहता था रुक जाता और रोने लगता। मैं हैरान होती यही आदमी दिन में इतना बड़ा अफ़्सर दौरे पर।

सच डॉली तरस बहुत आता था। मैं उसको खुश रखने की तरकीबें सोचती रहती तरह-तरह के पकवान बनाती अपनी सास से सीख सीख कर कड़ कड़ कपड़े पहनती लशलश गहने उसकी मां कहती बेटी तू कितनी सुन्दर। वह बेचारी बुरी नहीं थी। मार पीट के बावजूद मैं अन्दर से खुश चंबेली कहती पीटने दो किसी दिन पापी अपने आप तंग आ कर बंद मैं भी सोचती मैं बापू की तरह सत्याग्रह। कभी कभी पीटते पीटते एक ही रट तू बदमाश तू रण्डी तू बदमाश तू रण्डी ! जी करता फिर एक मरोड़ा दे दूं लेकिन यह सोच रुक जाती इसकी जगह मैं होती तो शायद मैं भी यही करती। बस डॉली मुझे इसी आदत ने मारा या बचाया। मैं हमेशा अपने आपको दूसरों की जगह पर रखती हूं। कभी कभी एक और बात ले बैठता कहता क्या शादी से पहले भी बोल बेहया तू बोलती क्यों नहीं। मैं क्या बोलती मेरी हड्डी सख्त मैं हट्टी कट्टी उसके पीटने से मेरी भूख और बढ़ जाती। अब सोचती हूं जो हुआ सो ठीक मुझे अपने कर्मों का फल साथ साथ इसी जनम में मिलता रहा पिट लेने के बाद मैं फिर ताजा तय्यार।

मैंने उसे तो धोखा दिया अपने आपको नहीं। मैंने पर्दे तो डाले पर अपनी आंखों पर नहीं। मैं मानती थी मन ही मन मैं बदचलन। जब वह पीट रहा होता मैं कहती रहती मन ही मन और मारो और मार डालो। और उसके बाद मैं फिर हरी भरी फिर इधर उधर चंबेली के संग। सास बेचारी ने कोई जासूसी नहीं की पता नहीं क्यों। मैंने अपने आप से यह भी कभी नहीं कहा वो नामर्द मैं इसीलिए बदचलन। शायद वह मर्द होता तो भी मैं चंबेली की तरह इधर उधर मुंह मारने से बाज न आती। मतलब यह भी नहीं कि चंबेली ने ही मुझे गलत रास्ते पर चलाया। मैं अपने आपको धोखा नहीं देती अब भी यही सोचती हूं मैंने जो किया बस किया मुझे नहीं पता ठीक ठीक क्यों मैं समझती हूं हर काम या बात के बीस कारण। धोखा चंबेली भी नहीं देती थी वह तो साफ कहती थी जो मर्द कर सकता है वह सब औरत क्यों नहीं। कहती थी मर्द राह जाती औरत को आंख मार सकता है तो मैं क्यों नहीं और वह मारती थी राह जाते मर्द को आंख मैं नहीं। वह कहती थी मेरा मर्द हरामी मैं उस से ज़्यादा। डॉली वह फ़ेमिनिस्ट उस ज़माने में। मैं नहीं, मैं उसके सामने बिलकुल मामूली। मैं बस मरी नहीं भूखी क्यों मरती। उस कस्बे में किसी के साथ लम्बा किस्सा नहीं मुझे लम्बे किस्सों की लत नहीं चंबेली कहती नित नया मेवा चखने में जो मजा वह पुराने में कैसे। वह कहती दिल मत देना रानी मैं कहती मेरा दिल माजू का वह

कहती यह ठीक। मैंने सब कुछ माजू की ही याद में शायद। जो हो जब वह कस्बा छूटा मैं खुश। भला हो भगवान का मैं सोचती नौकरी हो तो ऐसी तबादला हर तीसरे साल। नया कस्बा। नये कसब। मैंने चंबेली से सब चालें सीख ली थीं। अब मर्द से भी समझौता सा। सास ससुर भी हमारे साथ नहीं थे अब मुझे और मौज़। औरत को मर्दों की कमी कभी नहीं कहीं नहीं यह सच्ची बात। अब मैं अपने पैरों पर। मैं दिन भर आज़ाद अकेली वह दौरे पर हर शाम नया जोड़ा वह कहता इतने कपड़े बनी ठनी देख अक्सर खुश होता था कहता था जो चाहो पहनों जो चाहो खाओ। खुफिआ समझौता उन्हीं दिनों। अब उसका हाथ कभी कभी ही उठता था मैं सोचती बेचारा बदल गया। अब मेरा जी करता वह मारे। आंखों में आंसू कभी कभी मैं कहती तुम रोते क्यों हो मैं हूं ना। मैंने उस से नफ़रत कभी नहीं, न ही कभी उसे छोड़ किसी और मर्द के साथ भाग जाने की बात मेरे मन में। भगवान मेरा साक्षी मैं उससे उसकी सेहत की प्रार्थना करती सोचती किसी दिन अचानक चमत्कार सुबह सवेरे उसे देखती शायद आज लेकिन नहीं वह कहता तू बेवकूफ़ अब कुछ नहीं होगा। यह कहते हुए कभी हंसता कभी रोता मैं कहती तो क्या हुआ मैं हूं ना।

उस नये शहर में दो नये शोशे। एक स्वामी बांझों का बिहारी दूसरा हरामी मेरे मर्द का एक नया दोस्त। अब सब मुझे बांझ। शादी हुए शायद पांच साल मैं खुद हैरान अभी तक हुआ क्यों नहीं मैं सोचती भगवान बचा रहा है शुक्र करो मैं करती लेकिन कभी कभी जी करता हो तो जाता फिर देखती क्या करती। सोचती हो जाता क्या पता वह मान ही जाता सोचती हो जाए तो शायद वह मान ही जाए चंबेली ने चलते वक्त कहा था अब हवा पानी बदल रही है नये शहर में शायद हो ही जाए अगर हो गया तो गिरवा मत लेना किसी दाई वाई से मेरी बात याद रखना वह मान जाएगा उसे बताना मत किसका है मेरी बात भूलना मत नहीं तो पछताएगी बांझ कहलाएगी सारी उमर चंबेली ने और भी बहुत कुछ कहा था चलते वक्त वह मेरी सहेली मेरी उस्ताद।

नये शहर में दो नये शोशे। उस ठुल्लो मासी ने न जाने कैसे सूंघ लिया था वह विधवा उसका असली नाम अब गुम। नाम अब चाबियों के गुच्छे की तरह कभी गुम हो जाते हैं कभी मिल जाते हैं। सब उसको ठुल्लो मासी कहते उसने न जाने कैसे सूंघ लिया था चंबेली कहती थी मैं सूंघ कर बता सकती हूं दूर से ही यह औरत चलती है या नहीं यह मर्द चलेगा या नहीं कहती थी यह मुश्किल नहीं रानी तू भी कुछ देर बाद माहिर। वह ठुल्लो स्वामी पूर्णानन्द की चेली भी ऐजेन्ट भी सब जानते थे वह बांझों और विधवाओं को फांस कर स्वामी जी के बाग में। उस बाग में तरह तरह के मेवे फल फूल झाड़ियां पौधे और उनके बीच स्वामी जी की कुटिया। सब उनको कहते वह बांझों के बिहारी विधवाओं के विधाता। उनके चेले चांटे भी सब चन्ट मालिश में माहिर। वह इन्दर का अखाड़ा था बाग नहीं वहां मर्द अपने मतलब

से औरतें अपने दुख दर्द दूर करवाने। मैं पहले हैरान इस कस्बे के सब लोग जानते हैं उस बाग में क्या होता है लेकिन कोई रोकता नहीं उस स्वामी को उन औरतों को। वहां हरिभजन और जन्तर मन्तर के साथ स्वामी जी की कुटिया में सब कुछ होता था मैंने खुद देखा। बस एक रुकावट थी कुंवारियों का आना जाना मना था लेकिन वह भी जाती थी दरपर्दा मैंने तो सुना है कुछ मुसलमानियां भी हिन्दू बन कर आख़िर औरत का क्या पता चलता है कौन हिन्दू कौन मुसलमान मर्द की बात और वह पहचाना जाता है दाढ़ी मूछ से और वैसे भी जब नंगा हो। उस स्वामी में न जाने क्या सिद्धि सब उससे डरते थे सब औरतें सब कुछ करने करवाने को तय्यार वह ठुल्लो मासी मोटी उसकी एजेन्ट शायद और भी हों।

मैं अपने मर्द से कहती तुम क्यों नहीं जाते स्वामी कहते हैं सिद्ध क्या पता कुछ वह ही कर दे कहते हैं जन्तर मन्तर मालिश में माहिर जड़ी बूटियां कहते हैं खुद चुन कर लाता है और फिर वहां हर रोज भक्तों का मेला कीर्तन ऐसा कि सब नाचने लगते हैं। वह कहता मैं नहीं तुम जाओ मैं घरघुसरा मुझे विश्वास नहीं तुम जाओ शायद तुम्हें शान्ति। कभी कभी वह ऐसी भोली बात कर देता मन करता मुंह चूम लूं लेकिन चूमा नहीं उन दिनों अभी मैं डरती थी क्योंकि उसका कुछ पता नहीं चलता था छोटी सी बात पर अचानक चीख उठता था लगता वह हरदम अन्दर ही अन्दर कुढ़ता रहता था।

वह ठुल्लो मासी मेरे पीछे। स्वामी के गुणगान। कहती पांच साल हो गये तू पागल है तुझे पता नहीं स्वामी जी की महिमा तू नयी नयी इस शहर में तू खुशकिस्मत अब तेरी गोद जल्दी ही हरी भरी तू चल के तो देख तू पागल पछताएगी जब तेरा मर्द दूसरी ले आएगा तू चल के तो देख उनका मुख मण्डल वह परतापी न जाने कितनी कोखें उनके मन्तर से हरी भरी तू डरती क्यों है उनकी मुख की ज्वाला और न जाने क्या क्या। वह हर दूसरे दिन आ जाती किसी बहाने। मैंने उसे कुछ नहीं बताया लेकिन मुझे शक उसने सूंघ कर ही सब कुछ मालूम कर लिया था न जाने कैसे कहती तू शायद डरती है तेरा मर्द तुझे रोकेगा मारेगा मैं कहती हूं कुछ नहीं होगा वह कुछ नहीं करेगा स्वामी सिद्ध पुरुष वह सब जानते हैं कौन कहां कितनी दुखी किस कारण वह दूर से मर्दों को भी वश में कर लेते हैं। मैं हैरान क्या इसीलिए वह कहता है तुम जाओ शायद तुम्हें शान्ति।

आख़िर मैं एक दिन मान गयी मानती क्यों नहीं मैं तो पहले ही दिन सब समझ गयी थी बस एक ही बात मुझे उस ठुल्लो मासी से बो आती थी वह इतनी बदसूरत और गन्दी मैं हैरान स्वामी उसको कैसे अपने पास आने देता होगा। और उसकी बातें भी मुझे अच्छी नहीं उसका सारा छल फ़रेब अगर वह साफ़ साफ़ कह देती सब तो शायद मैं पहले ही दिन चल पड़ती उसके साथ। वह फफेकुट्टन असली और मुझे फफेकुट्टनों से नफ़रत इसीलिए राजू की मां रजनी से नहीं बनती मेरी। बुरे काम मैंने

बहुत किये हैं लेकिन मैं फफेकुट्टन नहीं। जिस दिन मैं पहली बार बाग में गयी मौसम भी अच्छा था और बाग में खूब रौनक सब औरतें बनी ठनी सब चेले चमक रहे थे कुछ उस वक्त एक तरफ अखाड़े में मालिश कर करवा रहे थे। चारों तरफ फूल ही फूल और पंछी मैं समझ गयी औरतें क्यों उस स्वामी की शैदाई। अपने घरों में उनको वैसे फूल पौधे वैसी हरियाली वैसी रौनक गाना बजाना कहां मिलता होगा घरों में तो अक्सर घुटन ही घुटन मैं समझती हम हिन्दू औरतें मर जातीं घुट घुट कर अन्दर ही अन्दर अपने घरों में अब इस जमाने की बात और लेकिन इस जमाने में भी आम औरतों का तो आखिर मन्दिर में ही मन लगता है।

उस स्वामी का तन तांबे सा उसे देख उस दूसरे कस्बे के तांबे शेरेगुजरात की याद ताज़ा। सिर घुटा हुआ पतली धोती बांहों में मछलियां आंखों में आग माथा मैदान देह से धूप और दही की गन्ध। उनकी चेलियां-सहेलियां सब मोटी मैं भी लेकिन उनसे कुछ कम। मैं स्वामी जी नहीं स्वामी ही उसको अकेले में उसके मुंह पर भी। मैंने उसकी चेली होने का ढोंग रचा न सहेली होने का मैं अपने मन में साफ़ मैंने उस से यह नहीं कहा मुझे मन्तर दो न यह कि मुझे बेटा दो न कुछ और मुझे बस अपने काम से काम दूसरे लाग लपेट कम से कम मुझ से वह कभी नहीं हुआ किसी के भी साथ। स्वामी के चेहरे पर गांजे चरस की चमक भांग की सुर्खी पूजा की मस्ती मैं सोचती ठुल्लो मासी की सब बातें ठीक बेशक वह खुद फफेकुट्टन...

उस बाग में मैं बीसियों बार पहले ठुल्लो मासी के साथ फिर अपनी नौकरानी के साथ फिर कई बार अकेली भी अंधेरे में उस स्वामी के दांतों से मुझे डर लगता था शुरू शुरू में लेकिन वह माहिर अपने काम में तरह तरह की गाथाएं सब योग साधना न जाने क्या क्या मैं सुनती रहती सोचती ठीक है जो कहता सुनाता है कहे सुनाए मुझे अपने काम से काम वह मेरा कामदेव मेरी जान निकल जाती जब मेरी बारी आती उस बाग में भीड़। ठुल्लो मासी पूछ लेती बीच बीच में मुंह बिचका कर क्यों क्या हुआ कुछ उसे बस एक ही चिन्ता मुझे नहीं मैं कह देती अभी नहीं। और उन्हीं दिनों वह दूसरा भी मेरे मर्द का नया दोस्त। हर दूसरी तीसरी रात वह दोनों जम कर पीते शुरू शुरू में मुझको शक वह भी ठन ठन। ठण्डा देखने में लेकिन उसकी आंखों में मैल। मैं उसको मन ही मन हरामी कहती एक स्वामी दूसरा हरामी देखो मेरी किस्मत। उसको मेरे मर्द का भेद मालूम शायद स्वामी को भी। कभी कभी न जाने क्यों लगता मेरा मर्द जानबूझ कर मुझको उस हरामी दोस्त के पास अकेली छोड़ खुद पान लेने कहता मैं अभी आया फिर गायब काफी देर मैं हैरान होती सोचती उसको हरामी की मैल नज़र क्यों नहीं फिर सोचती शायद यह भी कोई चाल हो उसकी चंबेली याद आ जाती वह कहती थी किसी दिन वह पकड़ न ले तुझको ऐन मौके पर ध्यान रखना आदमी का कोई भरोसा नहीं औरत को चाहिए हर वक्त चौकस रहे। मैं चौकस तो रहती थी लेकिन वह हरामी मौका पाते ही हाथ मारता मैं

कहती शर्म करो वह कहता जल्दी करो वह आ जाएगा। मैंने उसे कहा भी मैंने कहा मुझे तुम्हारा यह दोस्त ठीक नहीं लगता इसकी आंखों में मैल तुम इसके साथ मुझे अकेली मत छोड़ो वह मज़ाक में टाल देता मुझे लगता हो न हो वह चाहता है कुछ हो जाए। वैसे मुझे अच्छा नहीं लगता था अपने ही घर में उसके दोस्त के साथ मुझे डर भी लगता था मैं कहती कुछ शर्म करो वह कहता जल्दी। कभी कभी जब वह बेहोश दूसरे कमरे में आ कर पकड़ लेता मैं न न करती वह कहता शोर मचाओगी तो बदनामी मैं सोचती वह ठीक। बस औरत को एक तो इस डर ने मारा बदनामी वह शोर मचाए तो लोग कहते हैं यह बदमाश अब शोर मचा कर सच्ची मैंने अपने मर्द से एक दिन फिर कहा मुझे इसकी आंखों में मैल वह बोला तू अपनी मैल की चिन्ता कर मैं चुप और क्या करती मैंने सोचा ठीक जो होता है होने दो मुझे क्या। मुझे अपनी मैल से इनकार न अपने पाप से मैने अपने आपको धोखा नहीं उसको दुख न देने की पूरी पूरी कोशिश मैं करती थी लेकिन अब सोचती हूं उसे सब मालूम शक ही नहीं शायद यकीन भी उसे दुख में ही सुख बाद में शायद वह सोचता हो बेचारी क्या करे। वह आदमी अच्छा था इसीलिए मेरे मन में उसके लिए गुस्सा न नफ़रत। कभी कभी अपनी ही क़िस्मत पर रोना फिर सोचती हूं बुरा क्या है मैं लाखों लोगों से अच्छी इस उमर में भी। मेरे भगवान ने मुझे माफ कर दिया यह काफी मेरे लिए वह मेरा भाई नहीं तो न जाने कैसे कैसे रोग लग जाते मैं बचती ही रही बाल बाल ...

जब पेट का पता चला तो मैं हैरान वह स्वामी का या हरामी का वैसे मैं खुश मैं बांझ नहीं मैं बांझ नहीं मन ही मन मैं इसी बात पर मस्त। औरत के मन में यह कूट कूट कर भर दिया गया है बेऔलाद औरत बांझ और बांझ औरत बेकार बुरी मनहूस ले आओ बेटा दूसरी तीसरी बच्चा न हो तो। अभी तक यही बात उस ज़माने में तो और भी। पता नहीं वह बच्चा बेटी थी या बेटा वैसे मुझको तो ख़्वाहिश बेटी की ही लेकिन जब पेट हुआ तो होश आया मैं घबरायी सोचा वह मानेगा क्यों पालेगा किसी दूसरे का मैं घबरायी चंबेली की बात और वह बेधड़क मैं नहीं मैं घबरायी डॉली मैं ने सोचा वह न माना तो मैं करूंगी क्या अब सोचती हूं शायद वह मान ही जाता मैंने वह रिस्क नहीं दूसरा ही लिया। आख़िर वह ठुल्लो मासी ही आयी काम। उसने न जाने कितनी जानें ली होंगी।

मैंने असली पाप तो बस एक ही किया उस बच्चे को मारा। अब सोचती हूं तन जाती कहती कर लो जो करना है मैं बांझ नहीं यह मेरा बच्चा। जाबाली ने पाला मैं दब्बू निकली उससे बात नहीं की शायद वह मान ही जाता शायद उसकी मां भी लेकिन मां को बताने की ज़रूरत ही क्यों होती उस वक्त भी एक ख़्याल मुझे यह आया था कि जा बैठूं बापू के आश्रम में उनसे सब कुछ कह दूं पूछूं बापू मैं क्या करूं। फिर सोचा उनका भी क्या भरोसा कह दें तू वापस जा और पति की सेवा कर

सच्चे दिल से उसको सब बता दे प्रण ले फिर कभी नहीं उसके पांवों पड़ कह छोडूंगी नहीं जब तक तुम मुझको माफ। तो आख़िर वह बूढ़ी दाई ही काम आयी उस ठुल्लो मासी ने न जाने उस से कितनी जानें। मैं मर सकती थी मरी नहीं न जाने क्यों। उस दाई ने पेट तो साफ़ कर दिया। कुछ दे कर लेकिन उसके बाद फिर हुआ नहीं मैं खुश और नाखुश एक साथ। मर जाती तो अच्छा होता अब सोचती हूं कभी कभी। असल में डॉली उस स्वामी का तो शायद मंजूर कर लेती मैं शायद वह भी लेकिन उस हरामी का नहीं उसने जो किया लगभग जबरन बेशक मैं अपना अपराध मानती हूं सचमुच न चाहती तो अब कहना मुश्किल वैसे वह पी कर पागल मैं उस से डरती भी थी। औरत का मन अन्धा कुआं मेरा महासागर। असली डर शायद लोकलाज का ही अब वह भी नहीं या कम से कम। असली पछतावा उस मासूम की जान का मैं खुद मर जाती न जाने कैसे बची वह दायी ठीक लेकिन उसके बाद हुआ नहीं। वैसे डॉली आजकल तो हर गली बाजार में बूचड़खाने खुल गये सबको पहले से ही मालूम बेटा या बेटी बेचारी बच्चियों को चुन चुन कर क्या चीन क्या राजस्थान अब यह धन्धा दाइयां नहीं डाक्टर तुम सब जानती ही हो। मैं डट जाती अगर आजकल जैसा ज़माना होता तो कहती ख़ैर यह बात बेकार आख़िर जाबाली भी तो थी तुम नहीं जानती डॉली वह कथा फिर किसी दिन और आजकल तो बच्चा बाप के बगैर भी मुझे सब मालूम मैं टी. वी. पर सब देख लेती हूं घर बैठे दुनिया की खबरें तस्वीरें सैर। मैं बीते युगों की महिमा ही नहीं गाती। उस कस्बे में सब कुछ होता था सब कस्बों में जो अब शहरों में होता है हर युग में शायद हर युग की अपनी पीड़ाएं।

जो हो पेट ख़ाली करवा लेने के बाद मैं नहीं गयी उस बाग में न ही मैंने फिर उस हरामी की मानी साफ साफ कह दिया ख़बरदार मैं खून कर दूंगी यह छुरी देख लो सीधी सीने में। वह समझ गया मैं सीरियस डर गया और हट गया पीछे। औरत डट जाए तो आदमी डर जाता है। उन दोनों से नफ़रत न जाने क्यों कसूर तो आख़िर मेरा भी। अपने आप पर गुस्सा तो आया पर गुस्से से ज्यादा रोना शायद मैं उस पासूम जान के लिए ही रोयी थी डॉली अब भी कभी-कभी। मैं सोचती हूं शायद वह बच्चा मतलब पेट हुआ सिर्फ़ यह साबित करने के लिए बांझ नहीं लेकिन क्या फ़ायदा न तो मैंने उसे रखा न किसी को बताया ही। उस ठुल्लो मासी और उस दाई ने शायद ज़रूर मैं नहीं जानती मैंने चंबेली को लिखा था उसने किसी से खत लिखवाया वह नाराज़ तू किसी बहाने मेरे पास आ जाती मैं सब संभाल लेती पाल पोस कर कहती ले लो गोद मुझ से पूछा तो होता पगली फ़र्क क्या पड़ता है बच्चा बच्चा है किसी का भी क्यों न हो बच्चा भगवान की देन इस दुनिया को। वह चिट्ठी अगर मेरे मर्द के हाथ लग जाती तो न जाने क्या होता चंबेली ने यह भी लिखा अगली बार मत जाना किसी कसाइन के पास समझी सीधी मेरे पास चली

आना कुछ कह के उसको। पर अगली बार की नौबत ही नहीं कुछ हो गया होगा उस दाई से फिर हुआ ही नहीं। अब सोचती हूं कभी कभी अपने मर्द को सब कुछ बता देती तो अच्छा ही होता शायद वह मान ही जाता अगर उसने मन ही मन यह मान लिया था हरामी और स्वामी को तो क्या पता।

उसने माना शायद कुछ भी न हो इसीलिए वह कभी कभी गर्म कभी सर्द उन दिनों कहता था भगवान भी अपने बन्दों से मज़ाक न जाने क्यों बीवी दी बम का गोला लेकिन साज़ोसामान सारा बेकार कोई और बीमारी दे दी होती हद कर दी साली पूछता सच बोल तुझे अपनी किस्मत पर रोना नहीं आता अपनी ख़ाली गोद पर क्या तेरा मन दूसरे मर्दों पर नहीं करता तू क्या भाग नहीं जाना चाहती कभी कभी किसी कमीने के साथ सच बोल तू बोलती क्यों नहीं इतना कम क्या सोचती रहती है हरदम आख़िर तू औरत है देवी थोड़े ही तू मुझे मार क्यों नहीं डालती तू औरत तुझे ताज तख़्त से भी ज़्यादा वह सख़्त जो मेरे पास नहीं। सच डॉली कभी कभी वह पीछे पड़ जाता मेरा जी करता बक डालूं सब कुछ सच सच। कभी जिद्द करता सब कपड़े उतार कर लेटो साथ देखने तो दो। मैं सोचती इसको कैसा लगता होगा न जाने क्या देखना चाहता है मैं सिकुड़ सिकुड जाती वह नाराज़ हो जाता मैं आंखें बन्द मुर्दे सी सोचती इस से तो पिटना बेहतर। मैं मान ही नहीं सकती उसको मालूम न हो शायद उसको पेट का भी पता जब कभी कभी धुत्त होता तो एक ही रट बता कितनों से कितनी बार। मैं पिटती रहती चुपचाप सोचती मारना इसका हक़ मैं पापिन यह जितना मारे उतना कम। अगर वह पीटता नहीं उन दिनों तो मुश्किल होती शायद निभती ही न। मतलब यह नहीं कि औरत की पिटाई जरूरी यह भी नहीं कि पिट जाने से मेरा पाप धुल गया तो क्या मैं नहीं जानती।

किसी दिन रसीला को भी वह मनोविज्ञानी शायद समझा दे लेकिन वह खुद न जाने किस उलझन में। हर एक के अपने किस्से अपनी करतूतें अपने कर्म अपनी मुश्किलें अपनी कामनाएं कौन किस से क्या पूछे क्या सीखे मैं नहीं जानती। हो सकता है रसीला का शंकर मेरे मर्द का ही अवतार हो लेकिन रसीला ने मां के कहने पर शादी की क्यों वह तो इतनी पढ़ी लिखी प्रोफेसर उसने खुद क्यों न ढूंढ़ा ख़ैर तो डॉली मैं अपने मर्द के सामने बकी नहीं हर बार चंबेली की बात याद आ जाती मैं बकते बकते रुक जाती बक पड़ती तो पछताती वह न जाने क्या करता मेरे मुंह से सारी बात सुन वह पागल हो जाता मार डालता बेशक उसको सब कुछ मालूम लेकिन मेरे मुंह से सुन लेता तो बात और फिर उसे कुछ करना पड़ता वह कुछ करना नहीं चाहता था और चाहता भी था कि कुछ करे बस उसको इस उलझन ने मारा मुझे बचाया। वह जान बूझ अनजान। मैं कुछ दिन बाद उस दाई और हरामी स्वामी दोनों को भूल फिर चंचल तय्यार और अपने मर्द के उस दब्बू मातहत के साथ मौज। वह लड़का देखने में दब्बू कभी कभी घर आता था काग़ज़ लेकर या

कहता था साब ने भेजा है कोई काम वाम हो तो मैं कहती यह ला दो वह ला दो यह कर दो वह कर दो वह मुझ से छोटा मैं पूछती कुछ खाओगे वह शर्माता कहता खा कर आया हूं भाभी जी मैं कहती तो क्या हुआ थोड़ा सा और वह शर्माता। मैं सोचती यह इतना बेचारा कहती बैठो थोड़ा सा खा लो भूख लगी होगी पानी ही पी लो ठण्डा। वह दब्बू लेकिन मैंने कुछ तो देखा ही होगा उसमें डॉली औरत की आंख सीधी अन्दर तक वह मुझे पसन्द मैं पूछती कुछ और दूं वह कहता बस भाभी जी। वह मुझ से छोटा। उस पर शक नामुमकिन मैं सोचती इसीलिए वह अक्सर उसको घर भेजता होगा कोई काम वाम मैं सोचती घर बैठे बहलावा बढ़िया भगवान की लीला। दब्बू वह देखने में ही वैसे सब सही सलामत। मैंने देखा है डील डौल से अन्दाज़ा असलियत का मुश्किल। वैसे सब डरते डरते ही मैं सोचती फिर हो गया तो मुश्किल लेकिन हुआ नहीं कुछ उस दाई से कोई गलती। अब मैं सोचती मैं असली बांझ। कभी कभी उसका मन टोहती कह देती दूसरी कर देखो हो सकता है मुझ में ही कोई दोष हो सकता है नयी देख तुम ठीक वह कहता चुप शर्मिंदा मत कर मैं अब लाइलाज़ हूं तू मेरे ज़ख़्मों पर ...

उस दब्बू लड़के के साथ पहल मुझको ही वर्ना कुछ न होता लेकिन जब शुरू हो गया वह पहलवान मुझको हैरानी होती वह रोज़ आ जाता कोई काम वाम। अब उसकी आंखों में शोख़ी होठों पर मीठी मुस्कान वह कहता भाभी जी मैं फिर आ गया कोई काम वाम मैं खुश मुझको वह अच्छा जैसे सचमुच का देवर मैं सोचती काश वह होता उस दब्बू से मेरा दिल भी खुश उस से मन का रिश्ता भी कुछ कुछ पूरा तो माजू के से ही या अपने मर्द से ही मैं खुद हैरान ऐसा क्यों ! रसीला से पूछूंगी बेटी यह बतलाओ मुझे अपने मर्द से नफ़रत क्यों नहीं आख़िर वह कौन सी बात शायद इसीलिए कि मैं इधर उधर शायद अपराध शायद कुछ करती करवाती न तो होती नफरत। कभी कभी तो इतनी ममता भी जब भी वह पी कर कहता मां मैं सोचती काश मैं होती। वह आदमी अच्छा था मैं नहीं लेकिन उसको भी मुझसे नफरत नहीं लेकिन अब क्या फ़ायदा डॉली वह गया मैं जाने वाली अब दूरबीनें बेकार जो हुआ सो हुआ जो भोगना था भोग लिया अब जांच पड़ताल बेकार जो मस्ती अंधेरे की उसको अंधेरे में ही अब तू अपने घर डॉली बाकी अब खास बचा नहीं कुछ अच्छा...

डॉली

अब डॉली भी कोई नाम है बोलो तो एक बच्ची नाचती नज़र आ जाए।
भोली भाली ढुल्लमढुल्ली।
डॉली से तो गुड़िया नाम अच्छा।
गुड़िया बोलो तो गुदगुदी जो बोले उसको भी जिस से बोले उसको भी।
डॉली नाम बदल लो।
रूप अपने आप बदल जाएगा।
नाम हमेशा सोच समझ कर ही।
ज़िन्दगी भर इशारों पर नाचता है।
जैसा नाम वैसी नियति।
मैं नहीं मानती।
डॉली नाम बदल लो अब भी।
अब टू-टू लट।
बारहवें साल के बाद नाम बदलने से क्या फ़ायदा।
पुराना नाम नये नाम के पीछे से आंखें मारता रहता है।

फिर भी डॉली नाम बदल लो।
बूढ़ी हो कर भी डॉली कहलाओगी।
फिर घर का नाम गुड़ियाघर।
डॉली को डॉली मत समझो।
अपनी मनमानी करती है।
अपनी नानी की न-न नहीं सुनती।
नानी कहती है अंगिया पहनो यह नहीं पहनती।
कहती है अंगिया बंधन।
डॉली को हिन्दी बोलने का शौक।
हमें अंग्रेज़ी बोलने का।
कहती है कस के रखो तो कैंसर।
कहती है अफ़्रीका में कैंसर कम।
शायद नीचे भी कुछ न पहनती हो।
कहती है कच्छी से भी कैंसर।
जानती नहीं यहां के लड़के कितने वल्गर।
डॉली सब जानती है।
डॉली को डॉली मत समझो।
डॉली हम सब से ज़्यादा आज़ाद।
नानी को मिलने हर साल अकेली आ जाती है।
डॉली अमरीकन है या इण्डियन ?
एन. आर. आई.।
इस नाम से चिढ़ती है।
तो आ जाए वापस लौट आए इन्डिया।
रहे यहां फिर इन्डियन बन कर।
वापस क्यों जाती है !
खिचड़ी भाषा बोले पहने खिचड़ी पोशाक खाए खिचड़ी खाना।
मक्खियों और मच्छरों के बीच।
बाजारों में घूमे।
निरूला में जाए।
बहसें करे आर्ट शाट पर।
वहां कर क्या रही है।
पी. एच. डी. सोशालोजी में।
नहीं यार पैसा कमा रही होगी।
पैसा भी कमा रही होगी।

वहां पैदा होते ही सब पैसा कमाने लगते हैं।
पैसा होते ही सब ख़र्च।
इन्डियन वहां भी इन्डियन।
खूब जोड़ते हैं।
इसीलिए हर साल आ जाती है लदी फदी।
नानी से मिलने।
मांजी से भी।
नहीं यार कोई प्रॉजेक्ट होगा।
बोगस।
हिन्दुस्तानी नानी की न-न।
हिन्दुस्तानी मिठाई बनाम अमरीकन कैन्डी।
सेक्स और सीना पिरोना।
सीना बनाम ब्रेस्ट।
यहां बोगस कुछ नहीं होता क्या ?
यहां बनाम वहां।
पूछो क्या करने आयी हो कहती है कुछ ख़ास नहीं।
सब कुछ करती होगी यार।
किसी दिन पकड़ कर पूछना चाहिए।
डेटें-शेटें तो करती ही होगी।
वहां मोटियों का बुरा हाल।
तू कम मोटी है।
यहां मोटियों की ऐश।
अब नहीं। अब वहां की देखादेखी यहां भी डायटिंग और डेटिंग भी।
इण्डियन लड़के मोटी अमरीकनों पर मरते हैं।
इण्डियन लड़के सब लोले।
मां के लाल।
मिट्टी के माधो सिसी हिजड़े।
डॉली को समझाओ।
इण्डियन लड़कों को एक्सपोर्ट कर दो सब सालों को।
मोटी अमरीकनों के मतवाले सब साले।
अगर मोटी ही लेनी है तो डॉली में क्या कमी ?
या मुझ में ?
इन्हें मोटी भी चाहिए मेम भी।
यार तू क्यों इतनी बिगड़ रही है।

करोड़ों में से दो तीन हजार मेमों से कर भी लें तो क्या हुआ।
तू घबराती क्यों है।
तुझे मिल ही जाएगा कोई।
इण्डिया में कुंवारी कोई नहीं रहती।
क्या बकती हो।
डॉली से पूछो उसकी लव लाइफ़।
डॉली दीदी बताओ कितने बुआए फ़्रेन्ड ?
हमारा तो एक भी नहीं।
हमारे तो तीन हैं।
यहां तो सब कुछ दूर से ही।
वहां तो हर तरह की आज़ादी।
कोई किसी को रोकता टोकता नहीं।
डॉली दीदी बताइए न कोई मज़े की बात।
डॉली सीरियस बहुत है।
बोर है यार।
इण्डियन वहां भी इण्डियन। कुछ करते करवाते नहीं। बस डालर जोड़ते रहते हैं।
डॉली दीदी यहां पर्दे के पीछे सब कुछ।
डॉली दीदी अगली बार हमारे लिए काण्डम काण्टेदार।
डॉली दीदी हमारा बुआए फ़्रेन्ड बहुत सॉफ्ट।
डॉली दीदी क्या सचमुच आप वर्जिन ?
वहां रह कर भी ?
हम यहां रह कर भी नहीं।
यहां आजकल वर्जिन वही जिसको कोई बीमारी हो।
शेख़ी मत मारो।
असलियत कुछ और।
फ़ैशन के लिए सब झूठ बोलती हैं।
यहां अब सब वहां की नक़ल।
असली इण्डियन अब अमरीका में ही।
जैसे डॉली।
सारा दिन नानी या मांजी की सेवा में।
हम अमरीका से आगे।
चोरी चोरी।
अपर क्लास की तो सब खुले आम रेपिस्ट।

क्यों डॉली को मिसलीड कर रही हो ?
मैं सच बोल रही हूं मैं खुद रेपिस्ट अपर क्लास।
लोअर क्लास तो पहले ही लुच्ची।
लोअर क्लास सब कुछ अंधेरे में।
कज़िन वज़िन जीजे शीजे !
इन्डिया यूं ही बदनाम।
हम सब से आगे अब।
शेख़ी मत मारो।
डॉली क्या सोचेगी।
सोचेगी हम सब सुपरफ़िशल।
डॉली तो कहती है यह दिन भर करती क्या है ?
टाकिंग या शॉपिंग।
टाकिंग भी ट्रिव्यल।
डॉली इन्टलेक्चुअल है।
लगती तो नहीं।
यहां की इन्टलेक्चुअल का नख़रा ही और।
मुंह नाक चढ़ा कर बोलने का तरीका !
यहां की फूंफां ही और।
डॉली बेचारी तो एक दिन न चले इन्डिया में।
वह तो बिलकुल बांगडू।
कई इण्डियन बाहर जाकर और घौंचू।
डॉली तो स्मोक तक नहीं करती।
न ही दारू पीती है।
पूछो कुछ स्मैक शैक तो डॉली का मुंह फक।
क्या वर्ड बोला है।
मैं तो यार बाथ रूम में इसी वर्ड का जाप।
डॉली सोचती है हम सब वल्गर।
वह तो हम हैं ही।
तुम अपनी बात करो यार।
हमारा बाथ रूम तो हमें कभी ख़ाली ही नहीं मिलता।
तुम मिडल क्लास की।
वह तो हूं।
मिडल क्लास में प्रिवेसी कहां ?
इण्डिया में किसी क्लास में प्रिवेसी नहीं।

कुछ इन्डियन अंग्रेज़ों को छोड़ कर।
अब सब कुछ बदल रहा है।
कहां बदल रहा है कहो बिगड़ रहा है।
एक एक बिस्तर में चार चार लोग।
एक तरफ साली दूसरी तरफ साला।
बीच में राजू भय्या बीवी के साथ।
प्रिवेसी वेस्टर्न कान्सेप्ट।
यहां की क्लाईमेट प्रिवेसी के ख़िलाफ।
सफ़ाई के खिलाफ़ भी।
मेहनत के खिलाफ़ भी।
ईमानदारी के खिलाफ़ नहीं।
डॉली हमारी बकवास पर हैरान।
हम उसकी ख़ामोशी पर।
असली बकवास अभी उसने नहीं सुनी।
नमूना सुनाओ।
असली बकवास घरेलू।
नमूना सुनाओ।
शल्लो आण्टी पता है पासपोर्ट बनवाने गयी है।
पापा मेरे लिए हांगकांग से किंग कांग ब्रान्ड विडियो लाए हैं।
मेरी ममी कल किटी पार्टी पर गयी थीं।
मेरे डैडी मुझे अपने साथ डिस्को ले जाएंगे।
लेकिन हो सकता है डॉली को यह सब अच्छा लगता हो।
इसीलिए तो आ जाती है हर साल।
दिल उसका हिन्दुस्तानी।
मेड इन इण्डिया।
वहां डॉली का दिल नहीं लगता।
वहां तो मां बेटी की ख़बर नहीं लेती।
अरी यार यहां भी अब यही हाल।
नहीं यार बहुत फ़र्क है।
पेट में हल्का सा दर्द हो पांच लोग पूछने वाले
यह खा लो वह मत खाना।
अपना कल्चर अपना कल्चर।
इसीलिए तो डॉली यहां खुश।
खुश होती तो लौट न आती पर्मानेन्टली ?

कोई एन. आर. आई. नहीं लौटता पर्मानेन्टली।
डॉली एन. आर. आई नहीं।
वह तो पैदा ही वहां हुई।
वह इन्डियन अमरीकन।
हिन्दी तो फ़र-फ़र बोल लेती है।
हर साल जो आ जाती है।
हम यहां रह कर भी नहीं बोलतीं।
हमारा हिन्दी गुलाबी अब टी. वी. पर भी वही।
डॉली को यह बात बुरी लगती है।
कहती है इन्डियन कल्चर का क्या होगा।
इतनी चिन्ता है तो आ क्यों नहीं जाती वापस।
यहीं क्यों न कर लेती पी. एच. डी.
यहां पी. एच. डी. आसान।
लाख दो लिखवा लो थीसिस।
यार क्यों उसको मिसगाइड करती हो।
क्यों उसको शॉक मारती हो।
वह हम से ज़्यादा इण्डियन।
तो आ कर रहे यहां फिर।
हो जाए भरती सेवा में।
या मदर टेरेसा की टोली में।
दूर बैठ कर इन्डियन बनना आसान।
हर साल आ जाना आसान।
लेक्चर देना आसान।
मक्खी को ऐसे मारो मच्छर को ऐसे।
काकरोच क्रम्ब्ज़ से पैदा होते हैं।
इण्डिया में इतनी वेस्टेज !
गरीबी बढ़ती ही जाती है।
मल्टीनेशनल ख़तरनाक !
इन्डियन कल्चर खतरे में।
होता है तो हो हमें क्या हम नाचें गाएंगी।
अमरीकी नाच अमरीकी गाने।
डॉली को सौ साल पहले पैदा होना चाहिए था।
दूर बैठ कर देश सेवा आसान।
भेज देती होगी कुछ डालर किसी आश्रम में।

अरी यार तुम क्यों उसके पीछे।

वह बेचारे तो आते ही घुलमिल जाती है।

कुछ ज़्यादा ही।

साड़ी लपेट कर लिफ़ाफ़ा बन जाती है।

कुर्ता पाजामा पहन सफाई कर्मचारी।

दिस इज़ अनफ़ेअर यार।

डॉली इज़ ए नाइस पर्सन।

ठीक है लेकिन है तो आधी अमरीकन ही।

तुम तो सारी हो।

आज कोई एन. आर. आई. मिल जाए तो उड़ जाओगी उसके साथ।

हम सब सालियां सुपरफ़िशल यार।

हम यहां बैठी वहां की।

डॉली वहां की न यहां की।

कहती है गंगा गन्दी।

वह तो है ही।

लेकिन यार गंगा फिर भी गंगा।

बनो मत यार बनारस में रहना पड़े तो पता चले।

अब डॉली को बोलने दो।

लो बोलो डॉली।

मैं पता नहीं क्यों चली आती हूं हर साल सब कहते हैं डॉली फिर आ गयी डालर लेकर आते ही पछताने लगती हूं क्यों आयी क्या लेने क्या करने सब कहते हैं डॉली फिर आ गयी लदी फदी अमरीकन कूड़े से सब अब मिल जाता है डॉली मत लाया कर मैं फिर भी लदी फदी हर साल क्या करने किस से मिलने यही सब सुनने मैं क्यों मेरा मन वहां नहीं मैं आ कर नानी और मांजी के बीच जब दोनों न होंगी तो क्या होगा मेरा मैं क्यों मांजी और नानी को छोड़ सब मुझ पर शक सब मुझको सीधी और घौंचू मैं क्यों मैं मिसफ़िट क्यों मुझे सब बुद्धू क्यों मुझे सब मेरे मुंह पर कुछ मुंह पीछे कुछ मैं आते ही चकरा क्यों जाती हूं मुझे सब झूठा झूठा और जूठा क्यों सिवाय मांजी के वह अब जाने वाली अपनी हमउमरों से तो मैं बात नहीं कर सकती वह सब स्नॉब सुपरफिशल रसीला को छोड़ मैं क्यों नानी नाराज़ मैं मांजी के पास क्यों बैठी रहती हूं कहती है नाम मेरा आती तू उस औतरी के लिए तू नहीं जानती उस औतरी को तू अपनी मां पर उसको भी मेरे दुश्मन ही अच्छे लगते थे मैं क्या यही सब सुनने यहां के झूठ नानी की न-न नानी फिर भी ठीक बुरी नहीं मैं अपने रूट्स सब मुझ पर हंसती हैं ...

डॉली फिर आ गयी।
डालर बेचने ब्लैक मार्किट में।
अमरीकन जंक लेकर।
साल भर की सेलों का।
इसके लिए चाकलेट उसके लिए अम्ब्रेला।
इसके लिए लिपस्टिक उसके लिए बादाम।
इसके लिए सूप के पैकिट उसके लिए पाउडर।
मांजी के लिए ब्रांडी नानी के लिए पिस्ता।
बेचारी डॉली।
कहती है अपने रूट्स देखने आती हूं।
वह कुछ नहीं कहती तू अपने ही मन से।
मैं उसके मन की बात जानती हूं।
बेचारी डॉली।
पैसे पैसे का हिसाब रखती है।
कदम फूंक फूंक कर।
उबला हुआ पानी पीती है
अब कौन उबाले पानी।
पूछती है तो कह देते हैं धीरे से हां उबला हुआ ही समझो।
'ही समझो' मुंह ही मुंह में।
अश्वत्थामा मारा गया 'हाथी'।
यह क्या बोल गयी तू।
तू नहीं समझती यार डॉली को सब मालूम।
कहती है यहां इतना झूठ क्यों।
कहती है बच्चे बूढ़े सब झूठ बोलते हैं।
कहती है सब सब से झूठ बोलते हैं।
सच कहती है।
रहने दे यार।
बिलकुल सच कहती है।
कहती है दिन रात झूठ।
कभी किसी को खुश करने के लिए कभी किसी को दुख देने के लिए।
कभी अपने फ़ायदे के लिए कभी किसी के नुकसान के लिए।
बाप बेटे से झूठ बोलता है बेटा मां से बेटी दोनों से।
दोस्त दोस्त से हमसाया हमसाए से।

प्रेमी प्रेमी से मालिक नौकर से।
बिलकुल सच कहती है।
क्या सचमुच यह सब कहती है डॉली।
और नहीं तो क्या !
फिर वह यहां फ़िट नहीं हो सकती।
वह बिलकुल सीधी।
वह तो इन्टलेक्चुअल भी नहीं।
होगी लेकिन लगती नहीं।
होने से लगना ज़्यादा ज़रूरी।
हम हों न हों लगती तो हैं।
डॉली को अब वहीं रहना चाहिए।
उसके रूट्स वहां यहां नहीं।
हमारे कहीं भी नहीं।
क्या बात करती हो यार।
इसको छोड़ो यार शी इज़ ए बोर।
डॉली की पिट्ठू।
इसे भी इण्डियन कल्चर की चिन्ता।
इण्डियन कल्चर जय श्री राम।
बको मत यार।
नानी के मरने के बाद डॉली किसी आश्रम में।
वह वहां भी फ़िट नहीं होगी।
क्यों नहीं होगी।
क्योंकि शी इज़ टू जेनुइन।
यू मीन टू सीरियस।
आई मीन टू जेनुइन।
यह भी बोर साली।
अब फिर डॉली को बोलने दो।
लो बोलो डॉली

मुझको मेरे रूट्स अब कहीं नहीं जब नानी और मांजी भी नहीं होगी तो मैं क्या क्यों इतने अंधेरे में मैं क्यों इन जैसी बातों में दिलचस्पी मैं क्या ढूंढ़ने आती हूं नानी कहती है इस बार तो ढूंढ़ ले कोई बस हिन्दू हो पढ़ा लिखा तो हो अकड़ा हुआ न हो तेरे डैडी जैसा बस गंजा न हो गंजे अक्सर मन के काले बस शराबी कबाबी न हो उसकी कमाई में बरकत नहीं होती बेटी अब तू बड़ी हो गयी कोई ढूंढ़ के ले जा

अपने साथ या फिर मुझे सौंप दे मैं क्यों आ जाती हूं हर साल मैं मिसफ़िट यहां भी वहां भी यहां सब मुझे सीधी समझती हैं मैं क्यों क्या करने मांजी के किस्से सुनने मैं आते ही बीमार गन्दा खाना पख़ाना मैं वहां क्यों नहीं मांजी पूछती हैं मेरा मन बूढ़ों के साथ ही क्यों वह दोनों अच्छी मैं चाहती क्या हूं मैं आधी आधी नहीं मैं आधी से ज़्यादा इधर की मेरे सपनों में यहां की गलियां सांप चेहरे दरिया भिखमंगे बीमार बैल फूल दुखियारे और पहाड़ न जाने क्या क्या मेरे सपनों में इतना सन्नाटा मैं चिल्ला भी नहीं सकती मेरे सपनों में बार बार सब टूटा फूटा पानी ही पानी मैं नींद से डरती हूं हर रात मैं यहां लेकिन जब आती हूं जब सब देखती सुनती हूं तो क्यों आयी क्यों आयी लेकिन वहां दिन को भी दौरे बैठे बैठे बेहोश सब कुछ हिलता लहराता सा कानों में सूं सूं सीने में हलचल चिल्लाने की ख़्वाहिश यहां वह सब तो नहीं होता लेकिन फिर लौट क्यों जाती हूं डरती हूं क्यों ...

डॉली फिर लौट आयी।
अब अपना मकान बनवाएगी।
नानी का भी तो इसके नाम।
शायद मांजी का भी।
पहले तो कोई पहलवान ढूंढ़ेगी।
वह यहां मुश्किल से।
डॉली के पास ग्रीन कार्ड है।
हम सुनते है अमरीकन सिटिज़न है।
फिर तो सब और आसान।
डॉली फ़ेमिनिस्ट है।
शादी के ख़िलाफ़।
क्या कहती हो यार।
फ़ेमिनिस्ट फ़ेमिली के ख़िलाफ़।
यहां नहीं।
तुम सब डॉली के पीछे क्यों ?
यह सब सालियां जेलस।
जेसल उस डबलरोटी से !
दैट इज़ मीन यार।
डॉली डिप्रेस्ड रहती होगी मेरी तरह इसीलिए मोटी।
तुझे डिप्रेशन क्यों ?
इसका यार इसे छोड़ गया।
डॉली का कोई यार नहीं।

यहां नहीं वहां तो होगा ही।

ज़रूरी नहीं।

किसीदिन पूछ के देखो तो।

शी इज़ ए बोर यार।

बोर नहीं सीरियस।

एक ही बात।

नहीं वह कुछ सीक कर रही है हमारी तरह नहीं हम सब अपने पेरेंट्स पर पेरासाइट।

रहने भी दो बड़ी आयी सीरियस साली।

डॉली का अपना चार्म।

बड़ी बड़ी आंखें चेहरे पर चमक।

मोटियों के मुंह अक्सर मीठे।

लेकिन यह बार बार आती क्यों है।

मां बाप इसके वहां यह यहां कैसे रहेगी।

नहीं रह सकती इसीलिए तो लौट जाती है।

फिर आती क्यों है ?

कहा न कुछ सीक कर रही है।

क्या सीक कर रही है ?

तू नहीं समझेगी तेरे सिर पर सेक्स सवार।

क्या बकती हो यार ! डॉली को तू नन समझती है ?

नन नहीं सीरियस सीकर।

तुझे कैसे पता।

तू नहीं समझेगी।

डॉली के पास पैसे तो बहुत होंगे।

डॉली के मांबाप सुनते हैं सेपेरेटिड।

होंगे हमें क्या हमें तो डॉली से मतलब।

इसकी पी. एच. डी. कब ख़त्म होगी ?

जब यह बूढ़ी हो जाएगी।

हम सब सालियां एज कांशस।

यह भी हमारे कल्चर का असर।

सब से पहले एज पूछो फिर सेलरी फिर कास्ट।

क्या पुरानी बातें करती हो ?

यहां कोई बात पुरानी नहीं होती।

हमारा कल्चर एजलेस।

मज़ाक मत उड़ाओ अपने कल्चर का।

डॉली को यह बात बहुत बुरी लगती है।

डॉली को कौन सी बात बुरी नहीं लगती।

यू आर मीन यार।

कुछ भी कहो डॉली कन्फ्यूज़्ड।

तू क्या कम है ?

तू मेरे पीछे क्यों ?

और फिर डॉली की कन्फ्यूज़न भी सीरियस क्योंकि वह कुछ सीक कर रही है हमारी तरह टाइम वेस्ट नहीं कर रही।

बस बैठी रहती है मांजी के पास।

सुनती रहती है उनके किस्से।

कुछ भी कहो मांजी है कलरफुल।

बांझ मांजी ! क्या पेराडाक्स है।

पता नहीं डॉली को क्या सबक सिखाती रहती है।

डॉली उन से भी कुछ सीक कर रही है।

यू आर ए बोर यार ! हम क्या कर रही हैं हम भी तो सीक ही कर रही हैं।

तुम लोग सिर्फ सेक्स सीक कर रही हो और सीरियसली वह भी नहीं तुम सब सुपरफ़िशल हो।

अरी यार तू कौन सी आई इतनी डीप।

इस पर डॉली का जादू।

उस पर रसीला मैडम का।

इस पर उन दोनों का।

उस पर मांजी का भी।

इस पर उन तीनों का।

तुम सब सुपरफिशल।

इसको छोड़ो यार यह बोर।

अब फिर डॉली को बोलने दो।

आख़िरी बार।

लो बोलो डॉली।

तो क्या मैं यह सब सुनने आ जाती हूं हर साल सोचती मुझे इस सब से नफ़रत फिर आई क्यों सोचती यहां सब इसी तरह शायद ...

नहीं रसीला है मांजी हैं शायद सीमा भी और फिर सारा देश अपना मैं क्यों पछतावा करती हूं हर साल क्यों आई क्यों आई वहां भी क्या ...

हर साल सोचती हूं लौट आऊं पक्का लेकिन करूंगी क्या कैसे काटूंगी टाइम नौकरी कर लूंगी लेकिन कॉलिज बन्द क्लासें कैंसिल यहां सब कामचोर वहां भी तो लेकिन ...

रसीला से पूछूंगी उसके नारी आन्दोलन में भरती लेकिन ...

वहां रही तो पागल लौट आयी तो पता नहीं शायद सुपरफ़िशल मैं कन्फ्यूज़्ड वह कौन नहीं रसीला भी वर्ना बरसाती में क्यों मैं उससे पूछूंगी न जाने मैं क्यों...

लौटना मुश्किल लेकिन ...

शादी इस हालत में कभी नहीं वह तो शायद वैसे भी मैं शादी के काबिल कभी नहीं मांजी कहती हैं मत करना मन न हो तो नानी के कहने पर कभी नहीं लेकिन...

किसी दिन किस से पूछूं मां जी से नहीं रसीला से शायद मेरे सपनों में लड़के सब लड़कियां क्यों शायद सब मां के लाल मांजी कहती हैं लेकिन ...

बूढ़ों से ही क्यों बनती है मेरी मैं शायद मन से बूढ़ी लेकिन यह लड़कियां सब चपर चपर मैं इससे जैलस इन सब के नखरों से लेकिन मैं औरत फिर भी मन कच्ची लड़की का सा मैं शायद ...

मैं वहां क्यों नहीं ममी भी तो है डैडी से दूर अकेली मैं इन दोनों से दूर उनकी इकलौती वह दोनों मुज़रिम और मैं खुद भी शायद मैं इसीलिए हर साल उन दोनों से दूर मैं कब तक यह काला डर ...

उन दोनों का टूटना मेरा क्या दोष मैं मुज़रिम क्यों शायद मैं इसीलिए हर साल शायद मैं इसीलिए मांजी और नानी की ...

शायद वह दोनों लौट आते तो उनकी शादी न टूटती शायद लेकिन रसीला बरसाती में शायद सीमा भी सब कहते हैं यहां भी सब कुछ अब वैसा मैं इसीलिए हर साल पछतांती हूं क्यों आयी मैं ...

मैं वहां यहां का झगड़ा अब कैसे निपटाऊं आखिर तक शायद इसी तरह मैं लेकिन ...

मांजी को ही सब कुछ मांजी मैं क्या करूं कहां रहूं कैसे किसके साथ शान्ति कैसे मैं आपको सब कुछ लेकिन क्या सचमुच मैं मांजी पर सब कुछ क्या उनके कहने पर मैं अपना जीवन मैं कन्फ्यूज़्ड मुझ से यह अच्छी इनकी चर चर भी शायद...

मैं यहां आकर वहां की नहीं वहां के गुण नहीं वहां जा कर यहां की नहीं यहां के गुण नहीं मैं इतनी सीधी नहीं होती तो शायद कम मुश्किल होता वहां और यहां के बीच लेकिन ...

मैं यहां आ कर वहां की बुराई नहीं वहां जा कर यहां की बुराई नहीं मैं इतनी सीधी नहीं होती तो ...

मैं वहां रहकर वहां के गुण नहीं बुराई नहीं मैं इतनी सीधी नहीं होती तो ...

मैं यहां रहूंगी तो यहां के गुण नहीं यहां की बुराई नहीं मैं इतनी सीधी नहीं होती तो शायद कल लौट आती लेकिन ...

मैं मन से शायद हिन्दुस्तानी असली कर्मों का फल मीठा कड़वा मेरे मन में बड़े बड़े सवालों के बादल वैराग्य में मुझे रस लेकिन यह सब शायद वहां बैठकर ही एक तरह से काम्पेंसेशन और कन्फ्यूज़न से बचने की कोशिश का ही एक रूप मैं असली हिन्दुस्तानी होती तो न जाने असली हिन्दुस्तानी क्या मैं इसीलिए शायद हर साल ...

मुझे अब भागना बन्द भोगना शुरू अब जैसे तैसे यहां-वहां वहां-यहां पूर्णता अपूर्ण अपूर्णता पूर्ण मैं आख़िर तक कोशिश मैं मांजी की चेली अब और नहीं अब और हां मैं यहां वहां नहीं हां नहीं हां ...

रसीला

रूप मां से मिला नाम पिता से स्वभाव दोनों से प्यार पूरा शायद एक से भी नहीं।

पिता ने मेरी मुचड़ी हुई सूरत में मां का रूप देख लिया होगा।

नवजात शिशु सब एक से चुन्धयाए हुए भयभीत बेसूरत शायद पश्चात्ताप से पीड़ित।

मैंने कभी किसी नवजात शिशु को गोद में नहीं लिया कन्धों से नहीं लगाया प्यार नहीं किया।

अपनी पैदाइश की कल्पना अक्सर की है उसको सपनों में भी देखा है दोनों पर दूसरों की चश्मदीद गवाहियों का गहरा असर।

मां बेटा चाहती थी। पिता हंसा करते थे दर्द से बेहाल भी वह बार-बार एक ही रट लगाए रही थी मुझे बेटा ही देना भगवान मैं हाथ जोड़ती हूं तेरे। यह बात बचपन में मैं बार-बार सुनती कितने ही लोगों से कितने ही लहजों में पिता से अक्सर वह हंसा करते कहते तेरी मां की यह रट आखिर तक।

जब मैं बाहर आ रही थी तो मां दर्द से बेहाल उसकी आंखें बंद वह शायद

बेहोश लेकिन जब मैं चीख़ी तो मां ने आंखें खोली पूछा लड़की है फिर आंखें बन्द आंखों से आंसू डाक्टर ने बाहर जा कर यह बात पिता को बतायी तो पिता हंसे थे पहली बार फिर जब मैं कुछ बड़ी हुई तो पिता अक्सर इस किस्से को ले बैठते मेरे सामने औरों के सामने मां अक्सर उनकी हंसी में शामिल नहीं होती थी पूछती इसमें हंसने की क्या बात पिता चुप हो जाते मैं सोचती पिता क्या चाहते थे बेटी या बेटा।

कई बार उन दोनों के बीच इस बात को लेकर झगड़ा भी होता था मुझे कमरे से बाहर भेज दिया जाता मैं खुद तो बाहर चली जाती लेकिन अपना भूत वहीं छोड़ जाती वह सब देखता सुनता रहता और आधी रात को जब सब गहरी नींद में डूबे होते वह मुझको सब कुछ बता देता था फिर देर तक मुझे नींद न आती जब आती तो कटी फटी दूसरे दिन पिता पुचकारते कहते मेरी बिटिया कल रात फिर बुरे सपने क्यों देखती रही सारी रात मैं हैरान होती उन्हें कैसे मालूम सोचती मां क्यों नहीं पुचकारती पूछती कुछ।

कहते हैं मेरी पहली चीख सुनते ही मां का दूध सूख गया था यह बात भी मैंने बचपन भर सुनी कई लोगों से अपनी बुआ मांजी से भी।

अब याद नहीं किस मौके पर किस उम्र में मैंने पिता से दो टूक पूछ लिया था क्या आप भी बेटा ही चाहते थे ? मैंने सोचा था वह कह देंगे नहीं बेटी लेकिन वह बोले थे सच पूछो तो मैं कुछ भी नहीं चाहता था लेकिन जब मैंने तुझको देखा मैंने मन ही मन तुझे नाम दे दिया रसीला न जाने क्यों !

मेरे उस दो टूक सवाल के बाद ही शायद पिता ने मेरी पैदाइश का किस्सा दोहराना बंद कर दिया था।

बचपन ख़त्म होते होते अपनी पैदाइश को लेकर मेरे मन में एक बदसूरत गांठ बंध गयी थी।

बचपन ख़त्म होते होते मेरे अन्दर एक खुफ़िया सा फ़ैसला हो गया था शायद लेकिन खुद मुझे उस फ़ैसले का पूरा पता अभी तक नहीं चला मुझे लगता है मेरे जीवन ने कई जटिल मोड़ उसी फैसले के तहत लिये हैं मानो कोई भी बड़ा कदम उठाने से पहले मैंने उस से आज्ञा ले लेना ज़रूरी समझा हो मानो वह फैसला मेरा मालिक बन बैठा हो।

शायद उस गांठ और उस फैसले के कारण ही मुझे महसूस होता है कि मां के साथ होने वाली हर बात की तह में मेरी यह शिकायत छिपी बैठी रहती है कि मेरी पहली चीख सुनते ही उसका दूध सूख गया था।

मेरा यह अहसास एक ऐसा कंकर है जिसे मैं अपनी सोच समझ से निकाल नहीं पायी अभी तक अब शायद ही मां के जीते जी वह निकले मेरे मन से।

पिता को मेरे इस कंकर के बारे में मालूम था मेरे उस दो टूक सवाल के बाद मालूम हो गया होगा। शायद उन्हें मेरी उस गांठ और मेरे उस खुफ़िया फैसले के बारे

में भी मालूम था जिसका पूरा पता खुद मुझे अभी तक नहीं चला।

मैं नहीं जानती मां को कितना मालूम है मेरे उस कंकर और उस खुफ़िया फैसले के बारे में मेरी उस गांठ के बारे में।

मैंने कभी मां से मन से कुछ नहीं पूछा उसको मन से कुछ नहीं बताया। उसे इतना तो मालूम होगा ही।

मां ने हमेशा यह कोशिश की है कि मुझे उसके मन का कुछ पता न चले।

मैं हमेशा किसी चोर या जासूस की तरह उसके मन की तलाशी लेती रहती हूं।

मां को इतना तो मालूम ही होगा इसीलिए वह अपने मन के दरवाज़े हमेशा बन्द रखती है। इसीलिए वह समझ नहीं पाती होगी मैं किस चोर दरवाज़े से उसके मन में घुस उसके अन्धियारे में अपने प्रश्नों के दिये जलाती रहती हूं।

मां का चेहरा उसके मन का पहरेदार है आईना नहीं। उसके चेहरे पर हर वक्त कोई न कोई चेहरा चढ़ा रहता है लेकिन मैंने उसका असली चेहरा भी देखा है कई बार चोरी चोरी हर बार हैरानी भी हुई है दुख भी।

मां को मालूम है मैं उसका असली चेहरा देख चुकी हूं चोरी चोरी कई बार। फिर उसका स्वांग न जाने क्योंकि उसे कुछ मालूम नहीं कि उसके और मेरे बीच कोई दीवार नहीं कि उसके चेहरे पर कोई चेहरा नहीं होता कि उसके लिए राजू और मैं बराबर हैं।

यह स्वांग ही शायद मां का मर्म बन गया है जिस दिन यह नहीं रहेगा मां भी शायद न रहे। मैं इस स्वांग को तार तार कर देना चाहती हूं लेकिन शायद मैं भी ऐसा नहीं कर सकूंगी। पता नहीं मां का लिहाज़ करती रहती हूं या अपना। पता नहीं मैंने क्यों अभी तक मां से साफ़ साफ़ नहीं कहा कि जब तक मेरी पहली चीख़ को सुन कर हुई अपनी निराशा का सच्चा प्रायश्चित्त नहीं करेगी तब तक मैं किसी चोर या जासूस की तरह उसके मन में घुसती रहूंगी उसकी तलाशी लेती रहूंगी।

मन करता है किसी दिन मां को बता दूं मेरे अन्दर एक ऐसा खुफ़िया फैसला हो चुका है जिसका पूरा पता खुद मुझे भी अभी तक नहीं चला लेकिन जो मेरे जीवन का निर्णायक है मेरा कोई कदम जिसकी मन्जूरी के बग़ैर नहीं उठता।

शायद मैं उसीकी मन्जूरी के इन्तज़ार में हूं। जब वह मुझे मिल जाएगी तो मैं मां के रू-ब-रू बेपर्दा हो खड़ी हो जाऊंगी उसे बेपर्दा कर दूंगी। तब क्या हम एक दूसरे से लिपट जाएंगी एक दूसरी पर झपट पड़ेंगी या एक दो क्षण की टकटकी के बाद एक दूसरे के पर्दे लौटा कर फिर अपने अपने अंधेरे में जा छिपेंगी।

इस दिगम्बर साक्षात्कार की कल्पना कई बार करती हूं। कोई राहत नहीं मिलती रौंगटे खड़े हो जाते हैं आंखें जल उठती हैं।

सोचती हूं शायद हर मां के साथ हर बेटी की हर बात की हर तह में यह यन्त्रणा छिपी बैठी रहती हो कि उसकी मां उसकी पहली चीख सुन कर निराश हुई

थी। इस सोच को किताबी मानते हुए भी मैं इससे मुक्त नहीं हो पाती। चाहती हूं अब मुझे मां की निराशा पर इतना आक्रोश न हो कि उस निराशा का दोष मां पर नहीं उसके संस्कारों पर है। सोचती हूं शायद मां की निराशा का मूल कारण यह नहीं था कि मैं लड़की निकली बल्कि यह कि लड़की होने के कारण मुझे भी वह तमाम कष्ट और अन्याय झेलने पड़ेंगे जो उसे झेलने पड़े जो उसकी मां को झेलने पड़े जो हर औरत को झेलने पड़ते हैं।

इस सोच से भी मेरा आक्रोश ज़्यादा कम नहीं होता इतना कम नहीं होता कि आंसुओं में पिघल जाए और मैं मां की गोद में जा गिरूं कहूं मां मैं सब समझती हूं मैंने तुम्हें मुआफ़ कर दिया तुम मुझे मुआफ़ कर दो।

ये डायलोग मुझे फ़िल्मी सुनायी देते हैं लेकिन मैं इन्हें दबा नहीं पाती साचेती हूं शायद हर बेटी अपनी मां के साथ इसी तरह के फिल्मी डायलाग बोलती रहती है।

पता नहीं क्या क्या सोचती रहती हूं क्यों सोचती रहती हूं। सोचती हूं अगर सोचती नहीं तो सुन्न हो गयी होती। सोचती हूं इसीलिए अड़ी हुई हूं।

अगर मेरे बाद राजू के बजाय एक और लड़की आ गई होती तो मां क्या करती उसे कैसे बरदाश्त करती क्या उसका दूध फिर सूख जाता।

राजू की पहली चीख़ सुन कर मां खुश हुई होगी मुस्कराई होगी।

उसकी मुस्कराहट की कल्पना करती हूं तो चाहती हूं राजू न होता एक और लड़की हो जाती। और फिर एक और। सोचती हूं सात लड़कियों के बाद भी कोई लड़का न होता तो मां क्या करती !

यह अरमान नहीं हसरत नहीं सवाल नहीं मेरे मन का उबाल है।

मेरा आक्रोश मां पर ही नहीं देश और समाज और अर्थव्यवस्था पर ही नहीं अपने आप पर भी है।

जब से होश संभाला है मैं पूछ रही हूं मैं पैदा क्यों हुई मैं पैदा होते ही मर क्यों न गयी।

अगर मां ने मेरी पैदाइश के बाद भी मुझे पूरी तरह मन्जूर कर लिया होता तो शायद मेरा आक्रोश उड़ गया होता। अगर मां ने राजू की पैदाइश के बाद मुझे यह आभास दिया होता कि वह मेरी पैदाइश पर अपनी निराशा पर परेशान है कि उसने मुझे मुआफ़ कर दिया है मुझे मन्जूर कर लिया है मुझे राजू से कम प्यार नहीं दिया तो शायद मैंने उसे मुआफ़ कर दिया होता।

सच तो शायद यह है कि अगर मां को गर्भ ठहरने के बाद पता चल गया होता कि पेट में लड़की है तो उसने गर्भ गिरवाने की कोशिश की होती।

तीसरी बार की नौबत न जाने क्यों नहीं आयी। मेरा अनुमान है कि राजू की पैदाइश के बाद मां ने पिता के साथ सोना बिलकुल बंद कर दिया था। इस अनुमान

का कोई ठोस आधार मेरे पास नहीं लेकिन इतना जानती हूं मेरे अनुमान आमतौर पर सही होते हैं। मां शायद राजू के बाद कोई रिस्क नहीं लेना चाहती थी। मेरा ख़याल है मां को पति से ज्यादा ज़रूरत पुत्र की थी।

मेरी पहली चीख़ सुन मां ने सोचा होगा वह बदकिस्मत है। मुझे सबसे ज़्यादा दुख यह सम्भावना देती है। अभी तक। आख़िर तक देती रहेगी।

कभी कभी यह भी सोचती हूं कि मुझे मां की ईमानदारी के लिए उसकी सराहना करनी चाहिए। मां चाहती तो अपनी निराशा छिपा सकती थी छिपाने की कोशिश तो कर ही सकती थी क्योंकि अपने असली भाव छिपाने में छिपाए रखने में जैसी कुशलता मां को है वैसी मैंने बहुत कम लोगों में देखी है। मां पूरी दुनियादार है। सो मुझे खुश होना चाहिए वह ईमानदार है बेटी बेटे के मुआमले में। मैं खुश नहीं।

शायद मैंने ही छोटी सी बात का बतंगड़ बना लिया है।

करोड़ों लड़कियां मां बाप की निराशा की परछाईं में जैसे तैसे पल कर बड़ी होती हैं अन्याय का शिकार होती हैं अपने भाइयों से कम खाती हैं कम पाती हैं तरह तरह के ताने सुनती हैं मैं उन से तो अच्छी हूं। पिता ने तो प्यार किया मुझ को। लेकिन उनका भी क्या पता।

पिता मां के मातहत रहे आख़िर तक। उन से भी तो यह नहीं हुआ कि मुझे मेरा हक़ दे जाते।

हक़ की बात ग़लत कानूनी हक की वह मुझे नहीं चाहिए बेशक मैं उसके लिए भी लड़ती हूं औरों के लिए।

कोई वकील मुझे मां का प्यार नहीं दिला सकता कोई जायदाद उस घाव को नहीं भर सकती जो मेरे मन में है।

पिता से भी मुझे शिकायत तो है वह दुर्बल थे दबे रहे आख़िर तक वह मां से वही करते थे जो मां चाहती थी।

इस सोच को आख़िर तक ले जाने में मुझे संकोच होता है।

अन्दर बैठे उस पुराने बेनाम खुफ़िया फैसले के बावजूद कभी-कभी मन होता है एक के बाद एक दस दबंग बेटियां जन जाऊं वे सब की सब नारी मुक्ति आंदोलन में जुटी रहें मर्दों के मातहत न रहें किसी मर्द की एक न मानें। फिर हर एक की दस बेटियां हों जो ...

और कभी-कभी मन होता मैं कोखजली कहलाऊं।

मेरी शादी शायद इसी दुविधा की देन। मेरी शादी नहीं मेरा मज़ाक। शादी का मजाक। मां का परिवार का मानमर्यादा का।

लेकिन क्या मैंने जो किया जानबूझ कर किया जो करूंगी जान बूझ कर करूंगी ?

बुआ मांजी से बात करने का मन बार-बार होता है। सारी बात शुरू से आख़िर

तक। उनसे कहने का मन होता है मांजी मुझे समझाइए मैं मनोविज्ञानी बस नाम की ही मैं अनजान।

मैंने शादी क्यों की ? मैं शादी के लिए राज़ी क्यों हो गयी ? मैंने इनकार क्यों नहीं किया ? अगर शादी के बाद इस बरसाती में ही आ बैठना था तो शादी से पहले क्यों न आ बैठी ?

मैं मां से बदला लेना चाहती थी उसे दुख दे कर अपने आपको दुख देकर। शायद। लेकिन मैं नाकाम रही। मां शायद मुस्करायी हो मुस्कराती हो। यह सोच कर मुझे घटिया सा दुख होता है उस दुख से शर्म आती है उस शर्म पर झुंझलाहट होती है।

मुझे इस चक्कर से निकलना होगा।

बदले की भावना बुरी कभी ख़त्म नहीं होती कभी पूरी नहीं होती कभी कोई असली तसल्ली नहीं देती।

मैंने शादी शायद इसीलिए की हो कि उसे तोड़ कर हमेशा के लिए बीवी की भूमिका से मुक्त हो जाऊं। और साथ मां और भाई से भी। शायद।

मैंने शादी अभी तोड़ी नहीं। शंकर और मैं सोच रहे हैं क्या करें।

बेशक साफ़ तब कुछ भी नहीं सोचा था लेकिन उस अंधेरे में जहां साफ सोच से ज्यादा सच्ची सोच सुलगती रहती है मैंने यही ठान लिया होगा कि शादी के बन्धन से हमेशा के लिए मुक्त होने के लिए शादी करना और फिर उसे तोड़ देना ज़रूरी है।

इस तर्क का उलझाव मां की समझ में नहीं आ सकता मांजी की समझ में शायद आ जाए।

अन्दर के उस घटाटोप अंधेरे में इसी तरह के तर्क काम करते हैं।

मैं उस अंधेरे की विशेषज्ञ तो नहीं उसकी शैदाई ज़रूर हूं।

मां शादी के लिए मेरे पीछे न पड़ी होती तो शायद मैं यह प्रयोग न कर पाती।

शायद जो हुआ ठीक ही हुआ शायद इतना ठीक कि अगर मैंने सब कुछ अच्छी तरह सोच समझ कर किया होता तो इतना ठीक न होता और तब मुझे अपराध का एहसास सालता रहता। अब नहीं।

मैं खोयी सोयी सी ही सब कुछ में से गुज़र गयी बाल बाल बच गयी लेकिन शंकर की जगह कोई और पुरुष होता तो मुसीबत खड़ी हो जाती सब कुछ मुसीबत में बदल जाता।

किसी को यह शक नहीं होगा कि शंकर मेरे बरसाती में आ बैठने के फैसले में पूरी तरह शरीक था।

शंकर और मैं अब दोस्त हैं। यह बात मैं मांजी को बता देना चाहती हूं बता दूंगी और साथ ही और सब कुछ भी।

अपनी सुहागरात के बारे में शायद ही उनको बता सकूं। उसके बारे में शंकर और मैं शायद ही किसी से कुछ कहें शंकर की मां को शायद मालूम हो कि हमारी सुहागरात की असलियत क्या थी। उससे मुझे हमदर्दी है शंकर को नहीं। वह कहता है उसने बहुत कोशिश की थी उसकी मां उसे मजबूर न करे लेकिन जब वह नहीं मानी तो वह मान गया इस ख़ामोश इरादे के साथ कि वह मुझे पहली ही रात समझा कर मुझ से मुआफ़ी मांग लेगा और फिर हम दोनों मिल कर शादी की कैद से निकलने की कोई सूरत निकालेंगे।

उसने बहुत रिस्क लिया था लेकिन उसका कहना था कि उसने मेरे बारे में इधर-उधर से पढ़ सुन रखा था उससे उसे भरोसा सा हो गया था कि हम दोनों की दोस्ती हो जाएगी।

उस पहली रात को सुहागरात कहते हंसी आती है। हंसी उस रात भी आयी थी हम दोनों को एक साथ।

पिता होते तो उन्हें भी बहुत कुछ बता देती। वह होते तो शायद शादी की नौबत ही न आती।

पिता मां को पहचानते थे खूब पहचानते थे लेकिन मां के इशारों पर नाचते थे क्योंकि वह मां के रूप के दीवाने थे। वह उस रूप में बनावट की खोट को जानते थे लेकिन उनकी आंखों से उनकी लाचारी छलकती थी। कभी-कभी वह मेरी तरफ यूं देखते थे जैसे कुछ समझा रहे हों कोई याचना कर रहे हों अक्सर मन होता था उन से मन की बातें करूं उनसे वह सब कह दूं जो मन ही मन उनसे कहती रहती थी लेकिन मैं उन्हें किसी धर्मसंकट में नहीं डालना चाहती थी। मैं डरती थी वह इम्तहान में फेल हो जाएंगे।

मैं पिता का लिहाज़ किया करती थी मां से दूर और राजू से रूठी रहती थी।

पिता के जाने के बाद मैं राजू से मूक मांग किया करती रही कि वह मां से मेरे हक़ के लिए लड़े उससे कहे कि वह बेटे बेटी के फ़र्क से ऊपर उठे कि वह मुझ से अपनी ज़्यादतियों की मुआफी मांगे।

पिता के जाने के बाद मैं कुछ देर के लिए पागल सी हो गई थी और उम्मीद करती रही थी राजेश मेरी मदद करेगा।

यह मानने में मुझे काफी देर लगी कि राजेश मेरे अधिकारों का रक्षक नहीं कि उसे मेरा हक़ मारने में कोई संकोच नहीं होगा कि उसकी आंखों पर वही पट्टी बंधी हुई है जो मां की आंखों पर कि उसे मेरा हक़ मेरा हक नहीं नज़र आता।

मेरा ख़याल था शायद पिता के जाने के बाद वह बदल जाएगा।

मां और राजेश की कदरें एक सी हैं। दोनों नारी को नीच समझते हैं उसे नीचे रखना चाहते हैं।

पिता की मृत्यु के बाद कुछ देर के लिए मैं पागल इसलिए भी हो गयी थी कि

मां का मातम मुझे बनावटी नज़र आया था उसके आंसू उसकी चुप्पी उसकी सब बातें मुझे झूठी नज़र आयी थीं। मैं सोचा करती मां पिता के बग़ैर खुश है उसका रूप निखर आया है। मैं चाहती थी वह मुझे बूढ़ी और दुखी नजर आए।

जब कुछ ही दिन बाद उसने मेरे लिए शंकर को ढूंढ़ लिया तो मैं समझ गयी मां मुझ से पीछा छुड़ाना चाहती है जल्दी से जल्दी। इसलिए भी मैंने शायद उसका सुझाव मान लिया था। शायद सोचा हो शादी के बहाने एक बार घर से निकलूंगी तो फिर लौटूंगी नहीं। शायद सोचा हो मां और राजू के साथ रहने से कहीं भी रहना बेहतर होगा।

उन दिनों मेरा गुस्सा मेरे रोम रोम से धुंए की तरह फूटा करता था। अब नहीं। अब मैंने मां से भी लिहाज़ करना शुरू कर दिया है। मैं उसे मुआफ़ तो अभी नहीं कर सकती लेकिन यह मानने लगी हूं कि उसने भी बहुत कुछ बरदाश्त किया होगा वह भी मजबूर रही होगी। पिता उस से दबते तो रहे लेकिन शायद उसे कई तरह के धोखे भी देते रहे।

कभी कभी यह ख़याल आता है कि अगर सारे पर्दे फाड़ कर मां को खुली आंखों से देखूं खुले कानों से सुनूं तो उसके ख़िलाफ़ मेरा गुस्सा शायद गम में बदल जाए पूरे गम में क्योंकि अब भी मेरे गुस्से में ग़म शामिल है लेकिन सारे पर्दे फाड़ना आसान नहीं मैं फाड़ भी दूं मां नहीं फाड़ेगी।

पर्दों के बगैर या तो पागल रह सकते हैं या संत संसार की समस्याएं पागल सुलझा सकते हैं न सन्त। जो सन्त उन्हें सुलझाने बैठ जाते हैं वे सन्त नहीं रहते सुधारक हो जाते हैं। सन्त सांसारिक समस्याओं को सुलझाते नहीं उन्हें पूर्ण रूप से स्वीकार करना सिखाते हैं।

अगर सारे पर्दे फाड़ कर राजेश का सामना करूं तो क्या हमारी आपसी मैल धुल सकती है ? शायद नहीं। वह मुझे इस कोशिश के काबिल नज़र नहीं आता। उसकी आंखों पर बंधी पट्टी मां की आंखों पर बंधी पट्टी से भी ज्यादा मोटी है और शायद उससे कुछ भिन्न भी।

राजू मां का पुतला मां राजू की पुतली।

बेचारी सीमा। लेकिन वह बेचारी नहीं। उस शाम मुझे उसकी आंखों में आग दिखायी दी वह राजू को कैसे सहती होगी और मां को। औरत सब सह लेती है। उसकी ताकत उसकी कमजोरी। सीमा बेसमझ नहीं वह कैद से निकलेगी।

मां मजबूरी और मर्यादा और मोह की कैदी मैं उसको समझूं तो शायद अब भी मुआफ़ कर सकती हूं।

राजू को अब समझने की ख़्वाहिश है न मुआफ करने की न कोई नुकसान पहुंचाने की वह अब बिलकुल बेगाना महसूस होता है उसकी सोच और उसकी भाषा में कोई अन्तर नहीं दोनों दुनियादारी के कीचड़ से लथपथ। मुझे अब उस पर

हंसी भी नहीं आती।

बेचारी सीमा ! मुझ को उस से हमदर्दी जब चाहे मेरी बरसाती में आ सकती है मैं कह दूंगी। राजू के साथ रहना मुश्किल उसका। मां के साथ शायद और भी। राजू तो सीधा सा सूअर मां पेचीदा।

मां की मुस्कराहटें मीठे झूठ बोलती हैं। मैं इसीलिए बहुत कम मुस्कराती हूं। जब मुस्कराती हूं महसूस होता है झूठ बोल रही हूं। तब ख़्वाहिश होती है उसी दम किसी साफ़ आईने में देखूं। तब अपना रूप मां का दिया हुआ एक रोग नज़र आता है। कहीं कोई साफ़ आईना नहीं नज़र आता। अपनी मुस्कराहटों को मसलती रहती हूं।

मेरा चेहरा उन मसली हुई मुस्कराहटों का एक ठण्डा मकबरा है लेकिन लोगों को यह मकबरा न जाने क्यों खूबसूरत नज़र आता है राह चलते अजनबियों की नज़रें भी इसे दुलारती रहती हैं।

पिता की याद को भी मैंने इस मकबरे में दफ़न कर रखा है। सोचती हूं यह शायद उसी याद से रोशन रहता हो। सोचती हूं मां को भी वह रोशनी नज़र तो आती ही होगी। फिर यह सोच इस सन्देह का शिकार हो जाती है कि मां को शायद राजेश के सिवा कुछ नज़र नहीं आता कोई नज़र नहीं आता।

पिता की मृत्यु के इर्द गिर्द अंधेरे की एक दीवार खड़ी है जिससे मैं कई बार अपना सिर फोड़ चुकी हूं।

जल्दी ही किसी दिन बुआ मांजी के पास जा बैठूंगी कहूंगी मांजी मैं आपकी बेटी मेरी सब सुनिए ...

ममी

रसीला पगली भी मुझको प्यारी क्यों नहीं वह मेरी बेटी लायक मुझे डर लगता है उसकी बातें मां अगर तुम्हारे सात बेटियों के बाद बुढ़ापे में बुद्धू बेटा एक हो जाता तो क्या उसको भी तुम इसी तरह सिर पर बेटियों से ऊपर तब तो शायद और भी लेकिन तुम इतनी बेटियों को कैसे क्या घर से बाहर सब कुछ उसी बुद्धू को मैं हैरान बोली क्या बातें बेटी बेगानों सी बुढ़ापे में बेटा न बेटी वह टली नहीं बात मत बदलो मां समझो मेरी बात तुम्हारी नज़रों में बुद्धू बेटा भी बेटियों से बेहतर तुम उसको बुद्धू कैसे वह लायक तुम लायक मैं खुशकिस्मत मेरे दो दोनों सुखी रहो तू अपने घर वह अपने लेकिन उसकी बातें एक दिन शादी से पहले बोली मां मुझको आशीर्वाद दो मेरी दस बेटियां हों और फिर उन सबकी दस दस। मैं कानों को हाथ तौबा तौबा जानबूझ कर दुखदायक बातें अब मुझे क्या दस करो या बीस जानबूझ कर होगा एक नहीं जा बैठी बरसाती में बदनामी सब पूछें सब कुछ होते सोते वह क्यों बरसाती में आजकल इतने ख़तरे अख़बारों में वारदात कहती है तुम्हें क्या मैं जहां रहूं न रहूं तो और भी अच्छा तुम खुश बेटे के संग, हे भगवान क्यों इसकी बुद्धि अच्छी भली भ्रष्ट है भगवान मेरे बेटे को कहीं उसकी जली कटी बद्दुआ न हे

भगवान मेरे बेबी का बेबी कब लेकिन इतनी जल्दी क्या अभी तो मन करता है अपने बेबी को ही पुच पुच उसका मुंह मेवे सा मुरझाया मीठा क्यों जब अपना होगा तब सीमा समझेगी रसीला भी तब मां का प्यार सीमा कस जाती है जब मेरे राजे का सिर गोदी में मैं उसके मुंह में मीठा अपने हाथों से मेरा मन करता है दिन रात अपने राजे का मुंह रसीला पगली की उल्टी सीधी बातों से मैं तंग कहती है मां उसको शर्म नहीं आती अब उसकी शादी भी और वह बच्चा बन अब भी तुम से तोतली बातें मैं कैसे कह दूं बेटी तू उस से जलती क्यों वह तेरा भाई बात मत बदलो मां मूर्ख की बातें सब पागलों सी वह इतनी लायक मुझे डर लगता है पगली न होती आती जाती मेरा जी खुश रौनक भाई भाभी बहन जीजाजी दोनों के बेटे होते लेकिन वह पगली जब आती है फूं फूं करती वह कहता है मना कर दो मां वह आ कर सीमा को उल्टी सीधी ये दोनों आपस में मिलती न हों राजू को शक सीमा की चालों पर शक मेरे मन में भी जब राजू दूर पर वह खुश खुश क्यों और मुझको चैन नहीं वह लंबी तान के न जाने कैसे और मुझको नींद नहीं न जाने क्या खाता पीता होगा कैसे सोता होगा और वह लदा फदा मैं खुश वह फूली फूली सी राजू क्या सोचता होगा ...

नारी आन्दोलन मेरा सिर मैं क्या नारी नहीं अपनी मां को तो समझो पहले पगली फिर नारी को आज़ाद पहले अपना घर खुद आज़ाद बड़ी बनती है डैडी की वह होते तो मैं कहती इसीलिए इस पर इतना खर्च किया बेटे से ज़्यादा अच्छे कॉलिज में इसीलिए ताकि यह मुझको दीदे दिखलाए भाई की बीवी को भड़काए वह आज होते मैं कहती बेटा न होता तो किस से करवाती सेवा मैं रहती किसके पास मन करता है किसी दिन पूछूं पगली से कहती है मैं अपने पैरों पर मैं अपनी हिम्मत से दसवीं के बाद वज़ीफ़ा कहती है मैं बोझ नहीं तो बेटा क्या बोझ कहती है न जाने क्या क्या लेकिन मन करता है असलियत उसके डैडी की कैसे वह मां उनकी उनको फुसलाती थी मुझ पर कितने अन्याय मुझ से पूछो फिर लहराओ झण्डा मैंने सब देखा क्या नहीं सहा तुम जा बैठी घर छोड़ बरसाती में मैंने चाकरी की सास ससुर की उस बांझ के नख़रे भी नफ़रत भी सारी ज़िन्दगी अब आख़िर आराम मुंह पर रानी महारानी सब जुबानी जमाखर्च ताकि मेरा मुंह बन्द उस घर में राज उनकी मां का जवानी बरबाद मैंने तो नहीं छोड़ा आज़ादी मेरा सिर मैं भी पढ़ी लिखी मुझको भी आज़ादी डैडी की असलियत गुलछर्रे झख न जाने किस किस से अगर मैंने भी तो मार डालते मैंने मर्यादा ख़ैर किसी दिन उसको सब ईचीबीची तब उसको होश तब समझे शायद मैं क्यों इतनी कुरबान यह सिलसिला सदियों से परिवार इसी पर कायम तू इसको बदलेगी अपनी बातों से बेकार बात बस अपना घर बरबाद अब भाई का भी, राजू ठीक इसका साया भी सीमा पर खतरनाक ...

जब राजू कपड़े बदल कर खा पी कर खुजली करवा कर कुछ ठण्डा तो मैंने फिर पूछा उसकी आंखें बन्द मस्ती में कहता है ममी के हाथ में मैजिक मैंने फिर

पूछा झुक कर माथे पर पुच पुच चूमा और पूछा बेटा अब बोलो क्या बात अब मैं न मानूंगी मैं तेरी ममी फ्रेन्ड मुझ को सब बतला दे फ्रैन्कली शैंकली मुझ से क्या पर्दा मैं सीमा थोड़े ही मैं ममी डार्लिंग हां तो इतनी जल्दी ऑफिस से मेरा अफ़सर उसकी आंखें बन्द मस्ती में खुजली बालों में मेरी उंगलियां दिल में क्या चिन्ता क्यों सच सच सब मैंने फिर सारी गिनती कर दी कहा रसीला ने दफ़्तर में फोन सो मत जाना बेटा सीमा आती है उसका नाम सुना तो बोला आज आए तो वह तो क्या उस से ही कोई खटपट दफ़्तर जाने से पहले मैंने क्यों न सुना कानों में मैल मुझे डाक्टर के पास अभी जल्दी नहीं सुनकर बोला अभी चलते हैं वह आए दरवाजा बन्द पता चल जाए उसको मेरा बच्चा बचकाना नो बेटा नो बात न बदलो मैं पूछूं हुआ क्या, क्या कहा उस कलमुंही ने वैसी बुरी नहीं नो ममी वैरी बैड वह धुन्नी घुटी घुटी उसका मन मैला उबल पड़ा वह आख़िर मेरा लाल उठ बैठा बोला ममी कुछ दाल में काला क्या मतलब मैं हैरान मैं समझी सब ठीक नौकरी भी करती है तनख़्वाह सब मुझको क्या मालूम कितनी मैं समझी सब ठीक घर का काम देखने में अच्छी मायके तो सब जाती ही हैं कभी कभी अब उसके मन में क्या मालूम कैसी मैल मैने समझा कुछ कह डाला होगा अन्ट सन्ट मेरे ही बारे में ममी से खुजली क्यों अपनी बेटी ही जब बाज़ नहीं आती बकवास उल्टी सीधी साइकोलॉजी क्या मेरे बारे में कुछ कहती थी बेटा, नो ममी मैं उसकी जीभ खींच लूं उसकी यह हिम्मत कभी न होगी वह तो पहले ही दिन मैंने साफ़ साफ़ मेरी ममी नम्बर वन उसकी सेवा तनमन से और धन से इस घर की मालिक मेरी ममी हम दोनों उसके दास इस मामले में मैं दकियानूस मैंने साफ़ साफ़ पहले ही दिन फिर बेटा हुआ क्या मैं अन्दर से गद्गद बेटा हो तो ऐसा बीवी को काबू पहले ही दिन उस शर्मीले शंकर जैसा नहीं उसकी मां शारदा से भी मिलना है वह मुझ से नाराज़ ऐसी बेकार बेटी क्यों मढ़ दी मेरे बेटे को मैं बोलूंगी राजू भी तो है उसने पहले ही दिन सीमा को काबू कैसे वह असली मर्द मेरा मस्तोरा तो फिर क्या बात बेटा ...

वह फिर लेट गया सिर मेरी गोदी में मैं समझ गयी म़ामला सीरियस राजू को संकोच बेटा मुझ से क्या झेंप मैं तो पढ़ी लिखी तुम खुद कहते हो मैं माडर्न हूं या नहीं बोलो मैं नाराज़ हो जाऊंगी कहने से जी हल्का बोलो बेटा अब वह आती ही आने दो उसको आज इतना गुस्सा क्यों क्या हरकत उसकी ऐसी वैसी नो ममी नो उसका सब कुछ ऐसा वैसा मैं उसकी ऐसी तैसी न कर दूं तो मेरा नाम गुस्सैल सरदार अब बोल दो बेटा देखूं तो नक्शा क्या है मन करता है नौकरी छुड़वा दूं न बेटा अभी नहीं आजकल की घर बैठी बेकार जब बच्चा होगा वह कैसे होगा ममी उसके ये चाले जब देखो चोली मैली मुंह टेढ़ा वह थकी थकी रात को खाना खाते ही उसको नींद सिर में दर्द मैं समझ गयी मुस्कायी बोलो बेटा उसको भी सैर सपाटा सिनेमा विनेमा ले जाओ इण्डिया गेट मुगल गार्डन प्रगति मैदान वह नयी नवेली

उसका मन साड़ी वाड़ी से बहलाओ नो ममी वह हरदम कुप्पा अब तुम भी तो दिन भर घर में रहती हो जब देखो खुश वह मनहूस मैं उसको समझाऊंगी थक जाती होगी दफ़्तर में क्यों दफ़्तर में हिन हिन करती होगी घर घुसते ही उसको सांप किसी दिन जाऊंगा जासूसी देखूंगा नक्शा इसके दफ़्तर का कुछ काला काला कजिन कौन सी मुझ से नहीं पूछा ममी तुम भोली उस बेहया के अन्दर न जाने क्या क्या तुम क्या जानो ममी आजकल की सब छटी हुई बदमाश बेटा गुस्से में मैं कई दिनों से अन्दर ही अन्दर बेटा न सेहत को ख़तरा वह ठण्डी ममी कोल्ड कोई बात नहीं करती दफ्तर की मुझको ससपिशन ममी मेरा अंग्रेज़ अब खुल कर बोला मैं सीधा कर दूंगा मैं टांगे मेरा मुंहजोर बेटा शक मुझको भी सीमा की आंखों में चोर वह चुप्पा क्यों हू हां ही करती है कोई बात नहीं लेकिन मैं अपने राजू को भड़काना नहीं चाहती बेचारा भोला दिल छोटा कुछ कर न बैठे न बेटा न बुरी नहीं बेचारी मत समझो उसको ममी वह बड़ी मीसनी मन मैला अपने को न जाने क्या आ जाने दो...

वह लेट गया मैं फिर सोचों में क्या मुझ से गलती घर अच्छा था वह सुन्दर हम ने कुछ मांगा नहीं जो दिया उसी पर हम खुश मैंने सोचा दफ़्तर में नौकर पढ़ी लिखी घरेलू बेटा खुश होगा क्या ग़लती वह लेटे लेटे बोला अब तुम चिन्ता में ममी मैं इसीलिए ख़ामोश नहीं बेटा मैं सब ठीक नो ममी नो आंखों में आंसू फिर मैं सब कुछ कैसे तुम से मेरा शर्मीला मुंह इतना सा आंखों में मोती पुच पुच करती माथे पर रोयें उसके दुश्मन दफ़्तर में शायद फोन शोन किसी दुश्मन का यूं ही अफ़वाह कुछ ऐसी वैसी चिट्ठी मन बदलो बेटा पर कैसे ममी जब दूध पिया करता था तब भी नाजुक दिल ऊंचा बोलो तो बुल्लियां इसी तरह यह बुल्लेशाह मेरा दूध में देर तो आफ़त टप टप आंसू पांव पटखता वह कहती मैं भी हूं मां मैं क्यों नहीं रोती चिल्लाती यह लाट साब तुम मारो इसको लेकिन तुम इसको क्यों मारोगी आंखों का तारा यह मैं ही फालतू यह झूठा रो पीट के सच्चा वह मुझको भड़काती वह हंसते रहते नौ सौ चूहे खा के वह चले गए हज आज होते पूछती देखी करतूतें वह बेटी क्या जो बात न माने मर्दाना तौर तरीका चलती कैसे है जा बैठी झण्डा लेकर अब कैसे काटेगी मैं कैसे काटती वह ना होता तो क्या करती कैसे जीती मेरा आसरा कौन इस ओपरी दुनिया में पानी औरत को बेटा या भाई वह तो चले गये न जाते तो भी क्या बस मुंह के मीठे वह भी तो अपनी मां के ही यह सिलसिला इस से टूटेगा कभी नहीं यह हिन्दुस्तान औरत को आजादी कभी नहीं वह इनकी बांझ बहन वैसी आज़ादी बांझों को ही सब उनसे दूर वह आधी मर्द औरत को आसरा आज़ादी को सिर पर रखेगो बरसाती में बैठी जाने क्या क्या तरह तरह के लोग तरह तरह की बातें बेटा कभी कभी उसको भी देखो जाकर किसको उसी रसीला को वह आख़िर सिस्टर उसका तो नाम न लो ममी वह मेरी दुश्मन उसने ही शायद इसको उल्टी

सीधी पट्टी यह जाती है उसके जलसों में शायद आजादी का झण्डा यह भी अपना घर बरबाद अब मेरा भी रसीला दीदी की दीवानी शुरू शुरू में ही बेटा मैंने साफ कह दिया इस घर में उसका नाम न लेना वह मेरी दुश्मन मेरा नादान हमेशा दिल की बात होठों पर जैसा अन्दर वैसा बाहर रत्ती भर खोट नहीं कहता है वह खोटी है तो क्या मैं भी कांटा मैं सब ठीक लेकिन वह ठण्डी क्यों रूंठी रूंठी मेरे राजू से वह लाखों में एक किसी किसी को ही वह किस्मत वाली क्यों उस उल्टी सीधी की उल्टी सीधी पर मेरे राजू का मन क्यों नहीं बहलाती बेटा सोचो मत सोचें तेरे दुश्मन मैं सब ठीक मैं समझी सब ठीक पहले बतलाते मैं समझी बुरी नहीं बेवारी मैं कल से ही उसको ठीक तुम चिन्ता मत तुम मेरे लाल गुदड़ी के तुम्हें कोई दुख न हो तुम मेरी दुनिया जान जहान तुम मेरे सब कुछ ...

मुझको इनकार नहीं मैं जैसा लाड प्यार अपने लड्डू से मन ही मन और वैसा उस लड़की से कभी नहीं वह रूखी यह मीठा दसवीं तक मेरे साथ चिपट कर वह बाहर दौरे पर न जाने किस किस के साथ यह भी न होता तो वह कहती है मां मुझको क्यों अपने साथ नहीं मैं कैसे वह इतनी ऊंची लम्बी बेंगानी सी बचपन से ही यह पिस्ता छोटा सा दसवीं तक कद कॉलिज में मैंने इसको दूध पूरे दो साल इतना होता था क्या करती मैं वह गट गट फटाफट सब खाली वह कहती है सूखा क्यों इतनी लंबी लेबर क्यों वह कहती है मां मैं अनवान्टिड थी इसीलिए इतना कष्ट तुमने मुझको माफ नहीं उल्टी सीधी साइकालोजी मुझे उसकी बातों से डर लगता है मैं तो एक ही बात कुदरत से पूछो नेचर से वह नास्तिक नहीं तो कहती ईश्वर से नर नारी का अन्तर कुदरत ने ही वह कहती है मां यह आधा सच मुझको मन्जूर कहती है तुम डैडी का गुस्सा मुझ पर कहती है उसको सब मालूम डैडी के किस्से करतूतें लेकिन मां तुम भी निर्दोष नहीं मैं सुन कर आगबगूला यह मुझको अब मेरे दोष कहती है मां तुम चाहो तो अब भी न जाने उसके मन में क्या अब कैसे कहती है तुम औरत हो औरत से नफ़रत क्यों अपने से नफ़रत क्यों मेरे से नफ़रत क्यों औरत की आज़ादी से क्यों डरती हो मां तुम पर जो जुल्म हुए उनको समझो तुम क्यों सारा दिन घर बैठी पहरेदारी तुम अब भी अपना जीवन अपने हाथों में सच वह मुझको भड़काती है राजू ठीक उसकी नियत में खोट उसकी आंख अब भी इस मकान पर वह अपना हक मांगना चाहती है मुझको सुझाती है मां तुम औरत हो कर औरत के अधिकारों की बात क्यों नहीं कहती है तुम उस सूअर को सिर पर उसको समझाओ सीमा भी पढ़ी-लिखी उससे कैसे कम तुम उसको अभी तक पुच पुच मां यह ठीक नहीं अब उसकी शादी लेकिन वह अब भी बच्चा क्यों घर के काम में सीमा का हाथ वह भी तो नौकरी क्यों वह उस पर हुक्म चलाए मैंने पूछा तुमको सीमा ने वह बोली मैं नारी आन्दोलन की नेता मुझे मालूम घर-घर का हाल क्या होता है हर औरत के साथ हर घर में मां मुझको मालूम ...

राजू का शक ठीक सीमा पर साया उस लड़की का उस लड़की पर उस बांझ बुआ का वह हम दोनों की दुश्मन उन दोनों का साया सीमा पर वह ठन्डी इसी लिए उसका मुंह कुप्पा राजू ठीक सीमा की आंखों में चोर मैं समझ गयी राजू को शंक वह चोरी चोरी न जाने किस किस से मिलती हो नारी आन्दोलन के जलसों में न जाने क्या क्या वह लड़की तो मुझको भी कहती है बदला लो मैं बेटे से बदला लूंगी कहती है अब घर में क्या रखा है वह सूअर अब बड़ा हो गया अब उसको छोड़ो वह बेवकूफ़ आन्दोलन का दुश्मन वह दकियानूस न जाने मेरे सूरमे आंखों के सुरमे को वह सूअर क्यों वह इतनी पढ़ी लिखी मैं उससे डरती हूं कहती है घर से बाहर निकलो मैं बूढ़ी अब कैसे कहती है बाहर की दुनिया को देखो मैं उसकी उल्टी सीधी से डरती हूं कहती हूं बेटी तुम दोनों सुखी रहो मेरा क्या गुजर गयी तुम अपने घर बरसाती छोड़ो कैसे समझाऊं वह उसका भाई मेरा इहलौता ...

बेटा अब उठ वह आने वाली तुम उससे डरती हो ममी वह आए तो मैं उसको सीधा सब झूठ बहाने आवारागर्दी बन्द और नहीं दफ़्तर से सीधी घर से सीधी दफ़्तर अब उस बाल कटी उल्लू की पट्ठी को न बेटा न वह छोटे घर की मैं समझ गयी राजू बेटा फिर गुस्से में बेटा तू अपनी सेहत देख मैं उसको देखूंगी नो ममी नो मेरा अंग्रेज़ वह ठन्डी मुझ से सीधे मुंह बात नहीं एक महीने से ऊपर जब देखो उसके सिर में दर्द कहती है नींद नहीं आती क्यों मैं कहता हूं बेटा तुम सब मुझ पर अब उठ वह आने वाली आंखों में इतनी लाली क्यों रोएं तेरे दुश्मन लो आंखें पोंछो मैं पानी लायी नो ममी नो तुम बैठो पानी वह लाएगी यह उसका काम तुम उसको सिर पर क्यों वह ठीक नहीं आज उसको आने दो मैं समझ गयी वह मेरा बेटा वह मेरा सब कुछ वह मेरा राजा रानी से रूंठा वह मेरा बच्चू वह मेरा बबुआ वह मेरा बुद्धू वह मेरी जान मैं उसपर वारी ...

दरवाज़ा खोल रसीला अन्दर हम हैरान उसके चेहरे पर मैली मुस्कान बेटी तुम !

हां मैं इतना अंधेरा क्यों ओ सूअर भी ! हेलो !

शटाप !

फिर उसके पीछे सीमा उसकी पूंछ सी हम हैरान राजू अंगारा।

तू किस कज़िन के पास सब झूठ आवारागर्द तू इसके साथ इतनी देर हम दोनों भूखे !

तू सचमुच सूअर !

शटाप !

न बेटा न !

नो ममी नो ! ये दोनों आवारागर्द !

बको मत ! बात सुनो। यह खड़ी बस का इन्तज़ार कर रही थी, मैंने देखा, मैं

रुक गयी, कहा चलो मैं लिफ्ट दे देती हूं, बस इतनी सी बात, बको मत !

तुम दोनों झूठी !

तुम सचमुच सूअर !

न बेटी न !

नो ममी नो ! सरासर झूठी दोनों। कोई कजिन वजिन नहीं था। यह इसके साथ किसी जलसे में या इसकी बरसाती में। दोनों आवारा।

तू सचमुच सूअर !

शटाप !

न बेटा न !

दफ़्तर से सीधी घर ! समझी !

सीमा रानी तू ठण्डा पानी ले आ।

मत जाना सीमा !

देखा ममी !

तू बैठ बेटी।

नहीं मां तुम अपने सूअर को संभालो।

सुन लिया ममी !

ममी का पालतू !

शटाप यू !

यू शटाप यू पिग !

न बेटी न वह तेरा भाई !

भाई माई फुट !

सीमा रानी तू राजू के लिए पानी ...

मत लाना सीमा !

तुम यहां फूट डालने आयी हो ?

तू सचमुच सूअर !

विल यू स्टॉप सेंइग दैट !

नो आई वोन्ट !

सुन लिया ममी ! उस पर इसका साया !

सीमा रानी तुम जाओ अपने कमरे में।

क्यों जाए ! मत जाना सीमा !

तुम उसको भड़काने आयी हो ?

तुम सचमुच सूअर !

यह नारी आन्दोलन का जलसा नहीं ।

यह एक सूअर का घर है।

न बेटी न ! वह तेरा भाई !

मैं इसका भाई नहीं ! यह जाए हेल में !

न बेटा न ! वह तेरी बहन !

वह मेरी दुश्मन ! मेरा घर बरबाद करने आयी है अपना तो कर बैठी ! गेट आउट ऑफ माई साइट !

अच्छा सीमा मैं चलती हूं।

बेटी कुछ खा पी तो ले।

मां तुम अपने लाडले को ही खिलाओ पिलाओ !

सुन लिया ममी !

जा बैठ ममी की गोद में !

गेट आउट !

तू सचमुच सूअर !

गेट आउट !

अच्छा सीमा मैं चलती हूं।

सीमा उसके पीछे बाहर वाले दरवाज़े तक। जब लौटी तो राजू गरजा तू कहां थी इतनी देर उसके साथ कज़िन वजिन सब झूठ कहां थी तू खाना तेरा बाप ! वह बोली नहीं सिर उठा कर अकड़ी खड़ी रही। मैं हैरान ! मेरे राजू का शक ठीक। वह कांप रहा था मैं बोली सीमा रानी तू पानी ले आ ठण्डा बेटे का जी ठीक नहीं। वह ऐसे खड़ी रही जैसे बहरी हो। मैं हैरान। और वह फिर दरवाजे की तरफ धीरे धीरे जैसे कोई जल्दी न हो। मैं हैरान ! राजू कांप रहा था। मैं बोली बेटा आ तू शान्ति कर मैं पानी लाई। सीमा दरवाज़े में। राजू मेरी छाती से लग फूट फूट कर रोया तो सीमा ने मुड़ कर देखा उसकी मुस्कान मैं समझ गयी वह बेशरम ! राजू गरजा गेट आउट यू इडियट ! वह खड़ी रही। मैं हैरान ! उसकी मुस्कान मैं समझ गयी मामला गड़बड़। राजू फिर गरजा गेट आउट यू इडियट ! अब सीमा ने दरवाजा इतने जोर से बन्द किया कि मेरा दिल हिल गया। वह बोला देख लिया ममी ! मैं हैरान ! मैं समझ गयी मेरा बेटा किस संकट में मैं मन ही मन आ बेटा आ तू मेरा राजू बाजू काजू पिस्ता बादाम भालू सूरमा सुरमा सूअर मैं कच कच कच्चा ...

सूअर

आज ममी ने सब सुन लिया होगा ठीक है उससे अब कैसा पर्दा शी इज़ माई बेस्ट फ्रेन्ड आफ़्टर आल और उसे पता होना चाहिए हो क्या रहा है अपने मुंह से सब कुछ कहना मुश्किल होता अब उसे सब मालूम मामला क्या। अगर उसने रोका न होता तो मैंने दरवाज़ा तोड़ दिया होता लोग जमा हो जाते तमाशा होता शायद पुलीस आ जाती ममी समझदार उसने रोक लिया बोली न बेटा न कोई और ममी होती तो-भड़का देती आजकल मदर-इन-ला अक्सर बहू से बदला लेने को तय्यार। अब गुस्सा तो आख़िर ममी को भी आया ही होगा उसकी स्माइल पर वह सब समझती है लेकिन ज़ाहिर नहीं होने दिया और मुझको रोक लिया न बेटा न रहने दो थोड़ी देर में अपने आप खोल देगी। ममी मर्द के माइन्ड को समझती है इसीलिए तो उसने डैडी को डॉमिनेट किया वह उसको महारानी। रसीला की एक शिकायत यह भी है ममी मेनिपुलेट करने में माहिर मैं कहता हूं यह उसकी खूबी वह टेक्टफुल काश मैं भी होता। ममी ने मुझे अपने कमरे से बाहर निकलने ही नहीं दिया बोली सो जाओ या कम से कम कुछ देर आराम जब तक तुम ठण्डे नहीं। मैं लेट गया हालांकि मैं चाहता कुछ और ही था। वह साली क्या सोच रही होगी मैं सोच रहा था

और सुलग रहा था और ममी मेरे बालों को संवार सहला रही थी। उसके टच में मैज़िक मन करता है सारी सारी रात वह मुझे इसी तरह सुलाती सहलाती रहे सारे गम एकदम भूल जाता हूं। मुझे खुमारी भी आ रही थी रुलाई भी टेन्शन टूट रही थी आंखों में नींद और आंसू एक साथ। ममी से कुछ कहने का मन भी था। कुछ ऐसा कहने का जिससे उसको कुछ सुख मिले मैं जानता था वह कितनी अपसेट मुझ से ज्यादा मैं मर्द वह औरत बेशक वह हेल्थी लेकिन। जब उसने झुक कर मेरी आंखों को चूमा मैंने दूध पीते बच्चे की तरह हुमक कर अपनी बांहें उसके गले में डाल दी माई डार्लिंग ममी। उस वक्त मुझे सीमा की वह वल्गर स्माइल याद आयी लेकिन गोली मारो मैंने सोचा। ममी कहती है मैं छुटपन में छिड़ जाता था तो मुझे चैन इसी तरह मिलता था ममी की बांहों में या मेरे बालों में उसकी उंगलियों से। सीमा ने कुछ नहीं सीखा ममी से। ममी ने पहले दूसरे दिन ही कह दिया था उसको देखो सीमा रानी इस बुद्धू को एक बुरी आदत है इसे नींद नहीं आती जब तक मैं इसका सिर न खुजलाऊं हौले हौले अंगुलियों की पोरों से बीच बीच में नाखूनों से भी बस यह काम। अब क्या करेगी। अब तो खुल्लम खुल्ला जंग। जो औरत आदमी को प्यार से खुजली भी न करे उसका फायदा क्या। मैं इसे अब सीधा करके ही छोड़ूंगा। आज के बाद इसकी परवाह खतम ईंट का जवाब पत्थर से अब बस मैं और ममी एक तरफ़ और वह साली ...

अब मैं ममी को तो नहीं बता सकता कि इसकी ख़ातिर मैंने उस ललिता को छोड़ा। क्या कमाल की औरत है वह भी और मैंने सोचा अब मैरिज़ हो गयी अब इस शहर में अफ़ेअर सेफ़ नहीं फ़ेयर भी नहीं लेकिन मुझे क्या पता था इसके साथ नहीं पटेगी। मैंने मौका तो दिया इसे इतना लम्बा आख़िर डेढ़ साल के लगभग हो रहा है शादी को। अब उस ललिता को फिर से पस्माना पड़ेगा दुगनी मेहनत करनी पड़ेगी। क्या फ़ीअरलेस औरत है ! जैसा मस्त नाम वैसी मस्ती बिस्तर में इसकी तरह नहीं ठण्डी लाश। अब डट कर बदले लूंगा जाऊंगा उसके पास भी और इसको भी नहीं छोड़ूंगा। झूठ से मुझे नफ़रत डिसलायलटी मैं टालरेट नहीं कर सकता और यह झूठी भी डिसलायल भी जानती है इसे रसीला से मिक्स नहीं करना लेकिन यह डंके की चोट पर कर रही है। अब करे। डंके का जवाब डण्डे से। आज पहला लेसन। कहीं जा कर उसे सब कुछ न बता दे। वह तो इसी इंतज़ार में कह देगी इसे आ जाओ बरसाती में जो होगा देखा जाएगा मुझे औरतों की कमी नहीं। ललिता से सिलसिला फिर से शुरू करना होगा वह मुझ से नाराज़। उसे एकदम ठुकरा कर ठीक नहीं किया ठुकरायी हुई औरत ख़तरनाक जनरली लेकिन मैं उसकी कमजोरियां जानता हूं फिर भी सोच समझ कर ही उस तरफ़ वह साली टेढ़ी। उसने तो धमकी भी दी थी। डर लगा रहता है किसी दिन कुछ लिख विख न दे उसको। इसलिए अब उसको खुश करना ज़रूरी ब्लैकमेलर बिच। कभी कभी के लिए बढ़िया लेकिन हर

रात नहीं इतना ख़र्च कौन करे साला और फिर उसको हाथी भी कम। एक बोतल किल्लो क़बाब तन्दूरी टिक्के बढ़िया होटल प्राइवेट टेक्सी आदमी एक महीने में ही कंगाल। और फिर उसकी कलाबाज़ियां तरह तरह के आसन न जाने कहां कहां से सीखती रहती है हैरानी आदमी भी इतने इन्वेन्टिव नहीं जितनी वह नार्मल तरीके से तो उसकी तसल्ली ही नहीं। मुझे डर लगा रहता था कुछ न कुछ किसी दिन टूट जाएगा साला वह कहती इण्डियन हो आसनों से डरते हो कामसूत्र उसने कई कई बार मैं हैरान। खाने पीने की शौकीन औरतें जनरली बदचलन। शराब ऐसे पीती है जैसे किसी का खून पी रही हो। उस वक्त उसकी आंखें और चेहरा देखने लायक आम आदमी को दहशत मुझे नहीं। उसे हर रात नये मर्द न जाने कितने। वह हर हालत में तिम्फ़ो क्योंकि उधर इन्टरकोर्स कर रही होती है उधर मुंह में सिग्रेट कहती है मैं नानअटेचमेंट में बिलीव करती हूं। उसका सेंस आफ़ ह्यूमर बुरा नहीं लेकिन फिर भी वह औरत सेफ़ नहीं आजकल एड्ज़ का ख़तरा और फिर वह पी कर किसी के बारे में किसी को कुछ भी कह दे इसीलिए मैंने सोचा अब अपनी आ गयी उसे डिस्कार्ड कर दो क्या फ़ायदा रिस्क लेने का वह घाट घाट का पानी पीती है और कान्डम उसे मन्जूर नहीं कहती है बेलज़्ज़त गुनाह मैं क्यों करूं साली का सेंस आफ़ ह्यूमर। लेकिन मैं डरता हूं ऐसी औरत का कोई भरोसा नहीं। टूर पर जाता हूं तो कान्डम हमेशा जेब में लेकिन ललिता तो कान्डम को तार तार साली के नाखून जैसे नेजे। इसीलिए मैंने सोचा था अब घर की गाय का दूध बाहर की बहार सिर्फ टूर पर लेकिन अब सिचुएशन बदल गयी है मुझे भी बदलना होगा अब बदला लेना ज़रूरी और फिर अपने ईगो का सवाल। वैसे भी सच्ची बात तो यह है कि आदमी असली आदमी जब तक इधर उधर शिकार न करे उसकी तसल्ली नहीं होती औरत की बात दूसरी उसे जहां बांध दो वहीं खुश आदमी बाई नेचर हन्टर और पालिगेमिस्ट। और फिर सेक्स ही सब कुछ नहीं आदमी को दूसरी औरत की कम्पनी भी चाहिए बातचीत के लिए फ्रेन्डशिप के लिए। यह अलग बात है कि औरत अक्सर सेक्स के बगैर रहती नहीं मतलब फ्रेन्डशिप अक्सर सेक्सुअल रिलेशनशिप में बदल ही जाती है और ब्लेम ज़्यादा औरत को ही जाता आदमी को नहीं। अब ललिता साली से सिर्फ़ फ्रैन्डशिप इम्पॉसिबल। वह तो पकड़ कर रेप कर दे आदमी को। लेकिन सीमा से तो सेक्स का सुख न बातचीत का। ममी की कम्पनी न होती तो घर में बैठना मुश्किल हो जाता मैं हैरान हूं मैंने कैसे काटा यह डेढ साल यहां इतनी टेन्शन में सारा क्रेडिट ममी को। खैर अब जो धमाका हुआ उसका असर देखें क्या पहले खोयी खोयी अब शायद आंखें दिखाये दिखा कर देखे मैं आंखें फोड़ दूंगा साली की अब मेरा हाथ खुल गया। असल में नाम बदल देना चाहिए था इसका नाम का असर भी अब सीमा भी कोई नाम बार्डर याद आ जाता है। ममी का नाम रजनी। बोलते ही रात की रानी की महक रच जाती है अन्दर बाहर। इसी तरह ललिता नाम साला

लस्ट से लबालब। सीमा नाम सूखा। सुन कर लगता है जैसे कोई कह रही हो अन्दर आना मना है या इस सीमा को पार करने वाले को सूली पर मतलब नाम में कोई रस नहीं। ममी से कहूंगा अब भी नाम बदल दो इसका शायद इसकी पर्सनेलिटी बदल जाए। अभी बात करूं नहीं अब तो शायद वह सो गयी होगी आज उस पर कितना स्ट्रेन और सब इसकी वजह से अब यह पता नहीं क्या सोच रही है जो चाहे सोच मैंने तो कर दिया अपना काम खून की होली ...

मज़ा न सही सबक तो सिखा दिया इसे अब शायद पछता रही हो लेकिन नहीं लगता इसकी अकड़ अभी टूटी हो इसे अभी न जाने कितने और सबक सिखाने होंगे जब तक इसे यह नहीं पता चलता कि बॉस कौन। बॉस ममी दूसरा मैं और जो औरत यह नहीं मानेगी उसके लिए इस घर में काई जगह नहीं चाहे वह सीमा हो चाहे रसीला। अब इसके बहाने यहां नहीं चलेंगे। कभी इसके सिर में दर्द कभी इसे मेंसस। यह घर है या हास्पिटल ! घर आते ही इसे मौत पड़ जाती है। बीवियों वाली कोई बात ही नहीं। दफ़्तर में सारा दिन बाबुओं से हिनहिन करती रहती होगी। खैर यह तो अच्छा हुआ इसने दरवाज़ा अपने आप खोल दिया ममी बेचारी पूरा घण्टा भर मेरा सिर दबाती-खुजलाती रही थी। लेटे लेटे ही मैंने उसके हाथ से जो उसने दिया खा भी लिया उस बेचारी ने भी कुछ रूखा सूखा खा कर ठण्डा पानी पी लिया अब अगर मैंने मन ही मन उसे सबक सिखाने का फ़ैसला न कर लिया होता तो शायद मैं ममी के पलंग पर ही सो गया होता। वैसे मैं देखना चाहता था वह क्या कर रही थी दूसरे कमरे में। मुझे ख़तरा था वह ज़रूर कोई ऐसी हरकत कर रही होगी जिस पर फिर मुझे गुस्सा आ जाएगा। और मैं चाहता भी यही था अन्दर से। मैं चुपचाप सो नहीं जाना चाहता था। उससे उसे गलत सिगनल मिल सकता था वह सोच सकती थी मैं सब भूल गया हूं। मैं ममी के मैजिक से ठण्डा तो हो गया था लेकिन भूला कुछ नहीं था अन्दर ही अन्दर जलभुन रहा था इसलिए मैं उसके साथ अकेला होना चाहता था क्योंकि आख़िर यह मेरा फ़र्ज था कि मैं बात की बाटम तक पहुंचूं और पता चलाऊं कि वह मुस्करायी क्यों थी रसीला के साथ कहां-कहां की खाक छानती रही थी और ममी को उसने डिसीव क्यों किया था। ममी के पलंग पर लेटे-लेटे बेशक मुझे बड़ा चैन मिल रहा था मेरी आंखें भारी हो रही थीं और मेरा जी हल्का और मैं सोच रहा था मैं कितना लकी हूं वाइफ अगर ठीक नहीं तो न सही ममी तो ए-वन मिल गयी दोनों तो अच्छी शायद किसी किसी को ही। मैं सोच रहा था सब कुछ सबको नहीं मिलता। मैं लेटा लेटा काफ़ी फिलासॉफ़िकल सा हो गया था सोच रहा था ममी को सीमा की बदतमीज़ी से बहुत दुख हुआ होगा और इसका कम से कम आधा ब्लेम मुझे आता है वैसे बीवियां सब एक सी होती हैं उन्हें तोड़ना मरोड़ना पड़ता है। मैं उठ कर सीमा को तोड़ना मरोड़ना चाहता था सोच रहा था उसे चने कैसे चबवाऊं ममी मुझे दुलार रही थी मैं लेटा लेटा सीमा को दुत्कार

रहा था। ऐसी ऐसी गन्दी गालियां मेरे मन में उठ रही थीं कि मुझे शर्म आ रही थी क्योंकि मैं ममी के पलंग पर लेटा हुआ था और मेरा सिर ममी की गोद में था मैं अपने आपको समझा रहा था कि मुझे ममी के पलंग पर लेटे लेटे ऐसी गन्दी बातें नहीं सोचनी चाहिए अब मुझे वहां से उठ जाना चाहिए लेकिन उठने की तबीयत नहीं हो रही थी क्योंकि मुझे मालूम था जो पीस मुझे वहां मिल रहा था कहीं और नहीं मिलेगा। सो जब मैंने अपने कमरे का दरवाज़ा खुलने की आहट सुनी तो मैं एक झटके से उठ बैठा। मैंने अन्दाज़ा लगा लिया सीमा बाथरूम में गयी होगी। ममी ने अन्दाज़ा लगा लिया होगा मैं सीमा से अकेले में बात करना चाहता हूं। वह बोली राजू बेटा मैं कुछ देर पार्क में घूमने जा रही हूं। उसकी समझदारी की दाद देता हूं। वह जानती थी मैं किस मूड में था वह हमें अकले होने का चांस देना चाहती थी। उसे मालूम था जब तक मैं अपना गुस्सा नहीं निकालूंगा मुझे नींद नहीं आएगी वह यह भी जानती थी कि अब मैं बिलकुल आउट ऑफ कन्ट्रोल नहीं था।

तो जब मैं अपने कमरे में दाख़िल हुआ तो वह बाथरूम से लौट चुकी थी और ड्रेसिंग टेबल के सामने खड़ी बाल संवार रही थी। मुझे हैरानी हुई। वह वक्त बाल संवारने का नहीं था। जब मैंने नोट किया कि उसने इस बीच बढ़िया सी साड़ी पहन ली थी तो मुझे और हैरानी हुई। एक सेकिण्ड के लिए ख़याल आया शायद मुझे खुश करने के लिए ही यह स्वांग रच रही हो लेकिन फिर मेरी निगाह शीशे में उसके चेहरे पर जा टिकी। मुझे लगा उसके होठों पर अब भी वही मुस्कराहट खेल रही थी जिस पर मुझे गुस्सा आया था। मुझे तो बस आग लग गयी। यह तो यूं बनठन रही है जैसे किसी की शादी पर जा रही हो या जैसे इसकी अपनी शादी होने जा रही हो मतलब इसे कोई परवाह ही न हो कि मैं इतनी देर से ममी के कमरे में लेटा सुलग रहा था। इसके चेहरे पर पछतावे का नाम तक नहीं। और फिर यह जा कहां रही है इस वक्त। अगर जा नहीं रही तो यह साड़ी क्यों सजधज क्यों। खाना इसका बाप बनाएगा।! मुझे अन्दर आते देख अगर वह आईने के सामने से हट गयी होती मेरी तरफ़ मुंह मोड़ कर खड़ी हो गयी होती अगर उसने अपने होठों से वह मुस्कान हटा दी होती कह दिया होता सॉरी या सब कुछ छोड़ छाड़ कर मुझ से लिपट गयी होती तो मेरा मूड मेरा ख़याल है बदल जाता मेरा गुस्सा बहुत तेज़ है लेकिन अनरीज़नेबल नहीं मैं माफ़ भी कर सकता हूं अपनी गलती मान सकता हूं अगर औरत अपनी अकड़ छोड़ दे। लेकिन वह तो मेरी तरफ पीठ किये यूं खड़ी रही जैसे उसने मुझे शीशे में भी न देखा हो जैसे वह अपने किसी यार को याद कर रही हो जैसे उसे याद ही ना हो कुछ देर पहले क्या हुआ था उसे मालूम था मैं खफा हूं ममी ख़फ़ा है हम दोनों ने प्रापर खाना भी नहीं खाया और वह आईने के सामने खड़ी यूं इतरा रही थी जैसे अभी अभी उसे कोई ख़ास ख़बर मिली हो कोई खास बुलावा आया हो। ऐसी इन्सेंसिटिविटी औरत ही कर सकती है आदमी नहीं। मन तो

हुआ लपक कर दूं एक लात कमीनी की पीठ पर। अगर बाल न कटवा लिए होते साली ने तो शायद मैं उसे बालों से पकड़ कर झंझोड़ देने से बाज़ नहीं आता। उस वक्त मैंने उसके लंबे बालों को बहुत मिस किया। किसी तरह से दांत पीस पूस कर मैंने अपने आपको संभाला। ममी तो पार्क में चली ही गयी थी मैंने कमरे का दरवाज़ा बोल्ट कर लिया ऐज ए प्रिकाशन दरवाज़े की आवाज सुन कर भी उसने पलट कर नहीं देखा मेरी तरफ़। मेरा पारा तेज़ी से ऊपर चढ़ता जा रहा था मैंने एक लंबी सांस ली तो सांस सुबकी में बदल गयी। मैं डरा कहीं फिर साला रोना न आ जाए इसलिए मैंने जबड़े पूरी तरह से कस लिए क्योंकि मैं किसी हालत में भी फिर उस कमीनी के सामने रोना नहीं चाहता था। मैंने मन ही मन अपने आपको समझाया साले तू मर्द है एक डिगनिफ़ाइड ममी का बेटा है इस इडियट ओछी से प्रोवोक होकर अपनी मरदानगी को फिर मिट्टी में न मिला देना एक बार तुम से मिस्टेक हो गयी अब रिपीट मत करना समझे ! सो मैं अपनी मुट्ठियां जेबों में ठूस कर बेड पर बैठ गया। बैठने से मुझे तो कुछ करार मिला ही उस साली को भी यह सिगनल मिल गया होगा मैं वहां से हिलने वाला नहीं। मैं देखना चाहता था बाल संवार लेने के बाद वह करती क्या है कहती क्या है। कुछ देर बाद उसने ब्रश ड्रेसिंग टेबल पर रख दिया और मेरी तरफ देखे बगैर कहा आज मैं डिनर बाहर खाऊंगी। मुझे अपने कानों पर यकीन नहीं आया। मैं उसकी इस बात के लिए बिलकुल रेडी नहीं था। मैंने कड़क कर पूछा क्या कहा ! उसने पहले जैसी सरसरी आवाज में दोहरा दिया मैं आज डिनर बाहर खाऊंगी। मैंने फिर कड़क कर कहा और यहां खाना तेरा बाप बनाएगा ! अब आख़िर उसने पलट कर मेरी तरफ देखा उसके होठों पर मुस्कराहट अब भी बैठी हुई थी – एक बेहया बीवी की अकड़ी हुई मुस्कराहट। उसका उभरा हुआ सीना मुझे किसी बाज़ारू औरत का सा लगा। उसकी साड़ी उसके बाल उसका ब्लाउज़ उसकी लिपस्टक उसके सेन्डल सब मुझे किसी बदचलन औरत के से नज़र आए। मुझे यकीन नहीं हो रहा था वह वाहियात औरत मेरी बीवी मेरी ममी की बहू हो सकती है फ़्यूचर में मेरे होने वाले बेटों की मां ! इम्पॉसिबल ! एकदम ! क्या इसीलिए मैं दिन भर झक मारता हूं ! क्या इसी के लिए मैं प्रमोशन लेने की कोशिश कर रहा हूं ! बाई हुक ऑर बाई क्रुक ! क्या इसीको मेरी ममी सीता कहती है ! क्या इसीके साथ मैं पिछले एक डेढ साल से सो रहा हूं जैसे तैसे ! इम्पॉसिबल ! मेरी आंखें उसी दम खुल गयीं वाइड ओपन मुझे साफ़ नज़र आ गया यह औरत बड़ी चालाक है अब तक चुप रही अन्दर ही अन्दर तय्यार होती रही और अब फ़्रन्ट हो गयी इसे ज़रूर रसीला की भी शह है किसी और की भी और मुझे पता लगाना है कि वह कौन है। मैंने इस बार कटिंग से लहजे में पूछा मैं पूछ सकता हूं तुम इस वक्त इस तरह बनठन कर जा कहां रही हो किस से मिलने क्या तसल्ली नहीं हुई अभी आवारागर्दी से कौन है वह साला ! मेरा ख़याल था उसे मेरी टोन से पता चल जाएगा मैं कितना

इर्रीटेटिड हूं। मेरा ख़याल था शायद वह कहेगी वह तो मैंने मज़ाक किया था मैं कहां जाऊंगी इस वक्त अकेली यह तो मैंने यूं ही साड़ी पहन ली तुम्हारा मूड चेंज करने के लिए लेकिन अब मैं तय्यार हो ही गयी हूं तो चलो आज खाना कहीं बाहर ही खाएंगे ममी को भी ले चलेंगे साथ ! नहीं यह मेरा ख़याल नहीं था ड्रीम शायद हो। उस गुस्से की हालत में भी मैं असल में विश यही कर रहा था कि वह साली कोई ऐसी बात कह दे जिस से मेरा मूड बदल जाए और मामला और न बिगड़े। लेकिन जब कोई जवाब देने के बजाय वह मुंह बिचकाकर कूल्हे मटकाती हुई दरवाजे की तरफ बढ़ी तो मैं आपे से बाहर हो गया।

तब मैंने पूरे ज़ोर से कड़क कर कहा ख़बरदार ! और साथ ही मैंने उछल कर उसका रास्ता रोक लिया। फिर मैंने एक एक वर्ड पर ज़ोर देकर कहा अगर तूने कदम इस कमरे से बाहर रखा तो इस घर के दरवाज़े हमेशा के लिए बन्द समझना समझी ! मुझे हैरानी तो हुई कि मैंने ममी से पूछे बग़ैर ही उसे अल्टीमेटम दे दिया लेकिन रिलीफ़ भी हुई कुछ प्राइड भी फील हुआ वैसा ही प्राइड जो मर्द को तब फील होता है जब वह ऐसा कोई स्टेप लेता है जिसके लिए करेज चाहिए और जो रिस्की हो ज़रूरी हो जिसे लेने की कोशिश वह काफ़ी अर्से से कर रहा हो। मुझे फील हुआ जैसे मैंने कोई मैदान मार लिया हो मुझे फ़ील हुआ जैसे मेरे सामने मेरी बीवी नहीं कोई दुश्मन खड़ी हो कोई नाशुकरी डायन जिसके साथ ममी ने धोखे में आकर मेरा ब्याह रचा दिया मतलब अपने ओन्ली बेटे का जिसे उसने इतना मान दिया जिसके बदले में वह मुझे आंखें दिखा रही थी। इधर मैं यह सब फ़ील कर रहा था उधर वह सीना ताने खड़ी थी जैसे चांद बीवी हो और यूं देख रही थी जैसे मुझे रास्ते से हट जाने का आर्डर दे रही हो। मैंने इस बीच बन्द दरवाज़े के साथ अपनी पीठ सटा दी थी मुझे ममी याद आ रही थी। वह पार्क में बैठी शायद मुझे याद कर रही थी। मैं उसके बग़ैर हेल्पलेस फ़ील कर रहा था लेकिन साथ ही साथ अपने आपको यह भी सुझा रहा था मुझे रोना नहीं झुकना नहीं उसके रास्ते से हटना नहीं उसे कमरे से बाहर नहीं जाने देना उसे सबक सिखाना है उसकी अकड़ तोड़नी है जैसे भी हो कि मेरी इज्जत का सवाल है मर्दानगी का सवाल है अगर वह जीत गयी तो सारी उमर उसका सिर ऊंचा रहेगा मेरी आंखें नीची अगर मैं जीत गया तो सारी उमर वह मेरी जूती। एक मन हो रहा था शेर की तरह दहाड़ना शुरू कर दूं दूसरा कि उसे समझाऊं कहूं तुझे आज हो क्या गया है तूने कभी इस तरह बिहेव नहीं किया अच्छे घरों की बेटियां ऐसी ओछी हरकतें नहीं करतीं क्या पट्टी पढ़ा दी उस रसीला ने तुझे तू गयी ही क्यों उसके पास तू जानती तो है उसका दिमाग़ ख़राब कर दिया है नारी आन्दोलन ने बेशक वह मेरी बहन लेकिन है तो पागल ही नहीं तो अपना घर छोड़ बरसाती में क्यों जा बैठती अगर तू उसकी मानेगी तो तू भी उसकी बरसाती में तुझे शिकायत क्या है आखिर उतार ये कपड़े खाना बना और खिला प्यार

से हम दोनों को खुद भी खा फिर आराम से बात करेंगे मैं तुझे कल ले जाऊंगा किसी बढ़िया होटल चल ममी पार्क से लौटने ही वाली उसे भूख लगी होगी मैं भी हंगरी। मैंने देखा है आदमी कितने गुस्से में भी क्यों न हो अपना बेलेंस नहीं बिगड़ने देता उसकी कोशिश यही होती है कि किसी तरह औरत को समझा बुझा कर झगड़े को खतम करे लेकिन यह तभी पॉसिबल है अगर औरत भी रीज़नेबल हो। और वह नहीं थी। रीज़नेबल होती तो ऐसी नौबत ही न आती। मैं जानता था अगर मैंने उसे समझाना बुझाना शुरू कर दिया तो वह समझेगी मैं साफ़्ट हो रहा हूं हार मान रहा हूं और दैट आई डिड नाट वान्ट ! मैं उस वक्त उसे झुकाना चाहता था समझाना नहीं। उस वक्त मेरे सामने एक ही सवाल था इस कमीनी की नज़रें नीची कैसे हों ? मेरी अपनी नज़रें उसके चेहरे पर टिकी हुई थीं और कान ममी के कदमों की आहट के लिए इम्पेशंट हो रहे थे। अब याद नहीं कितनी देर तक हम आमने सामने डटे रहे। तरह तरह के ख़याल मेरे मन में उठ बैठ रहे थे। एक तरफ़ तो मैं यह सोच रहा था कि उसे तमाचा मारूं या घूंसा दूसरी तरफ़ यह कि सेक्स अपील में मेरे किसी वाकिफ़ या दोस्त की बीवी या बहन उसका मुक़ाबला नहीं कर सकती मतलब कि उस वक्त भी सारी टेन्शन के बावजूद मैं प्राउड फ़ील कर रहा था कि मेरी ममी ने मेरे लिए माल बढ़िया चुना। वैसे प्राउड के साथ-साथ मुझे पेन भी फ़ील हो रही थी पेन प्राउड से ज़्यादा नेचुरली। इसीलिए ममी बार बार याद आ रही थी बुरी तरह लग रहा था जैसे वह मुझे उस क्राइसिस में अकेला छोड़ खुद कोह काफ़ पर जा बैठी हो किसी परी की तरह पता नहीं पार्क में उसे इतनी देर क्यों ज़रूर उसे वहां कोई मिल गया होगा। उसे रुकना नहीं चाहिए था उसे मालूम था मैं घर में उस बदज़ात के साथ अकेला हूं। अपनी स्ट्रेंग्थ बनाए रखने के लिए भी मैं अपना ध्यान ममी की ग्रेसफुल सूरत पर फोकस कर रहा था लेकिन सामने तनी बनी ठनी सीमा की सूरत ममी की सूरत में घुलमिल कर मुझे कन्फ्यूज़ कर रही थी। और साथ ही मैं इस ख़याल से डिस्टर्ब हो रहा था कि सीमा मेरा माइन्ड रीड करती जा रही है बराबर कि वह मुझ पर मुस्करा रही है मेरा मज़ाक उड़ा रही है मन ही मन कह रही है तुम अपनी ममी के लाडले लाल हो मैं तुम्हारे बस की नहीं मुझे जाने दो बाहर मेरा डर अब उतर गया मैं अब तुम दोनों की दासी नहीं मैं आज़ाद। असल में बिलकुल अकेले बिस्तर से बाहर उसके आमने सामने होने का शायद यह पहला चांस था दो तीन महीनों बाद। अगर ममी होती तो मेरा पलड़ा भारी हो जाता नेचुरली मैं सोच रहा था अब भी वह आ जाए जो सिचुएशन संभल सकती है लेकिन मैं जानता था ममी भी अब मुझे पीछे नहीं हटा सकती थी। मैं सोच रहा था वह मुझे रोकने की कोशिश नहीं करेगी वह शायद पार्क में गयी ही इसीलिए थी ताकि मैं बिना रोक टोक उसके होश ठिकाने लगा सकूं उसे दो हाथ दिखा सकूं। इसी चक्कर में मेरे मुंह से निकल गया तू मुस्करा क्यों रही है तुझे शर्म नहीं आती इस तरह मुस्कराते तेरी इस स्माइल को

मैं कभी माफ़ नहीं कर सकता समझी। तभी मैंने देखा वह मेरी तरफ बढ़ रही है जैसे उसने मेरी बात सुनी ही न हो जैसे उसने देखा ही न हो कि दरवाज़ा बन्द है और मैं उसके साथ अपनी पीठ सटाए खड़ा हूं। उसके बाएं हाथ से उसका हैन्डबैग लटक रहा था किसी हथियार की तरह जिसमें वह न जाने क्या क्या डाले रहती है शायद कान्डम। और उसके दाएं हाथ की मुट्ठी बन्द थी जैसे वह मुझे मुक्का मारने की सोच रही हो। पता नहीं क्यों मुझे डर हुआ कहीं साली ने कराटी वगैरह न सीख रखी हो। मैं और चौकस हो गया।

वह मेरी तरफ़ सधे हुए कदमों से बढ़ रही थी और मैं दरवाज़े से पीठ सटाए खड़ा था किसी नेपाली गार्ड की तरह। पता नहीं मुझे यह भी फ़ील हुआ कैसे वह मुझे हिप्नोटाइज़ कर रही हो। उसकी आंखें अपलक मेरे चेहरे पर टिकी हुई थीं मेरी आंखें भी थी तो वाइड ओपन लेकिन अपलक नहीं थी और मुझे सब कुछ धुंधलाया हुआ सा दिखायी दे रहा था। अपलक देखने वाली औरत जनरली पागल होती है और पागल औरत जनरली ख़तरनाक। मेरा सिर चकरा रहा था और मेरे माइन्ड में अपना अल्टीमेटम किसी गेंद की तरह उछल रहा था। अगर सामने ममी होती तो मैं फूट पड़ता और ममी को मुझे गले लगा लेना पड़ता। इसलिए मैं खैर मना रहा था ममी वहां नहीं थी। मैं दोबारा सीमा के सामने नंगा नहीं होना चाहता था। बीवी के सामने हस्बेन्ड को कभी नंगा नहीं होना चाहिए। नंगा हस्बेन्ड जनरली निहत्था हो जाता है। नंगे आदमी के भेद सब खुल जाते हैं। आदमी को कभी किसी औरत को अपने सारे भेद नहीं बताने चाहिए अपनी ममी को भी नहीं। आदमी की कोशिश यह होनी चाहिए कि औरत के सारे भेद किसी तरह चालाकी से मालूम कर ले। वैसे अच्छी औरत वही जो एकदम विदाउट भेद हो। भेदों वाली औरत अक्सर ख़तरनाक क्योंकि वह अपने भेद छिपाने के लिए झूठ बोलने से बाज़ नहीं आती कुछ भी कर सकती है जैसे सीमा ने ही बहाना कजिन का बताया घूमती रही रसीला के साथ पता नहीं कहां कहां शायद उस बुआ उर्फ़ बांझ मांजी के पास बदमाशी की ट्रेनिंग लेने के लिए जैसा बहाना मेंसस का असली रीज़न कोई और। सीमा हैन्डबैग हाथ में लटकाए मेरी तरफ़ बढ़ती चली आ रही थी और मुझे फ़ील हो रहा था जैसे कोई ड्रीम हो साली जिसमें बाम्बेकी कोई कीमती कालगर्ल मुस्कराती हुई मेरी तरफ आ रही हो सी के किनारे मुझ से मज़े लेने के लिए। मैंने देखा है आदमी साला सपने देखने से बाज़ नहीं आता चाहे कितनी ही मुश्किल में क्यों न हो। मुझे पता नहीं चल रहा था क्या करूं। बीच का डिस्टेंस खत्म ही नहीं हो रहा था। समझ में नहीं आ रहा था कि हैन्डबैग छीन लूं या जड़ दूं एक झांपड़ उस वक्त मैंने फिर उसके लंबे बालों को बहुत मिस किया क्योंकि मेरी असली डिज़ायर यही थी कि साली को बालों से घसीट कर पलंग पर लिटा दूं और चढ़ जाऊं ऊपर और उतरूं नहीं नीचे जब तक वह तौबा न करे। मैं उसकी इनसल्ट करना चाहता था उसी तरह जैसे

उसने मेरी की थी अपनी स्माइल से उसी तरह जैसे द्रौपदी की हुई थी भरे दरबार में। तो आख़िर जब उसने दरवाज़े की तरफ हाथ बढ़ाया तो मेरे हाथ अपने आप उठ गये जैसे कोई रिफ़लेक्स एक्शन होता है साला। मैंने उसके कटे हुए बालों को पकड़ कर इतने ज़ोर से खींचा कि उसकी चीख निकल गयी और मेरे सिर के चक्कर एक दम थम गये। अब मैं रीयल दुनिया में पहुंच गया था अब ड्रीम ख़तम धुन्धलाहट भी खतम अब मैं उसे पलंग की तरफ़ खींच रहा था और वह हैन्डबैग से मुझे पीटेने की कोशिश कर रही थी और रिज़िस्ट कर रही थी। अब मेरा बांध टूट गया था। मेरे जबड़े तो कसे हुए थे लेकिन मेरे मुंह से ऐसी ऐसी गन्दी गालियां गोलियों की तरह छूट रही थीं कि ममी वहां होती तो उसका मुंह लाल हो जाता मारे शर्म के। अब मुझे भी शर्म आ रही है लेकिन उस वक्त वह बकवास ज़रूरी थी आदमी गुस्से में हो तो गन्दी गालियां कभी कभी ज़रूरी हो जाती हैं क्योंकि गालियां बनी ही ऐसे मौकों के लिए। वैसे उस मैडनेस की हालत में भी मुझे इतनी सेंस तो थी ही कि मेरी आवाज़ कमरे से बाहर न जाए क्योंकि क्या पता ममी पार्क से लौट ही आयी हो और मैं उसे कोई शॉक नहीं देना चाहता था। उस से पहले मैंने वैसी गन्दी गालियां उस साली को अपने मन में ही दी थीं। वह मुझ पर हाथ उठाएगी यह मैंने कभी ड्रीम में भी नहीं सोचा था। अगर वह हैन्डबैग न चलाती तो शायद मैं उसे पलंग पर फेंक कमरे से बाहर चला गया होता दरवाज़ा बाहर से लॉक करने के बाद। अगर वह पलंग पर गिर जाने के बाद चुपचाप रोना शुरू कर देती तो भी मुझे तरस आ जाता उस पर। कुछ भी कहो औरत को रोते देख आदमी अक्सर पिघल जाता है सख्त से सख्त आदमी भी दुर्योधन की बात दूसरी वह पट्ठा नहीं पिघला। लेकिन वह तो मेरे नीचे दबी पड़ी भी न सिर्फ हाथ पैर मार रही थी बल्कि बक भी रही थी गालियां और न जाने क्या क्या अंग्रेजी में साली को अचानक अंग्रेज़ी इतनी न जाने कहां से आ गयी थी। बेशक उसकी अंग्रेज़ी की गालियों में वह बात नहीं थी मतलब वह फोर्स नहीं थी जो मेरी हिन्दी पंजाबी की गालियों में लेकिन गालियां आफ़्टर आल गालियां। और फिर औरत के मुंह से तो सिम्पल साफ़ सी गाली भी गन्दी सुनायी देती है। औरत को सिर्फ़ घरेलू गालियां सूट करती हैं। यूं ही हमारी जुबानों में मर्दाना गालियां जनरली गन्दी मतलब सेक्सबेस्ड और ज़नाना गालियां घरेलू मतलब गालियां कम बद्दुआएं ज्यादा तो वह मुझे वैसी गालियां दे रही थी जैसे मालिक अपने नौकरों या कुत्तों को देते हैं अंग्रेज़ी में। इसलिए उस वक्त मुझे ख़याल आया कि वह न सीता है न द्रौपदी वह तो एक माडर्न मैनहेटर है। उसका भयानक रूप पहले नहीं देखा था। इतनी आग होगी उसमें कभी सोचा तक नहीं था यह शायद हर औरत अन्दर से शोला। मैंने फ़ैसला कर लिया आज इस साली की आग बुझा कर रहूंगा।

सो उसे पूरे ज़ोर से दबाते हुए मैंने फुंकार कर कहा तेरी यह हिम्मत हरामज़ादी तू मुझ पर हाथ उठाती है अपने हस्बेन्ड पर बेग़ैरत। मैंने और भी बहुत बकवास

किया अब सोच कर भी शर्म आती है मैंने उसे मां बहन बाप सब की गालियां दीं। और साथ ही मैं कोशिश कर रहा था किसी तरह उसकी साड़ी उतार दूं खींच खांच कर क्योंकि मैं नहीं चाहता था कि साड़ी खराब हो जाए छीना झपटी में। लेकिन अचानक उस साली ने जो किया उसकी मुझे उम्मीद थी न ख़तरा था। उसने औरत का वह आख़िरी हथियार इस्तेमाल किया जो हर औरत नहीं करती जो सिर्फ़ बदमाश औरतें ही करती हैं क्योंकि उन्हें कोई शर्म हया नहीं होती। उसने मुझे वहां लात मारने की कोशिश की जहां मर्द की जान होती है। एक बार नहीं दो बार और जब लात नहीं मार सकी तो उसने वहां मुक्का मारना चाहा। अगर वह कामयाब हो जाती अगर मैंने उसके वार रोक न लिये होते तो, या तो मेरी जान निकल गयी होती या मैं खस्सी हो गया होता एकदम सेन्ट पर सेन्ट। मुझे तो गॉड ने बचा लिया समझो। उसी वक्त मुझे अपने आफ़िस की उस नीता सक्सेना की याद आ गयी जिसने घुटना मार कर सरीन को दोहरा कर दिया था खचाखच भरी लिफ़्ट में जहां वह सरीन और एक चपरासी के बीच फंसी खड़ी थी और सरीन बेचारे को इरेक्शन आ गयी थी क्या पता चपरासी को भी आई हो हालांकि नीना सक्सेना न ब्यूटिफुल है न सेक्सी और वह सरीन बेचारा एकदम साधू है। मैं भी वहीं था। सरीन चलती लिफ़्ट में दोहरा हो गया था। बेचारे ने पेट के दर्द का बहाना किया था लेकिन सब जानते थे हुआ क्या है इसलिए फिसफिस हंस रहे थे और फिर लिफ़्ट से निकलते ही नीता सक्सेना ने सारी भीड़ के सामने सरीन के कान में काफ़ी ऊंची आवाज़ में कहा था वरी मत कीजिए सर अभी कुछ देर बाद सब ठीक हो जाएगा और सबकी हंसी छूट गयी थी। खैर मुझे उस वक्त उस किस्से की याद से गुस्सा ही आया था हंसी नहीं। सेंस आफ़ ह्यूमर का यह मतलब नहीं कि आप मौका बेमौका हंसते ही रहें और वह भी अपने आप पर तो जब उसने वहां वार किया तो मेरे मुंह से नेचुरली और भी गन्दी गालियां फूट निकलीं और मैं एकदम बेकाबू हो गया। मैंने पूरे जोर से उसके पैरों को पकड़ कर उसकी टांगों को यूं खोल दिया जैसे उन्हें चीर ही डालूंगा बीच से। अब आख़िर उसके चेहरे पर मुझे हवाइयां उड़ती दिखायी दीं। फिर मैंने देखा उसने साड़ी और पेटीकोट के नीचे अन्डरवेअर तक नहीं पहना हुआ था। मैंने वहां थूक कर कहा बेशर्म इसी तरह नंगी घूमती रहती हो दिन भर मैं आज तुझे छोडूंगा नहीं। फिर मैंने उसकी साड़ी को खींचना शुरू कर दिया। मैंने देख लिया था कि वह थक गयी थी औरत आख़िर औरत कब तक रिजिस्ट कर सकती है आदमी को।

अब मेरे मुंह से गालियां तो निकल ही रही थी मुझे ज़ोर जबरदस्ती में कुछ मज़ा भी आने लगा था। मर्द की नेचर ही साली ऐसी है कि उसे औरत को कन्ट्रोल करने में मज़ा आता है। अब मैं ममी को भी भूल गया था। मैंने अपना माइन्ड मेकअप कर लिया था आज इसे रेप करूंगा ऐसा कि इसे नानी याद आ जाए। मैं तो यह मानता हूं आदमी बाइ नेचर पालिगेमिस्ट भी रेपिस्ट भी। पुराने जमाने से यही चला आ रहा

है। नेचर कभी नहीं बदलती। इसीलिए नारी आंदोलन कामयाब हो ही नहीं सकता। मेरे जैसे मर्द सलामत रहें। मैं उस वक्त इतने गुस्से और जोश में था कि कोई भी औरत मुझ से बच नहीं सकती थी। मैं तो यह भी मानता हूं कि औरत को भी असली मज़ा रेप में ही आता है नार्मल इन्टरकोर्स में नहीं लेकिन वह इस बात को कभी मानेगी नहीं क्योंकि मान ले तो दावे कैसे करे। जो हो उस वक्त सीमा मुझे मेरी बीवी नहीं एक ऐसी अकड़ी हुई औरत नज़र आ रही थी जिसने मुझे चेलैंज किया था मेरी ममी को डिसीव क़िया था और जो मेरे सामने पलंग पर गिरी पड़ी थी। उसे रेप करना मेरा धर्म था वैसे भी मैं डेढ़ दो महीनों से स्टार्व कर रहा था और मुझे पता चल गया था कि अपनी मर्ज़ी से वह कभी मुझे कुछ नहीं करने देगी। मेरा ख़याल है इण्डिया में बहुत कम औरतें अपनी मर्ज़ी से करवाती हैं। ललिता की बात दूसरी। वह टिपिकल इण्डियन औरत नहीं वह तो एक शिकंजा है। इन्डियन औरत कभी पहल नहीं करती पहले हमेशा न करती है न के बहाने एक तरह से आदमी का इम्तहान लेती है मतलब उसकी मर्दानगी का। यह फ़िलास्फी मुझे अब सूझ रही है। उस वक्त तो अपने नीचे दबी कसमसाती गालियां बकती धमकियां देती सीमा के ऊपर चढ़ा मैं पता नहीं क्या सोच रहा था लेकिन उस वक्त मेरी ख़्वाहिश यही थी कि किसी तरह उसे नंगा कर के रेप करूं। मेरी सोच हर वक्त चलती रहती है। यह डिफ़ेक्ट है मुझ में कि मेरा ब्रेन कभी रेस्ट नहीं करता यह बुरी बात है। ममी भी मना करती रहती है कहती है सोचें तेरे दुश्मन तू मजे ले बेटा ये दिन जवानी के दो चार। औरत इस मामले में खुशकिस्मत। उसका ब्रेन अव्वल तो होता ही छोटा सा है और दूसरे वह उसको यूज भी छोटी छोटी बातों के लिए ही करती है। और इण्डियन औरत तो वैसे भी दब्बू और घौंचू उसमें सोचने की हिम्मत ही कहां। अच्छा है। सोचने वाली औरत ख़तरनाक। मेरा मतलब है इण्डियन बीवी अपने हस्बेन्ड को यूज़ तो करती है लेकिन उसके सामने खुलती खिलती नहीं। यह भी अच्छा ही है। वह हस्बेन्ड चूतिया जो हर वक्त अपनी बीवी की ही बलाएं लेता रहे। आदमी को सैंकड़ों सोचें साली औरत को सिर्फ एक बेसिक तौर पर कि हस्बेन्ड को काबू में कैसे रखा जाए यूज कैसे किया जाए। जो ज़्यादा सोचने लगे उनके तो मसल निकल आते हैं मूंछें उग आती हैं आवाज बदल जाती है। ब्रेनी औरत ब्यूटिफुल नहीं होती हो तो ज्यादा देर रहती नहीं। नौकरी की बात दूसरी। बहुत सी नौकरियां तो औरत को सिर्फ़ आफ़िस की सजावट के लिए ही। प्रोमोशन के बाद मैं भी दो मेरा वह फैसला पक्का। सबको साफ कह दूंगा यह माल मेरा है हैन्ड्ज़ ऑफ।

तो उस इडियट के ऊपर चढ़ा चढ़ा मैं उसके कपड़े उतारने की कोशिश कर रहा था और यह सब सोच रहा था क्योंकि मेरा दिमाग़ दस तरफ एक साथ दौड़ता है। इस छीना झपटी में मैं ममी को भूल गया था जब वह याद आयी तो सीमा के खिलाफ़ मेरा एंगर और भड़क उठा। मैंने दांत पीस कर कहा बेशर्म शोर मत मचा

और चुपचाप उतारने दे कपड़े मैं नहीं चाहता ममी के कानों मे यह सब पड़े तो वह दांत पीस कर चिल्लायी टु हेल विद यू एन्ड यूअर डार्लिंग ममी ! यह सुनते ही मैं पागल एकदम ! साली ममी को भी गालियां देने लगी ! अन्डरवेअर के बग़ैर बाहर जा रही थी न जाने किस से बजवाने ! और सेन्ट लगा कर ! जानती है मुझे एलर्जी है ! साली चाहती है मैं बीमार पड़ जाऊं मुझे दमा हो जाए ! इसकी सेंट की वहज से ही मेरा सिर चकरा रहा है साला ! ममी कभी सेंट नहीं लगाती और फिर यह भी कोई वक्त है सेंट लगा कर बाहर जाने का मैं अभी देता हूं इसको डिनर अपने डण्डे से ! मेरा एंगर एकदम बढ़ता जा रहा था। अब तक उसकी साड़ी तो मैंने उतार ही दी थी चोली के सारे बटन टूट चुके थे अंगिया न होने के बराबर पेटीकोट मैंने तार तार कर दिया था अन्डरवेअर साला था ही नहीं। और अब मैंने देखा कि अन्दर साली ने विदेशी किस्म का नेपकिन ठूस रखा है जिसका नाम होता है टेम्पान जो ललिता यूज करती है कहती है इसका अपना मज़ा। इसकी वह कज़िन ले आयी होगी अमेरिका से मैं उस टेम्पान को देख कर आग बबूला हो गया पता नहीं क्यों शायद इसलिए कि ललिता यूज़ करती है और मुझे ख़याल आया हो यह साली भी हो न हो ललिता ही की तरह चोरी छिपे सब कुछ साली ने अन्डरवेअर तो पहना नहीं टेम्पान डाल लिया है अन्दर। अब मुझे यह भी ठीक पता नहीं कि टेम्पान कहते हैं या टेम्पेक्स शायद यहां मिलने भी लग गया हो क्या नहीं मिलता यहां। मुझे उसकी बात बेढंगी लगी अन्डरवेअर नहीं लेकिन टेम्पान टेम्पेक्स जो भी है। पहले पता नहीं क्यों दिखायी नहीं दिया था। उसकी लिपस्टिक उसके गालों पर फैल चुकी थी। होंठ साली के शायद मेरी झापड़ से फट गये थे। वह रो तो अब भी नहीं रही थी लेकिन अब उठ कर बाहर भागने के काबिल वह नहीं थी मतलब अब मैं अपनी पतलून वगैरह उतार कर अपना काम शुरू कर सकता था।

लेकिन अब एक और प्राब्लम उठ खड़ा हुआ था मतलब इरेक्शन एकदम ग़ायब ! शिकार के वक्त कुत्ता न जाने कहां हगने चला गया था कायदे से उस वक्त इरेक्शन फुल होनी चाहिए थी और मुझे तो यही फ़ील हो रहा था कि शायद उसके अन्दर फंसे ठुसे टेम्पान को देख कर ही बुलबुला बैठ गया था क्योंकि मेंसस आई डोंट लाइक मुझे उसकी स्मेल पसंद नहीं लेकिन आज तो किसी भी हालत में किये बगैर मैं उसे छोड़ नहीं सकता था और उसे भी यह मालूम था वह शोर भी मचा रही थी हाथ पैर भी मार रही थी लेकिन समझ गयी थी कि वह बचेगी नहीं। उसकी रिजिस्टेंस टूट चुकी थी। उसकी आंखों में आंसू आ गये थे जिन्हें छिपाने के लिए ही शायद उसने अपनी एक बांह से आंखों को ढक लिया था अब उसका पोज़ एकदम सेक्सी हो गया था। उसकी एक ब्रेस्ट ऊपर उठ गयी थी दूसरी कुछ फैल गयी थी बगल के खशखाशी बाल भी अपनी बहार दिखा रहे थे दूसरे भी मैं एक सेकिण्ड के लिए उस विदेशी नेपकिन मतलब टेम्पान को भी भूल गया था जिसने

मुझे बुझा दिया था शायद लेकिन एक सेकिन्ड के लिए मैं यह भी भूल गया था कि इरेक्शन गायब था एक सेकिन्ड के लिए मैं सब कुछ भूल कर अपनी लगभग नंगी बीवी का दीदार कर रहा था शायद पहली बार यह मानते हुए मुझे शर्म महसूस होती है। कुछ देर तक जी भर कर उसे देख लेने के बाद मेरा ध्यान फिर मेरे बेसिक प्राब्लम की तरफ़ लौटा मतलब याद आ गया जब तक इरेक्शन नहीं होगी मैं कुछ नहीं कर सकूंगा। मुझे अपनी हालत पर बहुत तरस आया मैंने उसकी उस उठी हुई ब्रेस्ट की तरफ हाथ बढ़ाया यह सोच कर कि शायद उसे छूने से कुछ हरकत हो लेकिन उस कमीनी ने अपनी दोनों एड़ियां मेरे पेट में खुभो कर इतने जोर से धक्का दिया कि मैं लड़खड़ा कर दरवाज़े के साथ जा टकराया मेरा सिर फट सकता था कोई हड्डी टूट सकती थी। अब तो मैं अन्धा हो गया। वह इस बीच उठ खड़ी हुई थी। उसने फटा हुआ पेटिकोट ठीक करना शुरू कर दिया तो मैंने कड़क कर कहा बेशर्म की बच्ची पेटिकोट की तो तुझे इतनी चिन्ता है लेकिन अन्डरवेअर की नहीं पहले वह पहन बेवकूफ़ ! यह मेरी मिस्टेक थी। पहनती न पहनती मुझे उस वक्त उसके अन्डरवेअर की वर्री नहीं होनी चाहिए थी। लेकिन मैं शायद अपने बेसिक प्राब्लम को छिपाने के लिए इधर-उधर की बातें सोच और कर रहा था क्योंकि उस हालत में मैं उस से कुश्ती भी नहीं करना चाहता था इस डर के मारे कि वह फील कर लेगी मैं फुस्स। मैं ख़ैर मना रहा था मैंने पेन्ट नहीं उतारी थी नहीं तो वह देख लेती और शायद कुछ कह भी देती। कुदरत के मजाक पर उस वक्त मुझे बहुत गुस्सा आ रहा था। औरत को मोरी दे दी आदमी को मुसीबत। आदमी की सारी मशीनरी इतनी सेंसिटिव बना दी कि उस पर हर बात का असर और उधर औरत को ऐसा पत्थर बना दिया कि उसकी मशीनरी पर किसी बात का कोई असर ही न हो। मैं अन्दर ही अन्दर सब कोशिशें कर रहा था ललिता को याद कर रहा था टूर वाली टेक्सियों को भी और एंग्लोइण्डियन और सिन्धन को भी जो मेरे इमेजिनेशन में बसी हुई थीं और करारी काली कमला को भी। सीमा तो सामने खड़ी ही थी फटे हुए कपड़ों में करीब करीब नेकिड। लेकिन कोई हरकत नहीं हो रही थी। अब मन यह हो रहा था कि उसे वहीं खड़ी छोड़ ममी के गले जा लगूं कहूं इसे भेज दो वापस या उसी वक्त ललिता के पास जा कहूं मैं लौट आया ललिता टेक मी ! लेकिन वह ज़रूरी नहीं इस वक्त घर में ही हो या अकेली हो या मेरा यह मरदूद वहां जाकर भी जाग उठे और फिर मैदान छोड़ कर भाग जाना भी तो ग़लत था मेरे फ़ैसले के खिलाफ़ था। किसी न किसी तरीके से उस साली के साथ कुछ करना होगा जैसे तैसे विल पावर के ज़ोर से। मैं जानता था प्राब्लम पर्मानेन्ट नहीं मुझे पेशेन्ट होना पड़ेगा। आंखें बन्द कर के मैं फिर ललिता कमला और यहां तक कि उस नीता सक्सेना को अपने मन की आंखों से देखने की कोशिश कर ही रहा था कि मैंने देखा वह अण्डी पहनने के लिए एक टांग उठा रही थी। इस बीच उसने चोली

पेटिकोट न जाने कैसे बदल लिया था। मैंने लपक कर अण्डी उस से छीन ली और धक्का दे कर फिर उसे पलंग पर गिरा दिया। अब मैंने फ़ैसला कर लिया था कि चोली पेटिकोट नहीं उतारूंगा। कई बार नंगी औरत बड़े बड़े मर्द को भी नामर्द बना देती है। एक बात और भी थी कि मैंने पहले उस तरह की फुलनाइट में सीमा को नंगा नहीं देखा था। और साथ मैं सोच भी तो बहुत रहा था। सोच और इरेक्शन की दुश्मनी। उधर पलंग पर गिरते ही उसने फिर चिल्लाना शुरू कर दिया यू बीस्ट यू बीस्ट ! मैंने जवाब में उसी लय में चिल्लाना शुरू कर दिया था यू बिच यू बिच ! और तभी अचानक एक मिरेकल हुआ ! मैंने मन ही मन कहा गॉड इज़ ग्रेट ममी इज़ ग्रेट ! अब मैं किसी सोचवोच में नहीं पड़ना चाहता था। अब मैंने आव देखा न ताव पेन्ट उतार दी और साथ ही अन्डरवेअर भी। शर्ट उतारने में टाइम वेस्ट मैंने नहीं किया बूट भी नहीं उतारे सोचा शायद काम आएं। उधर वह फिर उठ रही थी। इस बार मैंने धक्का दिया न झापड़ बस एक लात जड़ दी कूल्हे पर। वह फिर पलंग पर गिर पड़ी।

और मैं एक ही छलांग सी मार कर उस पर सवार हो गया। उसने हाथ पैर तो बहुत मारे लेकिन अब मैं होशियार था मैंने उसे हिलने नहीं दिया पेटिकोट उठाकर उसके चेहरे पर डाल दिया उसके हाथों को मरोड़ मराड़ कर उसके सिर के पीछे ले जा अपने एक हाथ में दबा लिया और दूसरे हाथ से उसकी टांगों को खदेड़ कर अन्दर जाने की कोशिश की। लेकिन पेनिट्रेशन कैसे होती उस टेम्पान साले को तो मैं भूल ही गया था। वह नीचे दबी बके जा रही थी यू बीस्ट आई विल लीव यू आई विल सू यू ! उस वक्त उसका बाप भी मुझे नहीं रोक सकता था। हां ममी आ जाती कहती छोड़ दो तो मैं छोड़ देता उसे। लेकिन ममी इस मामले में माडर्न मैं जानता था वह इन्टरफीअर नहीं करेगी बाहर बैठी वर्री बेशक करती रहे। उस वक्त भी अगर बकवास करने के बजाय उसने हाथ जोड़ दिये होते तो शायद मैं सोचता जाने दो साली को क्योंकि सच तो यह है मुझे कोई मज़ा नहीं आ रहा था इरेक्शन अभी भी पूरी तरह ठीक ठाक नहीं थी मुझे कोई बहाना चाहिए था। मैं सचमुच का रेप नहीं करना चाहता था नहीं कर सकता था उसके लिए मूड चाहिए। और फिर सचमुच का रेप अपनी वाइफ़ से किया ही नहीं जा सकता। लेकिन हाथ जोड़ना तो एक तरफ उसने सॉरी तक नहीं कहा। मुझे उसकी हिम्मत और जिद्द पर हैरानी भी हो रही थी गुस्सा भी आ रहा था। उसके साथ कुश्ती के दौरान बाई चांस मेरी निगाह मेरी बेल्ट पर जा पड़ी बेल्ट के बक्कल पर टु बी इक्ज़ेक्ट। और एक फ़्लेश के साथ मुझे सूझा ऐसे मौकों पर बेल्ट तमाचे और लात से कहीं ज़्यादा इफ़ेक्टिव और साथ ही जो मज़ा बेल्ट और चाबुक चलाने में वह लात और घूंसे में कहां। लेकिन मैं उसके ऊपर से उतरने का रिस्क भी नहीं लेना चाहता था। उधर बेल्ट को देखते ही इरेक्शन सख़्त होनी शुरू हो गयी थी। अनकांशस में रहा होगा कोई डीप कनेक्शन। जो हो

बेल्ट ने मेरे कान्फिडेंस को बूस्ट कर दिया था। इन्डियन फ़िल्मों के रेप सीन मेरे दिमाग में दौड़ रहे थे और एक आवाज़ अन्दर से बार बार आ रही थी इस कमीनी को कान्कर कर के रहो ! सो मैंने और ज़ोर शोर से उसे पेनिट्रेट करने की कोशिश भी शुरू कर दी होठों पर चूमने की भी। मुझे ख़तरा था वह मेरे होठों को काट लेगी और वहां लात मारने की कोशिश भी करेगी। साली ने काटा तो नहीं लेकिन जितनी बार मैंने उसे चूमना चाहा उतनी ही बार उसने थू कर दिया। उसकी थूक बेशक हर बार उसके अपने चेहरे पर ही गिरती रही। साली को मालूम नहीं जो चांद पर थूकती है उनका यही हाल होता है। अब बेल्ट अगर मेरी रीच में होती तो मैंने उसे मज़ा चखा दिया होता लेकिन मुझे खतरा था अगर मैं बेल्ट के चक्कर में पड़ गया तो अपना असली काम बीच में ही छोड़ दूंगा। रह रह कर ख़याल आ रहा था कि उस टेम्पान को किसी तरह बाहर निकाल लूं लेकिन डर था खून की धारा न फूट निकले। किस्साकोताह यह कि बहुत देर तक कुश्ती करने के बावजूद मैं साली को पेनिट्रेट नहीं कर सका एक तो उसकी उछलकूद की वजह से दूसरे उस टेम्पान की वजह से मतलब मेरा पानी उसकी थाइज़ में ही निकल गया रगड़ वगैरह और एक्साइटमेंट के कारण। अन्दर न सही बाहर ही सही मैंने उसे छोड़ा नहीं।

और जब मैंने उसे छोड़ा तो उसकी हालत देखने लायक थी। वह टेम्पान आधा अन्दर आधा बाहर। खून में लिथड़ा हुआ। पेटिकोट पर भी खून के छींटे चादर पर भी। गालों पर खरौंचें और खून और लिपस्टिक। चोली मुचड़ी हुई। अगली सीन उसकी थाइज मेरे सीमन से गीली उसके बाल भी मुझे बेहद डिसगस्ट हुई वह बके जा रही थी आई हेट यू यू बीस्ट आई विल लीव यू। मैंने जल्दी जल्दी पेंट पहनी अन्डरवेअर पहनना भूल गया दरवाज़ा खोल कर बाहर निकला तो ममी ड्राइंग रूम में बैठी मेरे लिए स्वेटर बुन रही थी। बोली राजू बेटा दूध पियोगे ?

मीनू

आज वह लोग नहीं आए मैं अकेली ही अपने लिए काफ़ी अपना ग़म ग़लत अकेली ही पी कर फिर अपने साथ अकेली ही सो जाऊंगी।

मैं उनकी राज़दां। नहीं सिर्फ़ सीमा की।

सागर तो आना चाहता था। वह हर रोज़ तय्यार। सीमा ही नहीं मानी। आज उसकी आन्टी दिन भर दफ़्तर में शर्मा बेशर्म। दोपहर को सागर का फ़ोन। सीमा परेशान कहती है अब और नहीं कुछ करना होगा।

अपनी आन्टी बेकायदा अच्छी है कहती होगी क्या फ़ायदा इसको हर महीने तंग करने का मैं कभी कभी।

हर शाम एक शामत।

सीमा छेड़ती है शादी कर लो और तड़पो कोई सूअर तो मिल ही जाएगा शायद कोई सागर भी।

नो थैंक्स मैं शादी के बग़ैर ही सागर सूअर के बग़ैर ही तड़प लेती हूं।

शादी ही करनी होती तो कानपुर क्यों छोड़ती। क्या इसीलिए छोड़ा था कानपुर? हर बेवकूफ़ी के बीस कारण क्या पता किस किस कारण से छोड़ा था। न

छोड़ती तो पागल हो जाती शायद शादी भी कर लेती पागल न होती तो कभी न छोड़ती। यहां आ कर क्या कर लिया ! बैठी हूं बरसाती में हर रात अकेली डरती।

अब अपना इन्टर्व्यू क्यों ? क्या फ़ायदा ? वहीं पड़ी रहती तो बांध दिया होता घर वालों ने जैसे तैसे किसी आई आई टी वाले के साथ। अब तक अमरीका के दो चक्कर कम से कम। एम. बी ए. या कम्प्यूटर कोर्स दो बच्चे साथ।

सीमा के सूअर जैसा कोई मिल जाता सांस रोक सह लेती सीमा सहती ही है सब सूअर साले।

मेरा अपना भाई भी मां का मियां मिट्ठू। लेकिन भाभी मस्त उसी पर।

कानपुर छोड़ने के बीस कारणों में से एक भाभी भय्या की आपसी मस्ती भी। अब पछतावा ? कभी नहीं।

घर वाले खुश – हमने तो मना किया था वह ही नहीं मानी कहती थी मैं अपने पैरों पर अब ढूंढ़े अपने आप।

मैं किसीको नहीं ढूंढूंगी। तीन साल बाद मैं तीस की। मौसम बीता जाए मैं कहती हूं बीते मेरा बस चले तो एक ही रात में बिता दूं सारे का सारा।

सीमा छेड़ती है तू आज़ाद अपनी बरसाती बड़ा पलंग पलसेटे मार तुझे और क्या चाहिए तू खुश किस्मत हर कोई समझता है हर दूसरा खुशकिस्मत।

शायद वह ठीक। आज़ादी शादी से बेहतर सीमा की मुसीबत मुझ से न सहीं जाती। वह न जाने कैसे सहती है। एक तरफ़ सूअर और सास दूसरी तरफ सागर और सुवीरा ! एक तरफ दो कुएं दूसरी तरफ दो खाइयां। कहती है अब और नहीं मुझे कुछ करना होगा।

बेचारी सीमा मैं उसकी राज़दां सागर की नहीं।

सागर मुझे खुश करने के लिए मेरी खुशामद करता रहता है कहता है मीनू की मुस्कान रूह खींच लेती है। मैं सोचती हूं शायद वह भी सूअर।

वह दोनों मेरा दिल रखने के लिए मेरे गुण गिनते रहते हैं। सागर कहता है मीनू का मिज़ाज शायराना कहता है क्लर्की छोड़ो शायरी शुरू कर दो फिर देखो दुनिया कैसे झुकती है। सीमा कहती है मीनू मेहनती दफ़्तर में दस जनों का काम अकेली थकती ही नहीं न जाने कैसे।

मैं सोचती हूं जो देखने में कम उनके दान्त दूधिया मुस्कान पहले दर्जे की जिनकी आंखें खराब उनकी आवाज़ अक्सर सुरीली। जिनका कद छोटा उनके बाल लम्बे जिनकी चाल बेलौच उनकी आंखें रसीला। जिनका मन मैला उनका तन निर्मल। जिनका सीना सपाट उनके नाखून नफ़ीस। मोटियों की नाक अक्सर नाजुक और चेहरा चार्मिंग कुदरत कितनी काइयां। सारे दोष किसी एक को कभी नहीं न ही सारे गुण। हर एक के पास दिल बहलाने के लिए कोई न कोई बहाना कोई न कोई खुशफ़हमी कोई न कोई ख़्वाब कोई न कोई ख़ब्त कोई न कोई याद ऐसा न हो तो

जीना मुहाल और मुहाल हो जाए। कुदरत का कारोबार बन्द हो जाए।

सीमा छेड़ती है तू दादी मां। सागर कहता है सीमा यह लड़की ज़ालिम है किसी का लिहाज़ नहीं करती अपना भी नहीं शायद इसकी नज़र अन्दर तक जाती है इसे लिखना चाहिए। वह शायद नहीं जानता शायद जानता भी हो मेरी नजर उसके अन्दर तक भी जाती है।

लिखना तो एक तरफ़ मैं तो पढ़ती भी नहीं। बस नौकरी करती हूं और इन्तज़ार और सीमा की राज़दानी।

मुस्कराऊं नहीं तो मर जाऊं। दूसरों का तो पता नहीं अपना लिहाज़ मैं नहीं करती।

अकेली औरत अक्सर बेलिहाज़ हो जाती है। ख़ाक हो जाती है अकेली औरत। उनकी झूठी तारीफ़ से मेरा दिमाग ख़राब।

आज अकेली हूं जी भर कर लताडूंगी अपने आपको देर से सोऊंगी अभी तो पहली रम। दूसरी के बाद अपने सारे बख़िये उधेड़ कर रख दूंगी नंगी हो जाऊंगी।

पहली रम के सरूर में मिठास कड़वी सी। आकाश ओपरा नहीं लगता धरती सिर्फ़ धूल नहीं लगती अपने दोष दूसरों में भी नज़र आते हैं। अपना जीवन सरासर अनावश्यक नज़र नहीं आता। दीवारों के धब्बे नज़र तो आते हैं बुरे नहीं लगते। अपना ज़िस्म किसी सेहतमंद जानवर का सा महसूस होता है। बॉस की हिरस भरी नज़रें याद कर हंसी आती है। कानपुर में कुछ नयी ख़ूबियां नजर आ जाती हैं। आगे का खौफ़ कुछ कम हो जाता है पहली रम का ज़ायका करारा होता है महसूस होता है जीभ पर चिंगारियां नाच रही हों। और कुछ हो पाए न हो पाए डायरी लिखने की ख़्वाहिश ज़रूर होती है कभी कभी वह पूरी भी हो जाती है। बीता हुआ दिन ज़्यादा चुभता नहीं डायरी लिखने का और कोई फ़ायदा हो न हो डर ज़रूर कुछ कम हो जाता है। शाम की शामत टल जाती है। शाम की दहशत को कम करने के लिए ही मैं रम पीती हूं डायरी लिखती हूं और जब वे दोनों इस बरसाती में होते हैं तो पहरा देती हूं।

सीमा समझाती है अकेली मत पिया करो किसी रात कुछ कर बैठोगी। क्या कर बैठूंगी। मकान मालिक के बेटे को पकड़ लूंगी ? उसे तो देख कर ही जी मितलाता है। उस से तो उसका बाप बेहतर जो बूढ़ा तो है बेजान नहीं।

मेरी शादी होगी तो किसी जानदार बूढ़े से ही। मेरी शादी नहीं होगी किसी से भी शादी ही करनी होती तो कानपुर क्यों छोड़ती।

कानपुर अब इतना याद क्यों आ रहा है बार-बार। कानपुर कभी नहीं छूटेगा कोई कानपुर कभी नहीं छूटता।

दूसरी रम के बाद कानपुर कड़वा हो जाता है।

सीमा जो चाहे कहे जो मज़ा अकेले पीने में है वह किसी के साथ पीने में नहीं।

मज़ा नहीं। मैं मज़े के लिए नहीं पीती। मज़े के लिए मज़लिस ज़रूरी मुझे मज़लिस नहीं चाहिए। हर असली पीने वाली अकेली ही पीती है। हर असली पीने वाली अपनी तह तक पहुंचने के लिए ही पीती है। उस तह तक जहां वह कभी नहीं पहुंच पाती।

जो दुख एकान्त में है संगत में नहीं।

मैं एकान्त की दहशत को गहरा करने के लिए ही पीती हूं।

सागर कहता है मैं मर्दों की तरह पीती हूं। शायद कहना चाहता हो मैं मरदानी औरत हूं। खुल कर क्यों नहीं कहता। हर मर्द को वह औरत मर्दानी लगती है जो उसके सामने झुके नहीं।

वैसे मज़लिस अगर मैं चाहूं तो भी मुझे नसीब नहीं हो सकती। मज़लिस सिर्फ मर्दों को या कुछ अमीर मर्दों की बीविओं को। या कुछ अकेली कलाकारों को। वह भी सिर्फ़ तीन चार बड़े शहरों में।

मेरी मज़लिस वह दोनों।

कानपुर में जनमी और पढ़ी लिखी औरत दिल्ली में अपना कोई सर्कल नहीं बना सकती। मैं बनाना भी नहीं चाहती। मुझे फ़ोनी औरतों से नफ़रत है।

मुझे शायद अपने आप से भी नफ़रत हो।

दूसरी रम का असर पहली रम के खत्म होने से पहले ! शायद पहली में ही कुछ ज़्यादा डाल ली हो। सीमा कहती है मेरी मिकदार बढ़ती ही जा रही है। उसे क्या पता। उसके सामने मैं हमेशा हिसाब से ही पीती हूं। हिसाब तो वैसे भी रखती हूं लेकिन कभी कभी बेहिसाब भी हो जाती हूं। तब कानपूर और कड़वा हो याद आता है।

कानपुर आख़िर है क्या ? उलझी हुई यादों का गुच्छा। जिसे सुलझाने से डरती हूं। बुढ़ापे में हिम्मत हो तो हो अब नहीं अभी तो मैं जवान लेकिन इसी तरह पीती रही तो जल्दी ही मुरझा जाऊंगी। कुछ मर्दों को मुरझायी हुई औरतें ही पसंद। मैं उन मर्दों की तलाश में मारी मारी फिरा करूंगी।

कई औरतें पी पी कर और प्यारी हो ज़ाती हैं। कुछ मर्दों को प्यासी औरतें ही प्यारी लगती हैं। उनकी आंखों तले के साए सुहाने लेकिन उनकी आंखें अक्सर बड़ी बड़ीं। मेरी आंखें बीच की। पीने वाली औरतों की आवाज अक्सर गर्म होती है। मेरी भी हो रही है।

कुछ साल बाद जब मुझ में आत्मविश्वास आ जाएगा तो मैं भी फ़ोनी इन्टलेक्चुअल हो जाऊंगी। बड़ी बड़ी बातें किया करूंगीं ढीले कुरते पहनूंगी लम्बी स्कर्टें। हिन्दू नन नज़र आया करूंगी।

मैंने देखा है अब लेफ़्टिस्ट सब धार्मिक होती जा रही हैं या सोशल वर्कर। अपने से बाहर भागने के लिए कोई न कोई काज़ ज़रूरी। आजकल एन. जी. ओ का

फ़ेशन।

मेरा काम राज़दानी मैं पैदाइशी राज़दां। दूसरों के जीवन में झांकने का अपना मज़ा।

जिस शाम सीमा मेरे कन्धे पर सर रख के रोए नहीं उस रात मैं आराम से सो नहीं सकती।

मुझे शायद मिशनरी होना चाहिए था।

अभी तो सिर्फ़ सीमा और सागर हैं लेकिन धीरे-धीरे मेरा धन्धा बढ़ता जाएगा दरवाज़े पर तख्ती सीमा मिश्रा – खानदानी राजदां।

अपने दुख मुझे सौंप दो चोरी छिपे प्रेम करने वालों के लिए मेरा पलंग हाजिर। मैं बाहर दीवान पर लेटी लेटी तुम्हारी मौजों में मस्त। यही मेरी फ़ीस। मीनू सस्ता सेलॉन। सारे देश में मेरी धूम। शायद विदेश में भी।

उसके लिए यह बरसाती काफ़ी नहीं। यह नौकरी भी। किसी जानदार अमीर बूढ़े से प्यार। कुछ साल उसकी सेवा सारी उम्र उसका मेवा। मकान मालिक ? उसकी बीवी मार डालेगी।

उसे पता चल जाए पीती है तो निकाल बाहर फेंके। बोतलें छिपा कर रखनी पड़ती हैं। उन्हें छिपाना एक समस्या फेंकना दूसरी। सागर और सीमा उसके लिए पति-पत्नी।

सीमा कहती है किसी दिन हम सब पकड़े जाएंगे। शायद वह यही चाहती हो। मारी मैं जाऊंगी मुफ्त़ में। शायद मैं भी यही चाहती हूं।

यह चोरी उम्र भर तो नहीं चलेगी हिन्दुस्तानी चोरियां उम्र भर भी चल जाती हैं।

मैंने कानपुर क्यों छोड़ा ? अपना इन्टर्व्यू शुरू। क्या सब लोग अपने अपने हुजरों में बन्द इसी तरह हर शाम अपना इन्टर्व्यू लेते हैं ? पी कर या पिये बग़ैर ?

सीमा पीती नहीं लेकिन पूछती तो होगी अकेले में शादी क्यों की और वह भी उस सूअर से ? वह जानती है क्योंकि। मैं भी जानती हूं आख़िर मैं उसकी राज़दां। पूछती होगी क्यों दूसरा रास्ता न अपनाया ?

मैं तो सूअर के साथ एक रात न सो सकूं। मैं तो खैर किसी के साथ भी नहीं। मुझे अकेले सोने की आदत। अपने बिस्तर में पराए प्यार की महक।

अब सरूर का दूसरा दौर। दूसरी रम का पहला घूंट बड़ा और कड़वा। पानी कम। गाना शुरू और मानोलॉग। सुनो सुनो रे कलम काला ! जरा धीमे नहीं तो मकान मालिकन आ धमकेगी। वह भी पूछती रहती है बेटी कानपुर क्यों छोड़ा ? मैं उसकी बेटी नहीं। मैं उसके बूढ़े के अपना बाप नहीं मानती। मुझे न जाने क्यों बूढ़े ही भाते हैं। जवान सब जाहिल। मार्किटिंग सुपरवाइज़र। ऊंचा नाम नीच काम। नीच नहीं निकम्मा। सागर शायद ठीक क्लर्की छोड़ देनी चाहिए। कानपुर छोड़ने की क़ीमत यह नौकरी छोड़ दूं तो वापस कानपुर। भाभी भय्या के साये में। कानपुर में

कॉलिज की नौकरी शायद सिफारिश से मिल जाए लेकिन कभी नहीं अब छोड़ दिया तो वापस कैसे।

कानपुर छोड़ा क्यों ? न जाने कितनी मेरे जैसी कहां कहां बैठी रही कानपुर क्यों छोड़ा। इस देश और समाज में सुखी वही जो अपना कानपुर मत छोड़े। माता पिता का कहना माने। भाइयों से दबी रहे। भाई न हो तो सब मर्दों को भाई समझे राखी बांधे और ढीले गीले मज़ाक कर के अपना मन बहलाए शादी से पहले और बाद में मन की बात मुंह पर न लाए तन की तान सुने नहीं। शादी के बाद पति को परमेश्वर माने सात सपूत पैदा करे कभी-कभी पग घुघरू बांध के नाचे नंगी सपनों में दूसरों के अपने में सदा साधवी। सास ससुर को पूजे जब खुद सास बन जाए तो अपने आपको पुजवाए।

यह मैं पी कर किस ज़माने की रागनी ले बैठी। जमाना तो बदल गया। बदला न होता तो मैं इस बरसाती में कैसे सीमा और सागर कैसे लेकिन वह सब पहले भी होता था तो फिर रोना क्या ?

दूसरी रम अपना रंग दिखा रही है मैं झुंझला रही हूं कुछ धुन्धला भी।

बरसाती तो मिल गयी सुख तो नहीं मिला सुख सास की सेवा में ही मिलता जैसे भाभी को उस पर भय्या भी खुश मां भी मुझ से न होता। तो भुगतो फिर भुगत रही हूं।

बेचारी सीमा भी वह मुझसे ज़्यादा वह सूअर और सागर के बीच। सागर भी सूअर। वह मेरे कंधे पे सर रख कर जब रोती है मैं सोचती हूं हिन्दुस्तानी प्यार में राजदां का रोल बन गया रकीब आख़िर मैं नहीं मुझको तो सागर भी सूअर। न होता तो करता कुछ। वह कुछ नहीं करेगा सीमा अब जान गयी सब धीरे धीरे। हम दोनों की हमदर्दी अब उसकी बीवी से। ये कितने दिन और। जब इनकी भी टूट गयी मेरा क्या होगा।

असली राज़दां वही जिसका अपना कोई जीवन न हो जो कभी भी रकीब न बन सके। जिस पर यह शक न हो कि उसके सीने में सुलगते हैं अरमां। मेरा सीना बुरा नहीं देखने में भी वैसे भी सूरत न सही सीना तो है। जब कोई सूअर देखने आए तो कह दूं सूरत नहीं सीना देखो। अकेली लड़की को देखने कोई नहीं आता। उसे फांसना तो सब चाहते हैं लेकिन शादी उस से कोई समझदार नहीं। समझदार लड़के मां पर ही छोड़ देते हैं उसकी मन्जूरी के बग़ैर नहीं करते।

कानपुर में अजीब अजीब उल्लू देखने आया करते थे मां को साथ लेकर मां के यार। आजकल के लड़के सब मां के मतवाले क्यों ? जो लड़की ममी को मन्जूर हमें मन्जूर। कानपुर इसलिए भी छोड़ा। मां ने कहा था फिर न कहना मैं कह रही हूं वहां जा कर बैठोगी अकेली तो शादी नहीं होगी।

मैं तड़प क्यों रही हूं ? शादी के लिए ? मर्द के लिए ? प्यार के लिए ? सीमा

और सागर के लिए ? शायद सब के लिए।

जिस शाम वह दोनों आ जाते हैं मैं अपने दुख भूल जाती हूं।

असली राज़दां वही जो अपने दुख भूली रहे।

हैरान हूं सागर ने कभी मेरे सीने की तारीफ नहीं की न ही सीमा ने। मन ही मन करता होगा। उसकी आंखें कभी कभी चोरी करती दिखायी देती हैं। मुझे शक है वह भी सूअर ही।

मैं शादी नहीं करूंगी। प्यार भी नहीं। प्यार किया नहीं जाता हो जाता है। मुझे होगा भी नहीं मैं करूंगी भी नहीं सीना सुलगता रहे बदन जलता रहे।

कई बार अपने सीने को यूं टटोल लेती हूं जैसे किसी दूसरे का हो।

कानपुर शायद इसलिए भी छोड़ा कि वहां तो बाथरूम में एकान्त भी नहीं मिलता था। आवाज़ें आती रहती थीं। दरवाज़ा अन्दर से बन्द करना मना था मां अक्सर दरवाज़ा धकेल अन्दर आ जाती थी। कहती थी इतनी देर क्या करती रहती हो चलो बाहर निकलो सबको देर हो रही है।

भाभी का सीना पिलपिला था वह मुझसे जलती थी।

असली राज़दां वह जिसकी सूरत न हो सीना हो ताकि उस पर सिर रख कर रोया जा सके।

कभी-कभी जब सीमा अपना सिर मेरे सीने पर रख देती है तो मैं आंखें बंद कर लेती हूं।

सीमा का अपना सीना सुडौल। जब भी गले मिलती है मेरी आंखें बंद हो जाती हैं।

असली राज़दां वही जो सब कुछ सुनती सोखती रहे और धीरे-धीरे मुस्कराती रहे। जो अपनी पीड़ा को चुपचाप पीती रहे। जैसे मैं पी रही हूं। अंधेरे में बैठी। अंधेरे में पीने की कैफ़ियत ही और। जैसे कोई गुनाह किया जा रहा हो। जैसे अपना लहू पिया जा रहा हो। मैं काली मां।

टी. वी. भी नहीं वर्ना बैठी देख रही होती बुद्धू बनी। वह तो ख़ैर अच्छा ही है। टी. वी. बकवास। इस मामले में मैं भी फ़ोनी इन्टलेक्चुअल। पढ़ना शुरू करना चाहिए। नहीं दिन दफ़्तर में कट ही जाता है। शाम का वक्त अन्दर झांकने के लिए बखिये उधेड़ने के लिए लेखे-जोखे के लिए सोचने के लिए। ख़ाक सोचती हूं।

सागर शायद फ़ोन करे कभी-कभी कर देता है। सीमा को तो कर नहीं सकता क्योंकि सीमा के सूअर ने फ़ोन ही नहीं लगवाया। सीमा कहती है वह तो अच्छा ही वर्ना वह पकड़ी गयी होती अब तक। सागर को पीकर फ़ोन करने की आदत।

सीमा को सागर के पीने की चिन्ता। वह खुद साफ सुथरी। हर कदम फूंक-फूंक कर रखती है। सुघड़ सयानी सूअर की ममी भी उससे खुश। लेकिन बेचारी सूअर और सागर के बीच।

असली सुघड़ सयानी तो मैं न किसी से शादी न किसी से प्यार। कानपुर को छोड़ दिल्ली में डेरा जमा लिया। नौकरी भी ढूंढ़ ली बरसाती भी। अपने बल-बूते पर। इतने बुरे शहर में अकेली। डर काहे का। अगर किसी रात कोई आ गया तो कहूंगी आओ बैठो क्या लोगे रम या विस्की। औरत सामने डट जाए तो मर्द नामर्द। मुझे किसी मर्द से डर नहीं लगता मुझे डर सिर्फ अपने आप से और मकान मालिकन से।

उसमें अपने समाज की सारी सड़ांध मौजूद। वह छल फ़रेब की पुतली। अपने इकलौते के लिए बीवी ढूंढ रही है। बेटा भौंदू। मुझे तो बाप ही भाता है। बूढ़ा तो है बेजान नहीं। आंखों में आग मुस्कराहट में मोम। बीवी की आंख से बच कर आंख लड़ा लेता है आते जाते शायद बेटे के लिए ही भांप रहा हो।

दूसरी रम अपना रंग जमा चुकी है। कैसे-कैसे काले विचार मेरे मन में रम के बग़ैर भी। मुझे भी एक राज़दां चाहिए जिसके सामने मैं अपने मन के कीचड़ का ढेर लगा दूं।

असली राज़दां वही जिसका अपना कोई राजदां न हो जिसे राजदां की जरूरत न हो जिसके पास राज़ न हो। मैं असली राज़दां नहीं तो न सोचती अपने राज़दां के बारे में।

सोच की कोई सीमा नहीं। ग़लत। अपने समाज में सीमाएं ही सीमाएं सोच समझ दोनों की सीने में सुलगते अरमानों की भी। तो क्या मैं समाज को सुधारूंगी ऊंच-नीच को दूर करूंगी नारी को आज़ादी दिलवाऊंगी बीवियों को जलने से बचाऊंगी। कुछ भी नहीं कर पाऊंगी मैं पीती पीती सो जाऊंगी सपनो में चिल्लाऊंगी।

रम पीकर तुकबन्दी ही मुमकिन। लिखूंगी तो क्या इसी दर्जे का बकवास।

लिखने के लिए लड़ना जरूरी नहीं। लड़ाकू औरत सब को नापसंद। बॉस इसीलिए मुझ से नाराज़। उसकी आंख सीमा पर। सीमा के सीने पर। मुझ से डरता भी है नाराज़ भी। सब मुझ से डरते हैं। मुझे खुश होना चाहिए। मैं खुश हूं।

मुझे शायद ही कोई मर्द मन्जूर हो पूरी तरह से मुझे सब में सुअर नज़र आ जाता है सागर में भी। सीमा का लिहाज़ न होता तो मैंने उसे नंगा कर दिया होता उसने सीमा को शादी से क्यों न रोका ?

मैं सिर्फ़ सीमा की राजदां सागर को सिर्फ बरदाश्त करती हूं। सिर्फ सीमा के लिए । लेकिन मन की मैल किसे मालूम। अपने की न किसी और के की। दूसरी रम की दी हुई सफ़ाई।

अगर सीमा के घर फ़ोन होता तो इसी वक्त मिलाती और कहती सारा कसूर सागर का उसी के कारण तू इस कैद में अब उसको छोड़ो और फिर सूअर को भी आ जाओ मेरी बरसाती में हम दोनों रसीला के आन्दोलन में भरती हो दुनिया भर के सूअरों का सफ़ाया।

मज़ाक नहीं मेरा मन सचमुच करता है कह दूं सीमा से यह सब।

अगर वह बेशर्म शर्मा बाज़ न आया तो मैं उसके छिछड़े को उखाड़ फेंकूंगी या अपने घुटने पर फ़ौलादी टोपी चढ़ा कर एक ही वार में उसे सारी उम्र के लिए नाकारा कर दूंगी। वह तो शायद पहले ही हो। रही सही कसर मैं पूरी। बीवी पूछे क्या हुआ जी ? शर्मा बेशर्म मारे शर्म के गूंगा। बीवी फिर पूछे, क्या हुआ जी ? शर्मा की आंखों में खून के आंसू। फिर भाभी भागी-भागी दफ़्तर में। मेरे मर्द को किसने मारा मुक्का। मैं एक हाथ अपने सुडौल सीने पर दूसरा अपने फौलादी घुटने पे रख बोलूं मैंने मैडम मेरे इस घुटने ने। मैडम कभी मेरा मुंह देखे कभी मेरा सीना कभी फौलादी घुटना। दफ़्तर के सब लोटपोट।

दूसरी रम ख़त्म। अब तीसरी नहीं लेनी चाहिए तीसरी हमेशा ख़तरानाक। तीसरी के ख़त्म होते-होते होने मैं खुद खत्म। लेकिन बाज नहीं आ सकती क्यों आऊं। फुरेरी पूरी अभी नहीं आयी।

लेकिन तीसरा डालने से पहले दिन भर के यह बासी कपड़े उतार ही फेंकू। नहाऊंगी नहीं बस गीला कपड़ा काफी।

और फिर वह लंबा लिबास जिसमें छातियां कुछ छिप तो जाती है लेकिन हर हरकत के साथ यूं हिलती लहराती हैं जैसे पानी में मछलियां। जिसे देख सागर की आंखें खुल जाती हैं। सीमा की भी। मैं मुस्करा देती हूं। सागर कहता है मीनू अब मार ही डालोगी।

मुझे सागर के मज़ाक उतने बुरे नहीं लगते जितने उसकी बूरी नज़र।

तो क्या मैं पुरानपन्थी हूं ? पता नहीं लेकिन मुझे सीमा का ख़याल है मैं जाने अजाने उसे कोई ख़राश क्यों लगाऊं।

मैं क्या चाहती हूं ? पूछना आसान। कौन जानती है वह क्या चाहती है मैं तो नहीं।

मैं वह लंबा लिबास किसी को उकसाने के लिए नहीं पहनती या शायद अपने आपको ही उकसाने के लिए लेकिन जब कोई उकस जाए तो मुझे बुरा नहीं लगता। कुछ देर बाद वह बेडरूम में चले जाते हैं मैं बाहर बैठी पहरा देती हूं। मेरे हाथ उस लंबे लिबास के पर्दे में मनमानी करते रहते हैं। शायद सीमा को शक हो। शायद सागर को भी।

तीसरी रम के बाद या दौरान उनके बग़ैर भी मस्ती मुमकिन। धीमी रोशनी में।

अब यहां कोई नहीं कोई नहीं आएगा। मकान मालकिन भी नहीं। उसे सीढ़ियां चढ़ने में तकलीफ़ परमात्मा करे सदा रहे। सारे कपड़े उतारने से फिर भी डरती हूं। दरवाज़े की भी आंखें होती हैं। और मान लो मकान में आग लग जाए तो। लोग आग बुझाने के बजाए मुझे बुझाना शुरू कर दें।

जलता है बदन। इतना ऊंचा नहीं। मकान मालकिन अपने उस भौंदू बेटे को ऊपर भेज देगी। पीछे-पीछे बेटे का बाप। वह मुझे बुरा क्यों नहीं लगता। उस शर्मा

बेशर्म की तरह। क्योंकि वह मेरा बॉस नहीं। मुझे मालूम है वह कभी कुछ करेगा नहीं बस दूर से ही देख देख तरसता रहेगा। मुझे तरसते हुए बूढ़ों पर तरस क्यों आता है इतना ? किसी दिन मारी न जाऊं। मेरे जैसी सुधड़ सयानियां इसी तरह मारी जाती हैं।

वैसे वह इतना बूढ़ा नहीं। पैंतालीस से ऊपर वाले सब बूढ़े। लेकिन वह बेजान है न गंजा। उसकी नज़रों में नंगी हिरस भी नहीं। हमदर्दी है। लगता है जैसे अपनी बीवी के फूहड़ापे की मुआफ़ी- मांग रहा हो। आंखों ही आंखों में कह रहा हो उसे मुआफ़ करो न करो मुझे तो कर ही दो। वह कल्पना भी नहीं कर सकता होगा मैं इस वक्त क्या कर रही हूं क्या सोच रही हूं। शायद कर भी सकता हो कर रहा हो इस वक्त।

मेरी सोच पर सेक्स सफ़र। और सीमा। बदन सी-सी कर रहा है सारा इस वक्त। सारा नहीं सिर्फ मुंह। अब वह लंबा लिबास पहन ही लूं। चुस्त कपड़ों से मुझे नफ़रत। उफ़ इतना उभार भी नहीं होना चाहिए । आज तो देखने से ही दुख रहे हैं। एक आदमकद शीशा और होना चाहिए। वह भी हो जाएगा। मेरी शादी दो शीशों से।

लंबा लिबास ठण्डा सूती कपड़ा तन को राहत। अन्डीज़वन्डीज़ नहीं। अपने से क्या शर्म। अपनों से भी नहीं। जब सीमा और सागर पलंग तोड़ रहे होते हैं तो मैं पहरेदार नीचे से नंगी। एड़ियों तक लिबास कुछ नज़र नहीं आता आ भी जाए तो क्या घास ही तो है।

मांस और मिट्टी एक समान।

पता नहीं क्या सोचने जा रही थी। सोचने से कुछ नहीं होता। कल्पना सोच से ऊंची।

कल्पना से भी असल में होता कुछ नहीं लेकिन लगता है हो रहा है या हो सकता है या हो जाएगा कुछ न कुछ। होने से लगना ज़्यादा ज़रूरी।

कल्पना करूं वह दोनों अन्दर हैं उस तरफ़ मैं यहां बैठी पहरा दे रही हूं। धीमा शास्त्रीय संगीत। उधर से आती हुई आधी आवाज़ें। आनन्द से बोझिल दो शरीरों का धीमा-धीमा शोरनुमा संगीत। सामाजिक सीमाएं टूट रही हैं। ज़ंजीरों की झंकार।

मेरी भूमिका। मैं न होती तो वह दोनों यहां न होते। दो प्रेमियों को मिलने का मौका मैंने दिया। मेरा जीवन सार्थक। अपना न सही किसी दूसरे का तो कल्याण कर ही दिया। अपना साथ हो ही जाता है अपने आप।

सागर शायद जान बूझ कर शोर मचाता है सीमा उसे मना करती रहती है मेरी आंखें बन्द।

राज़दानी की फ़ीस वसूल बिस्तर का किराया भी। शायद मुझे यही करना चाहिए खुल कर। मैडम मीनू का सेलॉन। जहां समाज के बन्धनों को चोरी छिपे तोड़ा जा सकता है। जहां नारियों को मुक्ति मिल जाती है थोड़ी देर के लिए। कोई

फीस नहीं। सब काम मुफ्त। सब्ज़ सपने।

जिस शाम वह दोनों मेरे बिस्तर में होते हैं उस रात सपने भी उनके संगीत से आबाद। अपना बिस्तर उनका। अपने जिस्म में वह दोनों रचे बसे।

असली राज़दां वह जो सपनों में भी दूसरों की समस्याओं का समाधान करती फिरे।

सपनों में भी उनके आनन्द के उलझाव उनकी उलझनों के फूल।

एक सपना बार-बार देखा है हर बार कुछ बदला हुआ लेकिन असल में वही। हर बार सपने में सोचती हूं आज इसे याद रखूंगी। अक्सर कुछ देर के लिए आंख भी खुल जाती है लेकिन दूसरे दिन सिर्फ़ धूल।

उस धूल को घूर-घूर कर एक सपना घड़ लिया है। अंधेरे में दो बच्चे मेरे सीने से सटे हुए हैं। वे दोनों एक दूसरे के प्रेमी हैं मेरे प्रेमी भी मेरे बच्चे भी।

असली राज़दां मां भी।

अब तीसरी रम ने अपना गुल खिलाना शुरू कर दिया है लहू नाच रहा है कलम लड़खड़ा। किसी रात इसी तरह पीते पीते पहुंच जाऊंगी या पागल हो जाऊंगी। किसी रात किसी ने उन दोनों को यहां पकड़ लिया तो ? पड़ोसियों को शक तो होगा ही मकान मालिकन को तो ज़रूर। अपने समाज में कुछ छिपा नहीं रहना। यह इस समाज की खूबी। सब एक दूसरे पर शक करते हैं सब जासूसी। अपने समाज में आज़ादी सिर्फ सन्तों को।

सरूर में भी समाज की चिन्ता। और सीमा की। वह कहती है अब और नहीं अब कुछ करना होगा। वह अब सूअर सागर दोनों से तंग।

किसी को पता चल जाए मैं अपने घर नीचे से नंगी तो कहेंगे मैं वेश्या।

किसी दिन हम पकड़े जाएंगे तीनों। सब समझेंगे मैं मैडम हूं। मैडम बांवरी। कालगर्ल रेकिट। ख़बर कानपुर जा पहुंचेगी। अख़बारों में तस्वीरें। सीमा की सास और सूअर मेरे खून के प्यासे।

अब और नहीं कुछ करना होगा सीमा कहती है।

सागर ख़ामोश।

आज नींद नहीं आएगी। शायद चौथे के बाद। चौथा नहीं।

किसी का फ़ोन ही आ जाए।

लो आ गया फ़ोन।

कुछ और मांगा होता।

इस वक्त कौन ?

सागर

अगर मैंने अपने कोटे से ज़्यादा न पी ली होती तो इतनी रात गये मीनू को फ़ोन न करता, हिम्मत ही न होती, क्योंकि मीनू से मैं डरता हूं, क्योंकि उसकी नज़र बहुत तेज़ है, ज़ुबान बहुत खुली हुई, ज़ेहन बेलिहाज़। इसीलिए यह ख़्वाहिश अन्दर बैठी रहती है कि किसी तरह किसी दिन किसी बहाने उसकी नज़रें नीची कर दूं, उस से कोई ऐसी हरकत करवा लूं या उसे किसी ऐसी करतूत में घसीट लूं जिस से उसे बाद में शर्म आए, जिसके बारे में वह सीमा को बता न सके, बताना न चाहे। मीनू से मुझे डर इसलिए भी लगता है क्योंकि वह मुझे भांपती रहती है, यह एहसास देती है कि उसे मेरे बारे में सब मालूम है, कि वह किसी दिन सीमा से साफ़–साफ़ कह देगी मैं सीमा के काबिल नहीं। मीनू कभी मेरी किसी बात या हरकत से प्रभावित नहीं हुई। ऐसी औरतें अक्सर मुझे अजीब ढंग से उकसाती हैं, मेरे आत्मविश्वास को ललकार देती हैं, मुझे चैन नहीं लेने देतीं। यह तो ग़नीमत है मीनू खूबसूरत नहीं वर्ना अब तक मैंने कुछ न कुछ कर ही दिया होता। खूबसूरत औरतें मेरी परवाह न करें, यह मुझ से कभी बरदाश्त नहीं हुआ। सीमा को मेरी इस कमज़ोरी का अन्दाज़ा है। उसे असल में मेरी सारी कमज़ोरियों का अन्दाज़ा है। नहीं,

सारी का नहीं। कुछ पर्दे अभी भी हैं हमारे बीच। वे रहने ही चाहिए। रहेंगे भी । वह भले ही बिलकुल बेपर्दा हो जाए मेरे सामने, मैं तो कभी नहीं हूंगा उसके सामने। वह करीब–करीब हो ही चुकी हैं इसीलिए मेरा पलड़ा भारी है। वह भारी ही रहे तो बेहतर। इसीलिए मीनू की अकड़ से मुझे खटका सा लगा रहता है। अकड़ से भी और अक्ल से भी। इसीलिए अपने कोटे से ज़्यादा पी लेने के बाद कभी कभी मीनू के बारे में ऊलजुलूल सोचना शुरू कर देता हूं। जैसे कि कल रात।

अगर सीमा लंचब्रेक में मिलने पर राज़ी हो गयी होती तो शाम को मैं अपने कोटे से ज़्यादा न पीता। दोपहर जब सीमा को फोन किया था तब भी एक बड़ी बोतल बीअर मेरे अन्दर जा चुकी थी और एक मेरे सामने रखी हुई थी। सुवीरा ने मना भी किया था फ़ोन करने से भी और दूसरी बीअर खोलने से भी। उसे पता नहीं कैसे पहले से ही पता चल जाता है मैं सीमा को फ़ोन करने वाला हूं। अगर बीअर न पी रहा होता तो शायद फ़ोन भी न करता। सीमा नहीं चाहती मैं उसे सीधा फ़ोन करूं। अक्सर फ़ोन मैं दफ़्तर में मीनू को ही करता हूं। हम ने कई कोड बना रखे हैं। उन पर हंसी आती है। आम तौर पर दिन में मैं नहीं पीता। घर में तो बहुत ही कम। इधर दिन में भी कुछ ज्यादा ही पीने लगा हूं। अगर दोपहर को सीमा से शाम के या आज के बारे में कुछ तय हो गया होता तो शायद अपने कोटे से ज्यादा पी लेने के बावजूद मैंने मीनू को फ़ोन न किया होता। मैं मीनू से पूछना चाहता था कि सीमा फ़ोन पर इतनी उखड़ी उखड़ी क्यों थी। मैं खुद सीमा से फ़ोन पर बात करते–करते न जाने हंस क्यों रहा था। बीअर का ही असर रहा होगा। शायद सुवीरा की मौजूदगी का भी। जब मैं सीमा को फ़ोन करता हूं तो वह अक्सर इधर–उधर हो जाती है। उसे बुरा तो लगता है लेकिन बरदाश्त कर लेती है। और कर भी क्या सकती है। वह चाहती है मैं उसके सामने सीमा को फ़ोन न करूं। आमतौर पर मैं नहीं करता लेकिन कभी-कभी करना ज़रूरी भी हो जाता है, अच्छा भी लगता है। मेरा अन्दाज़ा है कि अगर कभी सुवीरा का सिलसिला किसी से हो गया तो वह भी कभी-कभी मेरे सामने उस आदमी को फ़ोन किया करेगी, यूं ही, यह देखने के लिए कि मैं क्या कहता हूं, कितना तिलमिलाता हूं। हो सकता है सुवीरा का सिलसिला किसी से चल ही रहा हो, लेकिन नहीं, सुवीरा में इतनी हिम्मत कहां। मौके तो ख़ैर उसे भी मिलते ही रहते होंगे। अगर मैं अपनी छात्राओं से उलझ सकता हूं तो वह अपने छात्रों से क्यों नहीं। सीमा तो नहीं लेकिन मीनू कभी-कभी मुझे कौंच देती है यह कह कर कि मुझे सुवीरा की तरफ़ से इतना निश्िंचत नहीं होना चाहिए । मैं निश्चिंत तो नहीं लेकिन सुवीरा की सीमाएं जानता हूं। मीनू सुनकर मुस्करा देती है। उसकी मुस्कराहट कभी-कभी उसके चेहरे को इस तरह चमका देती है कि मैं भूल जाता हूं वह खूबसूरत नहीं। वह खूबसूरत नहीं लेकिन उसका सीना खूब है – सीमा के सीने से एक नंबर ज्यादा ही होगा, कम नहीं।

अगर कल शाम घर में पी रहा होता तो शायद ही मीनू को फ़ोन करता। घर से पीने के बाद सिर्फ सीमा को फ़ोन करने का मन करता है, और सीमा के घर खुशकिस्मती से फ़ोन नहीं वर्ना उसके उस बेवकूफ़ राजेश ने किसी दिन हमें पकड़ लिया होता। और यह भी ग़नीमत है कि मीनू की बरसाती में फोन है – और मीनू की बरसाती है – वर्ना हम दोनों भूखे मर गये होते। अगर मीनू ने कह दिया होता मत आओ तो मैं ज़िद्द नहीं करता, चुपचाप घर चला गया होता। मैं पीता तो हूं लेकिन पियक्कड़ नहीं। वैसे इधर कोटे से कुछ ज़्यादा ही पीने लगा हूं। कोटा भी कुछ बढ़ता ही चला जा रहा है उलझनों के साथ-साथ। ग़लती मेरी ही है। मैंने ही सीमा को सलाह दी थी वह शादी के लिए हां कर दे। अगर मैंने उसे रोक दिया होता तो वह रुक जाती। लेकिन उस वक्त और कोई चारा भी तो नहीं था। सोचने के लिए हमें वक्त चाहिए था। हां अगर सीमा डॉक्टर के पास जाने के लिए राज़ी हो गयी होती तो हमें पता चल जाता अलार्म झूठा था और हम यूं ही घबरा रहे थे। झूठे अलार्म ने ही बात का बतंगड़ बना दिया। अगर मैंने पूरी एहतियात से काम लिया होता तो अलार्म की नौबत ही न आती। सेक्स में पूरी एहतियात नामुमकिन। फिर भी मैं अपना कुसूर कबूल करता हूं। मर्द हमेशा जोश में लापरवाही कर जाता है। क्या करे बेचारा। असली कुसूर कुदरत का। फिर भी पी कर हमेशा अपने आप को कोसता हूं। मेरी वजह से बेचारी सीमा को उस सूअर से शादी करनी पड़ी। जल्दी से अपने आपको कोसने से कोई कुसूर मुआफ़ नहीं होता। शायद शराब का कोटा इसीलिए बढ़ता जा रहा हो। शराब अपराधबोध को मारती नहीं सिर्फ़ भ्रम पैदा करती है उसे मार रही है। लेकिन मैं पहले भी कम नहीं पीता था। तब और बहाने। आदमी को बहानेबाजी की आदत। ठीक है अगर यह भी न हो तो जीना मुहाल हो जाए। वह तो वैसे भी कम मुहाल नहीं। देखा जाए तो मैं मुज़रिम नहीं लेकिन महसूस करता हूं कि हूं। अगर सीमा अपने घर सुखी होती तो शायद मैं ऐसा न करता। लेकिन अगर वह अपने घर सुखी होती तो मेरे साथ उसका सिलसिला टूट न गया होता। ज़रूरी नहीं। सिलसिले सुख से भी उपज सकते हैं सिर्फ दुख से नहीं उपजते। मेरे कई सिलसिलों का ताल्लुक सुख से रहा न दुख से। तो ? इस बखेड़े में न ही पड़ूं तो बेहतर। सब कुछ सोच समझकर ही नहीं किया जाता। वैसे सीमा की सोचसमझ की भी दाद देता हूं, हिम्मत की भी। शायद मैं सचमुच उसके काबिल नहीं। उसने कैसे इतने ठण्डे दिमाग़ से फैसला कर लिया था कि अगर अलार्म सच्चा निकला तो वह मेरा बच्चा राजेश के नाम मढ़ देगी। मुझ से ऐसा धोखा मुश्किल होता। मर्द से ऐसा धोखा हो ही नहीं सकता। यह भी कुदरत का खेल। औरत को यह ताकत कुदरत ने ही दी वर्ना उस बेचारी की विपदाएं और बढ़ जातीं। पता नहीं मेरी हालत तब क्या होती। क्या मेरा खून बाद में जोश मारता। सीमा का हिसाब किताब सब ठीक था राजेश को शक नहीं होता। कभी कभी सोचने पर मुझे अजीब

लगता है कि सीमा ने इतना बड़ा फ़ैसला कैसे इतनी आसानी से कर लिया ? और कर भी क्या सकती थी। मुझे ज़िद्द करनी चाहिए थी। डाक्टर के पास जाने के लिए उसे मजबूर करना चाहिए था। और नहीं तो वर्गला कर ले जाना चाहिए था। न जाने उसे क्यों यह यकीन हो गया था कि अलार्म सच्चा ही निकलेगा। दिन ऊपर ज़्यादा नहीं हुए थे। शादी के लिए हां करने में उसने जल्दबाजी ही की। हो सकता है वह दिल से यही चाहती हो। हो सकता है वह मुझ से पीछा छुड़ाना चाहती हो। हो सकता है अगर राजेश एकदम सूअर न निकलता तो सीमा ने मेरे साथ सिलसिला तोड़ दिया होता। मैं खुशकिस्मत हूं राजेश सूअर और अलार्म झूठा निकला। अब वह भी मानती है कि डाक्टर के पास न जाकर उसने ग़लती की। उस वक्त वह अड़ी हुई थी कि वह एबार्शन नहीं करवाएगी, इसलिए डॉक्टर के पास जाएगी नहीं। मुझे एबार्शन पर कोई एतराज़ नहीं था। आजकल कोई ख़तरा नहीं। आजकल तो अनपढ़ भी एबार्शन के लिए राज़ी हो जाती हैं, पढ़ी लिखी तो हंसी खुशी करवा लेती हैं। मेरी दलीलों मिसालों का सीमा पर कोई असर नहीं हुआ। न ही मेरी नाराज़गी का। मुझे तो अजीब लगता है कि सिर्फ़ एबार्शन से बचने के लिए उसने शादी मन्जूर कर ली। नहीं, शायद मुझ से बचने के लिए भी। कुदरत ने उसके साथ ज़ालिम मज़ाक किया। किया तो मेरे साथ भी लेकिन उसके साथ ज़्यादा। देखा जाए तो मुझे कोई नुक्सान नहीं हुआ मुझे ऐसे सोचना नहीं चाहिए। क्या करूं पैदाइशी ईमानदार हूं।

हां अगर मैंने उसे यकीन दिला दिया होता कि अगर वह प्रेगनेन्ट निकली तो मैं उसे एबार्शन के लिए नहीं कहूंगा तो वह डॉक्टर के पास जाने के लिए राजी हो जाती और तब मुझे कुछ करना पड़ता। सीमा अपने परिवार का सामना करने के लिए तय्यार थी। वह कमज़ोर नहीं उसमें उनका सामना करने की ताकत पता नहीं थी या नहीं हिम्मत ज़रूर थी। मुझ में हिम्मत थी न ताकत। असली बात शायद हिम्मत और ताकत की नहीं थी, समझदारी की थी। आवेश में आ कर मैं सीमा को कोई गलत आश्वासन नहीं देना चाहता था। सुवीरा के साथ सम्बन्ध तोड़ना मेरे लिए नामुमकिन होता। मैं अपने बच्चों के बग़ैर नहीं रह सकता। अगर यह सब ज़रूरी होता, अनिवार्य होता, तो बात दूसरी थी, लेकिन एबार्शन अब इतनी आसान और खतरे से खाली हो गयी है कि सीमा की ज़िद्द मुझे बचकाना लगी थी। शायद बच्चे को बचाने के लिए ही उसने शादी मन्जूर कर ली थी और शादी के दिन ही उसे पता चल गया था बच्चा नहीं होगा। क्या मजाक है कुदरत का। मीनू से कभी बात तो नहीं हुई लेकिन मेरा ख़याल है उसकी निगाहों में मैं मुजरिम हूं, कमज़ोर हूं। वह तो मैं अपनी निगाहों में हूं। अपना लिहाज़ तो करता हूं, लेकिन मानता हूं कि करता हूं। कमज़ोर हूं, हर आम मर्द की तरह। आम मर्द का लबादा ओढ़ कर मैं अपने जुर्म से बरी नहीं हो जाता। देखा जाए तो सीमा की बिपता का दोष मेरे सिर आता है। यह उसकी बड़ाई है कि उसने मुझे छोड़ा नहीं। शायद कुछ मजबूरी भी।

कुछ भी हो मैं उसके उस सूअर से तो बेहतर हूं ही। लेकिन यह उसकी बड़ाई है कि उसने कभी मुझे मेरी कमज़ोरी के लिए कोसा नहीं। वह सोचती तो होगी ही। मीनू से तो बात करती ही होगी। किसी दिन मुझ से भी ज़रूर करेगी। आख़िर इस तरह आखिर तक तो चल नहीं सकता। हमारे सम्बन्ध का भविष्य आख़िर क्या है? उस वक्त तो मैंने कह दिया था शादी के बाद देखेंगे। अब वह सोचती होगी कि शादी को डेढ़ साल होने को है और मैं कोई बात ही नहीं करता। बात वह भी नहीं करती लेकिन वह तो इन्तज़ार कर रही होगी कि पहल मैं करूं। मैं क्या करूं। मेरी समझ बूझ मुझे कुछ भी नहीं करने देगी। मैं कुछ भी नहीं कर सकूंगा, सिवाय पी कर अपने आपको कोसने के। मैं बुज़दिल हूं। मेरा कोटा बढ़ता चला जाएगा और किसी दिन तंग आ कर सीमा खुद ही मुझे छोड़ देगी। शायद मैं उसी दिन का इन्तज़ार कर रहा हूं। उसके बाद मैं कोई और सिलसिला शुरू कर दूंगा। सुवीरा सुलगती रहेगी, बच्चे बड़े होते चले जाएंगे, मैं निकम्मा। बरसों से कुछ किया नहीं। बस बेकार हवाई किले।

कल भी पीते पीते मैं इसी तरह पिलपिला। अगर कल भी मीनू को फ़ोन करने के बजाय घर जा कर अपने बखिये उधेड़ने शुरू कर देता तो बच जाता। मीनू पता नहीं सीमा को सारा किस्सा बताएगी या नहीं। मुझे खुद बता देना चाहिए लेकिन किस मुंह से। सारा कुसूर रम का। नहीं सारा कुसूर मेरा। मैं न जाने किस काली नियत से, किस काली कैफ़ियत में, जा पहुंचा था मीनू के पास। कोटे की बात सुनते ही सीमा को कड़वी हंसी आ जाती है। हो सकता है मैं सिर्फ़ और पीने के लिए जा पहुंचा था। सिर्फ़ पीने के लिए नहीं, पीने के लिए भी। सीमा के सामने संयम रखना पड़ता है। वह रोकती रहती है। खुद नहीं पीती इसलिए घूंट गिनती रहती है। सुवीरा की तरह। मीनू इस मुआमले में मुक्त। उसके साथ पीने में वैसा ही मज़ा जैसे किसी मर्द दोस्त के साथ। लेकिन यह सब बकवास है। पी कर भी मैं पूरी तरह बेहोश कभी नहीं होता। कल जो हुआ होश में ही हुआ। वैसे यह तो सच है कि मैं कल रात सीमा से मिलना चाहता था। उसकी आवाज़ सुनना चाहता था। उसे छूना-चूमना चाहता था। उसके सामने टूटना चाहता था। नाटक ! फ़ोन पर मीनू की आवाज़ में मुझे सीमा की आवाज़ भी सुनायी दी थी। लेकिन उसकी सूरत में सीमा की सूरत नहीं। मीनू की आवाज़ की लड़खड़ाहट से मुझे पता चल गया था वह पी रही थी और अपना कोटा पार कर चुकी थी। मैंने पूछा था— थोड़ी देर के लिए आ जाऊं ? उसने कह दिया था – क्यों नहीं ? अगर उसने मना कर दिया होता तो मैं जिद्द नहीं करता। उसने मना क्यों नहीं किया ? क्योंकि वह कभी मना नहीं करती। मुझे खुद सोचना चाहिए था। यह हिन्दुस्तान है इतनी रात गये किसी अकेली औरत की बरसाती में धुत्त हो कर जाना उस बेचारी की इज़्ज़त बरबाद करना है। किसी ने सीढ़ियां चढ़ते देख लिया होता तो वहीं रोक कर जिरह करने लगता। भाई साब इस

वक्त आप यहां कैसे ? और वह भी नशे में चूर। किस से मिलना है ? वह आपकी क्या लगती है ? बदमाशी का अड्डा खोल रखा है उसने यहां ? यह शरीफों का मुहल्ला है। इस मकान में बालबच्चेदार लोग। आप के मुंह से बो आ रही है। आप हैं कौन ? शादी शुदा हैं ? तो इस वक्त आप अपने घर में क्यों नहीं ? यहां झख मारने क्यों ? चलिए नीचे। मैं कहता हूं चलिए नहीं तो मैं चिल्ला-चिल्ला कर सबको जगा दूंगा। यह हिन्दुस्तान है। आप रहते कहां है। कल आपकी उसको यहां से निकाल दिया जाएगा। नाटक ! यहां के रहन-सहन का मज़ाक उड़ाकर मैं अपनी जान नहीं छुड़ा सकता। मैं कौन सा बड़ा बाग़ी। मैं भी बुज़दिल। मैं भी दिन में दस झूठ बोलता हूं। मैं भी समझौते बाज़। बस लताड़ो अपने आपको। तुम समझते हो आत्मधिक्कार करते रहोगे तो अपनी नज़र में बने रहोगे। यह भी एक तरह की मक्कारी। अकेले बैठ कर अपने आपको कोस लिया और समझ लिया सारे दोष धुल गये। रोने धोने से कोई दोष नहीं धुलता। झूठे रोन-धोने से। मेरा रोना-धोना झूठा। न होता तो मैं कुछ और होता। नाटक !

मेरी असली चिन्ता अब शायद यही है कि मीनू कल की बात सीमा को बता देगी। शायद बता चुकी हो। अगर मुझ में कोई खोट न होता तो मैंने खुद लेकिन मैं सीमा से मिल भी तो मीनू की मदद से ही ... मुझे आज सुबह सवेरे मीनू को फ़ोन करना चाहिए था, मुआफ़ी मांग लेनी चाहिए था, कह देना चाहिए था जो हुआ कोटे से ज़्यादा पी लेने के कारण हुआ मैं शर्मिन्दा हूं, अगर इजाज़त दो तो मैं थोड़ी देर के लिए आ जाऊं, देखो यह बात सीमा तक नहीं पहुंचनी चाहिए, उसे दुख होगा, उसे दुख देने का क्या फ़ायदा, हम दोनों बालिग़ हैं, इस उलझन को सुलझा सकते हैं, मुझे मुआफ़ कर दो मीनू ! मैं नाटक सोचने से बाज़ क्यों नहीं आता ? मीनू मूर्ख नहीं। हम दोनों बालिग़ हैं तो सीमा भी तो बालिग़ है, उस से क्यों कुछ छिपाया जाए ? औरों का मुझे पता नहीं, मैं बालिग़ नहीं। हम हिन्दुस्तानी बहुत सी बातों में बुढ़ापे में भी नाबालिग़। सारा कुसूर हमारे समाज का। संयुक्त परिवार का। लोकलाज का। बालिग़ होने के लिए बागी होना ज़रूरी। बेकार का दर्शन। अपने दोष समाज के सर। अपनी बात सोचो, सारे हिन्दुस्तान की नहीं। तुम जैसे तिनके हर देश में, हर समाज में, हर काल में। हर समाज की अपनी सीमाएं, हर संस्कृति की अपनी। तुम अपनी बात करो। पी कर सोचना आसान नहीं। सोचना आसान नहीं। मैं सोच नहीं रहा, सुलग रहा हूं। बहको मत। हर शाम यही होता है। मुझे बदलना होगा। कोई बदलता नहीं। यह निराशावाद भी झूठा। अभी किसी का फ़ोन आ जाए तो मैं सब कुछ भूल कर गप्पबाज़ी के लिए तय्यार। ही-ही करना शुरू कर दूंगा। सीमा कहती है, पीने के बाद तुम्हारी हंसी हौलनाक। एक मिकदार से ज़्यादा पी लेने पर। कोटे से ज़्यादा पी लेने पर। कल दोपहर को सीमा फ़ोन पर घबरायी हुई थी, मैं ही-ही कर रहा था। उसने कितनी बार मना किया है दफ़्तर में फ़ोन न करूं। उसका बॉस

बदमाश। लचर। उसकी लार टपकती रहती है। मैं किसी से कुछ कह नहीं सकता। मैं सब से बुरा। अगर मुझे इस बात में सचमुच विश्वास होता तो मैंने आत्महत्या न कर ली होती। या फिर सन्त न हो गया होता ! ज़रूरी नहीं। मेरा अगर कोई गुण है तो यही कि मैं अपने बारे में सब कुछ जानते मानते हुए भी जिन्दा हूं, जिन्दा रहूंगा, सन्त बनूंगा न महन्त।

सीमा को मेरा पीना कभी मन्जूर नहीं हुआ। सुवीरा को भी नहीं। मीनू को कोई एतराज नहीं। बस हम दोनों को यह ऐब एक दूसरे से बांधता है। शायद इसीलिए या इसलिए भी कल इतनी रात गये उसे फ़ोन करने में मुझे ज़्यादा संकोच नहीं हुआ। शायद मेरा असली मकसद उसके साथ बैठ पीना ही थी। उसकी आवाज़ की लड़खड़ाहट ने मुझे बता दिया था कि वह पी रही थी। शायद मेरे मन के अन्दर कहीं किसी कोने में यह अन्देशा भी रहा हो कि अगर मैं न गया तो उसकी हालत बिगड़ जाएगी, वह कुछ कर बैठेगी। सीमा को भी उसकी चिन्ता लगी रहती है। वह कहती है मीनू अन्दर से बहुत उदास और अकेली है, उसकी बातों से उसके भीतर का कुछ पता नहीं चलता, मज़ाकिया लोग अक्सर बहुत अकेले होते हैं, उनका कुछ भरोसा नहीं कब क्या कर बैठें। जब वह मीनू के बारे में इस तरह की बातें कर रही होती है तो मुझे लगता है मानो वह मुझे मेरे बारे में बता रही हो। मुझे अपने बारे में यह सोचना अच्छा लगता है कि मेरा कोई भरोसा नहीं, मैं किसी भी वक्त कुछ भी कर सकता हूं, यह जानते हुए भी कि मैं कुछ नहीं कर सकूंगा, कभी भी। सीमा कहती है मैं पीकर जानवर हो जाता हूं, जानवरों की तरह हंसता हूं। मैं उसके हमले को मज़ाक में टालने की कोशिश करता हूं, कहता हूं, कुछ जानवरों को रोते तो देखा गया है लेकिन हंसने वाला जानवर एक ही है– मैं। सीमा ने इधर मुझे 'तुम' कह कर बुलाना शुरू कर दिया है। मुझे कुछ अजीब सा लगता है। कहां 'सर' कहां तुम। महसूस होता है वह उम्र और दर्जे का अन्तर पाट रही हो, मेरा सामना करने के लिए, मुझे खरी–खरी सुनाने के लिए, तय्यार हो रही हो, इशारा कर रही हो उस्ताद-शागिर्द का रिश्ता अब खत्म। मैं अभी उसका सामना करने के लिए तय्यार नहीं। मैं चाहता यही हूं कि वह कुछ देर और मेरी शागिर्द बनी रहे।

क्या मैं सीमा को प्यार करता हूं ? कुछ सवालों को कभी भी नहीं उठाना चाहिए, गहरी नींद सोए रहने देना चाहिए। क्या मैं सुवीरा को प्यार करता हूं ? अगर हां तो दूसरी औरतों के पीछे क्यो ? डॉन ऊआन सिन्ड्रोम। प्यार की परिभाषाएं अनेक। आधुनिक प्यार के अन्दाज़ अनेक। प्यार एक से नहीं अनेक से। अनेक में एक की तलाश। एक में अनेक की। प्यार एक वक्त में सिर्फ़ एक से नहीं। प्यार पीड़ा का दूसरा नाम। प्यार सिर्फ़ परायी औरत या पराए मर्द से ही क्यों ? जिसको पा लिया उस से प्यार ख़त्म। प्यार के लिए परिधि ज़रूरी, उसका उल्लंघन ज़रूरी। अगर सारे प्रतिबन्ध उठा दिये जाएं तो प्यार उड़ जाए। प्यार प्यास का दूसरा नाम। प्यार

मुक्त नहीं करता, बांधता है। मुक्त प्यार नामुमकिन। मुक्त सेक्स प्यार को नापसंद। प्यार भूख का बढ़िया नाम। प्यार अहम् की आहुति मांगता है, अहम् प्यार की। असली प्यार असल में रूमानी। असली प्यार नाबालिगों को ही नसीब होता है। राधा और जूलियट। प्यार में मौन अनिवार्य, प्यार की मौत अनिवार्य। सेक्स और प्यार का अन्तर आधुनिक युग की ही देन या उपलब्धि नहीं। असली प्यार के लिए पारो ज़रूरी। और देवदास। प्यार और नैतिकता का बैर हर युग में। नेतिकता सामाजिक समझौता। प्यार परिवार का दुश्मन। सवाल का जवाब मैं नहीं दे सकता। बस मैं यही कर सकता हूं। उखड़े-उखड़े उद्‌गार, उखड़ी-उखड़ी सोच प्यार के लिए कुरबानी ज़रूरी। जो किसी को कष्ट नहीं दे सकता, वह प्यार नहीं कर सकता। असली प्यार सिर्फ़ हिन्दुस्तानी फ़िल्मों में, फ़िल्मी गानों में। जब प्यार किया तो डरना क्या ! बकवास ! प्यार के लिए डर ज़रूरी। प्यार के लिए मासूमियत ज़रूरी। मासूमियत की मौत के बाद प्यार नामुमकिन। प्यार मासूमियत की खोज का भी एक नाम, एक रूप। प्यार और पवित्रता का संघर्ष। क्या मैं सीमा से प्यार करता हूं ? सुवीरा से ? दोनों से ? मेरे पास दो टूक जवाब नहीं। गनीमत है सीमा अब मुझ से यह सवाल नहीं पूछती। शायद वह भी बालिग़ हो गयी है। सुवीरा की और मेरी तरह। उसकी मासूमियत की मौत शायद अब हो चुकी है। मेरे हाथों।

सीमा आजकल एक और ख़याल से भी परेशान रहती है। कहती है हम मीनू का इस्तेमाल कर रहे हैं। अपने मतलब के लिए उसकी नौकरी और इज़्ज़त को ख़तरे में डाल रहे हैं। वह कहती कुछ नहीं, इसका यह मतलब नहीं कि सोचती कुछ नहीं। उसकी अपनी भी तो ज़िन्दगी है। हमारी वजह से वह और कुछ कर ही नहीं सकती। अगर किसी दिन हमारी पोल खुल गयी तो उसका क्या होगा। यह हिन्दुस्तान है। आख़िर हम कब तक सारा बोझ उस पर डाले रहेंगे। बात सिर्फ़ बोझ की ही नहीं। उस बेचारी को अपने लिए भी तो कुछ जगह चाहिए। और फिर उसके दिल पर क्या गुज़रती होगी। हमें खुद सोचना चाहिए। मैं सीमा से सहमत हूं। बात करते वक्त वह कभी-कभी मेरी तरफ़ यूं देखती है जैसे सारा कुसूर मेरा हो। मैं नहीं जानता वह क्या चाहती है, क्या करना चाहती है। मैं नहीं जानता मैं क्या चाहता हूं। कुछ कायदे-कानून पाबन्दियां हर देश और समाज में होती हैं। उन्हें तोड़ने के लिए जो हिम्मत और ताकत चाहिए वह मुझ में नहीं। होती तो पीकर अपने आपको कोसने या सीमा को मीनू की बरसाती की तरफ खींचने के बजाय मैंने सीमा के साथ मिल कर वे कदम उठाए होते जो मुश्किल तो हैं, नामुमकिन नहीं, और शायद ज़रूरी हैं। मैं तो उन क़दमों के बारे में सोचने से भी कतराता हूं, सीमा सोचती तो होगी। मेरा तो उनके ख़याल से ही खून खुश्क हो जाता है। कमज़ोरी से इनकार नहीं। पीना उसका इलाज नहीं, उस से फ़रार का एक तरीका है। कल रात मीनू से मिलने की ख़्वाहिश का एक खुफिया पहलू यह भी रहा होगा। कई दिनों से रह-रह

कर यह ख़याल आ रहा है कि अगर सीधे सीमा से नहीं तो मीनू से तो सारी बात कर ही देनी चाहिए। सारी बात का सार यही है कि मुझ में कोई भी कदम उठाने की हिम्मत नहीं, कि मैं कायर हूं, शर्मिन्दा हूं। शायद मैंने सोचा हो इस इकबाल के बाद और नहीं तो मैं हल्का हो जाऊंगा। और इसके साथ ही कहीं न कहीं यह उम्मीद भी दुबकी बैठी होगी कि मुझे अपनी कायरता का इकबाल करते देख मीनू मोम हो जाएगी, मुझ पर तरस खाएगी, हमदर्दी जतलाएगी, कहेगी, असल में हम सब कमोवेश कमज़ोर हैं लेकिन तुम्हारी तरह ईमानदार नहीं, तुम क्यों कोस रहे हो अपने आपको, अगर तुम कायर हो तो सीमा कौन-सी बहादुर है, होती तो उस सूअर से शादी कर लेने के बजाय तुम्हारी बात मान कर डॉक्टर के पास जाती, संकट का सामना करती, एबार्शन को एकदम ख़ारिज न कर देती, तुम ख़्वाह-म-ख़्वाह अपनी खाल उधेड़ रहे हो, लो पियो। हर बुज़दिल यही चाहता है कि जब वह घुटने टेक कर अपने सर में खाक डाल रहा हो, अपनी बुज़दिली पर मोटे-मोटे आंसू बहा रहा हो, अपने आपको फटकार रहा हो तो कोई उसे सीने से लगा ले और कहे, तूम और बुज़दिली क्या बात करते हो, जो असली बुज़दिल होते हैं वे अक्सर बेईमान भी होते हैं, कभी मान के नहीं देते वे बुज़दिल हैं, चलो कहीं चल कर पीते हैं।

मुझे बस बातें बनानी आती हैं। वे भी छोटी-छोटी। जिन से छटपटाहट बढ़ती है। जिस पर काबू पाने के लिए पीता हूं। जिस से वह और बढ़ती है। इसी तरह पीता रहा तो लेकिन मैं क्यों अपने पीछे पड़ा हुआ हूं। ग़लती हर इंसान से हो जाती है कमज़ोरी हर इंसान में होती है। अगर मैं इतना बुरा होता तो सीमा जैसी अच्छी लड़की मेरी तरफ क्यों खिंचती ? अब वह लड़की नहीं। मेरा जादू लड़कियों पर ही चलता है। सीमा अब समझदार औरत। 'सर' की जगह 'तुम' ने ले ली है। अब उसके मन में भी यह सवाल उठ रहा होगा कि उसने मुझ में क्या देखा ? मैं उसके साथ अन्याय कर रहा हूं। अपने साथ भी। सब कुछ देख भाल कर ही नहीं किया जाता। प्यार अन्धेपन का दूसरा नाम। नहीं, परिणाम। मैं तो शायद अन्धा भी नहीं हुआ। ज़्यादा देर के लिए। अब सब कुछ सुस्त पड़ता जा रहा है। मिलने में मज़ा कम और ज़हमत ज़्यादा। मुझ पर कभी-कभी दोपहर को भी सेक्स का भूत अचानक। वह भी शायद असुरक्षा के कारण। एक तरह से अपनी ताकत की, सीमा पर अपनी हुकूमत की आज़माइश। देखें दौड़ी चली आती है कि नहीं। मीनू को भी बुरा लगा होगा, सीमा को तो ज़रूर। अब मुझे भी अपनी हरकत पर हैरानी। सीमा शिकायत करती है हमारे बीच अब सिवाए सेक्स के कुछ रहा ही नहीं। और सेक्स भी एक तरह की रोटीन। रसहीन। बाहर बेचारी मीनू बैठी पहरा सा दे रही होती है, अन्दर हम जल्दी-जल्दी में। सेक्स में भी सुरूर इस तरह कैसे। जब तक इधर-उधर घूमों नहीं, मूड न बनाओ, बेफिक्र न हो सको सेक्स बेस्वाद। मैं तो ख़ैर रम के सहारे कभी-कभी थोड़ा-सा उड़ भी लेता हूं, सीमा तो आजकल सिहरती तक नहीं। किसी

दिन साफ़-साफ़ मना कर देगी। संकेत तो कई दे चुकी है। यह हिन्दुस्तान है। यहां तो सेक्स दौड़ते भागते ही। अपने घर में अपनी बीवी के साथ भी। हर घर में कई घर, कई घेरे। हमें सेक्स के लिए भी स्थान बदलना होगा। मैं शायद मीनू से इस मामले पर भी कोई बात। नहीं, यह सब बकवास है। मैं अकेला था, पिये हुए था, और पीना चाहता था, जानता था मीनू मना नहीं करेगी, जानता था वह भी पिये हुए थी, जानता था उस से बातें करने से कुछ राहत मिलेगी, इसीलिए मैंने उसे फ़ोन कर दिया, इसलिए उसकी बरसाती पर जा पहुंचा। बाकी सब बहाने।

और जब मैं वहां पहुंचा तो मेरे दिमाग़ में गुस्से का धुआं भरा हुआ था : दोपहर को फ़ोन पर सीमा की आवाज़ इतनी रूखी-सूखी क्यों थी ? बेशक दफ़्तर में कभी भी कायदे से बात नहीं कर सकती, क्योंकि उसका वाहियात बॉस हर वक्त उस पर हिरस और शक की निगाह गड़ाए रखता है, फिर भी वह आवाज़ में किसी तरह कोई ऐसा संकेत दे सकती थी जिससे मुझे पता चल जाता कि लंचब्रेक में मीनू की बरसाती में न आ पाने का उसे कुछ अफ़सोस है, लेकिन उसने तो मेरी बात ही नहीं सुनी पूरी और फोन रख दिया। मैं मीनू से पूछना चाहता था क्यों ? सीमा की यह शिकायत कि मुझ पर हर वक्त सेक्स सवार रहती है मुझे अव्वल तो मन्जूर नहीं और अगर इसे मान भी लूं तो इसमें बुराई भी आखिर क्या है ! फ़ोन पर बात करते वक्त मुझे हंसी शायद उसके इस अबोले इलज़ाम पर ही आ रही थी। सेक्स मेरी नजर में सेहत का सबूत है, हमारे सम्बन्ध की बुनियाद है, हमारे प्यार की जान है। यह लेक्चर मैं उसे कई बार दे चुका हूं। पहले वह इस पर मुस्करा दिया करती थी, मानो कह रही हो, येस सर, आधा मज़ाक में आधा वैसे। मेरे लेक्चर में भी मजाक की छटा तो रहती ही थी। हमारा सिलसिला पहले इतना संजीदा और सर्द नहीं था जितना अब होता जा रहा है। मैं मानता हूं कई समस्याएं हैं जिनसे मैं आंख चुरा रहा हूं लेकिन इतना भी क्या कि हंसी मजाक सब गुल हो जाए। इधर सीमा को मेरी बातों में भी रस नहीं आता। कभी-कभी ऐसे देखती है जैसे पहले कभी नहीं देखती थी, मानो अपने आप से पूछ रही हो क्या मैं कभी इन्हीं बातों पर झूमा करती थी, मानो पछता रही हो। इधर उसने मेरी बातों में नुक्ते निकालने शुरू कर दिये हैं, मुझ से असहमत होना शुरू कर दिया है, मेरे जुमलों पर एतराज़ उठाने शुरू कर दिये हैं, मेरी दलीलों को काटना शुरू कर दिया है, मेरी नियत पर शक करना शुरू कर दिया है। मेरे दिमाग़ में भरे गुस्से के धुएं में मेरी इन ख़ामोश खुफिया शिकायतों और परेशानियों का धुआं भी शामिल था। और तो और अब उसे मेरी हंसी भी अच्छी नहीं लगती। मैं मानता हूं हमारा सम्बन्ध संकट में है और उसे बनाए रखने के लिए सेक्स और मीनू की बरसाती और मेरी हंसी काफ़ी नहीं। काफी यह सब पहले भी नहीं था लेकिन अब सीमा ने सटपटाना शुरू कर दिया है, कुछ ज़्यादा ही, क्योंकि अपने घर में भी उसे घुटन महसूस होती है, दफ़्तर में भी, मीनू की बरसाती में भी। मैं उसकी

घबराहट को समझता हूं लेकिन कोई ऐसा क़दम मुझे नज़र नहीं आता जिसे उठाने में जोखिम न हो, जिसे उठाने से सब कुछ और बिगड़ जाने का अन्देशा न हो। वैसे सच तो यह है कल दोपहर यह सब सोच-सोच कर मुझे भी हौल-सा उठ खड़ा हुआ था, इसीलिए मैंने सीमा को फ़ोन कर दिया था, सेक्सवेक्स के लिए नहीं वह ख़याल भी जरूर मन में कहीं न कहीं तो होगा ही लेकिन फ़ोन का असली मकसद सेक्स नहीं था, अगर वह मान जाती तो हम मीनू की बरसाती में नहीं कहीं और भी कुछ देर के लिए बैठ सकते थे। लेकिन बाहर बैठने से तो वह और डरती है। सहमी हुई बिल्ली की तरह इधर-उधर झांकती रहती है कि कोई देख न रहा हो।

बरसाती में कदम रखते ही मीनू से पूछना चाहता था कि सीमा फ़ोन पर इतनी रूखी क्यों थी, कहीं वह मुझ से उकता तो नहीं गयी, कहीं उसने पछताना तो नहीं शुरू कर दिया, आख़िर वह चाहती क्या है, उसके घर कोई हंगामा तो नहीं हुआ, वह मेरी मज़बूरी क्यों नहीं समझती, सारी समस्याओं का इलज़ाम मुझ पर ही क्यों, क्योंकि मैं मर्द हूं ? मैं चिल्लाना चाहता था एक तरफ़ तो बराबरी की मांग, दूसरी तरफ रियायतों की। अब पता नहीं यह सब मेरे मुंह से निकलता या नहीं लेकिन मैं कहना यही चाहता था। या इसी तरह का कुछ। रास्ते में मैं अपनी तकरीर तय्यार करता रहा था। शायद यह भूल गया था कि मीनू मेरी हवा निकालने में माहिर है, कि उसके सामने होते ही मैं पिचक जाऊंगा। कभी-कभी ख़याल आता है कि मीनू शायद सीमा को बग़ावत पर उकसाती रहती हो, शायद वह सीमा से जलती हो। कोई दोस्त बिलकुल बेगरज़ और बेजलन नहीं होता। दोस्त अक्सर दोस्त से जलता है। औरतों में तो प्रतिस्पर्धा की मात्रा और ज़्यादा होती है। यह मैं क्या ग़लत-सलत सोच रहा हूं। जो हो उस वक्त नशे की फुरेरी में मैं ग़लत-सलत सब कुछ मीनू के सामने उगल देने के लिए तैयार था। अपने गुस्से के धुएं पर पानी डालने के लिए मैं और पीना भी चाहता था और मीनू से हमदर्दी भी बटोरना चाहता था।

अब अगर अपने आपको कुरेदने बैठा हूं तो जम कर कुरेदना चाहिए, जल्दबाज़ी नहीं करनी चाहिए। वैसे सच कहूं तो अब ऊब भी रहा हूं, घबरा भी। ऊबने की तो मुझे आदत है, घबरा इसलिए रहा हूं कि कहीं कुरेदते कुरेदत सीमा के साथ अपने रिश्ते की जड़ को ही न उखाड़ डालूं। और इसलिए भी कि कहीं कुछ ऐसा न नजर आ जाए अपने अंधेरे में जिसके बाद आंख उठा कर अपना या सीमा का सामना करना नामुमकिन हो जाए। घबरा मैं अपने अन्दर अंधेरे में पड़ी अपनी उन कमजोरियों से ही रहा हूं जिन पर पर्दा डाले रखना मेरे आत्मसम्मान के लिए ज़रूरी है। लेकिन आत्मसम्मान क्यों ज़रूरी है ? आत्मज्ञान क्या आत्मसम्मान से ऊपर नहीं ? हंसी आ रही है कैसे सीधे मुंह इतने बडे-बड़े और घिसेपिटे सवाल उठा रहा हूं। हंसी भी घबराहट में से फूट रही है। यह बात सीमा को समझानी पड़ेगी। फिर से। मैं समझ बैठा था अब उसे कुछ समझाना नहीं पड़ेगा। अपने संकट पर हंसना, हंसते

रहना ज़रूरी है। अपनी घबराहट पर भी। हिम्मत अगर नहीं है तो हंसना और भी ज़रूरी। कमज़ोर आदमी के लिए न जाने क्या क्या ज़रूरी है। एक फ़हरिस्त बना कर टांग लेनी चाहिए अपने अन्दर। वह तो पहले से ही टंगी हुई है।

तो जब मैं मीनू के मकान की सीढ़ियां चढ़ रहा था मेरी हालत ख़राब थी। दिल बैठा हुआ था, मुंह से बदबू के भभके छूट रहे थे, दिमाग़ में धुन्ध और धुआं भरा हुआ था और मन में मैल। हंसी उस वक्त कहीं नहीं थी। मारे ख़ौफ के खून खुश्क था। सीढ़ियों में तो अन्धेरा था ही, मेरे मन में भी मैल के अलावा अंधेरा ही था। उन सीढ़ियों पर कदम रखते ही मेरी तकरीर मुझे भूल गयी थी। मैं कोशिश कर रहा था शोर न हो लेकिन मेरे कदम बेढब तरीके से डगमगा रहे थे। दस बजे रात के बाद पी कर किसी अकेली औरत की बरसाती में किसी मर्द का धुत्त हो कर जाना और पकड़े जाना, किसी पड़ोसी या पड़ोसिन द्वारा—आफत खड़ी हो सकती है। सगा भाई या बाप भी ऐसी स्थिति में नहीं होना चाहेगा। मीनू की मकान मालिकन को कुछ शक तो पहले से ही है। वह उसे कुरेदती रहती है मेरे और सीमा के बारे में। हम रहते कहां है, करते क्या हैं, अक्सर इतनी देर से क्यों आते जाते हैं, हमारी शादी हुए कितनी देर हो गयी है, बच्चे क्यों नहीं हुए, और न जाने क्या क्या। मीनू कहती है अगर उसे सच्ची बात का पता चल गया तो वह उसका वहां रहना नामुमकिन बना देगी। हमारा सारा समाज झूठ और शक पर खड़ा लड़खड़ा रहा है। और मैं ?

और मैं मीनू की बरसाती के दरवाजे पर दस्तक देने से पहले लड़खड़ा रहा था। उसी तरह जैसे यहां मीनू के साथ हुए नाटक को दर्ज करने से पहले लड़खड़ा रहा हूं। लड़खड़ा ही नहीं रहा अपने मन की सफाई भी कर रहा हूं, वह सब कुछ अपने सामने रख लेना चाहता हूं जो कई दिनों से मेरे अन्दर उमड़घुमड़ रहा है और जिसकी चरमपरिणति कल रात हुई। अब याद आया है कि जब मीनू ने पूछा था, कौन बोल रहा है, तो मैंने जवाब दिया था, मैं शुतरमुर्ग और मीनू को हंसी आ गयी थी। उसकी हंसी से मैं आश्वस्त हुआ था। मुझे ख़तरा था वह मेरी आवाज़ सुनते ही डांट देगी। हंसी के बावजूद या उसके कारण वह भी मुझे डांवाडोल सुनायी दे रही थी। इस से भी मैं आश्वस्त हुआ था। अगर वह बिलकुल संभली हुई और बाहोश सुनायी देती तो मैं शायद ही पूछ सकता, थोड़ी देर के लिए आ जाऊं ? यह सुन कर उसकी हंसी तो बुझ गयी थी लेकिन उसने मना नहीं किया था, बोली थी, अगर आना चाहते हो तो हां लेकिन सीढ़ियां दबे पांव चढ़ना, देर बहुत हो गयी है, कोई जग गया तो ठीक नहीं होगा। अगर उसने मना कर दिया होता तो मैं ज़िद्द नहीं करता। शायद अन्दर से मेरी ख़्वाहिश यही थी कि वह मुझे मना कर दे ताकि मुझे कुछ और सुलगने का मौका मिल जाता । मैं सीमा की बेरुखी पर सुलग रहा था और शायद चाहता यही था कि कुछ और सुलगूं। अब यह तो नहीं कह सकता कि मीनू की 'हां' से मुझे निराशा हुई लेकिन कुछ एक क्षण मैं सोच में ज़रूर पड़ा रहा। मुझे

मालूम है मीनू दो टूक न कभी नहीं करती। शायद मुझे उसकी हिचक को पहचान लेना चाहिए था, लेकिन उस वक्त मैं धुन्धलाया हुआ था, कुछ शराब की वजह से और कुछ आत्मावलोकन की वजह से। और धुआं सा भी। गुस्से की वजह से। गुस्सा मुझे सीमा पर तो था ही लेकिन खुद अपने पर कहीं ज़्यादा था। यह मैं किसे बता रहा हूं ? अपने आपको ? उसकी जरूरत है ?

मीनू उस कमोबेश पारदर्शी लंबे लिबास में थी जिसमें मैं उसे पहले भी दो तीन बार देख चुका हूं। तब सीमा मेरे साथ थी और मीनू हर बार यह कह कर दूसरे कमरे में चली गयी थी, मैं इसे बदल ही लूं तो ठीक रहेगा सबके लिए।

–तुम इस लिबास में फब रही हो, मीनू।

–लिबास का शुक्रिया अदा करो।

वह हंसी नहीं, मैं मुस्करा नहीं सका। मेरा ख़याल था वह लिबास बदलने दूसरे कमरे में चली जाएगी और मैं कुछ संभल जाऊंगा। शायद मकान मालिकन और दूसरे लोगों के डर से हम दोनों जुबान दबा कर बोले थे।

–अब आ गये हो तो बैठ भी जाओ। रम लोगे ? मेरा सर हिलना देख उसने उस चौकी की तरफ इशारा कर दिया जिस पर रम, पानी, और एक गिलास मेरा इन्तज़ार कर रहे थे। उसका गिलास उसके हाथ में था और उसमें पड़ी रम का रंग काफ़ी गहरा था। वह खुद बैठ चुकी थी। बैठी हुई वह कुछ बुझी हुई सी लगने लगी थी। शायद लेम्प की रोशनी उस पर किसी ग़लत ज़ाविये से पड़ रही थी।

–घूर क्यों रहे हो, रम वह पड़ी है।

मैं चौंका। मुझे नहीं मालूम था मैं उसे घूर रहा था। मैं रम की तरफ बढ़ा।

–कितनी पी कर आए हो ?

–अपने कोटे से कुछ ज़्यादा। तुम कितनी पी चुकी हो ?

–अपने कोटे से कुछ ज़्यादा।

–चीअर्ज़ !

–चीअर्ज़ !

मैं वहीं जा बैठा था जहां अक्सर बैठता हूं। वहां से वह मुझे कम बुझी हुई दिखायी दी।

–खाने के लिए आज कुछ ख़ास नहीं। नमकीन वह उस कोने में पड़ी है।

मैंने आंख उठा कर उस तरफ देख लिया लेकिन हाथ नहीं बढ़ाया। मैं मीनू का मन पढ़ने की कोशिश कर रहा था, इसलिए उसके चेहरे को पढ़ रहा था लेकिन रोशनी ठीक नहीं थी, वह उसके सीने पर पड़ रही थी। उसके पांव नंगे थे।

–जब तुम्हारा फ़ोन आया तो मैं सोने जा रही थी, आख़िरी गिलास बिस्तर में ख़ाली करना चाहती थी।

–मुझे फ़ोन नहीं करना चाहिए था।

—अगर तुम फ़ोन किये बगैर आ जाते तो मैं शायद दरवाज़ा न खोलती।

मैं चौंका।

—मेरा मतलब था मुझे आना नहीं चाहिए था।

—अगर तुम यह उम्मीद कर रहे हो कि मैं कहूं मेरा यह मतलब नहीं था तो तुम्हें मायूस होना पड़ेगा।

मैंने मुस्कराने की कोशिश की।

—तुम मेरी नाइटी से कुछ परेशान लगते हो।

—क्या बात करती हो। मैं तो पहले ही कह चुका हूं तुम इसमें ...।

—दोहराने की ज़रूरत नहीं। फब रही हूं या नहीं, मैं नहीं जानती लेकिन तुम्हें कुछ परेशानी ज़रूर हो रही है, तुम मानो न मानो।

उसके मुंह से 'नाइटी' लफ़्ज यूं निकला था जैसे किसी बच्ची के मुंह से, लेकिन दूसरे सब लफ़्जों में से बेलिहाज ललकार फूट रही थी। मुझे समझ नहीं आ रहा था मैं क्या करूं, इसलिए मैं बग़लें झांक रहा था और बड़े-बड़े घूंट ले रहा था।

—देखो सागर, मैं अब इस लिबास को तो तुम्हारी ख़ातिर बदलूंगी नहीं, क्योंकि मैं बहुत थकी हुई हूं, बहुत बुझी हुई हूं, तुमने देख ही लिया होगा, और तुम शायद सीमा को मिस कर रहे हो, जिसका मेरे पास कोई इलाज़ नहीं।

मैं खामोश रहा लेकिन उसकी तुर्शी ने मेरा नशा काफ़ी हद तक उतार दिया था, जिसे बहाल करने के लिए मैं बड़े-बड़े घूंट ले रहा था।

—क्यों कहीं और भी जाना है ? इतनी जल्दी—जल्दी क्यों पी रहे हो ? अगर उल्टियां आ गयीं तो ...

—मीनू, तुम होश में तो हो ? मुझे उल्टियां करते देखा है तुमने कभी ?

—नहीं। और न ही देखना चाहती हूं। इसीलिए तो कह रही हूं।

—अब फिर मत कहना।

—येस सर !

मैं उसकी हंसी में शामिल नहीं हुआ। वह अब तक दीवार से ओट लगा कर बैठी हुई थी, अब टांगे पसार कर वहीं दीवान पर लेट गयी। अब मुझे छत की तरफ उठा हुआ उसका सीना तो साफ दिखायी दे रहा था, चेहरा पूरी तरह नहीं। उसकी आंखें अधमुन्दी हुई सी थी। गिलास उसने अपने पेट पर रख लिया था और उसे दोनों हाथों से यूं पकड़ रखा था जैसे उसे खतरा हो वह उड़ जाएगा। पहले कभी इस पोज़ में मैंने उसे नहीं देखा था। अगर उसने अपने रुख़ से मुझे ख़फ़ा और खफ़ीफ़ न कर दिया होता तो मैंने उसे उठकर ठीक तरह से बैठने के लिए कह दिया होता। उसके नंगे पैर एक दूसरे से लिपटे हुए अजीब से लग रहे थे – दो नन्हें नंगे जानवरों जैसे।

--आज सीमा का फ़ोन आया था ?

यह सवाल यूं ही मेरे मुंह से निकल गया था, जैसे कभी-कभी यूं ही कोई

मोहमल सी आवाज़ निकल जाती है, हवा या हाय की तरह।

—सीमा का फ़ोन तो नहीं आया, वह खुद आयी थी।

—सच ! कब ? गयी कब ?

—जा कैसे सकती थी ? जनाब से मिले बग़ैर। बेचारी अन्दर बेडरूम में लेटी इन्तज़ार कर रही है और 'सर जी' यहां अपना कीमती वक्त ज़ाया कर रहे हैं।

मैं उसका मज़ाक सह नहीं सका।

—शट अप मीनू !

—येस सर !

मन किया गिलास दीवार पर या मीनू के पैरों पर दे मारूं लेकिन मैं गुस्से को पीता हुआ सा उठा और गिलास में रम डाल कर फिर अपनी जगह पर आ गिरा। नशा लौटता हुआ महसूस हुआ, सब कुछ लुटता हुआ सा। नमकीन सी उदासी आंखों को उमेठने लगी।

—आज तुम दोनों को हो क्या गया है। दोपहर को सीमा का रुख इतना रूखा था कि मैं दिन भर सुलगता रहा। अब तुम इतनी बेरुखी से पेश आ रही हो कि मैं पछता रहा हूं मैं आया क्यों।

—हम दोनों नाशुक्री हैं।

—अगर ऐसी बात थी तो तुमने साफ क्यों नहीं कह दिया मत आओ।

—मुझे ख़तरा था तुम कहीं कुछ कर न बैठो। मुझे तो शायद ही कोई फर्क पड़ता सीमा मुई तो फ़ना हो जाती।

वह लेटी लेटी ही मेरी तरफ देखे बग़ैर बोल रही थी, नहीं, बोलियों के बाण चला रही थी। मैंने गिलास फर्श पर रख दिया था। मेरी मुट्ठियां भिंची हुई थीं, कनपटियों की नसें फड़क रही थीं।

—अगर इजाजत हो तो पूछूं तुमने आज दोपहर फिर दफ़्तर में उसे फ़ोन क्यों किया ?

—तुम आज क्यों इस तरह बोल रही हो मुझ से ?

—और किस तरह बोलूं ? पिये हुए हूं, थोड़ी सी गुस्ताख़ी की छूट तो होनी ही चाहिए।

—गुस्ताख़ी की बात नहीं मीनू, तुम तो तीर चला रही हो।

—मेरे सवाल का जवाब दो, सागर।

—मैं सीमा से मिलना चाहता था।

—कहां ?

—कहीं भी।

—झूठ मत बोलो। तुम लंचब्रेक में उसे यहां लाना चाहते थे। थोड़ी देर के लिए। वह क्या कहते हैं अंग्रेज़ी में ...कुइकी के लिए। और उसे ही तुम मिलना कहते हो।

—हद हो गयी आज तो !

—अभी कहां।

—तुम क्यों आज लड़ने पर तुली हुई हो ?

—अच्छा यह बताओ जब तुमने उसे फ़ोन किया तो तुम पी रहे थे या नहीं ?

—बीअर ...।

—कहां ?

—अपने घर।

—आज क्लास वहीं होगी ?

—हां।

—सुवीरा भी घर में ही थी ?

—हां।

—उसकी क्लास भी नहीं थी ?

—हां।

—तुमने फ़ोन उसके सामने ही किया होगा। उसे सुना कर।

—यह तुम क्या जिरह ले बैठी हो ! तुम जानती है सुवीरा को सीमा के बारे में सब मालूम है।

—सब ? सच ?

— सब न सही लेकिन बहुत कुछ।

—लेकिन उसके सामने सीमा को फ़ोन करके तुम्हें उल्टी सी तसल्ली, नहीं थ्रिल, थरथराहट मिलती है, है ना ?

—तुम हद से आगे बढ़ रही हो।

—अभी कहां।

—मैंने आ कर ग़लती की। मुझे क्या मालूम था तुम इस मूड में थी। आख़िर हुआ क्या ?

—हुआ कुछ नहीं। खुल कर बात कर रही हूं, घबरा क्यों रहे हो ? क्योंकि मैं औरत हूं ? इस छोटी सी हकीकत को थोड़ी देर के लिए भूल नहीं सकते ? आंखें बन्द कर लो। मैं कह यह रही थी कि बीअर पी कर तुम सीमा के लिए इतने बेकरार हो गये थे कि तुमने सुवीरा के सामने ही फ़ोन उठा लिया और लगे सीमा को मस्का लगाने, क्योंकि तुम्हें मज़ा आ रहा था कि तुम अपनी बीवी के सामने किसी दूसरी औरत को एक तीसरी औरत की बरसाती की तरफ़ खींच रहे हो ताकि तुम एक 'कुइकी' मार सको, ताकि शाम की शराब के साथ तुम अपनी बहादुरी पर इतरा सको, झूम सको !

—उफ ! तुम सचमुच धुत्त हो !

वह उठ खड़ी हुई। उस लंबे लिबास में वह अचानक इतनी लंबी नज़र आयी

कि मैं भी खड़ा हो गया।

—बैठ जाओ सागर !

उसकी आवाज में कुछ ऐसा था कि मैं फ़ौरन बैठ गया। उसने अपने गिलास में थोड़ी सी रम और डाल ली। मेरी आंखें मेरी इजाज़त के बग़ैर उसकी झुकी हुई देह को बुहारती रहीं। पीछे से वह प्यारी लग रही थी। मुझे लगा जैसे मैंने उससे उसकी सख़्त कलामी का बदला ले लिया हो। जब वह सीधी हुई तो मैं संभल गया। जब वह फिर दीवान पर जा बैठी तो मैं सहम गया। उसके मुंह से कुछ भी फूट सकता था।

—सुवीरा ने कहा नहीं दफ़्तर में क्यों तंग कर रहे हो बेचारी को ?

—सुवीरा अपने कमरे में चली गयी थी।

—तुमने अपनी आवाज़ और ऊंची कर दी होगी ताकि वह सुन सके।

—बस मीनू।

—क्या तुम इनकार कर सकते हो कि पीकर तुम्हें सीमा कुछ ज़्यादा ही याद आती है, कि सुवीरा के सामने उसे फ़ोन करने से एक खास थरथराहट होती है, कि जब सीमा तुम्हारा आदेश सुनते ही दौड़ी दौड़ी यहां न आ जाए तो तुम्हें लगता है उसे तुम्हारी परवाह नहीं, कि जब वह तुम्हें दो तीन दिन न मिले तो तुम किसी और के बारे में सोचना शुरू कर देते हो, भले ही उसे फ़ोन न करो। मेरी बात दूसरी है। मैं किसी गिनती में नहीं।

मैं ख़ामोश रहा। मैं जानता था उसे उस वक्त ख़ामोशी ही चाहिए थी। वह जिस रौ में बोल रही थी उसे उस वक्त रोका नहीं जा सकता था। अब मैं सचमुच पूछता रहा था, और डर भी। मीनू सामने सीना ताने बैठी हुई थी, किसी बिफरी हुई वकील की तरह।

—तुम इनकार नहीं कर सकते सागर।

—मैं तुम से उलझना नहीं चाहता।

—मुझ से तुम क्यों उलझना चाहोगे ?

उसके लहजे में उलाहना नहीं, सिर्फ़ सूखा सा गुस्सा था। उलाहना होता तो मुझे कुछ राहत मिलती महसूस होता वह मुझ से कुछ मांग रही थी। उसका चेहरा कोरा था।

—तुम हर बात को उल्टा ले रही हो। न जाने क्यों ?

—वैसे तुम इतना तो मानोगे कि सीमा को और समस्याएं भी हैं, बेशक उन सब की जड़ में भी तुम ही हो।

—तुम अचानक आज उसकी वकालत क्यों करने लगी ? मेरी आवाज़ कांप रही थी।

—क्योंकि आज मुझे मौका मिल गया है। तुम अपने कोटे से ज़्यादा पी लेने के

बाद अगर इतनी रात गये मेरी सुविधाओं और समस्याओं को भूल कर अपना दिल हल्का करने या शायद बहलाने के लिए यहां आ सकते हो तो मैं भी अपने कोटे से ज़्यादा पी कर तुम्हारी संवेदनाओं की चिन्ता किये बग़ैर तुम से कुछ ऐसा कह सकती हूं जिसे सुन कर तुम्हें कुछ होश आए, उसके साथ अगर तुम्हें कुछ चोट भी लगती है तो लगे।

—अच्छा नाटक कर रही हो।

—तुम बकवास कर रहे हो।

—मीनू !

—येस सर !

मैंने अपना गुस्सा एक बड़े से घूंट में घोल पी लिया और उसे आंखें दिखाते हुए कहा।

—तुम बोल अपनी तरफ़ से रही हो या सीमा की तरफ़ से ?

—तुम्हारा क्या ख़याल है सागर ?

—मेरा कोई ख़याल नहीं।

—सीमा मेरी दोस्त है, तुम सीमा के ... दोस्त कहूं या कुछ और ? डरती हूं तुम फिर डांटना शुरू कर दोगे। मैं बोल अपनी तरफ़ से ही रही हूं, सीमा को जब तुम बोलने का मौका दोगे तो वह खुद बोल लेगी अपनी तरफ़ से।

—अच्छा बाबा, बोलती चली जाओ जो जी में आता है।

मेरा लहज़ा अपने आप ही बदल गया था या मैंने उसे जबरन बदल दिया था, मैं नहीं जानता, लेकिन मीनू पर इस तब्दीली का कोई अच्छा असर नहीं हुआ, वह उसी तरह घोड़े पर सवार नजर आयी। जो तकरीर मैं तय्यार कर के लाया था, मेरे अन्दर तड़तड़ा रही थी। अब मैं इस ताक में था कि मीनू कुछ ऐसा कहे जिसके जवाब में मैं वह तकरीर या उसका कुछ हिस्सा झाड़ सकूं।

—बाबा कह कर तुम मुझे बिठा नहीं सकते ! और तो तुम कुछ कर नहीं रहे, उल्टा उस बेचारी की मुश्किलें बढ़ा रहे हो। दफ़्तर में उसका बॉस बदबू छोड़ता रहता है, घर में उसका वह सूअर, और ऊपर से तुम्हारे बेमौका फ़ोन, तुम्हारा बेज़ा दबाव !

—मुझ से ग़लती हुई। मैं उस से मुआफ़ी मांग लूंगा, तुम से अब मांग रहा हूं।

मैंने हाथ भी जोड़ दिये, घुटने भी टेक दिये। इस बीच वह फिर दीवान पर लेट गयी थी, अपना गिलास उसने पेट पर रख लिया था, आंखें फिर अधमुंदी कर ली थीं। जब उसने मेरी तरफ़ कोई ध्यान दिया न मुस्कराई तो मुझे अपना नाटक बेहूदा लगने लगा, उसे नर्माने की अपनी कोशिश शर्मनाक। मैं फिर अपनी जगह पर जा बैठा।

—गलती तो सीमा से ही हुई।

—क्या मतलब ?

—गलती तो हमेशा औरत से ही होती है। मर्द तो हमेशा मेहरबानी ही करता है।

इस तरह की बात सुन कर मैं अक्सर उबल पड़ता हूं। कोशिश करता हूं काबू में रहूं लेकिन रह नहीं पाता। लेकिन कल पता नहीं मैं क्यों काबू में रहा। शायद मैं देखना चाहता था मीनू के मन में क्या था, वह चाहती क्या थी। उसके हमले से पहले पहले तो मुझे डर सा ही लगा था, फिर गुस्सा आया था, लेकिन अब शायद अन्दर ही अन्दर फ़ैसला सा हो गया था कि मैं तैश में नहीं आऊंगा, उसके तैश और तानों को जैसे-तैसे बरदाश्त करूंगा और देखूंगा वह आख़िर क्या करती है। शायद मुझे शक सा हो गया था कि वह सीमा की वकालत की आड़ में अपनी वकालत कर रही थी, अपने ग़म और गुस्से को ज़ाहिर कर रही थी, जाने अनजाने, शायद अनजाने ही। मीनू पीती तो है लेकिन पीने के सारे पेचों और परिणामों को शायद ही जानती हो। वैसे भी जितनी सख़्त वह दिखायी देना चाहती है, उतनी है नहीं। हो सकता है आज उसकी दबी–घुटी जलन जाग उठी हो। मैं बिलकुल साफ़ तो नहीं था लेकिन मेरे मन में यह सन्देह उठ खड़ा हुआ था कि उसकी शिकायतें उसकी ईर्ष्या में से उठ रही थीं। मुझे याद आया कि सीमा दो-तीन बार कह चुकी है हम मीनू का इस्तेमाल कर रहे हैं, हमें सोचना चाहिए वह क्या सोचती होगी, उसके दिल पर क्या गुज़रती होगी, हमें अब कोई और इन्तज़ाम करना चाहिए। मैंने कयास दौड़ाया शायद सीमा ने भी सोचना शुरू कर दिया हो कि मीनू के मन में कोई विकार पैदा हो रहा है। इस सारी उलझी हुई अन्दरूनी उधेड़बुन ने ही शायद मेरे होंठों पर एक मुस्कराहट उभार दी थी।

—तो तुम मुझे फेमिनिस्ट लेक्चर देना चाहती हो ? कहना चाहती हो मैं भी राजेश की तरह सूअर हूं। खुल कर क्यों नहीं कहती। मैं तुम्हारा आरोप स्वीकार करता हूं। किसी न किसी हद तक हम सब मर्द सूअर ही हैं। मुझे इस हकीकत से इनकार कैसे हो सकता है। सदियों के संस्कार एक-दम कैसे सूख जाएं ? अब तुम अपने आप और सीमा को ही लो, एक तरफ़ तो तुम बराबरी चाहती हो, दूसरी तरफ रियायतें। यह असंगति भी संस्कारों की देन है। सच्ची बराबरी में रियायत की गुंजाइश नहीं क्यों ?

—मैं सुन रही हूं।

उसकी आवाज़ ठण्डी थी।

—तुम मुझ से खफ़ा नज़र आती हो, सीमा खिंची खिंची सी क्योंकि तुम दोनों समझती हो सारा कुसूर मेरा है। तुमने तो आज कह ही दिया, सीमा भी किसी दिन साफ़ साफ़ कह देगी। मैं समझता हूं तुम दोनों मेरे साथ अन्याय कर रही हो, क्यों ?

—मैं सुन रही हूं।

—अगर मैं बुज़दिल हूं तो वह कौन सी दिलेर है। होती तो कहती मैं डॉक्टर के पास जाऊंगी न शादी के लिए हां करूंगी न एबार्शन करवाऊंगी न तुम पर कोई

दबाव डालूंगी, क्योंकि मैं बालिग़ हूं, जो हुआ उसके लिए मैं उतनी ही जिम्मेवार हूं जितने तुम, अगर गर्भ हो गया है तो क्या हुआ, उसे छिपाने के लिए मैं किसी को धोखा दूंगी न तुम से यह मांग करूंगी कि तुम मेरी मदद करो, मेरे लिए कोई कुरबानी करो, मैं बच्चे को खुद पालूंगी, जब तक तुम्हारे साथ अनुराग रहेगा, तुम से सम्बन्ध रखूंगी, लेकिन तुम्हें दोषी नहीं ठहराऊंगी, क्यों ठहराऊं, तुमने मुझे कोई धोखा नहीं दिया, मुझे कोई वचन नहीं दिया, कभी यह नहीं कहा तुम मेरे लिए यह कर दोगे, वह कर दोगे, तुम्हारी सीमाओं को जानते हुए मैं तुम पर फिदा हुई, अपनी मर्जी से, अपनी ज़रूरतों के तहत, इसलिए मैं तुम्हें दोष दूंगी न अपने परिवार और समाज को धोखा, और फिर ऐसी बात भी नहीं कि तुम बहुत बड़े थे या मैं बहुत छोटी, कि तुमने अपने उस्ताद होने का नाजाइज़ फायदा उठाया हो, बल्कि पहल तो मेरी ही तरफ़ से हुई थी, तुमने तो मुझे समझाने की कोशिश भी की थी.......।

बोलते बोलते मैं अचानक यह सोच कर रुक गया कि कहीं मीनू सुनते सुनते सो न गयी हो। उसकी आंखें बन्द थीं और उसके पेट पर टिके गिलास पर उसके हाथों की जकड़ ढीली हो गयी थी, उसका सीना उसकी सांसों के साथ ऊपर नीचे हो रहा था, उसके पैर दो नन्हें नंगे जानवरों की तरह एक दूसरे से लिपटे हुए थे। कुछ देर मैं एकटक अवाक् उसे देखता रहा, सर से पांव तक। उसका चेहरा बेचारा लगा उसका जिस्म आबदार। उसका लंबा लिबास अब पारदर्शी तो नहीं नजर आ रहा था – पहले भी शायद रोशनी ने ही उसे पारदर्शी बना दिया हो– लेकिन उसके सीने और जांघों पर यूं कसा-खिंचा हुआ था कि मुझे झुरझुरी सी हुई और मैंने आंखें हटा ली। मेरा गिलास इस बीच फिर ख़ाली हो चुका था, और पीने की ज़रूरत नहीं रही थी, लेकिन ख़्वाहिश ख़त्म नहीं हुई थी।

–तुम्हारी तकरीर ख़त्म हो गयी ?

मैं चौंका लेकिन चुप रहा।

–और रम लेना चाहो तो वह मेरे बिस्तर में लेटी हुई है, उठा लाओ।

मैं उठ खड़ा हुआ। बेडरूम के भिड़े हुए दरवाज़े में फंसी हुई रोशनी की एक फांक को घूरता हुआ उस तरफ यूं डरते डरते बढ़ा जैसे मुझे उम्मीद हो अन्दर सीमा लेटी हुई होगी। रम की बोतल बिस्तर में लेटी हुई दिखायी दी तो मैं मुस्कराया। बोतल को उठा कर मैंने सीने से लगा लिया।

–बेडरूम की लाइट बुझा देना।

मैंने लाइट बुझा दी और एक क्षण अंधेरे में खड़ा रहा। अंधेरे में से नारी देह की महक भाप की तरह उठती हुई महसूस हुई। जब मैं बाहर आया तो मीनू दीवान पर बैठी नज़र आयी। मेरा ख़्याल था मेरे सीने से सटी बोतल को देख कर वह कुछ कहेगी, लेकिन उसने कुछ कहा न वह मुस्कराई। मेरी मुस्कराहट मर गयी। बोतल खाली बोतल के पास रखते हुए मैंने पूछा।

—तुम और लोगी ?

—तुम्हारा क्या ख़याल है ?

—लो।

—तो लाओ डाल दो।

उसके गिलास में रम पानी डालने के बाद मैं अपने गिलास में डाल ही रहा था कि उसने कहा।

—तकरीर तुम तय्यार कर के लाओ थे ?

मैं फिर चौंका लेकिन ख़ामोश रहा। मैंने सोचा था अब हमारी बैठक का दोस्ताना दौर शुरू हो जाएगा। मैं ग़लत निकला।

—तुम यह तकरीर झाड़ने के लिए ही आए थे या किसी और इरादे या मकसद से भी ?

मैंने सोचा अगर अब ख़ामोश रहा तो वह और ख़फा हो जाएगी या कोई ग़लत नतीजा निकाल लेगी।

—मैं बता चुका हूं मैं यूं ही चला आया था, तुम्हारे साथ एक दो पेग पीने के लिए, उदासी दूर करने के लिए, और यह पूछने के लिए कि दोपहर को सीमा फ़ोन पर ...।

— बस बस, दोहाराओ मत। लेकिन मुआफ़ करना मुझे यकीन नहीं आता।

—तो तुम ही बताओ मैं क्यों आया।

वह ख़ामोश रही। उसके जबड़े कसे हुए थे और आंखें गिलास पर टिकी हुई थीं।

—मीनू, क्या हम दोस्ताना तरीके से बात नहीं कर सकते ?

—शायद नहीं।

—तो फिर मैं चला क्यों न जाऊं ?

वह खामोश रही।

—जाऊं ?

—गिलास तो खाली कर लो।

मैंने एक ही बार में गिलास तो ख़ाली कर दिया लेकिन मेरा सर भी साथ ही ख़ाली हो गया, यूं महसूस हुआ जैसे छत की तरफ उड़ा जा रहा हो।

—इस हालत में तुम सीढ़ियां नहीं उतर सकोगे।

मैं अपने सर को यूं पकड़े हुए था जैसे वह सचमुच मेरे धड़ से जुदा होने वाला हो।

—रोशनी तंग कर रही हो तो थोड़ी देर के लिए बुझा दूं ?

रोशनी मुझे तंग तो कर रही थी लेकिन अंधेरे में उसके साथ बैठने का सवाल ही नहीं उठता था।

—अंधेरे में कैसे बैठेंगे ?

मेरी आवाज़ इतनी ऊंची थी कि मुझे लगा जैसे किसी दूसरे की हो।

—चिल्ला क्यों रहे हो। कोई सुने तो समझे तुम्हें जबरदस्ती अंधेरे में बिठाया जा रहा हो।

मेरे सर के चक्कर अभी भी चल रहे थे, मेरी आंखें भिंची हुई थीं।

—मैं तो अक्सर घण्टों अकेली अंधेरे में बैठी रहती हूं। अच्छा लगता है।

—इस वक्त तुम अकेली नहीं।

—खुशकिस्मती से।

मैंने आंखें खोल कर उसे देखा। वह मुस्करा रही थी। उसकी किसी किसी मुस्कराहट में उसके चेहरे की मासूमियत यूं छिप जाती है जैसे चांदनी में किसी डी. डी. ए. की कालोनी की। मुझे कुछ समझ नहीं आ रहा था क्या करूं। उसी वक्त उठ कर सीढ़ियां उतरने में भी ख़तरा था, वहां बैठे रहने में भी। अब गुस्से और नशे के बावजूद मुझे यकीन होने लगा था कि मीनू जान बूझ कर मुझे कौंच रही थी, मुझ से कोई ऐसी हरकत करवा या बात कहलवा लेना चाहती थी जिस पर बाद में न सिर्फ मुझे शर्म आए बल्कि सीमा और मेरे बीच आ रही दरार कुछ और खिंच जाए। मेरा सर अभी भी चकरा रहा था। मैंने फ़ैसला कर लिया था और रम नहीं लूंगा।

—कुछ नमकीन खा लो, ठीक हो जाओगे।

उसका लहजा किसी अनुभवी बीवी का सा था। अगर मैं इतना सताया हुआ न महसूस कर रहा होता तो मुझे मुस्कराहट आ जाती। मैंने नमकीन के लिए हाथ नहीं बढ़ाया।

—सुवीरा ऐसे मौकों पर क्या करती है ?

मैं उसके मुंह से उस वक्त सुवीरा का नाम सुनने के लिए बिलकुल तैयार नहीं था।

—सर दबाने बैठ जाती होगी।

वह जानती है सुवीरा सर दबाने वाली घरेलू औरतों जैसी नहीं। मैं ख़ामोश रहा।

—सीमा को तो शायद अभी तक मौका ही न मिला होगा सर दबाने का। बेचारी।

उसका हमला फिर शुरू हो गया था और मेरा सर थमने के बजाय और थरथरा रहा था। अब मुझे उल्टी का अन्देशा भी होने लगा था लेकिन मैंने जबड़े कस लिए थे—उल्टी किसी हालत में नहीं करूंगा।

—चाहो तो कुछ देर लेट जाओ मेरे बिस्तर में।

उसके इस सुझाव में मुझे कोई विकार सुनायी नहीं दिया, जिस पर मुझे हैरानी भी हुई, अविश्वास भी। ख़याल आया कहीं मैं ही अपने नशे और अपराधी मन की

वजह से उसके सीधे सादे मज़ाकों को ग़लत तो नहीं ले रहा। अब मेरा सर ही नहीं मैं भी चकरा रहा था।

—रम की बोतल के साथ ?

—रम की बोतल के साथ तो मैं सोती हूं। मैं अकेली ! तुम्हें बोतल की ज़रूरत नहीं। तुम अव्वल तो अकेले कभी सोते ही नहीं होगे, अगर खुदा नाख़्वाहता कभी ऐसी मनहुसियत आ भी पड़ती होगी तो कई पुरानी प्यारी यादें तुम्हारे साथ आ लेटती होंगी।

मैंने सर उठा कर उसकी तरफ़ देखा तो वह मेरी तरफ़ देख रही थी और उसकी जीभ उसके गिलास में पड़ी रम के साथ खेल रही थी।

—यह क्या कर रही हो ?

—जीभ को रम पिला रही हूं। तुम ने ऐसा कभी नहीं किया। कभी कर के देखो, महसूस होगा किसी को चूम रहे हो।

मैंने यूं मुंह बना दिया जैसे मुझे उसका सुझाव मन्जूर न हो।

—सर ठीक हुआ ?

—कुछ कुछ।

—और नहीं लोगे ?

—नहीं।

—डरते हो ?

—किस बात से ?

—कि कहीं यहीं न सोना पड़ जाए।

मैं खामोश रहा।

—मत डरो।

मैं उसकी तरफ़ देख नहीं रहा था। ख़तरा था देखूंगा तो वह कोई और अजीब हरकत कर देगी या करती हुई दिखायी दे जाएगी।

—क्या तुम चाहती हो मैं यहीं सो जाऊं ?

मैंने शायद फ़ैसला कर लिया था मैं उस से डरूंगा नहीं।

—मेरे चाहने न चाहने का सवाल नहीं। अगर तुम्हें यहां सोना पड़ जाए तो मैं तुम्हें धक्का देकर बाहर नहीं निकालूंगी।

—और अगर किसी को पता चल गया तो ?

—किसको ?

—मकान मालिकन को या किसी पड़ोसी को ?

—वह ख़तरा तो वैसे भी है, जब तुम जाओगे तब भी रहेगा।

—ख़ैर, हम क्यों इस बात पर बेकार बहस कर रहे है ? थोड़ी देर में मैं संभल जाऊंगा और ...।

—घर जा कर सुवीरा के साथ सो जाऊंगा। ठीक ?

—तुम सुवीरा के पीछे क्यों पड़ गयी हो आज ? तुम तो उसे जानती भी नहीं। और अगर जानना चाहती हो तो सुनो, मैंने सुवीरा के साथ सोना बन्द कर रखा है।

—तुमने उसके साथ या उसने तुम्हारे साथ ?

—तुम्हें इसमें क्या दिलचस्पी है ?

—अकेली औरत को इन्हीं बातों में दिलचस्पी होती है। ख़ास तौर पर मुझ जैसी अकेली औरत को, जो पैदाइशी राज़दां है, जिसकी अपनी कोई ज़िन्दगी न हो, जिसे बेडरूम के बाहर बैठ कर पहरा देने में ही मज़ा आता हो, जिसका सीना तो हो, सूरत न हो, और जो चाहती हो लोग उसके सीने और सीरत को नहीं, उसकी सूरत को सराहें, लेकिन जानते हो कि अगर किसी ने झूठ मूठ उसकी सूरत की तारीफ कर भी दी तो उसे यकीन नहीं, गुस्सा ही आएगा।

मैं उसके इस मोड़ के लिए भी तय्यार नहीं था।

—तुम्हें भी अब और नहीं पीनी चाहिए।

—नहीं तो तुम्हारे कन्धे पर सर रख कर रोना शुरू कर दूंगी ?

—वह तुम वैसे भी कर सकती हो। मैं तुम्हारा दोस्त हूं।

—सच ?

—तुम्हें शक है ?

—शक हो न हो, यक़ीन नहीं।

—वह तो मैं देख ही रहा हूं।

—एक बात बताओ, सर सागर, आपकी कितनी दोस्त हैं ?

—तुम फिर शुरू हो गयीं !

—नहीं बताना चाहते ?

—सच, मैंने नहीं सोचा था कि तुम अन्दर से मुझ से इतनी नाराज़ हो।

—अच्छा यह बता दो कि कितनी ऐसी दोस्त हैं जिनके साथ तुम सो चुके हो या सोना चाहते हो।

—क्या हो गया है तुम्हें ?

—रम का सहारा लेकर तुम से खुल कर बात कर रही हूं, इसमें बुराई क्या है। अगर मैं तुम्हारी दोस्त हूं तो क्या मेरा इतना भी अधिकार नहीं ?

मैं ख़ामोश सुलगता रहा।

—सीमा को नहीं बताऊंगी, वायदा करती हूं।

मैं उठ खड़ा हुआ लेकिन मेरा सर चकरा रहा था, टांगें कांप रही थीं।

—बैठ जाओ, सागर। सीढ़ियों में ढेर हो जाओगे।

—ठीक है, सारा टंटा ख़त्म हो जाएगा तुम्हारी बातों से तो यही लगता है कि तुम यही चाहती हो। सीमा भी आज़ाद हो जाएगी। सारे झंझट की जड़ लगता है मैं ही हूं।

—सर सागर उर्फ़ शहीदे आज़म।

—मैं मज़ाक के मूड में नहीं।

—सीधा मेरी तरफ देखो और बताओ तुम किस मूड में हो। शायद मैं कोई मदद कर सकूं।

मैंने उसकी तरफ देखा न कुछ कहा। मैं सोच रहा था मैं कहां फंस गया। मैं इरादा बांध रहा था फिर कभी वहां नहीं जाऊंगा, अकेला तो बिलकुल नहीं, सीमा से मीनू की शिकायत करूंगा, मिलने के लिए कोई और इन्तज़ाम करूंगा। मुझे गुस्सा आ रहा था मैं फिर बैठ क्यों गया।

—तो तुम अपनी प्राइवेट लाइफ़ के बारे में मुझे कुछ नहीं बताना चाहते ? ठीक ? लेकिन अगर मैं कहूं कि मुझे सब मालूम है तो ...

—अगर मालूम है तो मुझ से क्यों पूछ रही हो ?

—अरे यार, यूं ही मज़ा लेने के लिए।

'यार' लफ्ज मुझे बहुत बुरा लगता है, औरतों के मुंह से ख़ास तौर पर, और आजकल यह लफ़्ज हर छोटी बड़ी की जुबां पर चढ़ा हुआ है। मीनू ने मुझे चिढ़ाने के लिए ही यह लफ़्ज बोला था।

—वल्गर होने की ज़रूरत नहीं, मीनू।

—येस सर !

अब मैं समझ गया— न जाने कैसे, शायद नशे के उजाले के कारण ही— कि कुछ न कुछ हो कर रहेगा, कि मैं अब वहां अपने सर के चक्करों की वजह से नहीं बल्कि मीनू के उस ख़तरनाक खेल की वजह से ही बैठा हुआ था। मेरे मन में कई मैलेकुचैले ख़याल आ रहे थे और मैं उन्हें कुचलने की कोशिश कर रहा था। लेकिन अब मैंने सर उठा लिया था और मेरी आंखें मीनू की आंखों से टकरा रही थीं।

—वैसे वल्गर मैं नहीं, तुम हो।

—मीनू।

—जिस बेहयाई से तीन चार बार तुमने मुझे देखा है शायद ही किसी अजनबी ने भी कभी देखा हो।

—बको मत, मीनू।

—चिल्लाओ मत नहीं तो लोग इकट्ठे हो जाएंगें।

—हो जाएं, मुझे डराओ मत।

—खूब ! आख़िर तुम्हें जोश तो आया !

—मैंने बहुत सब्र किया लेकिन हर चीज की हद होती है।

—सिवाय मर्द की खुदगर्जी के।

—मर्द औरत की बहस इस वक्त मत उठाओ।

—क्यों न उठाऊं ? क्योंकि उस से तुम्हें तकलीफ होती है ?

—मुझे तो तकलीफ़ इस बात से हो रही है कि जब से मैं आया हूं तुम मेरी बेइज़्ज़ती कर रही हो।

—जिसे तुम बेइज़्ज़ती कहते हो मैं उसे बेनकाबी या पर्दादरी कहूंगी। असली बात यही है कि तुम भी अपनी सारी शेख़ियों के बावजूद उन्हीं अहंकारी मर्दों में से एक हो जो किसी औरत को बराबरी का दर्जा नहीं देते, किसी न किसी तरीके से उसे दबा कर ही रखना चाहते हैं, अपने नीचे, उसकी नियत पर शक करते हैं, यह मान ही नहीं सकते कि उसका भी अपना मन है, उसके तन को अपनी हवस का खिलौना समझते हैं, उसकी आज़ादी की ख़्वाहिश को अपने खिलाफ एक साज़िश, दिल से बस यही चाहते हैं कि वह या तो दासी बनी रहे या देवी और दोनों भूमिकाओं में उनके अहम् की मालिश करती रहे ताकि वह हमेशा ऊपर उठा रहे। और जो औरत ऐसी भूमिकाओं में बंधने से इनकार कर दे उसे तुम जैसे मर्द मर्द को खस्सी-कर के रख देने वाली या मर्दाना औरत का खिताब देकर देवी, दासी और देवदासी के जुमरों से खारिज कर देते हैं और ...।

—मैंने कभी ख़्वाब में भी नहीं सोचा था तुम्हें मर्दों से इतनी नफ़रत है।

—तुम कभी ख्वाब में भी नहीं सोच सकते कि औरत सोच सकती है, ख़ासतौर वह औरत जिसे तुम जैसे बड़े दिमाग वाले मर्द के साए में सहमने का सौभाग्य मिला हो—यानि कि सीमा और सुवीरा और न जाने कौन कौन और मैं।

—सुवीरा और सीमा को अपने साथ मत मिलाओ।

—येस सर ! लेकिन क्यों नहीं सर ? क्योंकि वे सिर्फ तुम्हारे साए में ही नहीं रहतीं, तुम्हारे बिस्तर में भी बिछती हैं ?

—मैंने कभी ख्वाब में भी नहीं सोचा था तुम सीमा से इतना जलती हो।

—तुम कभी ख़्वाब में भी नहीं सोच सकते कोई औरत तुम्हारे बिस्तर में बिछने से इनकार कर सकती है। तुम ख़्वाब में भी यही देखते हो कि सब औरतें तुम्हारे इर्द-गिर्द नाच रही हैं या तुम्हारे पीछे पीछे भाग रही हैं—कमोवेश नंगी और निहत्थी।

मैं तो कांप रहा था, वह कायम थी। मेरी आवाज मेरे गुस्से से अटी हुई थी, उसकी ठण्डी नफ़रत में रची हुई।

—तुम चाहती हो सीमा मुझे छोड़ दे।

—उस बेचारी की क्या मजा़ल ! उसमें इतनी हिम्मत कहां ! वह तुम्हारे बगैर रह कैसे सकती है !

—घटिया चोटें मत करो !

—साफ़ क्यों नहीं कह देते मैं इसलिए तड़प रही हूं क्योंकि तुमने मुझे ठुकरा दिया। तुम तो धुत्त हो कर मुझ से गप्प लड़ाने आए थे—क्योंकि तुम उदास थे, सीमा को याद कर रहे थे, चाहते थे कि उसकी सहेली के साथ एक आध पेग पी कर अपना और उसका मन बहला लेने के बाद कुछ और धुत्त हो घर जा कर सुवीरा पर

सवार हो सको, तुम्हें क्या पता था कि मैं सीमा की गैरहाज़िरी का फ़ायदा उठाना चाहती थी, तुम्हें अपने बिस्तर में ले जाना चाहती थी, इसीलिए मैंने यह लंबी पारदर्शी नाइटी पहन रखी थी जिसमें मेरा सीना और मेरी जांघें खूब खिलती हैं, और जब मैंने देखा मेरे दांव और मेरी अदाओं का तुम पर कोई असर नहीं हुआ तो मैंने तुम पर हमला कर दिया, क्योंकि मुझे मर्द को फांसने का तरीका नहीं आता, क्योंकि मैं अपने सीने का इस्तेमाल करना भी नहीं जानती, अपनी ख़राब सूरत का तो ख़ैर मैं कुछ कर ही नहीं सकती ! तुम यह सब कहो न कहो, सोच यही रहे हो, अब इस वक्त न सही, बाद में कभी किसी से या अपने आप से यही कहोगे !

उसके ठण्डे कड़वे चेहरे पर एक चौकी हुई नज़र डाल कर मैंने फिर सर झुका लिया। अब गुस्से के साथ मुझे उस पर दया भी आ रही थी। वह नहीं जानती होगी उसकी बातों में कितनी सच्चाई थी, कितनी कमीनगी, कितनी अदाकारी, और कितनी जलन। वह मुझे नंगा करते करते खुद भी नंगी हो गयी थी। अगर उस पर उस वक्त मुझे सिर्फ़ गुस्सा आ रहा होता तो शायद मैं उस पर थूक कर पांव पटखता हुआ उसकी बरसाती से निकल गया होता। अगर मुझे उस पर सिर्फ़ दया आ रही होती तो शायद मैं उसे अपने सीने से लगा लेने पर मजबूर हो गया होता। मेरे दिमाग़ में यह ख़याल नहीं आया था कि गुस्से या दया के अलावा कुछ और भी उस वक्त मेरे मन में हो सकता था, कि उस पर थूकने या उसे सीने से लगा लेने के अलावा मैं कुछ और भी उसके साथ कर सकता था। मैं संकट में था, वह मेरे सामने डटी खड़ी मेरे जवाब का इन्तज़ार कर रही थी, मेरी नजरें उसके नंगे पैरों पर टिकी हुई थीं।

–मीनू, यह तमाशा अब खत्म हो जाना चाहिए।

मेरी आवाज में थकावट थी। जवाब सन्नाटे ने दिया।

–मीनू, मैं इस तरह जाना नहीं चाहता।

मैं उस से सुलह की भीख मांग रहा था या उसे एक आख़िरी मौका दे रहा था, मैं नहीं जानता। जवाब फिर सन्नाटे ने दिया।

–आओ, एक एक छोटा पेग लें और अपने इस बेहूदा झगड़े को उसमें डूबो दें। उसके बाद मैं चला जाऊंगा और हम दोनों इस शाम की सारी मैल को भूल जाएंगे।

मैंने देखा वह मुस्करा रही थी। उसकी मुस्कराहट मेरी समझ में नहीं आयी। जब उसने अपना खाली गिलास मेरी तरफ़ बढ़ाया तो मैं आश्वस्त हो गया कि हमारा रिश्ता टूटने से बच गया। मैंने दोनों गिलासों में थोड़ी-थोड़ी रम डाली, पानी डाला, उसका गिलास उसे दिया, अपना ऊपर उठाया और एक ही बार में खाली कर दिया। मेरा नशा काफूर हो चुका था और घर पहुंचने तक मुझे थोड़े से सरूर की ज़रूरत थी। उसने अपने गिलास को अपने होंठों से छू कर उसे एक तरफ़ रख दिया। मेरी आंखें उसके चेहरे से फिसल कर उसके सीने पर जा रुकी थीं। सुलह की भीख मांगने के सिलसिले में ही शायद मैंने उसे अपनी निगाहों से सहलाना शुरू कर दिया

था। आख़िरी पेग को एक ही बार ख़त्म कर डालने का असर था या मीनू को राम कर लेने के एहसास का, मेरा नशा पूरी शान के साथ फिर लौट आया था, इस बार थोड़ी सी शरारत को साथ लेकर, शायद अब तक की सारी तलख़ी को दूर करने के लिए, हम दोनों को दोस्ती की तरफ़ लौटाने के लिए, मुझे यह सुझाता हुआ कि मुझे मीनू से किसी बहस या तकरार में उलझने के बजाय उस बेचारी को समझना चाहिए और जहां तक हो सके उसकी सराहना करनी चाहिए कि आख़िर वह अकेली है, औरत है, खूबसूरत नहीं, सीमा की दोस्त है, हमारे लिए उसने इतना कुछ किया है, जोखिम उठाया है, इस वक्त पिये हुए है, उस बेचारी की अपनी कामनाएं हैं...। मुझे महसूस हो रहा था अब आख़िर मेरी सोच सही रास्ते पर चल रही थी।

उधर मीनू ने फिर बोलना शुरू कर दिया था लेकिन अब मुझे सिर्फ़ उसकी आवाज सुनायी दे रही थी, उसके लफ़्ज नहीं। उसके लफ़्जों के टुकड़े इधर उधर उड़ रहे थे। उन्हें समेटने के लिए ही मानो मैं अपनी आंखों को एक जगह जमाने की कोशिश कर रहा था और वे बार-बार इधर-उधर लहरा लेने के बाद मीनू के सीने पर जा टिकती थीं। मैं कोशिश कर रहा था वे वहां न ठहरें और नाकाम हो रहा था। इस खेल से मुझे और मेरी आंखों को करार सा आने लगा था, हालांकि मीनू के लफ़्ज़ों के टुकड़े इधर उधर उड़ते हुए आपस में उलझ रहे थे, सीमा और सुवीरा के नाम एक दूसरे को नोचने से लगे थे, मीनू का सीना कभी गुबारे की तरह फूलता हुआ महसूस हो रहा था, कभी पत्थर की तरह सख़्त। एक वाहियात सी मुस्कराहट ने मेरे चेहरे को चाप लिया था। अचानक मेरी धुन्ध को काट कर मीनू की आवाज़ मुझ तक आयी।

—तुम उल्लू की तरह मुझे घूर क्यों रहे हो। मुझे नहीं, मेरे सीने को ? तुम पर सेक्स सवार है। तुम शायद आए ही इसीलिए थे। आज सीमा नहीं तो मीनू ही सही। सूरत न सही, सीना तो है ! सूरत पर कपड़ा डाल दो तो सब सालियां एक सी ! यही सोच रहे हो ? तो लो देख लो इसे अच्छी तरह आंखें फाड़ कर !

मीनू ने अपने लंबे लिबास का ज़िप्पर चर्र से खोल कर अपना सीना नंगा कर दिया था। और मैंने अनायास एक तमाचा उसके मुंह पर जड़ दिया था।

उस तमांचे की करारी आवाज़ में कई चीज़ों के चकनाचूर हो जाने की आवाज़ को सुनता हुआ मैं बरसाती का दरवाज़ा खोल सीढ़ियां उतरने लगा, दबे पांव, सांस रोक कर।

सीमा

कल काम सें लौटी तो तन बासी राख मन मसला हुआ फूल जैसे कोई बुढ़िया बाज़ार से लौटी हो।

दफ़्तर से दिल अब उठ गया है घर से भी मीनू की बरसाती में जाना नामुमकिन अब सागर से मिलना भी मैं जब काम से लौटी तो ऐसे जैसे एक कैद से छूटी सीधी दूसरी में।

मीनू के साथ सागर के बदसूरत बरताव के बारे में मीनू से सुन लेने के बाद सागर का फ़ोन दफ़्तर में मैंने फ़ौरन बन्द मैं उसकी कोई सफ़ाई नहीं सुनूंगी जब तक अपना मन साफ़ नहीं कर लेती कोई फ़ैसला जल्दी अब और नहीं।

मीनू को सूअर के साथ हुए अपने बदसूरत टकराव के बारे में नहीं बताया न ही जब तक खुद अपने मन में कोई फैसला जल्दी अब और नहीं।

जिस शाम मैं सूअर से टकरा रही थी उसी शाम मीनू सागर से यह संयोग अजीब मुझे लगता है इन दोनों में मेरी मुक्ति का संकेत अब और नहीं मुझे कुछ करना होगा।

कल काम से कुछ जल्दी इसीलिए लौटी थी पहले सोचा रसीला दीदी के पास

फिर सोचा पहले खुद अपने मन को पक्का कर लूं सोचा अकेली बैठ कुछ सोचूंगी सूअर के लौटने से पहले किसी तरह ममी को टालूंगी लेकिन कैसे सोचा कुछ कह दूंगी कड़वा ऐसा कि सोचा देखूंगी कैसे किसी तरह कुछ देर अकेली अपने कमरे में।

अपने कमरे की कामना तो है अपना कोई कमरा नहीं उस घर में मां बाप के घर में भी कहां मां कहती थी लड़की को कहीं भी अकेली मत छोड़ो, डैडी उस से सहमत कहते अकेले कमरे का कांसेप्ट ही ग़लत विदेशी।

उस घर में ममी हर कमरे में वह तो सूअर को साथ सुलाए वह दसवीं तक उसके साथ दिन भर उसी पलंग पर पसरी पड़ी जिस पर हम दोनों सोते हैं नहीं वह सोता है मैं जागती हूं अब आधी सारी रात मेरा क्या होगा अब और नहीं कुछ करना होगा।

सूअर के साथ हुए उस बदसूरत टकराव का आज तीसरा दिन नहीं चौथा उस दिन से मैं खामोश वह दोनों खुश जैसे सब कुछ पहले सा।

ममी की मुस्कानें जी करता है मुंह नोच लूं।

दफ़्तर की जमा तफ़रीक कम्प्यूटर की नीली रोशनी दिन में दस बार खराबी शर्मा को बेशर्मी का मौका कुरसी पर झुक झांकने की कोशिश बदबू के भभके किसी दिन उसकी लार मेरे कन्धों पर वह अपना पेट कुरसी से यूं दबाता है जैसे मुझको मितली मन करता है गाली दूं मीनू कहती है तू दब्बू मैं होती तो एक मुक्का मैं इतनी दब्बू क्यों अब और नहीं कुछ करना होगा।

घर में सूअर दफ़्तर में शर्मा मीनू की बरसाती में सागर अब और नहीं।

सागर का फ़ोन कल फिर दफ़्तर में मैंने बन्द अब और नहीं।

शर्मा को शक फ़ोन घर से नहीं कहता रहता है सीमा जी ऑफ़िस में इतनी काल्ज नहीं जब जब सागर का फ़ोन आता है शर्मा की बेशर्मी कुछ और ऐसी नजरें जैसे कुत्ता कहता है काफी मंगवाऊं अब और नहीं।

घर में सूअर की सूंसूं रात को छूता है तो जैसे छिपकली अब और नहीं।

सागर के सर पर सेक्स वह पीकर सीधा फ़ोन आओ बरसाती में अब उसकी बातों से उबकाई मीनू के सामने अब वह किस मुंह से मैं हैरान वह थप्पड़ मेरे ही मुंह पर सागर भी सूअर।

मीनू की कोशिश सागर को दोष न दूं।

मन करता है सेक्स छोड़ ही दूं जैसे कुछ लोग मीट छोड़ देते हैं।

दिन भर के दफ़्तर के बाद मैं बहू सुशीला और पतिव्रता नारी का स्वांग अब कैसे अब और नहीं।

कल काम से लौटी तो खतरा था वह बनी ठनी बैठी होगी मीठी मुस्कराती दिन भर की ताज़ा बोलेगी तू आ गयी सीता रानी।

हे परमात्मा इतना झूठ।

कल फ़ैसला ममी के मायाजाल में नहीं राजू के आने से पहले कमरे में बन्द अपनी किस्मत को कोसूंगी सोचूंगी लेकिन जब लौटी तो सूअर मुझ से पहले ही घर में।

हर रोज सवेरे ममी की मलहार बेटा जाग चाय ठण्डी अण्डा आज कैसा लेगा सूट कौन सा टाई कैसी बेटा जाग मेरे राजे लेट हो जाएगा जाग चाय ठण्डी बेटा अभी नहाना भी है अब और नहीं।

सीमा रानी नहीं मैं सीमा नौकरानी अब और नहीं कुछ करना होगा।

ममी महामक्कार जब जब सीमा रानी कहती है मुझको उल्टी सी अब और नहीं।

कल उसे टालने की तरकीबें मैं सोच ही रही थी कि दूर से सूअर की गाड़ी घर के सामने मन हुआ उल्टे पाओं कहीं और रसीला दीदी की बरसाती में उन दोनों का सामना मैं कैसे अब और नहीं।

रसीला दीदी से बात उस दिन के बाद अब अपना फ़ैसला खुद मुझे ही करना होगा। कल सोचा अकेली बैठ कुछ सोचूंगी लेकिन जब देखा वह घर में मुझ से पहले ही मेरा दिल डूब गया। अब ममी अपनी मीठी छुरी चलाएगी सीमा रानी राजू के लिए चाय इलायची अदरक वाली वह चिल्लाएगा चीनी कम समझी कप टूटा न हो सौ बार कहा है।

अब और नहीं।

कल बैठक ख़ाली ममी का कमरा भी हमारा दरवाज़ा बन्द मैं समझी मां बेटा सब्ज़ी लेने या सैर कमला शायद यहीं कहीं मैं खुश मैंने दरवाज़ा खोला तो राजू बिस्तर पर सीधा आंखें बन्द और ममी उसके मुंह में बर्फी का टुकड़ा बेटा थोड़ी सी और वह लेटा लेटा बोल रहा था आंखें बन्द नो ममी नो मेला पेट अब भल गया।

वह दोनों इतने मस्त मेरा मुहं कड़वा मैं सुन्न तभी उस सूअर ने मुंह खोला और ममी का हाथ अपने मुंह में ममी के मुंह से नकली ऊई मैंने अपने पांव पटखे वह दोनों चौंके सूअर की आंखें उधड़ गयी ममी की उंगलियां गीली उन पर बर्फी के टुकड़े सूअर के होठों पर मुझको तो उल्टी सी मैं दरवाजा बन्द कर बाहर को दौड़ी अब और नहीं।

और उसी वक्त तीन फ़ैसले मेरे मन में एक साथ मैं यह नौकरी छोड़ दूंगी सागर से नहीं मिलूंगी सूअर को छोड़ दूंगी।

अब मैं भी बरसाती में।

रसीला दीदी के साथ।

अब और नहीं।

बांझ मांजी

मेरा मन शान्त महासागर आज शरीर में तेज
अनोखा आंखों में मस्ती खून ख़ामोश शायद बुझ
जाने से पहले की लौ का आख़िरी बल लेकिन अब
आख़िरी क्या बल कैसा बुझने से पहले क्यों
मुझे अब क्या मैं तय्यार इसी दम उस अनजाने
अन्धियारे में जाने को जा गिरने को उसके चरणों में
फिर वह मेरा बैकुन्ठीश्वर भाई वह मेरा स्वामी
मैं उसकी दासी दोषी बुरी भली जो
उसकी वह मेरे अवगुण चित्त न धरे वह
मेरा परलोक मैं पापिन मेरा मन शान्त ...

मैं खुशकिस्मत मेरा तन मौज़ी मैंने सब भोगा
मेरा मन शान्त महासागर मेरे सब काम अधूरे पूरे
अब क्या पश्चात्ताप मुझे मैं पेश होने को तय्यार

इसी दम मैं भली बुरी जो तेरी तू मेरा भाई स्वामी
अब मुझको क्या लेना देना इस या उस दुनिया से
मेरी अब छुट्टी जो होना न होना था हो सकता
न हो सकता था अब और नहीं मैं शान्त अब
आख़िर कितने दम और शायद यह आख़िरी इस
दुनिया में इस घर में यह घर मेरा न तेरा मैं अन्धेरे
में आंखें मूंद अब अन्त की आहट में ही अनन्त
मैं इक्कीसवीं सदी क्यों देखूं मेरी वह ज़िद बेकार
मैं तय्यार इस दुनिया से इस दुनिया की भूल भुलैयों
से इस घर से यह घर तेरा न मेरा छुट्टी
शायद फिर आऊं लेकिन ...

यह चोला मैला अब और नहीं यादों की माला मैली
अब और नहीं सब कुछ अब एक तरफ़ अब और
नहीं मैं तय्यार उस अनजाने अन्धियारे से डर कैसा
अब उसके चरणों में उस पार वह मेरा भाई मेरे सब
काम अधूरे पूरे मैं बांझ सांझ जो कुछ भी थी मैं
ठीक मेरा मन शान्त अब माजू साजू बंगाली अपना
वह मर्द वह उसका दोस्त हरामी वह स्वामी वह दब्बू
बाबू चंबेली के चक्कर सब उन सब से भी छुट्टी
शायद माजू मिल जाए उस पार यह आशा तृष्णा
अब और नहीं शायद फिर आऊं इस माया नगरी में
शायद फिर नाचूं लेकिन क्यों जो करना न करना था
जो कर न कर सकती थी वह सब अधूरा पूरा अब
और नहीं यह दुनिया मुझको क्या लेना देना अब
और नहीं मैं मोहमाया मुक्त अब शायद ही लेकिन
बालों में मेंहदी आंखों में सुरमा हाथों में कंगन अब
और नहीं शायद यह मेरा आख़िरी दम
मैं खुशकिस्मत मेरा मन शान्त
शायद फिर आऊं लेकिन क्यों ...
अब उसके दिन आए वह फिर क्यों याद वह कहता
था रानो अब तू आज़ाद शादी कर लेना मैं जाने
वाला सब तेरे नाम कहता था बस मुझको माफ़ मैं

कहती तुम मुझको वह कहता बस शादी कर लेना
अब आंखों में आंसू मैं कहती मैं बूढ़ी अब वह
कहता झूठ जब उसके आख़िरी दिन आंखों में
आंसू वह कहता पछताती हो मैं कहती अब पछतावा
क्या होत मैं उसे हंसाती थी मैं कहती अब पीटो न
वह कहता मैं शर्मिन्दा तुम मुझको माफ़ मैं कहती तुम
मुझको मैं पापिन आंखों में आंसू उसका मुंह पोपला
मैं कहती तुम मेरे सब कुछ वह कहता सब तेरे नाम
रानो अब शादी कर लेना मैं कहती बस मैं उसका
सिर खुजलाती वह कहता मां मैं कहती मैं बांझ वह
कहता मैं शर्मिन्दा मैं कहती बस वह आख़िरी दिन
अच्छे आंखों में आंसू अक्सर मैं कहती आंसू क्यों
अब पीटो ना वह कहता अब हाथ नहीं उठता
लेकिन अब और नहीं अब उसकी यादों से छुट्टी
मैं तय्यार अब जाने दो उस अनजाने अन्धियारे में
जा गिरने दो उसके चरणों में
शायद यह मेरा आख़िरी ...
मेरा मन शान्त शायद यह मेरा आख़िरी दम इतने
दिन टाला जिस काम अधूरे को उसको भी अब पूरा
कर डाला वकील हैरान वह बोला होश में हो मांजी मैं
बोली हां मैं पूरे होश में हूं सब उस लड़की के नाम
घर पैसा वैसा सब दो शर्तें साथ वह मेरी बेटी मेरे भाई
की उसके नाम दो शर्तें साथ ऐसे बस लिखना झगड़ा
न हो मेरे पीछे कोई भी यह मेरी आख़िरी ख्वाहिश
अब मैंने सब सोच लिया अब देर नहीं मैंने तो करना
था मरने से पहले आज आख़िर वकील हैरान वह
बोला मांजी तुम पागल मैं बोली तुम चुप मैं होश में हूं
तुम अपनी फ़ीस दुगनी लो गड़बड़ की तो दुख
पाओगे शायद फिर आऊं लेकिन क्यों दो शर्तें साथ
वह हक्का बक्का मैं शान्त ...

बाला सुन नाचेगी उसका मुश्टन्डा भी वह दोनों
डिस्को डांस डॉली भी खुश अमरीका में सीमा भी

राजू भी और रजनी चीखेंगे वह सब सिर खानियां भी डॉली की नानी भी मेरा मन शान्त मेरे उस भाई ने मुझको हिम्मत दी वकील हैरान मैं बोली मैंने सब सोच लिया अब देर नहीं वह दोनों शर्तें साफ़ झगड़ा न हो इस घर में मेरे पैसे से वह मेरी बेटी खोलेगी नाम होगा बी. एन. एन. अंग्रेजी में हिन्दी में बालो नारी निकेतन बाला नहीं बालो वह हैरान बोला बालो कौन मैं बोली उस कस्बे की नामी कंजरी जिसमें मैं और मेरा माजू वह हैरान बोला यह माजू कौन मैं बोली बस और नहीं अब तुम सब कागज़ उस लड़की को उसको सब मालूम दो शर्तें साथ इस घर का नाम बालो नारी निकेतन और बाला उसकी बॉस रसीला मालिक बाला का मुश्टन्डा उसके साथ चाहे तो दोनों की शादी भी मेरे ख़र्चे से रसीला उन दोनों को खूब पढ़ाए लिखाए यह शर्तें सुन वकील हैरान मैं बोली यह लो मेरे दस्तख़त मैं बापू की बेटी आख़िर सुन ही ली अन्दर की आवाज़ मेरे सब काम अधूरे पूरे अब मेरा मन शान्त यह मेरे आखिरी दम आंखों में साए बाला ओ बाला अब उसको सोने दो खुद सो जाओ यह चोला मैला अब इसको अब और नहीं यह दुनिया बेगानी इसको अब और नहीं यह मेरा आख़िरी दम बापू की बेटी मैं कलमा और राम नाम अब मेरी आंखें बन्द वह नीला अंबर अब शायद फिर आऊं लेकिन क्यों ...

□□